Ogni riferimento a qualsiasi trasmissione
Maurizio Costanzo Show
realmente esistente è puramente casuale.

Caro Maurizio Costanzo Show

Roberto Quaglia

Lettere Quagliesche Surreali
al Totem per Eccellenza
dell'Italia Televisionata

Caro Maurizio Costanzo Show

Copyright © 1994-2014 by Roberto Quaglia

Copertina di Marco Vimercati

ISBN-13: 978-1503217317
ISBN-10: 1503217310

Homepage dell'autore:
www.robertoquaglia.com
Email: quagliameister@gmail.com

Printed in U.S.A.
Eh, sì. Non so neanche se è vero, ma fa figo dirlo.

INDICE

PREFAZIONE DELL'AUTORE ALLE EDIZIONI DEL 2011 (EBOOK) E CARTACEA (2014)

Caro Maurizio Costanzo Show è un libro scritto nel 1994 e che rappresenta i miei primi passi nel campo della saggistica. In seguito avrei scritto la scritto la serie di saggi di *Pensiero Stocastico* apparsi nella seconda metà degli anni novanta sul portale Fantascienza.com e poi raccolti in un libro – e più tardi il mio colossale saggio *Il Mito dell'11 Settembre* che mi avrebbe dato una certa notorietà.

Caro Maurizio Costanzo Show non rientra esattamente in ciò che tipicamente si definirebbe saggistica. Più appropriato parlare di meta-saggistica? Mah, ho sempre avuto poca fiducia nelle etichette, quando apri la confezione di qualcosa e guardi bene dentro trovi sempre qualcos'altro. E nel caso di questo libro... anche se guardi male.

Di qualsiasi cosa si tratti, l'unica cosa certa è che sono testi piuttosto inconsueti e talvolta politicamente non corretti. Alcuni offenderanno la sensibilità dei lettori conformisti, ma io me ne frego oggi come me ne fregavo allora. Al diavolo gli scrittori senza attributi disposti a tutto nella speranza di ingraziarsi il maggior numero di lettori possibili. Il che non vuol dire che io oggi abbia necessariamente le opinioni espresse in questo volume dal me stesso di allora – per saperlo mi toccherebbe leggerlo oggi ed io me ne guardo bene, è un compito questo che spetta a te, o lettore, mica a me che già me lo dovetti sorbire quando lo scrissi.

Credo fosse il 1996 quando misi questa raccolta di saggi travestiti da lettere al totem televisivo italiano interamente online, sul web. Internet allora non era come adesso, c'era poca roba in giro e le multinazionali non erano ancora sbarcate. C'eravamo solo noi pionieri. Non esistevano programmi per impaginare le pagine web e ci si doveva scrivere i codici HTML a mano col il *notepad*. Ciò restringeva drammaticamente la quantità di gente in grado di crearsi una presenza sul web. Se non eri almeno un po' *nerd* e capace di districarti con l'HTML dovevi limitarti a navigare nel gregge. Il vantaggio è che bastava un'idea buona per fare il botto e ritrovarsi in mezzo all'attenzione di tutti.

All'epoca internet era uno splendido Far West ed in quanto tale era di chi se lo prendeva. Così, io me lo presi. Non tutto, naturalmente, ma un bel pezzo. Avevo infatto scoperto che i motori di ricerca a quel tempo erano incredibilmente "stupidi" ed utilizzavano algoritmi di estrema ingenuità per indicizzare le pagine del Web. Trovai quindi il modo di ingannarli e fare sì che chiunque cercasse qualsiasi cosa in

Italia avesse un'elevata probabilità di trovare invece le mie "lettere al Maurizio Costanzo Show". All'epoca il migliore motore di ricerca del mondo era Altavista. Per un paio di anni fu quasi impossibile usare Altavista per fare ricerche in italiano senza ritrovarsi chissà come su qualcuna delle mie lettere al Maurizio Costanzo Show. Ciò fece del mio libro per qualche tempo uno dei più letti in Italia – e probabilmente il libro più letto per sbaglio della storia della letteratura italiana. E di me fece uno dei soggetti più ammirati e nel contempo detestati del nascente web italiano. Chiunque si ritrovasse a leggere il mio libro, di sicuro non lo aveva fatto apposta. Mica male, eh? Tutti sono capaci ad avere centinaia di migliaia di lettori che ti vogliono leggere, ma chi è mai riuscito ad accumulare un così elevato numero di lettori *per sbaglio?*

Nel tempo almeno mezzo milione di persone se lo ritrovarono per sbaglio sul monitor ed attratti dall'espressione magica "Maurizio Costanzo Show" si mettevano a leggere. Potere del totem! Migliaia di persone mi scrissero emails, molte andarono perdute o finirono nella spazzatura, ma una parte dei loro commenti sono riproposti ora in coda a questo libro. Troverete anche i commenti di qualche persona nota, come Maria Grazia Cucinotta e Gianni Riotta, nonché gli inevitabili deliri fuori tema di chi ha un'assai mediocre comprensione del mondo e delle cose. Le lettere al Maurizio Costanzo Show furono anche il primo libro "shareware" italiano – lo slogan era "lo leggi gratis e poi lo paghi solo se ti è piaciuto". Per accedere al libro invitavo quindi il lettore a cliccare su un tasto in cui accettava l'impegno morale di pagarmi il libro qualora gli fosse piaciuto. Tuttavia l'Italia non è il mondo anglosassone, dove questo approccio funziona in virtù dell'esistenza di un'etica differente, quindi l'idea non fruttò. Moltissimi complimenti, ma soldi pochini. Pazienza, ciò mi fu di ispirazione a creare un altro luogo virtuale prima inesistente, www.affanculo.org, dove mi industriai a ridirigere coloro che a mio avviso se lo fossero meritato. Negli anni, qualche milione di italiani si ritrovò costretto a visitare quel sito, e di questo non posso che pregiarmi. Da sempre chiunque di noi tradizionalmente manda affanculo chi non ci piace o ci fa un torto, ma poi nessuno ci va. Affanculo.org fu un'altra pietra miliare dell'Internet italiano, poiché finalmente rendeva possibile garantire che chi fosse mandato a quel paese poi effettivamente ci finisse. Anche Elio delle Storie Tese vi mandò alcuni dei lettori del suo sito.

Alcune delle citazioni di Gigi Picetti, da me riportare in questo libro per la prima volta, hanno negli anni acquisito vita propria essendo poi state replicate in una moltitudine di raccolte di aforismi.

Nonostrante l'esistenza di un pubblico (volente o nolente) per questo libro nell'ordine del mezzo milione di persone, curiosamente nessun editore italiano si mostrò mai interessato ad una pubblicazione cartacea. L'unico riscontro da me ottenuto fu una telefonata della redazione del Maurizio Costanzo Show in cui gentilmente mi si comunicava che Costanzo era di vedute larghe e non aveva nulla in contrario a che io menzionassi il Maurizio Costanzo Show purché specificassi di non avere nulla a che fare con la trasmissione. Questo spiega il mio disclaimer che ripeto anche qui:

"Ogni riferimento a qualsiasi trasmissione Maurizio Costanzo Show realmente esistente è puramente casuale."

In effetti, ogni riferimento al Maurizio Costanzo Show è puramente simbolico. Per molti anni esso fu il totem attorno al quale si riuniva tutte le sere tribalmente la società italiana. Per esistere nell'immaginario italiano era necessario comparire in quel contenitore sacro.

Le lettere sono qui riproposte esattamente come a suo tempo furono pubblicate sul Web, comprensive delle stesse immagini grafiche all'epoca realizzate. Manca la versione MIDI della musica di Jean Michel Jarre che nel web in modo un po' kitsch accompagnava la lettura, e le immagini qui non sono a colori. Il resto è uguale. La seconda parte del libro consiste in una selezione dei commenti ricevuti dai lettori. Dopotutto, chi la fa l'aspetti. Se io spedisco 50 lettere irrichieste al Maurizio Costanzo (eh, già, gliele spedii davvero) non mi posso lamentare se il mondo poi spedisce per ripicca 5000 lettere irrichieste a me. In verità ci sono anche lettere dei lettori che rispondono ai miei articoli di Pensiero Stocastico o alle mie attività di Consigliere Comunale a Genova in periodi immediatamente successivi. Ma il primo e più grande imbuto che incanalò l'attenzione dei navigatori sulla mie pagine furono le mie lettere al Maurizio Costanzo Show. Inglobare in questo libro il feed-back del mondo alle mie stravaganti attività sul web di quell'epoca mi sembra ora cosa giusta e sensata, soprattutto alla luce della insensatezza di molti di quei commenti. E' una questione di equilibri cosmici minimalistici. Un po' come lo Yin e lo Yang, ma più ridicolo. D'altra parte, il senso del ridicolo è probabilmente una delle proprietà più misteriose dell'universo, quindi ogni lamento in merito è assolutamente futile.

Roberto Quaglia
Maggio 2011 ed Ottobre 2014

(c'è sempre più di un me stesso in giro per lo spaziotempo ed ogni tanto alcuni di loro si mettono in combutta per confondere il prossimo)

RINGRAZIAMENTI

Alcuni miei ringraziamenti inferisco a quegli umani di superiore pregio che scoverete, in rigoroso ordine antianalfabetico, a ridosso dei nomi "Gigi Picetti", "Alessandro Testa", "Max Morando", per il contributo che mi hanno fornito in primo luogo esistendo, ma ciò non è interamente merito loro, ed in secondo luogo avendo moderatamente partecipato con i loro stessi cervelli alla stesura di alcune parti di questo libro. Quali parti? Ciò vi sarà rivelato dalla faccina esposta in testa ad ogni lettera. Questo è il facile trucco per comprendere quale dei miei amici – o quale dei me stessi è da considerarsi responsabile per quanto starete per leggere di volta in volta. Qui sotto potete ammirare un esempio di tali faccine. Memorizzatene pure le identità associate.

Gigi Picetti * Alessandro Testa * Max Morando * Roberto Quaglia

Tutte le lettere contenute in questo libro sono state effettivamente inviate al Maurizio Costanzo Show, una al giorno, a partire dal 1. gennaio 1995

AVVERTENZA

Non condivido del tutto molte delle opinioni che si trovano in questo mio libro, poiché io sono soltanto uno dei me stessi che so di essere, e soprattutto perché i me stessi che hanno scritto le opinioni che non condivido del tutto sono soltanto alcuni dei me stessi che la maggior parte dei me stessi sanno di essere. Noi me stessi siamo comunque una buona società, perché ci divertiamo a rispettarci a vicenda. Vi invito a divertirvi a rispettarli anche voi, come invito voi e chiunque a *divertirsi* a rispettare tutti i propri se stessi ed i se stessi degli altri. Quando esercitare il rispetto è un modo di divertirsi, non comporta sacrifici e conviene.

Uno dei Me Stessi dell'Autore (1995)

Stanno giocando a un gioco. Stanno giocando a non giocare a un gioco. Se mostro loro che li vedo giocare, infrangerò le regole e mi puniranno. Devo giocare al loro gioco, di non vedere che vedo il gioco.

R. D. Laing

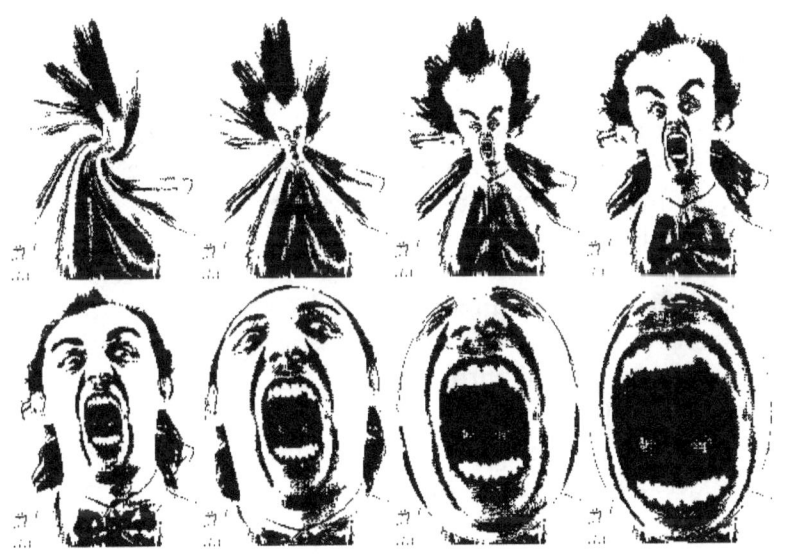

PROPOSITI EPISTOLARI

Caro Maurizio Costanzo Show,

da tutte le parti la guardi questa è proprio una lettera che ti è arrivata dato che la stai leggendo. Te l'ho scritta io. Io sono un essere umano o giù di lì. Il mio nome è già scritto da tutte le parti e allora non lo ripeto anche nella lettera. Ti avviso che ti scriverò tantissime lettere, dopo questa. Ti avvisò anche che te le spedirò, altrimenti che lettere sarebbero? Ti avviso inoltre che tutte le tantissime lettere che ti spedirò forse alla fine diventeranno anche un libro che pubblicherò e che mi farà guadagnare tantissimi soldi o almeno tanti o comunque qualcosetta. Ti avviso anche che ti manderò queste lettere pure via Internet, com'è oggi tanto di moda. Spero che gli italiani non mi imiteranno. Se tutti ti scrivono così tante lettere come ho deciso di fare io, chissà quanti poveri alberi devono usare per fare tutta la carta che ci serve. E anche su Internet, chissà quanti elettroni andrebbero sprecati.

Scusa se sembra che non so scrivere con tutte le frasi complicate che è bello mettere nei libri ma anche nelle lettere. In realtà un po' lo so fare, ma è meglio che evito, almeno all'inizio. Anche se so che questa è una lettera (ho già preparato anche la busta e il francobollo), so anche comunque che è anche l'inizio di un libro. Dopotutto è quello che ti ho appena detto, cioè scritto. E dato che è magari anche l'inizio di un libro, io ho pensato che era meglio non metterci subito tutta quella roba incasinata con le parole complicate che poi la gente non ci capisce niente e butta via il libro.

Scusate se vado a capo un po' anche a sproposito.

Vedi, Maurizio Costanzo Show, se questa lettera diventasse davvero l'inizio di un libro, poi magari qualcuno lo vede in una libreria con il suo titolo ammiccante (ho pensato che ci vuole un titolo molto ammiccante) e allora lo apre per vedere se lo vuole comprare e legge la prima cosa che gli capita. Ebbene, molti aprono il libro a casaccio, e per loro io non posso fare niente, ahimé! Mi toccava fare il libro tutto così, come è adesso, che però non è che mi piaccia proprio tantissimo. Cioè, mi piace, ma non per tutto il libro.

Spero che ci capisci qualcosa in quello che sto dicendo.

Molte persone invece aprono il libro dall'inizio o alla fine, per vedere se gli piace. Be', per quelli che lo aprono alla fine ci penserò alla fine del libro, che adesso è un po' presto dato che è appena incominciato. Ma per quelli che invece lo aprono all'inizio, sempre per vedere se gli piace e se lo devono comprare, allora ho pensato di scrivere così, un po' alla portata della gente (Spero di non essere Presuntuoso), senza tutte quelle difficoltà che perché mai bisogna andarsele a cercare in un libro quando uno magari voleva soltanto distrarsi giustamente? Se poi qualcuno che sta leggendo non gli piace tutto questo, allora può provare ad aprire in mezzo al libro, che magari sarà un po' diverso e allora lo compra lo stesso. L'importante è che lo compra. Se qualcuno legge queste righe dentro un libro sbirciato in una libreria, vada subito alla cassa a comprarlo, glielo consiglio io che sono l'autore.

Però tu, Maurizio Costanzo Show, non lo sai ancora che questo è un libro, perché ti è appena arrivata questa lettera, che da tutte le parti la guardi è proprio una lettera e di sicuro non può già essere anche un libro, anche se comunque è una roba strana su Internet..

E io ti spedirò tantissime lettere, una al giorno, sperando che mi chiami anche a me nella tua trasmissione che è così importante andarci, come sanno tutti.

Sia che mi chiami o che non mi chiami, quando le lettere saranno così tante che ci si può fare un libro, allora io ho già deciso che ci faccio un libro, e ti spedirò questo libro per pubblicitarlo nella tua trasmissione come fanno tutti quelli che scrivono i libri di successo. E allora io penso che tu mi inviterai se non mi avevi invitato prima, o mi reinviterai se lo avevi già fatto, perché dopotutto questo è il primo libro che parla direttamente di te (oppure "a te"), e se dopotutto tu hai promosso così tanti libri che insomma non è che erano tutti dei capolavori anche se forse erano sempre molto belli, di sicuro ti farà piacere presentare un libro che ti riguarda. E poi io sono anche fotogenico.

Quando allora ti spedirò il mio libro già pronto, questa non sarà più una lettera, bensì un libro. Quindi non so se adesso stai leggendo la lettera o il libro o la pagina di Internet, visto che queste righe ci sono in tutti e tre, e io le scrivo una volta sola.

Non buttare via questa lettera, caro Maurizio Costanzo Show. Non è il primo libro che sto scrivendo. Ne ho già scritti almeno cinque ma qui in Italia c'è un po' di distrazione e allora sono tutti praticamente inediti. Ma in paesi lontani invece me li pubblicano (non so perché) e allora là sono già famoso e mi chiedono gli autografi e mi fa tutto così molto piacere che ho deciso che è meglio diventare famosi anche in Italia, che è più vicino dei paesi lontani. (Se non ci credi che sono famoso in paesi lontani ti mando una videocassetta dove si vede che invece lo sono).

Chiudo adesso questa mia lettera zero, spiegando però ancora nel prossimo paragrafo, per chi non ha capito, quello che anch'io ho fatto fatica a capire, e cioè che cos'è questa lettera, o meglio questo libro. Scusate se divento più complicato.

Queste lettere sono (saranno) prevalentemente tracce lasciate da un singolo cervello (il mio), composte da sottotracce di cervelli altrui, frammiste a parecchi quintale di buon letame. Insomma, ce n'è per tutti i gusti! Quando queste lettere (che mentre scrivo non ci sono, ma mentre tu leggi forse già ci sono oppure no) si uniranno in matrimonio per costituire un libro cartaceo, offriranno al legittimo e pagante acquirente del libro medesimo nonché, evidentemente, ai suoi amici scrocconi o scrocconi e basta, l'opportunità di seguire i solchi di quel cervello (che poi è sempre il mio), e ritrovarsi nella propria zucca i pensieri che nella mia sono evidentemente sorti, proprio quando ero intento a scriverli (mirabile e provvida coincidenza!). Opportunità che avrà sviluppo anche nel ciberspazio, dove tale mio libro indefinitamente esisterà, su Internet, ove le lettere che io ti invio sono portate a conoscenza pure dell'umanità alle queli interessano. Un solo ammasso di parole e frasi per tre identità formali diverse. Lettera, libro reale, lettera-libro virtuale. Il mio lavoro è uno e trino. Non c'è un filo, o forse ci sarà – chi lo sa! Le idee crescono selvagge in una mente ben concimata (nelle menti non concimate non cresce nulla, ma c'è qualche ramarro di plastica), e nella loro caotica ma genuina commissione formano a volte paesaggi più interessanti assai di quelli che puntualmente troviamo orgogliosamente esibiti nelle pur pregevoli ed stimabili menti di chi alle proprie idee ha imposto i rigori di una crescita ordinata e disciplinata. Insomma, siamo e siete abituati a libri ordinati, sequenziali e coerenti. Ciò che questo libro o sequenza di lettere è o sarà è invece una selva incivile. Come una vita interessante.

Fine della lettera zero.

Lettera numero uno

Certi uomini vedono le cose come sono e dicono "Perché?"
Io sogno cose mai esistite e dico "Perché no?"

George Bernard Shaw

MAURIZIO COSTANZO SHOW
CHE SEI NEI CIELI...

Caro Maurizio Costanzo Show,
io mi rivolgo a te, con atteggiamento analogo a chi – in altri tempi o in altri luoghi – si rivolge alla divinità, o a chi – in altri tempi o in altri luoghi – si rivolge al confessore o allo psicanalista o al re o al presiden-

te o al capotribù o al partito o a Satanasso. Mi rivolgo a te poiché, al di là delle definizioni più ovvie, tu puoi essere considerato il migliore emblema di un'entità ormai imprescindibile nella società italiana: la Televisione.

Mi rivolgo quindi a te dandoti l'identità che mi fa più comodo darti. Dialogherò con te fingendo con me stesso che tu mi ascolti, ed il sapere che non è così non mi disturberà, perché in realtà so benissimo che tu non sei ciò che per praticità io fingo con me stesso che tu sia.

Caro Maurizio Costanzo Show, cosa sei, allora? Perché sei importante? Ma... sei importante? Beh, in Italia tutti parlano spesso di te, e benché la semantica sia un'opinione, ne consegue che tu sei importante. Cosa sei allora? Sei un programma televisivo? Indubbiamente sì. Sarebbe ardimentoso negarlo. Ma sei davvero solo un programma televisivo? Se tu fossi davvero solo un programma televisivo, in Italia non si parlerebbe così tanto di te, e tu non saresti così importante. Dopo tutto, la Televisione italiana (con le sue centinaia di programmi locali o nazionali) è per il 99% zeppa di programmi televisivi che *non sono* il Maurizio Costanzo Show, la vita reale di ciascuno di noi è teoricamente costituita per più del 99% da eventi che *non sono* televisivi, e ciò nonostante tu occupi un posto di rilievo nella mente della maggioranza dei cittadini italiani, e divieni addirittura un'entità imprescindibile quando si pensa e si discute a proposito di moltissimi argomenti. Cosa sei, dunque? È quello che cercherò di scoprire in questa mia lettera, e soprattutto in quelle che seguiranno nei giorni e nei mesi futuri.

Come vedi, caro Maurizio Costanzo Show, io ti ho assunto a simbolo per dialogare con me stesso, almeno sino a quando qualcuno mi ascolterà. Avrei potuto srotolare queste parole dopo l'intestazione *"Caro Diario..."* o previa recitazione di un mantra religioso che mi dischiudesse ad un'esperienza mistica o dopo aver convenuto con uno psicanalista il prezzo della sua prestazione di stare ad ascoltare lo svolgimento dei miei pensieri.

Invece ho scelto te.

Non è un caso. È un'inevitabile decisione, scaturita dalla comprensione della tua modernità rispetto alle altre categorie simboliche (Padreterno ecc.), dal riconoscimento dell'irresistibile valenza simbolica che hai rapidamente assunto in seno alla società italiana.

Caro Maurizio Costanzo Show, tu non sei una persona, non sei Maurizio Costanzo (che ti ha solo creato e battezzato), non sei l'impiegato o il funzionario che legge queste lettere al Maurizio Costanzo Show con il dovere di scegliere, filtrare, cestinare. Sei la Divinità Moderna, il Totem del Villaggio, il Sacerdote del Reale.

Non vogliono queste – le mie – essere solo parolone grosse che facciano effetto. Nelle lettere che verranno, indagherò a fondo nei significati che esse racchiudono. Ma non lo farò con la pomposità accademica di chi ha i titoli e le cattedre che gli rendono lecita e doverosa l'ostentazione di pomposità accademica. Non so ancora come lo farò, ma lo farò a modo mio, qualsiasi cosa questa frase voglia dire. Sono un individuo privo di titoli accademici, privo di studi sistematici, privo di qualsiasi inserimento (per non parlare di integrazione) nella società del sapere, privo di una mentalità ridondante di certezze nozionistiche, di dogmi religiosi o scientifici. Rifuggo dalla confortante pratica di ripercorrere sempre e solo gli stessi sentieri mentali, di innamorarsi delle opinioni, siano esse le altrui o le proprie. Con le opinioni amo solo flirtare, abbandonandole quando ai miei occhi esse appaiono vecchie, nutrendo infatti l'opinione (proprio così) che le opinioni raramente siano qualcosa di certamente autentico, altrimenti verrebbero chiamate "dati di fatto" e non opinioni, e gli umani non lotterebbero negli spesso patetici tentativi di far prevalere le une (di solito le proprie) rispetto alle altre (di solito quelle degli altri).

Cosa sono io allora?

Sono, innanzitutto, le parole che risuonano nella mente di chi sta leggendo o udendo leggere queste righe. Sono, in secondo luogo, l'immagine che taluni di quelli che stanno leggendo queste righe si sono fatti o si stanno facendo di me. Sono, in terzo luogo, la somma di immagini e ricordi e metafore con la quale io stesso comunico soltanto a me stesso ciò che io sono, sono stato in passato e mi piacerebbe essere in futuro.

Troppo complicato? Non mi inganni, caro Maurizio Costanzo Show, tu trascendi la semplicità di cui pure ti addobbi, e non v'è nulla di attinente alle attività umane che tu non possa contenere e che tu non conterrai. Il tuo ruolo, centrale e immenso, è il tuo destino.

Nel momento in cui io mi rivolgo a te, tu già mi contieni, caro Maurizio Costanzo Show, mi contieni pure non avendo ancora dato a ciò pubblica espressione, inviando la mia immagine e le mie parole in tutte le case italiane. Mi contieni perché io sono entrato in te con questa lettera, similmente a come il religioso si allaccia al suo Dio con la preghiera.

Ora che il nesso è stabilito, caro Maurizio Costanzo Show, volgo al termine questa prima lettera. Molte altre seguiranno, con cadenza quotidiana, finché tutti gli argomenti che mi piacerà esprimere non saranno stati esternati. La somma delle lettere costituirà forse un libro. Giorno dopo giorno ti invierò tutte le lettere, ed infine, se ci sarà, ti spedirò anche il libro.

"Buongiorno. Ecco i principali avvenimenti della giornata."
Telegiornale

LA SOCIETÀ TELEVISIVA
ITALIANA

Caro Maurizio Costanzo Show,

esistono nel nostro paese due Italie. Non sto parlando della divisione tra Nord e Sud. Di questo parlano già tutti gli altri e nessuno dice niente di nuovo. Sto parlando di due società italiane parallele, che coesistono nelle menti di tutti gli italiani.

Una di esse è la classica "Società Italiana", che ognuno può vivere con la propria esperienza diretta. I propri affetti, il proprio lavoro o la propria disoccupazione, ossia le proprie relazioni dirette con gli altri esseri umani. È una società di un tipo che esiste da quando esiste l'Uomo, poiché l'Uomo è un'animale sociale.

L'altra è quella che io chiamo "la Società Televisiva Italiana".

La Società Televisiva Italiana è innanzitutto composta da una ristretta cerchia di individui, i quali costituiscono la più elevata tra le caste in cui è ripartita la Società Italiana. La Società Televisiva Italiana è però assai più di una casta. Essa è per esempio Il Grande Pentolone Ove Ribollono Tutti I Miti. È anche un sacco di altre cose, e nel tempo cercheremo di metterne a fuoco il maggior numero possibile.

La Società Televisiva Italiana è viva nei cervelli di tutti noi italiani. Benché i comuni cittadini, mai apparendo sul video, non ne facciano parte a pieno titolo, ne fanno ugualmente parte a titolo minore. Come ogni altra società, la Società Televisiva Italiana può essere paragonata ad un organismo; i protagonisti del video ne sono il multiforme cervello, i milioni di telespettatori ne sono il voluminoso e possente corpo. Corpo e cervello sono intimamente connessi. Per esistere, ognuno ha necessità dell'altro.

Tutti i miti di cui il cervello umano si è da sempre nutrito per orientarsi durante la vita, vengono oggi estratti dal calderone della Società Televisiva Italiana. Nella Società Televisiva Italiana non ci sono solo i personaggi nostrani, i *mikebongiorno*, gli *emiliofede*, i *giulioandreotti*. Ci sono ad eguale titolo personaggi stranieri, i *stallonerambo*, i *boriseltsin*, i *billclinton*, i *mickjagger*. I personaggi stranieri fanno quasi sempre *anche* parte di Società Televisive Straniere, e per questo motivo, nell'immaginario collettivo, valgono di più.

Tutti i protagonisti della Società Televisiva Italiana sono ovviamente dei miti. Alcuni sono miti positivi, altri sono miti negativi. Alcuni incarnano il mito della tranquillità, altri quello dell'irrequietezza. Ma nessuno di essi può eludere il ruolo di mito. Come per gli antichi miti nella società classica, ognuno di essi esiste nella Società Televisiva Italiana per incarnare una funzione ben precisa. Nell'esistenza di ognuno di essi il cittadino comune ciecamente crede, benché non abbia mai avuto l'esperienza probante di un contatto personale. Quanti, tra 50 milioni di telespettatori, ha mai incontrato *sgarbi* di persona, così appurando che *sgarbi* esiste realmente, che ha un riscontro anche nella Società Italiana, oltre che nella Società Televisiva Italiana? Si crede oggi all'esistenza di *sgarbi* come un tempo si credeva all'esistenza di *odino*. Viviamo nell'epoca più mitologica che l'umanità abbia mai sperimentato. Il mito è così centrale, nel mondo attuale, che non a caso il linguaggio giovanile s'è appropriato del vocabolo, solo apparentemente banalizzandone il significato. Quando la ragazzina dice che *vascorossi* è un mito, dice la verità.

Nella Società Italiana non si può prescindere dalla Società Televisiva Italiana. È più emarginato un bambino che non sappia come parlano i *puffi* o chi siano le *tartarugheninja* che un bambino "diverso" in modo tradizionale. Un uomo adulto che non sia aggiornato sul campionato di calcio è sospetto. Se poi quest'uomo adulto esita ad esprimere un proprio giudizio su *sgarbi*, il numero dei suoi potenziali interlocutori crolla miseramente. Anche ignorare gli spot pubblicitari può rivelarsi insidioso quando non addirittura fatale. È pratica sempre più frequente quella di intercalare, tra un discorso e l'altro, lo slogan di uno spot pubblicitario. La citazione di uno slogan diventa volentieri anche strumento d'umorismo. Se infine, per colmo d'azzardo, il nostro ipotetico uomo adulto sostenesse pubblicamente di non avere la minima idea chi sia *mikebongiorno*, né di averne mai udito nominare il nome, sarebbe guardato non diversamente da come si guarda un irrecuperabile folle, o ancor peggio, un eretico.

La gran prevalenza di quanto viene detto tra gli italiani contemporanei, per motivi che esulino dalle proprie attività lavorative, è intimamente attinente alla Società Televisiva Italiana. Più spesso di quanto ci si metta in contatto con le proprie amicizie (nella Società Italiana), ci si mette in contatto con la Televisione (cioè la Società Televisiva Italiana), accendendola.

Avere successo nella vita, cioè nella Società Italiana, è infinitamente meno prestigioso che avere successo in Televisione, cioè nella Società Televisiva Italiana.

La Società Televisiva Italiana, nella comune scala dei valori, è quindi *molto più importante* della Società Italiana. Non a caso è assai difficile riuscire ad entrare a farne parte a pieno titolo, ed è infatti questo uno dei principali sogni ed ambizioni di sempre più italiani. Apparire in Televisione, nel mondo occidentale attuale, è ormai diventata un'esperienza mistica a tutti gli effetti, come analizzeremo in una delle prossime lettere.

Per oggi è tutto, caro Maurizio Costanzo Show, sublime e miglior simbolo della Società Televisiva Italiana.

La gente non cerca poeti, cerca profeti
Gigi Picetti

METTI CHE MITI MATTI NON SI-ANO MUTI E IMMOTI

Caro Maurizio Costanzo Show,

uno dei miti moderni che la Televisione ci reca è l'umorismo. Un'altro dei miti incalzanti è il linguaggio volgare. Recente mito montante è anche la farneticazione, evidente simbolo positivo (e in parte, ovviamente, contrastato) della non-conformità. Poiché mi rivolgo a te, Maurizio Costanzo Show, simbolo ideale della Società Televisiva Italiana, e rivolgendomi a te ed attraverso di te io ora virtualmente parlo all'Italia tutta, è utile a me ed al lettore-utente che io non prescinda da questi tre miti emergenti, e quindi coerentemente addobbi, di quando in quando, in questa o/e nelle lettere future o passate, la mia prosa di semantemi moderni ed ilari, possibilmente sproloquiando. In altre parole, che io ficchi tra le righe sporadici elementi di contenuto turpiloquio, intarsi di deliri a tema, qualche bella freddura e, più raramente, qualche fine battuta. Quindi, tanto per iniziare, è ora che la smetta di parlare in modo

24

contorto, e che le mie frasi diventino più semplici e chiare, e anche i concetti più chiari, più banali, più democratici, più vicini alla gente. Poiché queste mie lettere che io ti mando, alla fine, diventeranno forse un libro che qualcuno, leggendo queste righe, magari sta già leggendo dopo esserselo comprato o fatto prestare da un amico o averlo ricevuto in regalo per Natale dalla nonna attratta dal titolo allettante, non vorrei mai che poi pensassero che voglio fare l'intellettuale come i vari *alberoni* e che il libro è una menata pazzesca e che in pratica gli ho ciurlato i soldi del prezzo del libro, perché infatti il libro costava un casino come ormai tutti i libri, e poi dentro al libro, cioè qui dentro (quando questa lettera sarà parte di un libro), non ci si capisce un cavolo di quello che dico ed era meglio non comprarlo, quindi non vorrei mai che alla fine si passano la parola e il libro non se lo compra nessuno. Ecco, era meglio se facevo una frase più corta, è che quando inizio a parlare mi lascio trasportare dall'entusiasmo e soprattutto dalle parole, nel senso che ne scrivo un casino tutte di fila e alla fine mi ritrovo con delle frasi così lunghe come quella di prima e comunque anche questa qui non scherza.

Dicevo che questa lettera è una lettera, perché in effetti io sto adesso scrivendo una lettera e c'ho già pronta anche la busta, eppure è anche un pezzo di un libro, perché ti giuro che ne farò un libro, e chi ce l'ha già in mano lo sa. Alcune volte dirò delle cose serie, perché un'altro dei miti pazzeschi che ci ha insegnato la Televisione è che è importante dire cose serie. Questo mito a noi ce lo ha insegnato la Televisione, ma si tratta di un mito antichissimo. Quando la Chiesa aveva l'hobby dell'Inquisizione, aveva condotto all'estremo l'arte di prendere tutto sul serio, e infatti non si divertiva nessuno. Adesso per fortuna, con l'aiuto della Televisione, c'è un mito per tutte le attività umane immaginabili, come per esempio *johnholmes*, il defunto porno attore che ce l'aveva lungo 35 cm, al quale *elioelestorietese* ha dedicato una canzone. *johnholmes* è un mito moderno, mentre la serietà è un mito antico dal sapore vero, come la *vecchiaromagna* (no, era il *montenegro*). Quindi, per non essere tacciato di discriminazione mitologica, sarò spesso serio, in queste lettere, e spesso non lo sarò. Sarò spesso spesso (che è il contrario di sottile, come il dott. Amato), cioè spesso nei contenuti, e sarò spesso sottile (ma non come il dott. Amato), sottile nei contenuti, qualsiasi cosa questa inconsulta aggettivazione possa voler dire, nella mente di chi sta leggendo.

Chi avesse esaminato, prima di questa, le due precedenti lettere da me redatte – sia l'esaminatore un funzionario del Maurizio Costanzo Show, sia egli invece il lettore del libro di cui questa lettera fosse parte – avrà certamente notato intense differenze stilistiche e tematiche tra le precedenti lettere e questa. Potrebbe essere sembrato, leggendo le prime due, ch'io avessi in animo di produrre qualche sorta di saggio sui fantomatici ruoli simbolici che la Televisione rivestirebbe in seno alla nostra società. Sbagliato. Non sono abbastanza saggio per scrivere un vero saggio, e parallelamente sono abbastanza saggio per non mettermi a scrivere un saggio. I miei studi sono stati troppo scarsi per darmi i titoli di cui sarebbe bene si addobbasse un aspirante saggista, e questo io lo so benissimo, e quindi non cado nella trappola di voler confezionare un saggio. D'altro canto, nonché purtuttavia, io effettivamente esisto, non solo perché *cogitoergosum*, ma anche perché l'anagrafe lo certifica con grande convinzione, e chiunque, finché io sosterrò di essere vivo, può farsi una bella coda all'anagrafe per controllare, trovandone conferma. Inoltre, ogni volta che mi guardo allo specchio mi rivedo, e ormai ci credo proprio che quello lì sono io, cioè qualcuno che effettivamente esiste per davvero. Esistendo, incidentalmente mi è accaduto di pensare, e l'invenzione degli strumenti meccanici di scrittura (come il computer) non mi aiutano ad evitare di mettere nero su bianco il frutto dell'itinerario del mio pensare. Ecco quindi queste lettere e – ad un altro livello – questo libro. Queste sequenze di lettere, parole, frasi, pagine semplicemente scaturiscono da quel gran casino di protoni, neutroni ed elettroni che ordinati in un certo modo costituiscono il cosiddetto *"me"*, il cosiddetto Roberto Quaglia. Scaturiscono da Roberto Quaglia direttamente verso di te, il totem, il Maurizio Costanzo Show, il fulcro e cuore di quella che io chiamo la Società Televisiva Italiana. Tu umano italiano che leggi queste righe e nella cui mente esse risuonano, lasciando la eco del loro significato, sappi che non a te sono state da me dirette in prima istanza, bensì al nostro imprescindibile, inevitabile punto di riferimento comune: il Maurizio Costanzo Show. Quando a mediare la comunicazione tra gli uomini era la religione, i concetti penetravano meglio nell'interlocutore se addobbati con rafforzativi sacri come l'espressione *"sediovuole"*, Oggi il rafforzativo più sacro e quindi più efficiente è la menzione del Maurizio Costanzo Show. Si chieda, chiunque stia leggendo queste righe: le starebbe egli (o ella) leggendo se io non gli avessi previamente recitato innanzi e a gran voce la parolina magica "Maurizio Costanzo Show"?

La cosa importante è non smettere mai di porsi domande. La curiosità ha la sua buona ragione di esistere. Non si può che restare sgomenti, quando si contemplano i misteri dell'eternità, della vita, della meravigliosa struttura della realtà. È sufficiente solo cercare di capire un po' di questo mistero ogni giorno. Mai perdere il gusto di una sacra curiosità.

ALBERT EINSTEIN

LA MANIA DEI PERCHÉ

Caro Maurizio Costanzo Show,

Come i bambini ho la mania dei perché, e me ne vanto. La *mania dei perché* è lo strumento di cui noi esseri umani disponiamo per imparare, come lo stomaco è lo strumento di cui disponiamo per digerire il cibo. Mentre lo stomaco funziona per tutta la vita, con le saltuarie eccezioni delle indigestioni, la *mania dei perché* avvizzisce negli umani adulti lasciando di sé solo qualche vaga traccia. Cessata l'età della crescita, ogni giorno è buono per celebrare il funerale della *mania dei perché*. L'atrofia non è mai davvero completa. Qualche piccolo *perché* sopravvive in tutti, ma negli umani adulti sono altre le funzioni che governano l'arbitrio: alla ribalta della mente, destituiti i *perché*, si insediano le certezze acquisite e i dogmi personali. In età adulta ci si chiede il meno possibile e si proteggono a spada tratta le proprie convinzioni. Ogni propria conoscenza diviene un dogma e si combatte e si teme chiunque ne metta in discussione i fondamenti.

Dal giorno in cui la mania dei perché ci abbandona cessiamo di crescere, ed invecchiamo soltanto.

È per questo che dunque gioisco ad ogni *perché* che in me riesco a generare. Nel rifiuto del dubbio si crogiolano coloro che hanno rinunciato a crescere e vogliono solo invecchiare. Usualmente s'immola la propria *mania dei perché* sull'altare della praticità quotidiana. Si *agisce male* quando si è rosi dai dubbi. Le certezze saranno pur false, ma tornano comodissime quando si interagisce sul mondo. È molto affascinante interrogarsi sulla vera natura di un grosso würstel, quando lo si intenda addentare, e ci sarebbe moltissimo da chiedersi: *"È questo davvero un würstel? Perché io sono convinto che questo sia un würstel? Sarebbe questo un würstel se io non lo considerassi tale? Chi mi assicura che i buddisti non abbiano ragione ed il würstel non sia tratto da un porco che era la reincarnazione di Hitler? Come posso mangiare questo würstel se magari è il corpo di Hitler, quando ancora ieri ho fatto la comunione, cioè ho mangiato del pane che forse (ma come faccio ad esserne sicuro?) era il corpo di Cristo? E anche se questo würstel non fosse il corpo di Hitler reincarnato, è pur sempre tratto dal corpo di un porco... è giusto che io lo associ, nel mio stomaco e – ancor peggio – nella mia mente, al corpo di Cristo? Come posso shakerare nel mio stomaco l'allucinante cocktail di Cristo e di un porco che forse era anche Hitler? È inoltre giusto che io dimentichi che sto per addentare un cadavere? Ma sono io sicuro di avere effettivamente fame? E se anche avessi davvero fame, per quale motivo dovrei mangiare? Non sarebbe più dignitoso rifiutare la mia animalità e lasciarmi morire di fame? Prima o poi sarei defunto comunque... e forse con minor dignità... Se io fossi il würstel e il würstel fosse me, mi piacerebbe essere mangiato da me? E come posso ora mangiare questo würstel che si è raffreddato mente mi facevo tutte queste gratuite domande e se poi (per vendetta?) mi rimanesse sullo stomaco?"* Dovendo mangiare un würstel, è meglio mangiarlo e basta, senza stare a farsi troppe domande. Similmente, spesso, dovendo vivere, è meglio vivere e basta, senza stare a farsi troppe domande. Facendo così, però, il rischio è di mangiarsi il würstel soprappensiero, senza quasi accorgersene e, parallelamente, vivere la propria vita soprappensiero, senza quasi accorgersene, il che, poiché si vive una sola volta, sarebbe un po' un peccato, poiché diverrebbe allora lecito mutare – come qualcuno in effetti ha fatto – il famoso detto in *"Non si vive neanche una volta."*, rendendo inevitabile anche l'autogenerazione di un detto collaterale: *"Non si mangia neanche un würstel."*

Mentre da un lato è assai pratico trascorrere una serena vita adulta priva di impetuose curiosità e di roventi dubbi, (e chiunque sta la sua vita così vivendo certamente approverà questo argomento), è altrettanto vero che l'emblema della vita è lo sfrenato entusiasmo giovanile, e non la compassata inerzia senile. Ogni bambino è un genio, se paragonato ad un adulto. Ed un genio rimane finché la mania dei perché non inizia ad abbandonarlo. Non è un abbandono fulmineo. È invece una morte lenta. Qualcuno conserva vasti lembi della curiosità infantile per tutta la vita e diventa uno scienziato, od un grande sapiente. Altri rinunciano a 18 anni ad ogni ulteriore sapere e da quel momento soltanto invecchiano. Li ritrovi a 40 anni e poi a 50 e a 60 con le stesse idee dei vent'anni, nel frattempo vetuste, fuori dei tempi e ridicole, delle quali si dicono orgogliosi, poiché su di esse ed esse soltanto è costruita la semplice immagine che costoro hanno di sé.

Ma l'incredibile sviluppo culturale dell'umanità, che in poche migliaia di generazioni è passata dall'Uomo-Scimmia-Cacciatore all'Astronauta, non è avvenuto per azione degli inerti prosecutori delle procedure apprese nell'adolescenza, cioè gli invecchiati anzitempo, cioè la maggioranza orgogliosa delle proprie certezze. L'incredibile sviluppo culturale della nostra specie è il frutto del pensare e dell'agire nei secoli di quella piccola percentuale di adulti con la *mania dei perché*, guardati sempre con sospetto da tutti gli altri per la diversità delle loro idee e per l'ostinazione delle loro curiosità.

Una delle armi vincenti della specie umana rispetto agli altri mammiferi, nel corso dell'evoluzione, è stata la strategia di prolungare quelle funzioni dell'apprendimento che chiamiamo "gioco" e "curiosità infantile" e che sono proprie di tutti i mammiferi. Guardate i gattini mentre giocano, tendendosi agguati a vicenda: stanno imparando a cacciare. O quando, curiosi, ficcano il musetto dappertutto: stanno esplorando il territorio. Ma l'infanzia felina dura pochi mesi. Quella umana quasi vent'anni. Quando l'infanzia finisce, gioco e curiosità cessano, lasciando di sé solo vaghe tracce, e quel che gli individui sono, restano, senza imparare più nulla di saliente.

Tranne gli adulti un po' ancora bambini, animati dalla *mania dei perché*, disponibili con entusiasmo ai nuovi giochi, che come i bambini non si prendono troppo sul serio, e come i bambini sono dagli altri adulti incompresi. E quando un gioco da loro inventato reca vantaggio all'umanità, *dopo e soltanto dopo* il loro nome diventa un'etichetta positiva.

La "storia" è determinata da pochi, che oltre alla fatica di determinare la storia hanno dovuto sobbarcarsi l'onere di trascinarsi appresso la zavorra degli immobili.

Si dovrebbe godere della gioia, della bellezza, del colore, della vita.
Quanto meno si parla delle piaghe della vita tanto meglio è.

Oscar Wilde

T'AMO, PIO MAURIZIO
COSTANZO SHOW

Caro Maurizio Costanzo Show,

certo che "caro Maurizio Costanzo Show" è proprio un bel titolo... Un titolo che riverbera interesse su qualsiasi cosa ci sia scritta sotto. Allora vuol dire che qualunque puttanata diventa interessante se è ben intitolata? Oppure... tutto è interessante, basta guardarlo con interesse? (Forse per questo una donna incinta è in stato interessante? Perché tutti la guardano con interesse a causa della sua strana pancia?) Qualsiasi cosa probabilmente è degna di interesse, basta saperglielo dare. Sì, sì. Oltre che saper vedere, bisogna saper pensare. Chi guarda senza pensare, non vede, filma. È una telecamera, uno strumento di percezione visiva non senziente. Dice Gigi Picetti, che osserva il monitor del computer mentre ti scrivo: *"...però dietro alla telecamera c'è una persona che pensa ed agisce, scegliendo con cura i movimenti di macchina per registrare quello che gli va."*

Ma non ci perdiamo, caro Maurizio Costanzo Show. Oggi ben altro ti voglio dire. Ti ho visto ieri sera in un bar, e tutti ti guardavano. Sono un po' geloso. Entravi tutte le sere in casa mia, illuminando col cinescopio la mia solitudine, e ti credevo tutto per me. La ragione mi diceva che andavi con tutti, a domicilio, ma il cuore, vecchio idealista, preferiva illudersi. Ma vederti là, in quel bar, circondato da beceri avvinazzati ruttanti e turpiloquenti, mi ha fatto proprio male. E nella mia mente si sono scatenati pensieri persecutorio-paranoici: ti ho visto a tu per tu con figure sordide, con maniaci, psicopatici, cocainomani, torturatori, andreotti, ultras e naziskin. Insomma, eri di tutti. Non sceglievi, ti facevi scegliere. Da chiunque ti volesse. Io ero solo uno dei tanti. Un infinitesimale sottomultiplo nell'ammucchiata nazionale dello share. In quel bar mi sono ubriacato di frizzantino e vermouth, sbrodolandomi tutto. Poi sono uscito zigzagando, fumando e piangendo. Ho insultato non so chi, però picchiava sodo. Lacero e sanguinante, sono stato raccolto sul marciapiede da un missionario tossicomane, nel cui letto mi sono risvegliato l'indomani, maleodorante di cipria e vomito.

In casa non c'era più nessuno, sono uscito e ho visto lì vicino dei giardinetti. Seduto su una panchina del parco contemplavo gli oleandri e pensavo: *"Non è tutto brutto, c'è di meglio."* Stufo di essere incomprensibile anche a me stesso, cercavo di capire le occulte ragioni del mio rozzo ottimismo, nutrendo al contempo ignari passerotti con i minuscoli frammenti delle patatine intascate nel bar, tra un bicchiere e l'altro, la sera prima, e frantumate durante il mio pestaggio.

Ed ecco assalirmi immagini idilliache: tu, Maurizio Costanzo Show, entravi a tarda sera in salotti rococò, tra ninnoli, cioccolatini e pendolette, accolto dai leggiadri rampolli dell'alto proletariato. Udivo sussurretti e gridolini di gradimento, che si propagavano dai giovani in fiore alle nonne sfiorite, e ovunque sorrisi ed occhi lustri, tra *twinning* e *chivas* e *caffarel* sommessamente deglutiti.

Passa nel giardinetto un barbone che ruba le briciole di patatine ai passeri, grufolando goloso a gattoni, e il pensiero vola ad altri luoghi, trasformati dalla tua trascendente presenza interclassista, e ti vedo nella spoglia stamberga di una prolifica famiglia bisognosa. Gli infissi cadenti e i volti emaciati... da chi sono illuminati? Da chi, se non da te, Maurizio Costanzo Show? A chi altri è consentito il miracolo? Tu solo unifichi, tu solo a tutti ti dai nella stessa misura!

E allora l'angoscia del mio spirito si è volta in serenità, l'ambascia dell'animo si è fatta consolazione e la tenaglia della gelosia ha rilasciato il mio cuore dolente. Ho capito che la tua promiscua presenza nelle

31

notti di tutti è messaggio di sentire comune, di generoso olocausto, di amore universale.

Ora sto meglio, tant'è vero che ho appena smesso di esprimermi così. Gli effetti di questo mio riequilibrio continueranno per il resto della lettera, te ne stai accorgendo, spero. Ti parlavo, prima del mio delirio di gelosia (calmata), del valore di ogni cosa, se considerata con la giusta dose di attenzione, interesse e consapevolezza. Facciamo l'esempio di un fiore. Tu passi e non lo guardi nemmeno. Magari lo calpesti perché ce ne sono tanti. Oppure ne compri dal fioraio i cadaveri recisi, ancora gocciolanti di linfa e legati in un mazzo, allo scopo di tenerti buona la donna.

Un'altra volta invece ti trovi ad oziare sdraiato su un prato, e l'occhio ti cade sopra a una margherita. Stavolta l'osservi da vicino e scopri un microcosmo. Ci sono gli stami, i pistilli, le foglioline e tutti quei cristi e madonne che t'hanno spiegato a scuola far parte del fiore e che non sai più come si chiamano, ma ci sono, li vedi e ti interessano, capisci che sono gli organi di un essere vivente e ti emozioni (se non sei del tutto rincoglionito, naturalmente). Ti emozioni e pensi che ciò che tu chiami a sua insaputa margherita, conduce una vita organica complessa e sessualmente stravagante, accoppiandosi con i suoi simili per interposto animale, scatenando quotidiane orge aeree a base di insetti consenzienti, al di là della morale umana ed umano-divina.

E allora ti vien da pensare: perché una margherita non può andare al Maurizio Costanzo Show, e una pornostar sì?

Non basta avere una buona mente; la cosa più importante è usarla bene.

Cartesio

La televisione è una religione che ha chiese in tutte le case. Se uno ha una piccola televisione, ha una cappelletta. Se ne ha una grossa ha una cappellona... pardon, una cattedrale.

Gigi Picetti

LA TELEVISIONE È LA RELIGIONE MODERNA

Caro Maurizio Costanzo Show,

oggi non sopporto i sociologi. Mi ci sono messo a riflettere cinque minuti, e mi è venuto in mente che per essere riconosciuti sociologi è sufficiente conseguire un corso di laurea in sociologia, cioè avere assimilato le nozioni contenute in un certo numero di libri prestabiliti ed avere passato gli esami relativi ad essi (operazione tutt'altro che problematica per una persona di intelligenza normale) Alla fine, il titolato sociologo non è una persona che abbia dimostrato di avere capito qualcosa circa il comportamento della società, ma una persona che abbia dimostrato di avere studiato quello che altri hanno capito circa il comportamento della società. La mia definizione potrebbe suonare un po' estremistica, lo ammetto. Vediamo allora la questione da un'altra angolatura: un tizio studia tutti i libri regolamentari del corso di sociologia, ottiene il suo bravo certificato di sociologo, poi scribacchia maldestri articoli nei quali pasticcia a vanvera con i concetti altrui da lui imparati, o ancora peggio va a dire qualche frase d'effetto in televisione, o si fa chiudere per un anno da solo in una grotta per scrivere un libro ricercando se stesso, ed ecco che la sua identità di sociologo è pienamente conclamata e da tutti accettata. In effetti, basta scrivere che si è sociologi sul biglietto da visita, e quasi tutti ci crederanno. Per tacitare gli increduli basterà citare qua e là a casaccio Mac Luhan e qualcun altro che non so perché io non sono un sociologo.

Proprio perché non sono un sociologo, mi sono imbattuto in alcune mie riflessioni che da nessun sociologo – ahimè – mi è mai sinora accaduto di udire, e che ora riporto a te, caro Maurizio Costanzo Show, e a chiunque, tramite te, di queste mie frasi mai fosse bersaglio.

Il succo è semplice e d'apparenza banale assai, e si riassume in una frase che dice tutto e non dice niente: *"La Televisione é la Religione Moderna."*

Bella scoperta, diranno in molti. Ma non fermiamoci in superficie, dico io, ed analizziamone le implicazioni. Innanzitutto: a cosa è servita, serve e sempre servirà, in ogni tempo e luogo del mondo, *qualsiasi* religione? Niente sofismi o risposte tortuose, per favore! Una sola risposta chiara, semplice, pragmatica, inconfutabile: *"La religione serve a fornire alla popolazione i modelli comuni di comportamento."*

Puoi chiamarli come vuoi: etica, morale, valori ecc. La sostanza è la stessa. In ogni tempo e luogo del mondo la religione serve per comunicare alla gente come bisogna comportarsi. Chiunque abbia davvero fede nella propria religione, si comporta come la sua religione prescrive.

La religione è indispensabile per l'organizzazione sociale, e chi pensa il contrario è un allocco e lo dimostrerò fra poco.

Non esistono, né sono mai esistite, società umane prive di religione. C'è a riguardo molta confusione di termini, poiché soltanto le religioni tradizionali appaiono oggi come tali a chiunque di noi (ma non fu sempre così; oggi il cristiano sa che anche il maomettano ha una religione; secoli fa, il non-cristiano era per il cristiano soltanto un infedele non degno di vivere, e infatti era molto popolare la guerra santa, ancora oggi popolarissima tra gli islamici) Le religioni non-tradizionali, invece, non sono ancora state riconosciute come religioni a tutti gli effetti. La più recente e potente tra le nuove religioni non-tradizionali è la Televisione, e nessuno ne ha ancora preso ed espresso pubblicamente piena coscienza.

I sociologi blaterano circa l'ovvia considerazione che la Televisione sia il più potente strumento di comunicazione che mai sia esistito. Questo è vero. Ma è solo l'inizio.

In molti dei paesi dove la Televisione più è dilagata, la religiosità popolare *tradizionale* s'è fortemente abbassata. Perché?

Ciò che sto scrivendo, come già detto, non vuole essere (come infatti non è) un saggio sociologico sulle relazioni esistenti tra televisione e senso religioso, bensì una lettera al Maurizio Costanzo Show ove semplicemente si volga la luce della coscienza collettiva in una direzione sinora poco battuta. Molte e troppe somiglianze si ritrovano nei comportamenti di chi sia devoto ad una religione tradizionale e di chi sia devoto alla Televisione, per liquidarle come coincidenze. Quali somiglianze? Beh, proviamo a scovarne qualcuna insieme:

I modelli comuni di comportamento: Come già detto, chiunque sia devoto ad una religione, da essa trae i propri modelli di comportamento. Accade ai cristiani, ai buddisti e ai maomettani. E così infatti accade anche ai telespettatori: essi comprano i prodotti pubblicizzati in Televisione, copiano le battute di spirito dai cabarettisti Televisivi, guidano l'auto con la spericolatezza con cui si guida in Televisione (così causando, ad esempio, le famigerate stragi del sabato sera), imparano ad esercitare la violenza con la noncuranza con cui è esercitata in Televisione (come l'altrimenti inspiegato fenomeno della iperviolenza minorile in America dimostra), plasmano le proprie preferenze sessuali sul modello del vasto catalogo di sex-symbols disponibile nell'universo Televisivo, e così via.

I dogmi: Chiunque sia devoto ad una religione, ne accetta irriflessivamente i dogmi. I devoti nella Televisione, credono dogmaticamente a ciò che viene loro detto nel telegiornale (i più smaliziati si compiacciono di credere ad un certo telegiornale più che ad un'altro, ma la sostanza non cambia). Emblematica è a tale proposito la celebre frase, usata per dimostrare la veridicità di un'informazione: *"L'ha detto la televisione..."*

La "trance": Caratteristica di ogni fedele durante la funzione religiosa è il suo cadere in stato di *trance*. Accade a buddisti, cattolici, islamici e zulù. Accade anche a chi è immerso in un programma televisivo. Guardando la televisione ci si scollega dalla propria realtà individuale ed il cervello emette onde alfa (segno inconfutabile di un'alterazione dello stato di coscienza). Come in chiesa con il proprio dio, davanti alla Televisione ci si identifica con l'oggetto della propria venerazione, ossia i personaggi Televisivi. Quando l'identificazione non riesce si cambia canale (ci si volge ad un altro santo), ma non si esce di chiesa, cioè non si spegne la Televisione. Si ricorre allo zapping quando non si sa più a che santo votarsi.

Il rispetto dell'autorità sacerdotale: Qualsiasi *autentico* fedele di qualsiasi religione si accosterà tremante a chi incarni il simbolo del proprio culto, ossia l'autorità sacerdotale. Ad osservare i tremori, i balbettii e la solennità interiore di chiunque si trovi a tu per tu con la propria celebrità Televisiva preferita, non sembrano esserci dubbi che si tratti dello stesso e identico fenomeno mentale.

L'eresia: Una delle caratteristiche di qualsiasi religione che sia talmente potente che i fedeli ne abbiano un'esperienza così assoluta da non essere per nulla consapevoli che si tratti di una religione, è quella di produrre il fenomeno dell'eresia, cioè l'impietosa demolizione di chiunque non dimostri nei fatti di esserne seguace. Accadde – con piccole varianti – nel Cattolicesimo e nel Nazismo, e tuttora avviene – in misura differente – nelle nuove religioni non tradizionali, come la ricerca scientifica, la psicanalisi1, e la Televisione. Provi il lettore, se alle mie parole non crede, a fingere con i suoi interlocutori di *non sapere* cosa sia il Maurizio Costanzo Show, il Telegiornale, di *non sapere* chi siano *pippobaudo, mikebongiorno, mauriziocostanzo, sgarbi...* Insistendo ad oltranza, con chiunque, di *non sapere assolutamente* chi o che cosa le suddette divinità siano, ci si guadagnerà la fama di individui "strani", asociali, che fan finta di essere matti o invece lo sono. In breve, ci si ritroverà completamente emarginati. È il marchio dell'eresia moderna. Eppure, quasi nessuno di noi ha mai veduto le suddette divinità con i propri occhi... dal vivo! Esse alloggiano nei nostri cervelli poiché cogliamo la loro essenza in Televisione, così come il buon cristiano coglie l'essenza di Dio in Chiesa. Poiché l'essenza Televisiva è più facile da cogliere di quella ecclesiale, in quanto è corredata di ottime immagini a colori e suoni convincenti (ora anche stereo), la religione Televisiva sta completamente soppiantando quella ecclesiale tradizionale.

La più grossa forza della religione Televisiva è che tutti i suoi fedeli – che pure più o meno sanno cosa sia una religione – *non* hanno coscienza che si tratti di una religione, e ne sono quindi devoti come di più non potrebbero.

Con ciò non traggo conclusioni morali sulla maggiore o minore "bontà" della religione Televisiva. Bontà e Cattiveria sono categorie infide, che mai riscuotono unità di giudizio. Indubbiamente dovettero apparire "cattivi", agli eretici torturati dall'Inquisizione Cristiana, i sacerdoti di Santa Madre Chiesa, i quali li torturavano non per propria cattiveria, ma per genuina convinzione che i "cattivi" fossero gli altri.

---

1   Riprenderemo prima o poi, in qualche altra lettera (oppure no... chi lo sa?) l'argomento che anche la scienza, come la psicanalisi (che scienza *non* è), siano, sostanzialmente, strutturate non molto differentemente rispetto alle religioni tradizionali.

La religione Televisiva non è né buona, né cattiva, sebbene in essa possa essere colto sia il Bene che il Male.

La Televisione fornisce oggi a tutti noi i modelli comuni di comportamento. Insegna il valore dell'ecologia (valore del tutto assente in tutti i paesi dove la Televisione non l'abbia a lungo promosso), ma anche il valore della violenza (è questo per taluni, me compreso, un valore negativo, ma per altri un valore positivo, tanto è vero che viene da molti con fierezza esercitata). Insegna il valore dei diritti civili, ma anche il valore dei doveri consumistici, condizionandoci a dover consumare, consumare, e sempre più lavorare per più consumare. Insegna il valore della lealtà sportiva, ma anche della guerriglia tra tifoserie, stigmatizzandola a parole, ma allo stesso tempo promuovendola, facendone un mito negativo della trasgressione. Insegna il valore della solidarietà, ma anche quello del rampantismo, della ricchezza a tutti i costi. Insegna il valore del Cattolicesimo, tenendoci aggiornati sulle orazioni papali, ma anche il valore di una visione esclusivamente genitale del sesso, rendendoci disponibili migliaia di videocassette porno. Insegna il valore di essere come *madreteresadicalcutta*, ma anche il valore del consumismo sentimentale all'americana.

Capisci, caro Maurizio Costanzo Show, come stanno le cose? La maggior parte dei nostri valori e delle nostre convinzioni ci sono al giorno d'oggi forniti dalla Televisione, proprio come ci erano una volta fornite dal timor di Dio. Ma la Televisione esiste da poco tempo, da pochissimo tempo. La maggior parte degli italiani è cresciuta senza il timor della Televisione, ed una conversione in età adulta non vale una fede radicata fin dai primi anni di vita. I veri ed autentici adepti assoluti alla religione della Televisione sono soltanto i ragazzi che ancora stanno crescendo... ed è quindi nella società del domani, quando *tutti* saranno cresciuti sin dall'inizio nel timor Televisivo, che vedremo appieno gli eclatanti effetti della rivoluzione in atto...

Speculare è lecito, divertente e talvolta doveroso, caro Maurizio Costanzo Show. Sarà in un'altra lettera, forse, che mi sbizzarrirò a speculare su come sarà la società futura, quando la Televisione regnerà sovrana tra le religioni del mondo, un regno così assoluto che i sudditi vi obbediranno ciecamente, con devozione pari a quella che altri sudditi, in altri tempi, nutrirono verso il loro re, il loro papa, o verso lo stregone del villaggio. Coscienti soltanto dell'incolmabile diversità gerarchica che li separerà dai loro nuovi dèi.

Adoperare parole inusuali è un atto di maleducazione letteraria. Soltanto le difficoltà di pensiero devono essere messe fra i piedi del pubblico.

Karl Kraus

IL NOME DELLA ROSA

Caro Maurizio Costanzo Show,

scusa se titolo la lettera come ha fatto *umbertoeco* col suo libro, ma tanto quel titolo non c'entrava niente col suo libro così come ugualmente non c'entra niente con la mia lettera. Lui nella sua sapienza e io nella mia ignoranza abbiamo fatto la stessa cosa.

Ogni tanto che mi casca l'occhio su tante di quelle mie lettere tutte piene di parole che non capisco e frasi che capisco anche meno delle parole, penso che ci vuole proprio che qualche volta ti scrive anche qualcuno come me, più semplice e anche sincero, almeno credo. Io lo so che mi dicono che sono proprio la stessa persona che scrive anche tutte quelle lettere così complicate, e mi dispiace anche se sono contento. E si vede benissimo che lo so perché già all'inizio dico che mi casca l'occhio sulle <u>mie</u> lettere, quindi si capisce che io so che sono mie, o comunque lo capisco io e questo mi basta.

Ho letto una volta nella carta di un cioccolatino che noi tutti (le persone) siamo anche parecchie identità tutte in una volta o piuttosto a turno. C'ha qualcosa a che fare con la pissicanalisi, quella scienza inventata da Froid. Per merito di Froid io allora so che alcune volte scrivo le cose tutte complicate, con anche le parole difficili e le frasi ancora di più, e le altre volte come oggi non riesco a capire un acca di quello che mi ricordo che pure ho scritto io. È buffo, vero, caro Maurizio Costanzo Show?

Ho visto nelle televisione un bel film che si chiamava "I due mondi di Charlie", che parlava di uno scemo che gli fanno una cura per diventare la persona più intelligente del mondo e lui la diventa davvero, ma alla fine torna scemo, e quando torna scemo si ricorda però che era stato intelligente, e anche se non capisce niente di quelle parole e frasi che ha scritto da intelligente il fatto di essere stato intelligente ci piace lo stesso anche adesso da scemo. Io ho visto il film, ma mi ricordo che la persona che sono da intelligente (tutto questo è strano, vero?) aveva anche letto il libro, che si chiamava e forse si chiama ancora "Fiori per Algernon". Se per caso c'è qualcuno intelligente che legge ci consiglio di leggere il libro, per tutti gli altri come me è meglio guardare il film che tanto la storia è la stessa e va anche a finire nello stesso modo. L'autore del libro di chiama Daniel Keyes, lo dico perché al tuo show si usa dire i nomi di quelli che scrivono i bei libri, e anche se io non li ho letti i libri che tu dici sempre che sono belli io ci credo davvero che sono tutti molto belli perché me lo ha detto il mio portinaio che se ne intende.

La mia vita è bella, caro Maurizio Costanzo Show. Sono contento di essere la persona che sono, e sono contento di essere anche quella che non sono. Spero che non sto facendo confusione. Intendo dire che mi piace anche che alcune volte sono intelligente (credo che gli intelligenti sono quelli che parlano con le parole tutte difficili e le frasi ancora di più), perché sono convinto che essere intelligenti deve essere una cosa buona. C'è però una cosa che mi da un po' fastidio, in questo fatto di essere intelligente a turno. Io mi sento me stesso, naturalmente, e so che questo è giusto perché se uno non si sente se stesso in pratica è malato, credo che anche qui ci sia lo zampino di Froid. Dato che sono intelligente a turno, e adesso non lo sono, io mi chiedo cosa succede con me quando non sono me? La carta del cioccolatino dice che siamo tutti molte persone, questo l'ho capito. E allora, quando io non sono me stesso perché sono qualcun altro (per esempio l'intelligente), dove vado a finire IO? (cioè quello che sono adesso?) Questa cosa devo dire che mi da un po' fastidio. Spero che non pensate che sono intelligente mio malgrado.

Alcune volte forse sono anche più semplice di oggi, ma non lo so.

Chissà se quando sono intelligente mi ricordo che io sono anche così come adesso, cioè molto meglio (umanamente parlando), ma più semplice.

Quando sono come sono adesso mi chiedo anche che cosa vuole dire essere intelligente, esattamente. E se uno si studia a memoria tutte le parole difficili e anche le frasi che bisogna sapere per essere intelligenti, dopo vuol dire che così si è diventati intelligenti? Mi chiedo se mi chiedo queste domande anche quando sono intelligente, e se naturalmente mi arriva la risposta dato che allora sono intelligente. E mi chiedo se quando sono intelligente mi chiedo se quando sono come adesso mi chiedo la stessa domanda che mi sono chiesto. Sono molto stupidotto, vero?

Io ci penso così tanto che ormai ne sono sicuro che dovrebbero dare un certificato per essere intelligenti. Cioè in pratica che si va all'anagrafe e come si chiede per sapere la propria data di nascita e la residenza e se si è sposati e quelle cose lì, si chiede anche se c'è la propria intelligenza oppure no. Mi hanno detto che in America lo fanno, ma là sono avanti su tutte le cose. Sarebbe comodo per tutti sapere se si è intelligenti oppure no oppure forse (è vero: può darsi che si può essere "forse" intelligenti, come anche le persone senza fissa dimora non si sa mica dove abitano, eppure da qualche parte abitano anche loro). Una persona che va all'anagrafe gli chiede un certificato d'intelligenza e così poi sa esattamente se è intelligente di sicuro, se lo è forse oppure se non lo è. Sarebbe un bel progresso civile. Potrebbero scriverlo anche sulla carta d'identità. Tutti possono vedere subito che ho gli occhi e i capelli marroni, anche senza leggere sulla carta d'identità "occhi: *marroni*", "capelli: *marroni*". Sarebbe più comodo se invece di queste sciocchezze ci andrebbe scritto "intelligente: *sì/no/forse*" (naturalmente non tutti e tre insieme se non siamo al punto daccapo).

Ma allora a me cosa dovrebbero scrivere sulla carta d'identità? Io so che non sono intelligente, perché non sono mica stupido, sono solo semplice. Ma so anche che in altri giorni invece lo sono, sempre per colpa di Froid e le sue teorie. Allora cosa ci devono scrivere su questa carta? "Intelligente: *un po' sì e un po' no*"? Ma non sarebbe vero. Io non sono un po' intelligente e un po' no. È che sono molte persone, o almeno più di una, come Froid insegna. Una persona che sono so che è intelligente, un'altra persona che sono (tra l'altro proprio in questo momento) so che non lo sono (intelligente). Allora questo vuole dire che forse ho bisogno di più di una carta d'identità? Ma non è vietato avere più di una carta d'identità? Non è obbligatorio essere solo una persona? Credo proprio di sì e allora sono fuorilegge, ma non lo faccio apposta. E se mi cuccano mentre faccio questo reato, cosa mi faranno? E se cuccano la persona che io sono quando sono intelligente? Io penso che è tutta colpa della persona che io sono quando sono intelligente. Doveva pensarci lui a risolvere questo guaio, dato che è appunto intelligente. Che colpa ne ho io, soprattutto al suo confronto? Forse, però, è proprio perché è intelligente che deve sempre pensare a qualcos'altro. Se lui pensa quello che penso io, vuole dire che non è mica tanto intelligente. E allora chi ci salva? Non ci capisco più niente. Qualcuno mi può aiutare?

Lettera numero otto

«*Cosa cercate?*» *domandò Mishkin.*
«*Non lo so con esattezza*» *disse Orchidius* «*Ma quando l'avrò trovato lo saprò per intuito. E voi cosa cercate?*»
«*Non ricordo*» *gli rispose Mishkin* «*Ma appena lo vedrò lo riconoscerò.*»
«*Forse è meglio non sapere*» *disse Orchidius* «*Sapere cosa si vuole intralcia la ricerca.*»
Robert Sheckley, "Opzioni"

FLUSSO DI COSCIENZA

Caro Maurizio Costanzo Show,

sai cos'è lo "stream of consciousness"? Io non lo so, in virtù del triste dato di fatto che le cose che non so sono infinitamente più numerose delle cose che so. Ma conoscendo la lingua inglese e raffazzonando le lacune con la logica, me lo immagino, e se mi dovessi sbagliare vorrà dire che il significato che sto per esprimere l'avrò inventato io, il che è ancora meglio – sotto certi punti di vista – che averlo saputo per averlo appreso.

Ebbene, tradotto in italiano, "stream of consciousness" vuol dire "flusso di coscienza", ed io arguisco che con ciò s'intenda l'atto di esprimersi linguisticamente – verbalmente o per iscritto – con totale libertà, ossia senza progettare in alcun modo ciò che si sta per dire o per scrivere, lasciando semplicemente che tutto ciò che di linguistico la coscienza genera venga subito espresso, in tempo reale, senza filtrare con il proprio giudizio le parole, le frasi ed i concetti. In questo momento non mi sovvengono i particolari vantaggi che da questa tecnica scaturirebbero, eccettuato uno, che ritengo notevole: la mente, priva di una direzione ed un fine, è libera di seguire itinerari inesplorati, e generare concetti originali e inediti, che mai sarebbero stati espressi se fin dall'inizio si fosse saputo ciò che si sarebbe andati a dire. Se non mi sbaglio ha usato tale tecnica anche Joyce, ma è facilissimo che io mi sbagli, anche considerando che Joyce non l'ho mai letto. (Ci ho provato con l'Ulisse, ma mi è subito passata la voglia.) D'altronde neanche Joyce, con la scusa di essere morto prima che io nascessi, ha mai letto me.

Ecco, ora sto facendo qualcosa del genere. Finora il discorso è abbastanza coerente, o così mi sembra, poiché se non mi sembrasse coerente la spiegazione che do di quanto io stia facendo, come potrei continuare a farlo?

«Davanti alla tastiera del mio computer, premo irriflessivamente i tasti, sperando che l'atto stesso di esprimermi generi un significato che valga la pena di essere trasmesso, poiché le parole che automaticamente produco hanno certamente un senso, e le frasi che le parole ammucchiate inevitabilmente compongono hanno ancor più senso delle parole.»

E se anche quanto io scrivessi non avesse un senso compiuto, potrebbe sempre celare qualche significato nascosto, ignoto anche a me che lo scrivo. In definitiva, chi mai riesce a comunicare *esattamente* quanto sia nelle sue intenzioni? Uno scrittore scrive di una deliziosa fanciulla, senza ovviamente allegarne la fotografia dato che ella esiste solo nella sua mente, ed ogni lettore immaginerà quel che gli verrà più idoneo immaginare; il cinese immaginerà una ragazza cinese, lo svedese una biondona alta un metro e novanta, il beduino una bella grassona ipertettuta, il pedofilo una bambina di dieci anni, il gerontofilo una vecchietta vista all'ospizio, il necrofilo quel bel cadavere di donna sbirciato all'obitorio.

Ed è così per ogni vocabolo: ogni parola è un'etichetta dietro la quale ognuno ci immagina il contenuto che vuole. Se così non fosse il mondo non pullulerebbe di malintesi. Quando due esseri umani conversano, solo una minima parte dei significati trasmessi giunge a destinazione. Vi sono conversazioni dove *ogni parola* viene malintesa. Basti pensare a certe discussioni tra innamorati, dove ogni tentativo di spiegazione sortisce l'effetto opposto a quello desiderato, ed alla fine della discussione i due amanti non sono più innamorati. Poi stanno un po' di tempo senza parlare tra di loro e ritornano innamorati.

Cambio discorso. È un po' di tempo che nelle retrovie della mia mente, mentre scrivevo quanto ho scritto sinora, mi viene da pensare a un'arancia. Non un'arancia qualunque. Ma l'arancia di cui ho letto in un libro. Era un'arancia perfetta, rotonda, paradossalmente quadrata. Non faceva nulla di speciale. Veniva soltanto descritta, o meglio, veniva citata per divagare, similmente a come sto facendo io ora. Era uno scrittore famoso, ed io non lo sono. Era un'arancia normale, eppure evidentemente importante, se veniva citata in un libro di uno scrittore famoso, e successivamente, adesso, ripresa anche da me, scrittore tutt'altro che famoso. L'arancia è l'organo riproduttivo di un certo tipo di alberi. A prima vista, guardando di sbieco questa faccenda (qualsiasi cosa l'espressione di guardare di sbieco possa voler dire), nutrirsi di arance potrebbe apparire come una pratica disgustosa e oscena, similmente al nutrirsi di uova di gallina. Invece è proprio quello che gli aranci (gli alberi) vogliono. Anche i peri, i pruni, le viti e tutti i vegetali produttori di frutti non vedono l'ora che qualcuno glieli mangi. E perché mai, si chiederà qualcuno? Sono tali vegetali tutti masochisti? Non sono né masochisti, né stupidi. I vegetali produttori di frutti sono invece diabolicamente astuti. Ti mettono lì il loro frutto in bella vista, succulento, dolce e maturo, ma ripieno di semi duri, fastidiosi ed indigesti. Arriva l'animale goloso, si pappa tutto il frutto semi compresi, se ne va in giro a spasso per la vasta campagna, e prima o poi fa una bella cacchina o una brutta caccona (dipende da quale animale), tutta piena dei semi non digeriti dei frutti mangiati. I semi germogliano nella terra sotto alla cacca disciolta dalle piogge, ed ecco che quella pianta si è riprodotta, senza fatica, a grande distanza dal sito della sua immota esistenza. A questo punto mi sorge un dubbio: quanto dovevano avere grossa la bocca gli animali per farsi mangiare dai quali i cocomeri si sono evoluti così grossi e con la buccia così dura? Trattavasi forse... dei dinosauri?

Caro Maurizio Costanzo Show, la domanda è gratuita, come tutte le domande la cui risposta non ci produce un diretto vantaggio. Se ne possono immaginare di ancora più gratuite della suddetta. Per esempio: L'universo è infinito? Cos'è l'Universo? Ma... esiste un Universo, al di là della recente acquisizione umana della convinzione che un Universo esista, oltre il cielo nostrano, là dove altro che miriadi di puntini luminosi noi non vediamo?

Lettera numero nove

L'egoismo non consiste nel vivere secondo i propri desideri, ma nel pretendere che gli altri vivano a quel modo che noi vogliamo. L'altruismo consiste nel vivere e lasciar vivere.

Oscar Wilde

CERVELLO DA ANIMALISTI

Caro Maurizio Costanzo Show,

oggi non sopporto gli animalisti. Non ce l'ho con gli animali, sia bene inteso, che anzi gradisco vedere e riconoscere attorno a me nella più variegata gamma possibile. Chi non sopporto, poiché ragguardevolmente assurdi nella loro ossessione, sono gli animalisti convinti, gli estremisti animalisti. Ma ancor più fastidio mi danno gli animalisti moderati, che potremmo chiamare gli animalisti qualunquisti, che sottoposti a qualsiasi analisi logica palesano di essere ancor più assurdi, nella loro confusa posizione, degli animalisti estremisti.

Tanto per iniziare, distinguiamo: Chi sono gli animalisti estremisti, e chi sono gli animalisti qualunquisti?

I perfetti animalisti estremisti si identificano visceralmente con *tutti* gli animali, dal visone al gatto, dalla foca monaca alla zanzara, dall'orso grizzly al totano. Cosa significa che si identificano con loro? Significa che attribuiscono a tutti gli animali i propri sentimenti. Non mi piace essere ucciso, dice l'animalista estremista, quindi non piace neanche all'animale. L'animalista estremista non si ciba *mai* di animali morti (né vivi), non uccide la zanzara che sta per pungerlo, ma si limita a scacciarla (se invece la uccide, è un animalista estremista imperfetto). Non beve il latte di mucca, poiché così facendo lo sottrarrebbe al vitello, non mangia uova, cioè futuri pulcini (quando poi l'uovo, come spesso accade, è già fecondato, è a tutti gli effetti – tecnici e morali – un aborto di gallina), non indossa visoni, montoni, giacche scamosciate, calzature di cuoio, portafogli di pelle. L'animalista estremista si identifica con tutte le forme di vita animale, ma non con quelle vegetali, di cui si nutre senza rimorsi. Talvolta non s'identifica neanche con l'essere umano, soffrendo per la morte di un animale assai di più che per quella di un individuo umano.

L'animalista qualunquista, invece, si identifica visceralmente con tutti gli animali di aspetto conforme ai propri archetipi interiori. In altre parole: si identifica in un gatto, un visone, un coniglio, un cane, ma non in un ratto, una mosca, un serpente, un verme. Si identifica in quelle poche bestie che il caso e la selezione naturale hanno voluto morbide e di aspetto gradevole per l'occhio umano, ma non in tutti gli altri animali. L'animalista qualunquista è forse una delle massime espressioni d'ipocrisia che si possano descrivere, e completamente deliranti e contraddittorie sono tutte le sue argomentazioni. Una delle più tipiche manifestazioni è il suo avercela a morte con chi indossa pellicce di visone. *"Animali vengono uccisi"* recita il pio animalista *"per poterne indossare la pelliccia! (Orrore!)"*, e dice questo con il patetico fervore di chi ha appena scoperto che l'acqua calda è calda.

Se volete punire un animalista qualunquista che abbia appena profferito tale sproloquio, cercate su di lui (o lei) i brandelli di cadavere d'animale che quasi certamente sta indossando senza neanche pensarci. Fategli notare come lui (o lei) cinicamente e senza verecondia calpesti con i propri piedi (puzzolenti?) il cuoio delle proprie scarpe, che fu la pellaccia di un animale che venne ammazzato affinché lui (o lei), adesso la usi per camminare sotto la pioggia, inciampare nei marciapiedi e calpestare le cacche di cane. Fategli notare quale fu l'identità del suo portafogli o borsetta di pelle, pelle che fu di un animale, ucciso affinché lui (o lei) mettesse i propri soldi in un involucro prestigioso che abbia odore di pelle anziché di plastica. Chiedetegli perché non s'infervora e non si scandalizza con uguale foga con chi indossi un giubbotto di pelle, un "chiodo", un montone rovesciato. Chiedetegli se lui (o lei) possegga tali indumenti nel proprio armadio, e nel caso li abbia, se di ciò non si vergogni. E se non si vergogna, *perché* dovrebbe vergognarsi chi ha una pelliccia di visone? Ha *certamente* da vergognarsi chi abbia una pelliccia di leopardo, poiché il leopardo sta estinguendosi, e la cosiddetta *"biodiversità"* è un'innegabile ricchezza del mondo che andrebbe da noi salvaguardata anziché distrutta, come stiamo invece facendo. Ma il visone non rischia di estinguersi, viene *allevato* per farne pellicce, viene allevato come i buoi, i montoni, i polli vengono allevati per mangiarli e farne di tutto. Messo alle strette, l'animalista qualunquista, pur di non ammettere la propria ipocrisia, vi dirà: *"Ma se gli animali vengono allevati per mangiarli, non è immorale..."* Siamo nella farneticazione totale. A parte il fatto che i vegetariani dimostrano che senza carni si può benissimo vivere, e che quindi chi mangia carne lo fa perché *gli piace*, e non perché ne ha bisogno (proprio come chi compra un visone lo fa perché *gli piace*, e non perché ne ha bisogno), non è quella di mangiarli, anziché un'attenuante, invece un'aggravante? Specialmente se si considera che mangiare carne è tutt'altro che obbligatorio, essendo l'essere umano onnivoro? Non è *macabro* assassinare un animale a sangue caldo, un animale che ha un cervello, una vita sessuale, allo scopo di cibarci dei suoi testicoli, della sua lingua, del suo cervello, del suo cuore, del suo fegato, dei suoi reni, del suo intestino, dei suoi muscoli, masticandoli lungamente in bocca per godere del sapore che quel cadavere ci da? Non è ciò anche più macabro di chi dell'animale morto ami indossare l'involucro, cioè la pelliccia? Non nego che indossare la pelle di mammifero morto possa essere un gesto di cattivo gusto, per uno spirito nobile. Ma divorarne lussuriosamente le interiora non lo può essere di meno.

Per demolire allora definitivamente l'incauto animalista qualunquista che della propria ipocrisia ha appena cercato di farne un vanto ai vostri e soprattutto ai propri occhi, trafiggetelo con una nozione banalissima che pochi sanno, perché a pochi interessa:

Dalle ginocchia dei buoi (morti e disossati) viene estratta una sostanza che viene utilizzata per fare l'emulsione delle pellicole fotografiche.

Il cappio della logica è ormai stretto al collo dell'animalista. Quante volte ha fotografato, quante volte ha consumato ossa di buoi assassinati anche per permettere a lui (o a lei) di fare delle fotografie? Quante fotografie ha sprecato, sbagliando la messa a fuoco? Quante ginocchia di buoi sacrificate invano, per il suo dilettantesco gratuito diletto?

Sembra ridicolo. E lo è, infatti. È ridicolo come è ridicolo che qualcuno si scandalizzi perché una fanciulla si abbellisca e riscaldi con una pelliccia. Se il vostro interlocutore animalista è intelligente, dopo quanto gli avrete fatto notare si renderà conto di quanto è ridicolo, e su di ciò mediterà. Se non è intelligente, farfuglierà incoerenti giaculatorie animaliste, che vi convinceranno, se *voi* siete intelligenti, di abbandonarlo al più presto al vacuo autoconforto dei suoi preconcetti.

Capisci, caro Maurizio Costanzo Show, qual è il nocciolo del problema dell'animalismo? Il nocciolo è che l'animalismo si fonda sulla discriminazione razzista. Gli animalisti si ergono a difesa delle razze "elette" tra le specie viventi, secondo criteri che assomigliano molto al credo razzista che fu dei nazisti.

Una delle discriminazioni: *Non tutte le specie viventi meritano lo stesso rispetto.* Gli animalisti estremisti "eleggono" le specie viventi appartenenti al solo mondo animale. I Vegetali vadano a farsi friggere, come infatti avviene nella cucina cinese. Solo perché gli animali sono più simili a noi dei vegetali, vanno salvaguardati a dispetto dei secondi. A tutti gli animalisti estremisti dico solo una cosa: fra 50 o 100 anni sulla terra non esisterà che qualche albero sparso, non più giungle, non più boschi. Sarà invece sempre più pieno di buoi, visoni, polli e montoni. Solo se mai vietassero, in tutto il mondo, la pelliccia di visone, il visone, non più allevato, si estinguerebbe in un battibaleno. Pensate al genocidio degli alberi, ogni volta che lacerate un foglio di carta, ogni volta che gettate via decine di chili di giornali appena sbirciati. Ma io so che mi illudo. Non ci penserete, perché siete animalisti.

Altra discriminazione: *Non tutti gli animali vanno preservati:* Gli insetti, per esempio, morissero tutti non sarebbe poi male. Nessuna emozione uccidendo una mosca. Grandissima pena per il gatto al quale il monello tira la coda. La discriminazione razzista è spietata. Gli animali sono "eletti" e meritano di vivere se per esempio casualmente presentano il maggior numero dei seguenti caratteri: Occhi grandi, testa grossa in rapporto al corpo, fronte arrotondata, morbida peluria, arti brevi, naso piccolo e all'insù, guance paffute, orecchie grandi, voce acuta.

Perché?

Perché tali caratteristiche, se ci pensate, sono quelle proprie di ogni bambino umano. Ci piacciono gli animali nei quali istintivamente riconosciamo i caratteri tipici dei bambini piccoli, nei quali ritroviamo tutte quelle caratteristiche che ci fanno *piacere* i bambini piccoli.

E quali sono gli animali che hanno il maggior numero di queste caratteristiche? Il gatto, il cane, l'orsacchiotto, il panda, ma anche il canarino e molti uccellini. Non il verme, non il serpente, non il pesce. In piena analogia ai criteri nazisti, gli animalisti approvano o tollerano la morte degli animali considerati di razza inferiore, ed eleggono a razza superiore e quindi degna di vivere gli animali che rispondono a determinati requisiti estetici.

Qualcuno obietta che si vuole tutelare gli animali dotati di maggior intelligenza, quindi più in grado di comprendere la morte che ad essi si infligge? Ipocriti! Uno dei più intelligenti tra tutti i mammiferi è il ratto, e cosa ha fatto l'animalista che per le mie parole s'indigna, contro gli umani stermini di ratti? Quale animalista ha chiesto pari diritti per ratti e visoni?

Tra l'altro il ratto presenta tutte quelle caratteristiche estetiche che ne dovrebbero fare un beniamino di tutti. Si dice che è grosso, ma è più piccolo di un gatto. Si dice che è aggressivo, ma è una menzogna. I felini sono carnivori, aggressivi e crudeli, mentre topi e ratti sono onnivori e pacifici. Certo possono mordere se qualcuno cerca di ucciderli, ma come si può biasimarli? Il ratto ha tutte le caratteristiche per piacere, tanto è vero che cartoni animati e fumetti pullulano di eroi positivi a forma di topolini. Perché allora il ratto non piace?

Non piace perché non interpreta fino in fondo il ruolo del "bambino da coccolare", perché non si assoggetta al dominio dell'Uomo. Tutti gli animali non domestici sono animali incapaci di assoggettarsi al dominio dell'Uomo, e per questo l'Uomo li stermina ed estingue. Il ratto è particolarmente odiato perché non si assoggetta e contemporaneamente non si lascia sterminare ed estinguere.

Chi s'è mai commosso per la morte di una formica? I formicai sono strutture misteriose ed organizzatissime, come potrebbero apparire le nostre città ad un gigantesco extraterrestre che ci osservasse dall'altro. Gli scienziati concordano che le società delle formiche e delle api sono organismi che funzionano in modo intelligente, ma sono così diverse da noi che non ci capiamo niente. E non assomigliano ad un piccolo bambino umano, e quindi non ce ne commuove la morte.

Caro Maurizio Costanzo Show, la vita è una manifestazione della materia che ci appare affascinantissima, poiché ne facciamo parte, ed al livello più alto, secondo quelle che sono le nostre conoscenze attuali. Ma tutti i valori che assegniamo sono proiezioni dei nostri archetipi, dei nostri preconcetti, del nostro pensare per categorie. E tutti i limiti della coscienza che abbiamo di ciò che esiste e di ciò che vive, sono proporzionali allo spazio mentale di cui disponiamo.

I valori assoluti sono chimere, e chi li professa inganna sé e gli altri.

L'azione di proiettare i propri valori umani sul ciò che del mondo umano non è, ha un nome preciso: Antropomorfismo.

Gli animalisti sono i perfetti guerrieri dell'antropomorfismo. Non sono i soli, purtroppo. Oggi abbiamo parlato di loro. Chissà se si sono incazzati.

"Bayer, Pharmaceutical Products. Stiamo mandando a tutti i medici degli Stati Uniti una serie di materiali clinici illustrativi e una serie di campioni della nuova sostanza. Contro tutti i dolori, sedativa della tosse, per la cura dei tossicomani. AVRETE MOLTISSIME RICHIESTE. ORDINATE UN GROSSO QUANTITATIVO DAL VOSTRO FORNITORE. Scrivete per informazioni a: Farbenfabriken of Elberfeld Co., 40 Stone Street, New York."

1898 - Pubblicità della casa farmaceutica BAYER per il suo nuovo farmaco, l'"EROINA."[2]

PERCHÉ SI INIZIA A DROGARSI

C aro Maurizio Costanzo Show,

tu che hai sempre detto belle parole contro la regnante usanza di un buon 5% della popolazione giovanile italiana di infilzarsi le carni con una siringa per colmarsi il sangue di eroina, mi ascolterai di certo ora che mi accingo a confidarti la semplice spiegazione circa le cause di questo fenomeno che io ho dato a me stesso.

Caro Maurizio Costanzo Show, sei una Divinità Buona, dici cose buone contro la cultura della droga e quella della mafia, per Tuo trami-

---

2   Riportato da Guidi Blumir, "Eroina"

te ed attraverso di Te si specchiano gli opposti punti di vista e si forgia il mutevole telaio di simboli sul quale giorno dopo giorno si costruisce e si trasforma la società italiana... e potrei continuare con stronzate affini per ore e invece passo subito al dunque.

In parola povere: Perché i giovani si drogano? Perché non si drogano anche i vecchietti? Oppure soltanto i vecchietti? O i medici, che se vogliono la droga ce l'hanno anche a portata di mano? E perché non tutti i giovani si drogano? Perché non si è mai dato il caso di un calciatore di serie A che diventa eroinomane? Insomma, perché in alcune categorie di persone ci si droga ed in altre no?

Sì sì l'emarginazione la mancanza di valori e quelle cose lì... ne abbiamo sentito parlare migliaia di volte, ma continuiamo a dire a noi e agli altri che in fondo in fondo proprio non capiamo come uno possa decidere di iniziare a bucarsi, concludiamo che chi si buca sbaglia e basta, e quindi vuol dire che non abbiamo capito niente. Proviamoci a modo mio, con un approccio leggermente diverso dalla solita recitazione di quei due o tre concetti triti e ritriti.

Rendiamoci innanzitutto conto che l'essere umano è un organismo sociale. Al contrario di una pietra, che se la togli dalla spiaggia, dalla compagnia delle altre pietre, e la metti da sola nello spazio vuoto in orbita intorno alla terra, lì se ne sta buona senza lamentarsi né soffrire anche per cinque miliardi di anni (dopodiché il sole – a detta dei dotti – si espanderà inghiottendo e digerendo la terra e anche la nostra pietra), l'essere umano, se lo prendi e lo metti un po' da solo inizia quasi subito a soffrire. Al contrario della pietra, l'essere umano ha una vita sociale. Cosa significa? Vuol questo dire che all'essere umano gli piace andare alle feste nell'alta società? O anche in quella media? Anche.

In realtà vuol dire molto di più.

Il fatto che l'Uomo (e la Donna non è da meno) abbia una vita sociale significa che senza vita sociale non può vivere.

Cos'è allora la vita sociale?

Essenzialmente, la vita sociale è il fatto di fare qualcosa insieme agli altri. Se guardiamo più attentamente, vediamo che il concetto di vita sociale implica il fatto di fare qualcosa *per* gli altri. Attenzione: non sto cercando di contrabbandare nessun ideale pseudo-pio. Per gli altri agisce la crocerossina come per gli altri agisce il boia. Semplicemente, non stanno servendo gli stessi "altri". Robin Hood ruba ai ricchi, ma da ai poveri. Il tipico politico ruba ai poveri, ma da ai ricchi. Che l'essere umano sia un'animale sociale significa che *chiunque deve* essere utile a qualcun altro. L'assassino non è certo utile alla sua vittima, ma lo è al mandante. Il poliziotto non è certo utile al ladro, ma lo è al cittadino. Quando i poliziotti, i politici e i giudici non sono utili al cittadino vuol dire che sono corrotti, e allora sono utili ai corruttori. Talvolta il carnefice è addirittura utile alla sua vittima, come nei rapporti sado-maso-chistici (ed il film "Portiere di notte" di Liliana Cavani è di questo caso un sublime esempio). Ogni essere umano della terra, per sentirsi legit-timato ad esistere, deve essere utile a qualcun altro. Anche l'eremita, per sua decisione lontano da tutti gli esseri umani ha spesso legami con qualche animale, che colma il suo bisogno di sentirsi utile a qualcuno.

Quando un essere umano ritiene di non essere (più) utile a nessuno, avverte che la propria vita non abbia alcun senso e spesso commette suicidio.

Ma, specialmente quando si è giovani, prima di suicidarsi le si pro-va tutte. Quando si è giovani l'imperativo è quello di inserirsi nella società, trovare una o più funzioni da incarnare, e su di esse forgiare la propria ancora inesistente identità di individuo adulto, in sostituzio-ne della non più valida identità di bambino o adolescente. Le si prova tutte partendo dall'alto, dalle funzioni più elevate che appaiono alla propria portata. Si cercano buone amicizie, un buon lavoro, un buon rapporto sentimentale. Se non si trova niente e nessuno che mostri di aver bisogno di noi, si abbassano le pretese. Se anche abbassando le pretese si rimane soli e inutili, si cerca ancora più in basso, si scende e si scende e si scende, finché in fondo alla scala sociale, quando ormai, a causa dei numerosi insuccessi, l'amarezza e la rabbia regnano sovrane, ecco finalmente una microsocietà di altri arrabbiati e traditi che final-mente ti accettano, che finalmente hanno bisogno di te. Ecco i tossici ed ecco, soprattutto, gli spacciatori e gli invisibili narcotrafficanti remoti. Gli spacciatori hanno bisogno te, di te che sei senza funzione e identità e stai cercando entrambe. Hanno bisogno di te e tu, che sei senza iden-tità adulta, che non trovi nessun altro che ti dia un'identità adulta aven-do bisogno di te, che non trovi altri che si avvalgano della tua esistenza, tu, senza altra scelta, scegli l'unica scelta che hai.

Non è certo quella che ho fatto un'analisi completa del fenomeno droga. Vari altri approcci sono altrettanto validi. Ma li hanno già fatti altri e non mi è parsa questa la sede per ripeterli. Il mio è solo uno dei possibili modi di vedere ciò che avviene. L'ho qui esposto, umilmente, al cospetto della più potente delle divinità moderne. Che ognuno ag-giunga il mio punto di vista ai propri, poiché è soltanto raccogliendo dentro di sé il maggior numero di punti di vista che ognuno può avvi-cinarsi sempre di più alla sfuggente ed infinitamente distante perfetta comprensione delle cose.

Lettera numero undici

Restare giovani richiede la coltivazione incessante della capacità di disimparare antiche falsità.

Robert A. Heinlein

Dando uno scopo alla nostra vita, ne smorziamo la capacità emotiva. Se la nostra vita ha uno scopo viviamo per un minuto, per un giorno, per un anno, invece di vivere per ogni minuto, per ogni giorno, per ogni anno. Le varie fasi della vita ne costituiscono la bellezza. Vivere ognuna di quelle fasi vuol dire vivere intensamente.

Oscar Wilde

GIGI PICETTI

Caro Maurizio Costanzo Show,

confesso che conosco Gigi Picetti. Nato nel 1939, Gigi Picetti ha nell'istante in cui scrivo 55 anni, ed è un individuo unico in Italia. Innanzitutto è un genio-bambino, e come è sempre accaduto alla maggior parte dei geni-bambini, poche persone sono arrivati a comprenderlo nelle sue intime peculiarità, e tra di esse nessuna persona normale.

Gigi Picetti è celibe (*«Non ho mai commesso un matrimonio»*), povero di denari ma ricchissimo di giovani graziose fanciulle che amano orbi-targli intorno («*Non sono io ad avere successo con le giovani, sono le giovani ad avere successo con me*»), e nella cui orbita è talvolta costretto a pene-trare («*Chi giace acconsente*»), si è sempre tenuto alla larga dai lavori tediosi e ripetitivi («*mi spezzo ma non mi impiego*»), e da vari decenni è un vulcano in perenne eruzione d'idee, aforismi e battute originali, che non troverete laddove le formiche s'incazzano nè altrove nel mondo su carta stampata. Qualcuno obbietta che non può esser sublime autore di aforismi colui i quali aforismi mai nessuno si degnò di raccogliere nei libri preposti? A costoro rispondo superiormente con un pertinente aforisma di Gigi Picetti: «*Non tutti gli aforismi finiscono nei libri.*»

Gigi Picetti esiste intensamente, istante dopo istante, con vasta co-scienza del momento altrimenti fuggente.

Nacque morto, lontano da ogni ospedale. Il medico diagnosti-cò che non c'era speranza. Muto suggerimento: "Buttatelo pure via." L'ignorante donna che assisteva madre e dottore non se ne stette a tale sentenza. Maltrattò il cadavere di Gigi Picetti finché esso resuscitò. Gigi Picetti aveva iniziato a stupire.

Balzo spaziotemporale!

Nel 1970 Gigi Picetti passeggia per l'urbe con un grosso registratore a tracolla ed un paio di voluminose cuffie sul capo, ascoltando jazz, ed i passanti lo guardano come fosse matto; ha precorso i tempi inventando per sé il walkman vent'anni prima dei giapponesi.

Balzo spaziotemporale!

Nel 1977 Gigi Picetti giracchia per Roma ed infiltrandosi in salotti si mescola a Zavattini, Moravia, Ruggero Orlando, Nicolini, Reim e Di Nola.

Balzo spaziotemporale!

Nel 1975 durante il suo periodo parigino, Gigi Picetti carpisce in extremis gli ultimi attimi di vita di esseri umani selezionati tra i più significativi del nostro secolo: Jean Paul Sartre, Simone de Bovoir, Joris Yven, Michel Faucoult.

Balzo spaziotemporale!

Nel 1991, nel primo d'Aprile, Gigi Picetti inventa per gioco a Genova un partito politico e lo chiama PCS (Partito Centro Storico, nonché crasi ottimale tra PCI e PDS). È un successo! Prima pagina de "Il Secolo XIX". Articoli a ripetizione su tutti i quotidiani successivi. Migliaia di telefonate di iscrivendi. Articolo a piena pagina su "La Repubblica". Gigi Picetti si gode questa sua opera d'arte moderna finché – da vero artista – se ne disinteressa in scioltezza per dedicarsi ad una successiva creatura.

Balzo spaziotemporale!

Ancora infante, 1950, scarabocchia su foglio a quadretti il profilo di un'automobile monovolume a forma di bomba dimezzata. È la Twingo, 35 anni prima.

Balzo spaziotemporale!

Nel 1973 S'imbatte in Dario Fo e gli tocca fare per tre anni l'attore per lui.

Balzo spaziotemporale!

Nel 1983, per ripararsi da improvvisa pioggia durante un giro a Milano, s'intrufola assieme al sottoscritto in un palazzo a caso ove si stava svolgendo il convegno nazionale dei fotografi artigiani. Uno dopo l'altro i fotografi candidati alla presidenza della categoria si avvicendano sul pulpito, poco esprimendo nella lettura dei loro noiosi discorsi. Gigi Picetti si iscrive a parlare, improvvisa con travolgente oratoria scatenando consenso, e quando l'hanno pressoché eletto presidente dei fotografi italiani ha nel frattempo smesso di piovere e allora ce andiamo, così, semplicemente.

Balzo spaziotemporale!

Nel 1976 decide di chiamare Teatro dell'Archivolto un luogo strappato all'entropia, e lì propone, per la prima volta in città, la presenza di uno sconosciuto Benigni, e i films di un certo Fassbinder.

Oscar Wilde, liberato dai suoi due principali difetti – non conoscere l'italiano ed essere già morto – certamente si leverebbe il cilindro al cospetto di Gigi Picetti.

*La sola persona al mondo che vorrei poter profondamente conoscere
è me stesso, ma per il momento non ne vedo la possibilità.*

Oscar Wilde

*Di Roberto Quaglia si può dire qualsiasi cosa senza modificare mi-
nimamente il fatto che qualsiasi cosa si dica non modifica quel che
dice Roberto Quaglia.*

Gigi Picetti

IL COSIDDETTO ROBERTO QUAGLIA, A ME NOTO ANCHE COME ME STESSO

Caro Maurizio Costanzo Show,

parliamo ora di me, dell'autore di queste righe, di quelle che le hanno precedute e di quelle che seguiranno.

Confesso di conoscermi. La lunga convivenza con me stesso mi ha
aiutato non poco. La maggior parte delle volte che mi guardo allo specchio mi riconosco senza troppi problemi.

Sono registrato all'anagrafe con il nome di Roberto Quaglia, e mi risulta che è così che sono sempre stato chiamato, fin dalla mia nascita (*maggio 1962*). Il mio nome spiega però assai poco di me, considerando anche che non lo detengo in esclusiva. Benché non sia un fatto frequente, coesistono in Italia svariati "Roberto Quaglia", individui dall'identica etichetta pur nettamente distinti, molecolarmente, psicosomaticamente, esistenzialmente ed economicamente, uno dall'altro. A Genova siamo, per quanto mi sia noto, in due a venir chiamati così, e non ci siamo mai incontrati, sebbene io mi sia in varie occasioni imbattuto in individui che conoscevano personalmente il mio omonimo. Ma ciò è nullamente interessante, anche per me.

Quel che l'autore di queste righe ritiene di essere è argomento assai più interessante, se mi consentite questo sbocco di vanagloriosa esibizione d'introspezione.

Quel che l'autore di queste righe ritiene di essere è ovviamente una faccenda alquanto complessa, in difetto della qual cosa non potrebbe tal cosa dirsi una questione interessante.

Mi limiterò dunque a sfiorare soltanto il tema, materia assai più adatta all'autobiografia o all'assidua frequentazione della mia persona, che ad una lettera al Maurizio Costanzo Show.

In una lettera al Maurizio Costanzo Show, il grande totem della Società Televisiva Italiana, è brutto espandersi in polpettoni autoelogiativi. Bello è invece abbagliare con intermittenti lampi di sintesi.

Isaac Asimov, il grande autore di fantascienza, scrisse una serie di raccontini gialli chiamati "Il Club dei Vedovi Neri". I membri di tal club interrogavano ritualmente i propri graditi ospiti esordendo con la provocante domanda: «*Come giustificate la vostra esistenza?*» Uno dei molti significati impliciti in tal domanda era pressappoco: «*Quale funzione utile rivestite nella società umana?*»

In una vita si possono incarnare molte o poche funzioni, spesso anche in contraddizione una con l'altra, certo è che mai si è senza ruolo. Anche l'essere senza ruolo è un ruolo. Anche il suicida, perfetto esemplare di chi senta di aver perduto ogni proprio ruolo e funzione, in realtà si cala ossessivamente nel ben definito ruolo del suicida, indispensabile per riuscire ad uccidersi.

Giustifico io, di fronte a me stesso, la mia esistenza? La risposta è un mio fatto privato, ma la si può intuire. Chi abbia interamente giustificato di fronte a se stesso Il Proprio Esistere, perde interesse a cimentarsi nei giochi dell'Essere, e muore, o lietamente attende di farlo. Chi sappia di non avere giustificato per nulla la propria esistenza di fronte a se stesso, o inaspettatamente reagisce vigorosamente o più facilmente soccombe a tale consapevolezza, ma la sua morte o attesa di morte è assai meno lieta.

Ho lasciato dei segni, sto lasciando dei segni durante il mio percorso terreno?

Be', qualche segno macroscopico c'è, e per qualche tempo rimarrà. Ho scritto svariati libri, vergini ed inediti in Italia, ma in Romania sbocciati alla vita, editissimi e, soprattutto, vendutissimi. Ho per anni gestito la Panteca di Genova, locale originale d'incontro serale, fucina di artisti e fini pensatori, che tali forse non sarebbero diventati senza quel loro nido o covo che con cospicua fatica ho mantenuto in vita. Alcuni di essi sono inevitabilmente tracimati in alcuni Maurizi Costanzi Shows.

Altri segni di vita non vi riguardano, ma vi garantisco che li ho lasciati e tuttora li lascio.

Ho conosciuto e tuttora conosco personaggi di grande rilievo mentale. Trascurando di menzionare gli italiani, per non mortificare i sedicenti saccenti assenti dai miei elenchi, mi pregio di esibire la mia recente fitta e gustosa corrispondenza con Robert Sheckley, uno tra i migliori pensatori che la letteratura americana abbia mai prodotto, le inebrianti conversazioni con Jack Cohen, pirotecnico scienziato e scrittore inglese, le ricorrenti maratone speculative con Florin Munteanu, eclettico scienziato rumeno e mio grande amico, i fugaci ma ripetuti incontri con Norman Spinrad, John Brunner, Harry Harrison, Frederik Pohl, Gianluca Vialli... tutti questi nomi non vi dicono nulla, tranne l'ultimo? Ebbene, esso rappresenta l'unica bugia dell'elenco, e forse l'unico nome noto a chi legge. Non è colpa mia. Cosa vi aspettavate da me? Che in questo stringato simulacro di autobiografia menzionassi solo ciò che ai miei occhi poco importa ma che le mode imperanti e le tradizioni autobiografiche imporrebbero? Niente da fare! Mi tengo accuratamente alla larga dallo spiattellarvi quante lingue io sappia parlare, quali titoli di studio dovrei vantarmi di possedere o vergognarmi di non avere, quante e quali relazioni abbia consumato con l'altro sesso (o lo stesso? o *gli altri ancora*?), quali siano i particolari psicoanatomici del mio vivere quotidiano, di quello settimanale, mensile e annuale, quale sia il colore della mia pelle. E se io fossi negro? Voi cosa ne sapete? Non offendetevi se propriamente dico "negro" e non "extracomunitario". Chi usa la parola "extracomunitario" è generalmente un ingenuo o un coglione o entrambi, e non mi voglio sottrarre dal dirlo. Mia nonna è infatti un'extracomunitaria, o almeno, lo è stata fino a qualche giorno fa. Davvero! Sorpresi? Ma non è negra. È austriaca. Fino a pochi giorni fa l'Austria non faceva parte della comunità europea. Quindi lei è sempre stata un'extracomunitaria. Come i miei amici americani, ed i nostri nemici svizzeri (*amici? nemici?*). Chi usa la parola "extracomunitario" per descrivere un negro è generalmente un coglione della peggior specie, cioè un coglione ipocrita. Per il negro non cambia nulla, perché dopo un po' anche la parola "extracomunitario" diventa un insulto.

L'insulto non è mai in una parola, ma nella mente volgare di chi la usa. Solo che così non ci si capisce più niente e a finire insultata finisce per ritrovarcisi anche mia nonna, perché dato che è extracomunitaria deve essere negra per forza e vendere ciondoli sulle spiagge e che invece se ne torni a casa sua che piuttosto noi che non siamo razzisti la aiutiamo là in quel suo paese.

Ecco, mi sono distratto un attimo, e già questa autobiografia pare decisamente non esser più tale. Coerentemente allora la smetto, ricordandovi in chiusura i dati essenziali. Mi chiamano tutti Roberto Quaglia, e ho così finito per credere di avere il mio nome. Credo con intensità variabile di essere me stesso, anche quando credo di essere qualcun'altro. Credo comunque sempre di credere. Penso di pensare, e talvolta penso di pensare di pensare. Cerco di essere cortese con me stesso, anche se talvolta mi tolgo il saluto. Quando mi incontro per strada mi riconosco quasi sempre ed il più delle volte mi fermo a scambiare due chiacchiere con me stesso, sino a quando i miei discorsi mi vengono a noia e allora mi mollo promettendomi però di telefonarmi, il che però non faccio mai, anche perché so che troverei la linea occupata. Le barzellette che mi racconto non mi fanno più ridere perché le so già tutte. Quando non sono d'accordo con i miei discorsi mi mando a quel paese e poi mi parlo male di me, ma non mi do retta. Mi calunnio, ma non mi credo. Alla fine torno a frequentarmi con frequente frequenza. Sono vivo, ma non l'ho fatto apposta, anche se un po' me ne approfitto. All'atto di scrivere tutto ciò l'anagrafe mi considera trentaduenne. Talvolta mi diverto, altre volte no. Ma cerco comunque sempre di non annoiarmi, il che suggerisco di fare a tutti, poiché annoiarsi non è cosa poi tanto brutta, ma è noioso.

COMMESTIBILE: Buono da mangiare, sano e digeribile come un verme per un rospo, un rospo per un serpente, un serpente per un maiale, un maiale per un uomo e un uomo per un verme.

Ambrose Bierce

MANIFESTO FILOVEGETALE

Caro Maurizio Costanzo Show,

'Vantieri ho visto un vecchio documentario che da piccolo non mi aveva fatto nessun effetto, e da grande sono rimasto folgorato.

Subito c'era una pianta su un tavolo con attaccato il *lie detector* o macchina della verità. Dopo, un ricercatore le strappava una foglia e la lancetta dello strumento aveva un sobbalzo fino a raggiungere il fondo scala. Poi tutti (circa una ventina di persone) uscivano e rientravano ad uno a uno. Quando per penultimo entrava lo strappatore, di nuovo lo strumento sobbalzava fino a fondo scala.

Quindi la pianta non solo soffriva, ma era in grado di riconoscere il proprio feritore ed averne paura.

Modificato per sempre da tale esperienza, dopo un primo impulso umanitario... o meglio vegetalitario, che mi avrebbe spinto ad effettuare una carneficina di fruttivendoli, la ragione prevalse: meglio fondare il Movimento FILOVEGETALE che finire in gattabuia per fruttivendolicidio.

La ragione, alla lunga, ha sempre ragione, cioè ha se stessa.

Creare una corrente di pensiero antagonista soprattutto ai razzisti vegetariani e vegetalisti, che risparmiano gli animali per accanirsi contro le verdure, la frutta, i cereali, i legumi, le cucurbitacee, tutti individui che tentano come noi di conservarsi e di riprodursi.

Perché infatti amare il pollo e non l'asparago, entrambi esseri viventi con pari dignità? Perché graziare il vitello e il maiale per sterminare il miglio e l'orzo? Decimare la cipolla e difendere lo struzzo commestibile? Le radici di ogni razzismo risiedono nel rifiuto del diverso: più uno è differente da chi lo valuta ponendo se stesso come archetipo dell'essere vivente, meno suscita identificazione e solidarietà. Ecco allora una serie di progressivi slittamenti dell'identificazione:

1. Ha la pelle di un colore diverso dal mio, però ha orecchie occhi naso bocca mani e piedi come me. Parla la sua lingua in modo a me incomprensibile. Però fa la cacca come me. *"Vabbè."* (esempio: negro)

2. Ha quattro zampe, è coperto di pelo, ma sempre possiede orecchie occhi naso e bocca quasi come me. Non parla, però bela. E fa la cacca a pallini. *"Insomma..."* (es: caprone)

3. È tutt'occhi, rasato e con grande bocca. Chissà dove ha gli orecchi. Emette un suono sgradevole. Sputa e fa la cacca strana. *"Bleah...!"* (es: rospo)

4. È di forma allungata, striscia e si contorce. Chissà dove ha le braccia o almeno le zampe. È di carne come me, però viscida. Sta zitto, facendo la cacca continua. *"Che schifo!"* (es: lombrico)

5. Invece di parlare ronza, forse ha un pungiglione, non si sa da dove arriva, non è un'ape che ci produce il miele, a cosa serve? E poi fa poca cacca e la fa per aria. *"Schiaccialo! Schiaccialo!"* (es: insetto)

6. Non ha niente a che vedere con noi. Non ha orecchie naso bocca mani piedi dita, non è di carne, non è capace né di parlare né di fare almeno dei rumori. Non cammina. Non fa nemmeno la cacca. Come può soffrire come noi? *"Mastichiamola, dunque!"* (es: mela)

Ecco come proiezioni antropocentriche determinano scelte genocide a fini nutrizionali.

Ci sono cinici vegetariani che rifiutano persino il gorgonzola, materia senza vita propria e per di più puzzolente, per addentare avidi i teneri piccoli delle carote crude, appena strappati dalla culla dell'humus. Solo perché le nostre umane orecchie non percepiscono i vagiti di dolore delle carotine che pur gli strumenti tecnici registrano inequivocabilmente, noi partecipiamo impassibili a veri e propri olocausti vegetali. I contadini ricevono addirittura sovvenzioni dallo stato per allestire i loro campi di concentramento di verdure votate al futuro sterminio.

Mentre gli animalisti inorridiscono di fronte ad una piccola macelleria di quartiere o ad un alimentarista con salumi, percorrono invece indifferenti, anzi eccitati, i mercati generali, veri e propri obitori dove sono esposte le salme di frutta e verdura, che rantolano inudite perdendo le ultime gocce di linfa.

Abiezione e crudeltà! E quel che è più grave, verso il più diverso dei diversi da noi, cuspide di efferata discriminazione razziale, la pianta!

Ma la catena dell'orrore non si ferma qui!

Più i cadaveri vegetali sono morti da poco, più sono apprezzati e costosi.

Ci sono strumenti di tortura come la centrifuga che estraggono sangue di pianta per trangugianti Dracula vegetariani impuniti.

I bambini vengono addestrati a non aver rispetto per il mondo verde, condizionandoli con l'offerta di gelato alla fragola o al pistacchio, ma mai al coniglio o al capretto. È un'ingiustizia pazzesca, perpetrata con l'acquiescenza di chi si erge a sola difesa della parte animale della natura. Gli innamorati non offrono alle fidanzate mazzi di zampe di cigno, poiché le fanciulle inorridirebbero, ma i dolci occhi luccicano di gioia alla vista di mucchi di corpi di fiori, tranciati con le cesoie, e macabramente avvinti tra loro con giri di spaghi dorati, nastri e stagnola.

I grandi eroi e patrioti vegetali, come Amanita, il fungo velenoso e la sua compagna Cicuta, che hanno vendicato milioni di piante soppresse uccidendo solo qualche uomo qua e là, vengono dagli uomini perseguitati e sterminati per il solo gusto di uccidere, senza nemmeno addurre pretesti gastronomici. È un vero e proprio delitto politico. Cosa fa Amnesty? Tace? Solo perché al di là dei diritti dell'Uomo non esistono i diritti del Fungo?

Guardate l'animalista vegetariano che si impietosisce di fronte ad un piatto di bianchetti e si scaglia contro le stragi del novellame ittico, ma poi ingurgita giovanissimi cuccioli lattughini, dopo aver cosparso le loro ferite con sale olio aceto, limone e pepe.

Ed egli ancora rifiuta le mummie di maiale come prosciutto e salame, ma poi esita solo un attimo, e per soli dubbi organolettici, di fronte alle mummie vegetali come la mostarda e la frutta secca o candita.

Perché l'uovo no e la noce sì?

E, non solo nelle osterie, il latte no e il vino sì?

E quelli che mangiano germogli di soia e non pulcini vivi conditi?

Anche la terminologia è da mangiacadaveri: si masticano *cuori* di palma e di carciofo, *gambe* di sedano, *teste* d'aglio e *orecchiette* pugliesi con le *cime* di rapa.

Già prevista, e quindi scontata, è la reazione degli animalisti vegetariani, di fronte a questi capi d'imputazione, e quindi non la nominiamo neppure. Poveretti, lasciamoli crogiolare nei loro mal dissimulati sensi di colpa.

Non si può barare con l'inconscio personale, né soprattutto con quello collettivo.

Il Tempo, a suo tempo, s'incaricherà di vendicare tanti delitti a senso unico, e lo farà usando l'ampia patologia di quelle malattie volte a devastare la già triste terza età di coloro che si sono incaponiti in un'assurda alimentazione sbilanciata, pur sapendo di possedere un intestino con lunghezza e dotazione glandolare da onnivoro.

Il Tempo, grande ideologo del movimento filovegetale: fa vivere millenni le sequoie e un giorno solo le farfalle effimere.

Con tale Fondatore e Presidente Onorario, il Movimento Filovegetale chiama a raccolta i filovegetali di tutto il mondo per annunciare: *"Filovegetali di tutto il mondo, unitevi per combattere uniti a favore della causa comune!"*

Per ora molti non ci capiscono e molti altri sono addirittura sono contro di noi.

Ma alla fine, il Tempo ci darà ragione.

Nel cielo non vi è distinzione di oriente e occidente; gli uomini creano le distinzioni nella loro testa e dopo le credono vere.

Buddha

C'è gente che non è mai giunta ai concetti, perché è rimasta ferma ai preconcetti, come non è mai giunta al giudizio, restando nel pregiudizio

Gigi Picetti

PRECONCETTI E DISCRIMINAZIONE

Caro Maurizio Costanzo Show,

si ha un bel dire che avere dei preconcetti è male, ma, appunto, si ha un bel dire e basta e anzi, in tal dire – se vogliamo andare in fondo alla questione – v'è anche assai poco di bello.

L'essere umano vive infatti grazie ad una visione del mondo costituita per lo più da preconcetti.

La nozione stessa che avere dei preconcetti sia un fatto negativo, è essa stessa un preconcetto.

Ma cos'è un preconcetto?

Dal dizionario Gabrielli: *"Preconcetto: Che è concepito nell'animo prima di essere stato conosciuto, considerato, sperimentato, in modo da creare pregiudizio, da vietare un giudizio sereno della realtà."*

Come si vede, il preconcetto *non è* il pregiudizio, ma è di esso invece eventualmente la causa. Si noti come anche nel dizionario Gabrielli si accenni al significato negativo del termine (...*vietare* un giudizio *sereno*...). Il dizionario Gabrielli, definendo il preconcetto, è vittima esso stesso di un preconcetto, dal che consegue, in virtù della definizione che esso stesso attribuisce alla parola "preconcetto", che il redattore del dizionario ha definito tale concetto senza averlo prima conosciuto, considerato, sperimentato, in altre parole compreso, riportandone invece il significato popolarmente più diffuso, in altre parole il preconcetto.

Pensare che in Australia vivano i canguri è un preconcetto, per ogni persona che non sia mai stata in Australia. Anche l'idea che l'Australia esista è un preconcetto, per chi non ci sia mai stato. Chi ci garantisce che l'esistenza dell'Australia non sia soltanto una leggenda infondata? È opinione diffusa che l'Australia esista, ma finché uno non ci va, quella sua opinione è un preconcetto.

Non c'è nulla di male in questi preconcetti. In realtà non c'è nulla di male nei preconcetti in generale. Il 99% delle nostre cognizioni sono in realtà preconcetti. Anche il concetto che Marilyn Monroe sia sessualmente appetibile è un preconcetto. In realtà è morta, sepolta e decomposta e quindi tutt'altro che sessualmente riutilizzabile. Anche il concetto che fosse sessualmente appetibile *quando era viva* è un preconcetto. Abbiamo giusto visto qualche sua truccatissima immagine bidimensionale in movimento, senza neanche udirne la voce (doppiata). Per quello che ne sappiamo noi puzzava, ed il suo alito poteva evocare l'impressione di un distillato di calzini marci. Per quello che ne sappiamo tutte le sue foto e tutti i fotogrammi di tutti i suoi film sono abilmente ritoccati per farcela sembrare arrapante. Non l'abbiamo conosciuta e sperimentata, questa è la verità, ogni opinione che abbiamo di ciò che lei fosse è un preconcetto.

Se uno proprio non sa cosa fare, può sedersi ad una scrivania o altrove ed elencare su un foglio di carta tutti i propri preconcetti che gli vengono in mente, cioè tutte le cose che ritiene di sapere pur non avendo mai avuto occasione di verificarle, sperimentarle, farne esperienza in prima persona. Non ho idea a che cosa possa servire fare ciò, ma se a qualcuno viene davvero voglia di farlo, lui/lei saprà cosa gli/le servirà.

Se allora i preconcetti non sono niente di male, cosa serve sapere cosa sono? E perché ne stiamo parlando?

Be', tanto per iniziare per restituire la dignità perduta al concetto di preconcetto, incolpevole vittima di se stesso, cioè di un preconcetto.

E tiriamo adesso in ballo un'altro vocabolo vittima di un atroce preconcetto: *"Discriminazione"!*

Ci hanno insegnato che discriminare è male. Ci si dice solidali con le cosiddette "vittime della discriminazione". Si parla nei telegiornali di "gravi fatti di discriminazione". La parola "discriminazione" è spesso associata a "intolleranza", come se significassero qualcosa di simile.

Il dizionario Gabrielli dice: *"Discriminazione: L'atto e l'effetto del discriminare, distinzione, differenza."*

e ancora: *"Discriminare: Far differenza o distinguere tra persone e cose; differenziare, distinguere."*

Nulla di negativo è contenuto in tal vocabolo. Che la discriminazione sia qualcosa di negativo in sé, è un preconcetto. Chiunque ritenga che "discriminare" sia *male*, ha adottato tale preconcetto, dal che consegue, in virtù della definizione del Gabrielli di "preconcetto", che tal persona non ha mai conosciuto, considerato, sperimentato, il reale significato della parola "discriminare".

E discriminare, cioè distinguere, riconoscere differenze, è invece essenziale nella vita di chiunque.

Ed è importante imparare a discriminare coscientemente, lucidamente, soprattutto riguardo ai preconcetti, cioè quella gran massa di convinzioni che non sono frutto dell'esperienza, della propria sperimentazione, di una conoscenza approfondita, delle necessarie verifiche. Bisogna prendere coscienza dei propri preconcetti e tra essi discriminare, separando i preconcetti utili da quelli dannosi, quelli sensati da quelli dissennati. È utile e sensato avere il preconcetto che l'Australia esista, anche se non ci si è mai stati, perché a questo modo si può eventualmente prendere in considerazione l'opportunità di andarci in vacanza. È dannoso e dissennato avere il preconcetto che i negri sono una razza inferiore, perché ci si crea dei nemici che nemici altrimenti non sarebbero, e si incentiva e legittima nel contempo altri individui a sviluppare lo stesso preconcetto nei nostri confronti.

In sintesi, la via della saggezza e quella di imparare a discriminare *tra* i propri preconcetti, e non *in base* ai propri preconcetti.

Tutto questo polpettone intendeva introdurre qualche divagazione circa il diffuso preconcetto della morte. Ne parleremo, caro Maurizio Costanzo Show, nella prossima lettera.

FEDE: Credere senza prove a ciò che ci viene detto da uno che parla senza cognizione di causa di cose senza paragone.

Ambrose Bierce

COS'È LA MORTE?

Caro Maurizio Costanzo Show,

uno tra i più diffusi preconcetti è che la morte sia qualcosa di negativo. Santa Madre Chiesa ci suggerisce anche un preconcetto opposto, ossia che la morte sia in realtà l'inizio della vera vita, e che quindi, intrinsecamente, la morte sia *bene* anziché *male*. Ma poi, Santa Madre Chiesa si sputtana completamente quando l'attuale papa, colpito da malattie della carne, non si volge fiducioso alla Santa Provvidenza, bensì al laico Policlinico Gemelli, ospedale terreno assai. Mentre piloti di Formula Uno mettono ad ogni Gran Premio la loro vita nelle mani di Dio, mentre dittatori spietati fanno altrettanto concedendosi perigliosi bagni di folla potenzialmente ostile, il Papa non osa neanche mostrarsi ai suoi fedeli senza la macabra bara protettiva di cristallo trasparente stabilmente sita sulla sua vettura fuoriserie, dimostrando così d'avere

meno fiducia nella protezione divina di quella che hanno piloti e dittatori, ed esibendo inoltre un'evidente iper-preoccupazione nei confronti
di quel famoso salto, a parole sempre decantatissimo, verso la Vera Vita
del Regno Dei Cieli.

Ma non volevo scrivere questa lettera per far pubblicità al Papa.
Volevo mettere a nudo, per quanto sia nelle mie possibilità, il fatto che
il valore negativo assegnato alla morte sia un preconcetto, o qualcosa
del genere.

Sappiamo che non viviamo per sempre. La nostra vita non è infinita,
bensì finita. Essa ha dei limiti. Quali sono? Il limite al quale pensiamo
sempre è quello che chiamiamo "Morte". Dopo tal limite, noi non ci
siamo. È questo però l'unico limite assoluto della nostra vita? No, ce n'è
un'altro. Anche nella direzione opposta c'è un limite, prima del quale
noi non ci siamo. Chiamiamo tal limite "Nascita". Morte e nascita in
realtà non esistono, sono concetti che non hanno senso, tanto è vero
che gli uomini (e anche parecchie donne) non si sono mai riusciti a
mettere d'accordo su ciò che esattamente significhino. Per alcuni la vita
umana inizia all'atto del concepimento. Per altri ciò avviene ben nove
mesi dopo. Io addirittura sostengo che la vita "umana" inizi ancora
dopo, quando il bambino non sia più un tropismo del tutto privo di
spazio mentale, ed acquisisca il linguaggio umano e con esso, finalmente, la coscienza e la capacità di ricordare, *coscientemente*, il passato.
Anche sulla morte vi sono alcune dispute. A parte chi a parole si dice
convinto che la morte sia in realtà l'inizio di una nuova vita più bella
(e allora perché non cerca di morire in fretta?), c'è chi dice che la morte
non esiste perché quando ci siamo noi, lei non c'è, e quando c'è lei, non
ci siamo più noi.

Gli esseri umani pensano: *Nascere è bello. Morire è brutto.* Ma entrambi sono confini della vita, in egual misura. L'unica differenza è che pensiamo che la nascita non ci può più succedere, mentre la morte ci succederà. Questa è una conseguenza del fatto che ricordiamo il passato, ma
non il futuro. Ovvio, penserà chi ora mi sta leggendo. No, non è ovvio,
penso non soltanto io, ma anche uno dei più grandi scienziati viventi
"Stephen Hawking".

Nel suo ben noto libro "Dal big bang ai buchi neri" (impropria traduzione del titolo originale inglese *"A brief history of time"*), Hawking
introduce il concetto di "freccia psicologica del tempo". Non andrò nei
particolari per due importanti motivi: il primo è che chi ha deciso di
leggere ciò che ho scritto io anziché ciò che ha scritto Hawking avrà i
suoi buoni (o pessimi) motivi. Il secondo motivo è molto più valido,
ed è costituito dalla mia inadeguatezza ad andare nei particolari in un
campo dove ci farei subito delle gran brutte figure. Citerò quindi solo
una frase di Hawking: *"Le leggi della scienza non distinguono tra passato*

e futuro". Noi lo facciamo, perché la cosiddetta freccia psicologica del tempo è rivolta *dal* passato *verso* il futuro. Ma in senso assoluto (o, se non vi piacciono gli assoluti, in senso scientifico, o matematico), c'è totale equivalenza tra passato e futuro.

Il fatto che il passato sia già successo ed il futuro debba ancora succedere sono nostre categorie di pensiero. Secondo gli scienziati, da Einstein in poi, tutto ciò che esiste è l'universo, cioè una "bolla" spazio-temporale finita, che comprende tutto lo spazio e tutto il tempo che ci sono stati, ci sono e sempre ci saranno.

Usiamo una metafora semplice. Tutto ciò che esiste è racchiuso dentro un libro. Ovviamente, esso esiste tutto contemporaneamente. Quando leggiamo il libro, ci pare che il tempo scorra, le persone prima nascano e poi muoiano. Ma se leggiamo dieci volte di seguito la pagina dove c'è uno che nasce, quel poveretto per noi nasce dieci volte, pur essendo però sempre vivo una volta sola. Dopo che uno è morto, possiamo agilmente tornare indietro di qualche pagina ed ecco che è di nuovo vivo, pur essendo già morto nel futuro del libro. Oppure possiamo leggere cento volte il libro dall'inizio alla fine e per cento volte ci pare che gli avvenimenti in esso contenuti assumano vita e si consumino. Od invece, con un po' di fatica, possiamo leggere il libro al contrario, ed ecco che dalla morte sorgono i vivi che poi spariscono al momento della nascita e così via, fino all'inizio dove tutto termina. Qualsiasi cosa noi si decida di fare, il libro continua a contenere tutto ciò che nel libro è accaduto, accade ed in futuro accadrà. Se non avete dimestichezza coi libri si può fare lo stesso esempio con un film. Ecco, l'universo è in questo senso come un libro o un film, che però noi possiamo leggere o guardare (o meglio *vivere*) soltanto per un verso. E questa sarebbe la freccia psicologica del tempo. In realtà, a prescindere dal nostro punto di vista obbligato, tutto il tempo esiste contemporaneamente insieme a tutto lo spazio di cui è tutt'uno, per cui nulla in realtà svanisce od appare, poiché tutto contemporaneamente e stabilmente <u>è</u>, in quest'ipotetico Gran Libro dell'Universo.

Adesso mi sono perso in questi discorsi quando invece volevo concentrarmi sul preconcetto che la morte sia qualcosa di negativo. Parleremo allora ancora di morte nella prossima lettera, se non morirò prima, o se non morirete prima voi.

*La morte è un concetto illusorio. Nessuno "muore". Ciò che ad
ognuno prima o poi accade è il fatto che definitivamente smettano
di accadergli delle cose.*

Roberto Quaglia

LA MORTE NON È CIÒ CHE PEN-
SIAMO CHE SIA

Caro Maurizio Costanzo Show,

c'è tutta una categoria di persone, che racchiude tutta l'umanità, che
non capisce assolutamente che cosa LA MORTE sia, soprattutto se si
convince di averlo capito. In questa categoria naturalmente rientro anch'io, come si sarà ben potuto comprendere leggendo la mia lettera di
ieri. La prova dell'incomprensione di ciò che la morte sia ci viene data
dalle persone stesse che non lo capiscono, appena glielo si chiede. La risposta sarà sempre una metafora, mai neanche lontanamente la cosa in
sé. I più campagnoli risponderanno che la morte è *ritrovarsi in un giardino fiorito tutto pieno di ruscelli ed un sacco di frutta, nonché angioletti svo-
lazzanti, un anziano barbuto Dio sornione che ogni tanto si affaccia sorridente*

dal suo preferito squarcio tra le nubi e non dimentichiamo la scritta EDEN sul portone d'ingresso. A chiunque sia così campagnolo da raffigurarsi il proprio dopomorte così non ha senso rispondere in alcun modo. Tutti gli altri capiscono facilmente che si tratta di una metafora molto semplice. A costoro piace o piacerebbe stare in giardino a godersi ciò che ci si gode stando in giardino, e allora cosa c'è di meglio che convincersi che lo faranno per tutta l'eternità?

In realtà, ognuno che creda all'esistenza del paradiso si è convinto che il paradiso *debba* essere come lui (o lei) ha deciso che il paradiso debba essere. Ognuno è infatti, sotto sotto, il Dio del proprio paradiso. Che paradiso sarebbe, se non fosse proprio come noi lo vorremmo? Poiché ognuno di quelli che crede nell'esistenza del paradiso ha una visione tutta sua di come il paradiso sarà, è evidente che almeno tutti tranne uno si sbagliano (oppure c'è un paradiso su misura per ciascuno? Ma se è così, ogni paradiso ospiterà soltanto una persona sola, oltre ovviamente Dio che è ubiquo. Non sarà noioso, alla lunga?), o forse – più ragionevolmente – si sbagliano addirittura tutti.

Abbandonando i classici paradiso, inferno e purgatorio, di cui già fin troppo si parla, esistono innumerevoli altri modi di raffigurarsi la vita dopo la morte, oppure, più semplicemente, la morte.

La morte può venir vista come un "passaggio" verso una nuova condizione, come una "liberazione" da qualcosa, come una "comunione" con qualche cos'altro. Bene, se ci pensate converrete senz'altro che si tratta di metafore e nulla di più. Avendo esperienza di "passare" in vita da una condizione all'altra, estendiamo tale esperienza al fenomeno di morire, e descrivendolo come un "passaggio" ci illudiamo di saperne a questo modo più di prima. Ben sapendo quale sollievo ci dia la "liberazione" da qualcosa che ci opprime, suona bene alle nostre orecchie che tale esperienza possa applicarsi alla morte. Ricordando quanta gioia abbiamo provato durante l'intima "comunione" con una persona cara o con un'idea astratta idealizzata, ci piace raccontarci che la morte debba essere proprio una faccenda di tal genere.

Se molte persone riescono ad evitare le rappresentazioni più kitsch e banali, nessuno, nessuno, nessuno, pensando alla morte, riesce a sfuggire alla metafora, dimostrando così di non stare pensando in realtà alla morte, ma a qualcos'altro. *Tipico della metafora è di significare una cosa per l'altra.* Se infatti dico ad una donna "Le tue labbra sono petali di rosa", non spiego affatto che cosa siano le sue labbra, ma alludo soltanto al fatto che esse siano morbide come petali di rosa. Fortunatamente tutti sappiamo cosa siano delle labbra, poiché ognuno di noi ha visto, toccato e forse anche baciato almeno un paio di labbra. Ma se spiegassimo ad un extraterrestre intelligentissimo ma senza labbra (per esempio un extraterrestre a forma di carciofo), che le labbra sono "petali di rosa", esso crederebbe di avere capito cosa sono delle labbra (poiché, essendo un carciofo, ha qualche esperienza di fiori e petali), ma noi sappiamo che in realtà avrebbe capito qualcosa di completamente sbagliato. Penserebbe che le labbra *sono* i petali. Nulla di più erroneo!

Allo stesso modo, quando una persona pensa alla morte come alla "pace eterna", come ad un "meritato riposo", come a "trovare la propria quiete", evidentemente fa uso di metafore che non dicono della morte più di quanto i petali di rosa spieghino delle labbra al carciofo extraterrestre. Soltanto perché un cadavere non si muove per nulla, così vagamente somigliando (ma solo vagamente) ad una persona che si stia riposando, riteniamo lecito convincersi che la morte SIA un riposo eterno. Se ci tenessimo il cadavere in salotto (o meglio, in camera sua) per sei mesi, e lo vedessimo ed odorassimo decomporsi in vermi e quindi trasformarsi in mosche, forse cambieremmo la nostra metafora (ed immagine mentale) circa la pace eterna.

In realtà, quando qualcuno muore, non esiste più. Ma anche questo non è corretto. O qualcosa esiste o non esiste. "Non esistere più" non è una categoria di esistenza. Noi definiamo morta una persona della quale percepiamo sussistere tracce di memoria nella nostra mente. Se queste tracce non ci sono o svaniscono, quella persona non è morta, per noi. Semplicemente, essa NON È. Non esiste. Non esiste, né è mai esistita, né esisterà mai.

Ricordo che da bambino ebbi, in varie occasioni, una coscienza intensissima, muta, senza parole, di ciò che la morte significasse, e si trattava di un concetto inesprimibile e terrificante. Mi è assai difficile (ma non impossibile), da adulto, ritrovare la stessa agghiacciante consapevolezza. Ho in mente troppe metafore, circa la morte, che dandomi l'illusione di meglio capirla in realtà mi allontanano dalla comprensione di ciò che essa sia. Da bambino, evidentemente, subivo in misura minore l'inquinamento metaforico, e mi era così possibile avvicinarmi maggiormente all'archetipo della morte.

La maggior parte delle persone mature o anziane smettono di preoccuparsi o di soffrire al pensiero di dovere morire, avendone ad esempio accettata l'ineluttabilità. È un'osservazione che mi da sollievo, poiché potrebbe accadermi di diventare anziano anch'io. Ma mi da anche da pensare. La morte è la morte, a qualsiasi età. Perché spaventa mediamente di più da giovani che da vecchi? La risposta è che con il passare degli anni e dei decenni, le metafore che si sostituiscono ad un'inquietante comprensione di ciò che morire significhi, si fortificano e si radicalizzano. Sommerso di metafore, l'agghiacciante archetipo della morte scompare alla vista, per sempre, fino alla morte. Il preferito argomento della maggior parte degli ultraottantenni sono le ultime notizie sul fronte della morte. Parlano tra loro di chi sia appena morto e di chi stia per morire. Oggi ci siamo, domani chissà. Tutto ciò con grande calma e normalità, come se anziché di andare a morire si parlasse di andare a fare... un viaggio.

Adesso fate un bell'esercizio. Provate a pensare alla morte, e pensate a ciò che pensate che la morte sia. È una metafora? Cioè, si tratta di una visione che trae origine dalla vostra esperienza... terrena? Allora è sbagliata. In effetti non può essere altro che sbagliata. Se avrete eseguito correttamente l'esercizio, dovreste iniziare a sentire già i suoi primi effetti. Una certa inquietudine, forse addirittura ansia, certamente non una sensazione di piacere. Ah, a proposito: vi sarete accorti che questo non è uno di quei tipici saggi *psicologici* tipo *"La vita nelle tue mani"* o *"Perché suicidarsi? Non fatelo!"* che vorrebbero a parole risolvere tutti i vostri problemi. Qui sto innegabilmente cercando di aumentare, a parole, la quantità dei vostri problemi. Tuttavia, poiché la totale e definitiva assenza di problemi, per quanto ne sappiamo, è tipica soltanto della morte, mi sembra di non farvi un eccessivo dispetto. Tra l'altro, detto tra noi, non so neppure chi siate, ovvero chi sia in effetti colui o colei a cui mi starei rivolgendo. Non percepisco di rivolgermi a qualcuno in particolare. Ma chiunque sta ora leggendo queste righe è incontrovertibilmente la persona in particolare alla quale indubbiamente mi sto rivolgendo. Prima di essere detestato più di quanto mi vada bene di esserlo, mi sento in dovere di suggerire a chi si sentisse danneggiato dall'esercizio da me appena proposto, l'antidoto agli effetti collaterali di quanto io scrivo: Accendete la televisione, vagate un congruo numero di minuti tra i canali col telecomando, poi guardate, ad oltranza, quello che c'è sullo schermo, fino alla scomparsa dei sintomi. Funziona sempre. Quando io stesso riporto dei danni dalla lettura di ciò che talvolta scrivo, ricorro con successo a questo ormai antico antidoto, una vera panacea contro le patologie del pensiero.

In conclusione: Qualsiasi metafora noi si adotti per raffigurarci la morte, siamo certamente in errore. Tra tutte le metafore immaginabili, ve n'è però una che un po' di attinenza oggettiva con il passaggio dall'esistenza alla non esistenza ce l'ha, e si tratta della nascita. Immaginando di percorrere all'indietro la nostra vita, essa cessa al momento della nascita. Chi si ricorda l'istante della propria nascita? L'istante della nostra morte ci farà probabilmente lo stesso identico effetto della nostra nascita, ovvero nessuno. È logico pensare che dopo morti ci sentiremo esattamente come prima di nascere. Come vi sentivate, durante tutta l'eternità intercorsa dall'origine dei tempi fino al momento della vostra nascita?

Ci sono persone che non sono mai morte. Noi, per esempio.

Gigi Picetti

NON CI CREDO MICA TANTO ALLA MORTE

Caro Maurizio Costanzo Show,

per fortuna, dico io, che ci sono anch'io. Chi sono io? Ah, già, io sono sempre quell'altra faccia della stessa persona che ti scrive tutte le lettere che sembrano intelligenti e forse lo saranno anche. Per fortuna che ci sono io, perché se io non ci fossi, vorrebbe forse dire che sono morto, e questo mi sembra di avere capito era il succo delle lettere precedenti.

Bella forza, dico io, scrivere tutte quelle cose sulla morte, che tanto non possono essere controllate. Va be' che ogni tanto sono intelligente (cioè lo sarebbe quell'altro con cui divido il corpo dato che siamo la stessa persona perché abbiamo una sola carta d'identità), ma ogni tanto me ne approfitto. Non è giusto che chi è intelligente si approfitti di chi lo è di meno. Questo qua, che purtroppo sono un po' anch'io, si diverte a spaventare tutte le persone timorate raccontandogli in tutti quei modi che poi alla fine devono morire per forza e completamente.

Ma lo sapevamo già che è possibile che alla fine si muore. Con quale diritto lui ce lo ricorda a tradimento, quando noi magari stavamo pensando a qualche bella manza che magari forse ci sta e ce la dava, e invece che goderci questo bel pensiero adesso ci tocca preoccuparci che chissà quando poi moriremo di sicuro e completamente?

Per fortuna che ci sono però io, che anch'io so parlare di questa cosa ufficialmente orribile (la morte), senza per questo spaventare tutti così sadicamente. Così adesso ti mando questa lettera sulla morte, per farmi perdonare che non sono sempre così saggio come adesso che per fortuna non sono intelligente, o almeno spero di non esserlo perché uno così in famiglia basta e avanza (specialmente se la mia famiglia è composta da io soltanto, come mi hanno garantito all'anagrafe, anche a fini tributari).

Tanto per iniziare, smettiamola di dire che moriamo tutti e di qui e di là. Ci sono persone che non sono mai morte. Io, per esempio non l'ho mai fatto. Me l'ha spiegato Gigi Picetti, che è una persona intelligente come quello là che sono io quando lo sono, ma più umano, soprattutto su quello che riguarda le cose dell'animo. Ho paura che non conoscete quel Gigi Picetti e mi dispiace. Ma questo è un altro discorso e allora non lo faccio.

Io allora quella cosa lì di morire non ci penso neanche ad averla mai fatta – ci mancherebbe! E neppure voi, sono convinto, l'avete mai fatto. Io non conosco proprio nessuno che lo abbia fatto. Tutti quelli che mi è parso che lo abbiano fatto poi hanno smesso di farsi vedere in giro e allora non li conosco più. Quella cosa lì di morire deve proprio portare sfiga, o forse è solo un sistema che la gente usa per non farsi più vedere da me e per smettere di conoscermi.

Ma forse anche questo fatto che la morte porta sfiga è tutta una superstizione. Anch'io, quando ero più piccolo e inesperto, mi dicevano che portavo sfiga, forse perché non ero sempre così pronto a dire le cose che dovevo dire nei momenti giusti e alla gente ci è piaciuta credere che ero completamente scemo e nessuno si accorgeva che oltre a me c'era dentro di me anche quell'altro intelligente che infatti ora ti scrive tutte le lettere interessanti che hai già letto tranne che quella maligna sulla morte che mi da fastidio anche a me.

Scusami se faccio le frasi così lunghe. Non è perché sono intelligente, anzi, ma perché mi dimentico di finirle (le frasi), e quando finalmente mi decido di metterci un punto e mi accorgo che sono così lunghe non ci penso neanche ad accorciarle che poi mi tocca buttare via qualcosa che ho scritto con tanta fatica e che con un po' di fatica a sua volta chiunque può benissimo leggere lo stesso.

Direi allora che è una discriminazione dire che la morte porta sfiga, anche per via della mia esperienza personale (con la discriminazione e la sfiga, non con la morte).

È che proprio non riesco ad immaginarmi cos'è, e allora come faccio ad averne paura, se non so nemmeno cos'è? Non conosco nessuno che sia morto, non sono mai morto, e perché mi dovrei preoccupare? Eppoi arriva quello là che sarei io intelligente e mi viene a cercare di convincere che questa cosa della morte è un mio problema.

Ho già visto dei cadaveri di persone che conoscevo, ma non mi hanno fregato! Era ovvio che non erano loro (quelli che conoscevo). Infatti, quelli che conoscevo erano di sicuro vivi, potrei giurarci, mentre quei cadaveri erano morti. C'era una vaga somiglianza, e allora? Mica perché uno assomiglia a un altro poi è automaticamente quell'altro davvero! Tanto per iniziare, i cadaveri che mi volevano convincere che io conoscevo, non avevano nessuna delle espressioni dei miei conoscenti. Accidenti! Ditemi se è poco! E poi io sarò scemo, ma non imbecille. Io ammetto che quelli erano probabilmente i cadaveri di persone che conoscevo, ma non ammetto che conoscevo quei cadaveri! Io quei cadaveri proprio non li conoscevo! Non li avevo mai visti. Li conoscevo quando erano le persone che conoscevo, ma non quando non erano più le persone che conoscevo per invece essere i cadaveri che non conoscevo!

Ho anche fatto delle prove. C'era il cadavere di Toni, per esempio. Io conoscevo Toni. Tutte le volte che gli dicevo "Ehi Toni!" lui mi rispondeva "Cazzo vuoi?". E allora ho fatto la prova e ho detto al cadavere di Toni "Ehi Toni!", e lui non mi ha risposto "Cazzo vuoi?". Non era Toni. Ne sono sicuro. Toni mi avrebbe risposto "Cazzo vuoi?". Non aveva neanche l'espressione strafottente di Toni. Gli ho dato un pizzicotto e non ha reagito. Toni mi avrebbe dato subito un cazzotto. No, no, tutti quelli che volevano convincermi che quel cadavere era Toni li ho mandati a quel paese. Quello era probabilmente il cadavere di Toni, ma lui non c'era. Allora mi hanno detto che se lì c'era il suo cadavere, voleva dire che Toni era morto. Eh no, gli ho detto io. Qui c'è il cadavere di Toni, è vero, ma Toni non c'è. Come fate a sapere cosa gli è successo? Mi hanno detto che dato che è morto non lo vedrò più. Chi lo sa? ho risposto io. Io conosco Toni, ma se non lo vedo più, prima o poi non lo conosco più, anche perché se magari riappare fra vent'anni non lo riconosco più di sicuro, dimostrando che se non lo vedo poi smetto di conoscerlo. Io conosco Toni vivo, finché lo vedo, ma non conosco Toni morto, anche se hanno provato a presentarmi il suo cadavere.

Date allora retta a me. Questa storia che tutti muoiono è anche vera ma mi sembra terrorismo. Non sono mai morto. Non conosco nessun morto. I cadaveri non sono certo vivi, quindi perché fare finta che lo sono? Non date retta ai sapientoni che vi spiegano cosa succederebbe a voi quando siete morti

Il bello di Genova è andarsene

Gigi Picetti

GENOVA

Caro Maurizio Costanzo Show,

parliamo oggi di Genova. Non ne parla mai nessuno, in Italia, ed è un peccato, perché ci sarebbero a riguardo moltissime cose di sublime cattiveria da dire. Genova è una grande città, più di Venezia, Firenze e Bologna. Patisce però di una cronica emarginazione dal proscenio dell'attenzione nazionale, emarginazione di cui sono rei i genovesi stessi. I genovesi sono infatti dei veri e propri prìncipi dell'emarginazione, ma non della solita e tipica emarginazione dei più poveri e derelitti, così diffusa in tutta Italia e in tutto il mondo. Genova è maestra ad emarginare i propri cittadini più vivi. Ma non per cattiveria. Infatti, più che in ciò di cui s'è appena detto, Genova è perfetta nell'assurdo gesto di emarginare addirittura sé dal mondo. Fin dalle sue origini separata dal resto della società dal mare e dai monti, Genova se n'è separata anche a livello mentale (e come avrebbe potuto essere altrimenti?). Adagiata come pochissime altre metropoli sulle colline affacciate sul

76

mare, offrendo così di sé uno spettacolo unico che non viene mai a noia, situata in mezzo ad una delle più belle riviere del mondo, Genova è miracolosamente riuscita ad evitare il 100% dei milioni di turisti di tutto il mondo che incessantemente si muovono lasciando dietro di sé una scia di denaro e di benessere. La locazione geografica di Genova è uno dono che poche altre città nel mondo potrebbero vantare. Il clima d'inverno è tra i più miti d'Italia e d'estate il più ventilato. Senza in passato far nulla di clamorosamente sbagliato o appena qualcosetta di giusto, Genova potrebbe ora essere la *Miami* d'Europa. Immaginate, immaginate una spiaggia che vada da Vesima a Nervi, interrotta soltanto dal più grande porto turistico del mondo, con centinaia e centinaia di alberghi per tutte le tasche stracolmi tutto l'anno di ricchissimi possessori di panfili e di turisti dell'Europa intera! Immaginate il centro storico genovese, il più grande d'Europa, gonfio di turisti beati, intasato di gente desiderosa di spendere! Immaginate la città d'agosto, brulicante di umani gaudenti e spendaccioni non meno che a Rimini! Niente fabbriche di Cornigliano in passivo di soldi e produttrici solo di cancro! Al posto loro: un luna park permanente affacciato sul mare, ad un passo dalla spiaggia!

Ad agosto a Genova non si trova un negozio aperto che sia uno.

A Ferragosto la città è morta, o in animazione sospesa. Così silenziosa da suggerire che una bomba al neutrone l'abbia sterilizzata dalla sua popolazione. Tutti i genovesi sono a spendere altrove, quando sarebbe stato così facile fare sì che fossero gli altri, i non-genovesi, a passare l'Agosto a Genova a spendere i propri risparmi.

Di chi è la colpa?

Accade anche spesso che un individuo non sia il colpevole del proprio destino. Non accade la stessa cosa ai popoli. I popoli *sono* responsabili del proprio destino. I genovesi sono colpevoli di essersi sputtanati l'eredità ambientale che avevano a disposizione, lasciando che divenisse covo di marciume il centro storico che avrebbe appassionato turisti di tutto il mondo, lasciando le proprie spiagge alla mercé dell'insediamento di fabbriche improduttive di soldi e produttrici di cancro, emarginando sistematicamente chiunque facesse qualsiasi cosa di coscienzioso, ed infine, perseverando tuttora nella propria cieca ed autolesionista follia.

Si vive male a Genova, oggi più di ieri e meno di domani, ogni angolo buio è sito prediletto delle *decine di migliaia* di giovani genovesi tossicomani.

Ove ancora ve ne sia, l'intelligenza soffre, a Genova, alla vista di tale collettiva cecità strategica, nella comprensione delle orrende tare mentali che hanno condotto Genova ad una tale rovina in luogo della radiosa prosperità che le sue eccezionali risorse le avrebbero reso facilmente realizzabile.

È per questo che da Genova fugge e deve fuggire chiunque nell'archetipo del genovese non si riconosca e non si voglia rassegnare a riconoscersi.

Sono fuggiti in tanti. Gli artisti, tutti. Oppure hanno smesso di fare gli artisti. A Genova non sopravvive a lungo un cantautore, un comico (per citare le categorie di artisti che "vanno per la maggiore"). Ma neanche uno scrittore, un pittore, un regista teatrale, un attore. Se a Parigi o a Venezia un giovane suona per strada per guadagnarsi qualche soldo è un artista in erba. Se lo fa a Genova è un accattone. Per quale motivo cantautori e comici genovesi sono mediamente i migliori d'Italia? Perché sino a quando non hanno abbandonato Genova hanno macerato nell'indifferenza generale, costretti dal proprio dolore di non essere assolutamente considerati a migliorarsi e a migliorarsi e a migliorarsi, eternamente invano, sino a quando, abbandonata finalmente questa cieca piazza, hanno potuto misurarsi con chi, nel resto d'Italia, aveva parallelamente fatto cose analoghe alle loro, ma con meno delusioni, meno frustrazioni e quindi, minor crescita artistica.

Quanto ho appena detto è ovviamente opinabile, ma chi lo voglia opinare mi dovrà spiegare, allora, a cosa sia ad esempio dovuta la cosiddetta "scuola genovese" dei cantautori. Posso garantire che non esiste nessuna scuola del genere. L'unica scuola di Genova, che costringe l'artista o il pensatore alla rinuncia od al miglioramento, è l'Indifferenza. L'Indifferenza dettata non dallo snobismo, bensì dall'Ottusità. Essa distrugge una mente originale oppure la tempra.

Girando per il mondo ed incontrando, come spesso accade, un italiano, ti accorgi subito se è un genovese. Lo emana dagli occhi. O piuttosto, lo capisci da ciò che dagli occhi non emana. Il genovese è chiuso, come chiusa è sempre stata, geograficamente, la sua città. Questa chiusura, questa avarizia mentale, in passato, si rese certamente utile alla sopravvivenza. Oggi, che i confini geografici non sono più ostacolo di comunicazione, chiudersi al mondo non è più strategia di sopravvivenza, ma di autoemarginazione e di estinzione. Genova sta agonizzando, o forse è già morta, non so, ma non me ne abbiate. (a metafora espressa non si guarda in bocca)

*Chiunque abbia esperienza di un lavoro scientifico sa che coloro
che si rifiutano di andare oltre i fatti raramente pervengono ai fatti
stessi.*

Th. H. Huxley

VA' PENSIERO!

Caro Maurizio Costanzo Show,

ti rendi conti che sei virtualmente immortale? Dico "virtualmente"
per non farla troppo fuori dal bulacco. Ma tutto ciò che in te avviene non
scompare accadendo, come succede ai fenomeni classici. Ogni istante
della tua manifestazione è fedelmente conservato con la procedura magica della videoregistrazione, e non è sepolto nel passato. Nulla ci vieta
di pensare che tra alcuni millenni le immagini e discorsi dei quali con-
sisti siano esibiti in un museo elettronico del futuro... (cosa vuol dire
un museo elettronico? ciò che ho scritto è una banalità immane; l'elettronica è attuale oggi come il motore a vapore lo era nel secolo scorso;
fra migliaia di anni...) ...o piuttosto, in un museo mentale, qualsiasi cosa
quest'invenzione potrà essere. Nulla ci vieta infatti di immaginare che
in un imprecisato futuro tutto ciò che in passato fu scritto, cantato, suo-

nato, reso in immagini, possa essere direttamente accessibile alla mente di ciascuno mediante il solo esercizio della propria intenzione. In altre parole, mediante tecniche per noi attualmente inimmaginabili (come inimmaginabili certamente furono le tecniche informatiche agli abitanti del medio evo), una persona potrà "vedere" direttamente nel proprio cervello qualsiasi film sia mai stato girato, sentire qualsiasi canzone chiunque abbia mai cantato, addirittura "vivere", in modalità a noi ancora ignote, avvenimenti avvenuti secoli prima. Quanto sto dicendo non è già ora nulla di troppo straordinario, quando i progressi nello sviluppo delle tecniche di realtà virtuale lasciano presagire l'inaugurazione di un'era di esistenza anche interamente fittizia già per l'inizio del prossimo secolo, cioè fra meno di un decennio. Poiché nella storia umana la realtà ha *sempre* scavalcato la più sfrenata delle fantasie, se ne potrebbe arguire che *qualsiasi* ipotesi la mente umana possa immaginare per il futuro della nostra specie, purché non in totale contrasto con le più evidenti delle leggi di natura, sia destinata *non solo* ad avverarsi, ma ad essere addirittura scavalcata dagli eventi reali.

È questo un pensiero davvero intrigante, caro Maurizio Costanzo Show. Soltanto in questo secolo orde di scrittori si entusiasmano a scrivere di ciò che il futuro offrirà all'umanità. Sbagliarono, nei secoli e nei secoli passati, tutte le persone più dotte, mai prevedendo un futuro sostanzialmente diverso dal loro presente. Sbaglieranno allora anche tutti gli scrittori di fantascienza contemporanei, ed anch'essi, come i loro predecessori, per difetto? Le loro già di per sé mirabolanti ed incredibili storie, saranno superate da una realtà ancora più allucinante? Se la logica non è un'opinione, sarà così, benché la nostra mente si opponga naturalmente a quest'ipotesi, non accettando che da qualche parte (in questo caso nel "futuro") vi possano essere incognite che essa non possa avere sotto proprio controllo.

Sei quindi virtualmente immortale, caro Maurizio Costanzo Show. Ciò che in te viene detto riecheggerà talvolta, qua e là, nelle menti di individui che hanno ancora da nascere. Come a noi giungono le sfocate ed accelerate immagini in bianco e nero dei primi film d'inizio secolo, irte di protagonisti che da lungo tempo hanno cessato di essere, farà un giorno tenerezza od altre sensazioni a qualcuno il fatto di guardarsi le bidimensionali sequenze delle tue trasmissioni, ascoltare i personaggi che hanno vissuto in te rivivere quelle che appariranno come le loro assurde e sorpassate conversazioni.

C'è qualcosa di soprannaturale in tutto ciò. Nulla che in te avvenga scompare. *"Verba volant"* si diceva un tempo. Per millenni, le parole non hanno lasciato tracce. Né i gesti. Tutto scompariva avvenendo. D'ora in poi, per quello che ti riguarda, non sarà più così. Ogni parolaccia di *sgarbi* è rimasta, riproponibile all'infinito, giudicabile e rigiudicabile sino alla fine dei tempi o dell'Uomo o dei supporti dove tu, Maurizio Costanzo Show, sei e sarai registrato. Ogni manifestazione di bellezza, in te e nella tua trasmissione, non è stata effimera, esiste tuttora, e si manifesterà quando la richiameremo nel modo opportuno. Per il momento il modo opportuno è quello di rimandarla in onda, o rivedersi una cassetta registrata. Un giorno, come già detto, potrà bastare la propria sola intenzione. Si accederà ai ricordi audiovisivi collettivi con sforzi mentali affini a quelli che noi normalmente già tutti i giorni usiamo per ricordare quanto sappiamo. Per quel tempo, l'istruzione sarà forse completamente avulsa dai libri, che nella forma odierna comunque non esisteranno più.[3]La cultura costituirà nella capacità di trovare, nello smisurato *database* di tutto lo scibile digitalizzato (o altrimenti registrato), informazioni, immagini e correlazioni di documenti. Lo scibile digitalizzato (come a me ora piace chiamarlo), sarà in un certo senso un ambiente mentale, un ambiente immenso e complesso. La differenza tra l'ignorante e la persona colta sarà data dalla migliore o peggiore acquisizione delle tecniche necessarie a districarsi in esso. I più intelligenti impareranno tecniche più complesse. Sarà, quella di cui ora confusamente stiamo fantasticando, inevitabilmente un'esistenza prettamente mentale. Ciò non sarà comunque per nulla una perdita. Quanto ci accadrà o ci parrà accaderci, ci sembrerà a tutti gli effetti reale e quindi di fatto lo sarà. Anche malattie e morte saranno purtroppo reali pur non essendolo. Ciò che il cervello è fermamente convinto che gli stia accadendo, effettivamente gli accade, compresa la morte (*dura lex, sed lex psicosomaticae*). Ma i vantaggi di questa società mentale ventura saranno eclatanti: l'essere umano trascenderà per l'ennesima volta i propri limiti precedenti, mantenendo le proprie passioni, i propri vizi animali e tare genetiche inquadrate in un nuovo sofisticatissimo sistema che nella nostra immaginazione ora confusamente appare come impossibile e misterioso (come impossibile e misterioso apparirebbe il nostro attuale sistema di vita all'Uomo Medievale), ma che agli Uomini e Donne del futuro apparirà semplicemente – come sempre è stato dopo ogni gradino di sviluppo – normale, scontato, ed anche noioso.

Caro Maurizio Costanzo Show, la mia orazione odierna al cospetto tuo è terminata. Rimetti i miei concetti ai posteri oppure no e così sia.

---

3   Prima di tutto perché non esisterà più la carta. La carta viene infatti fatta dagli alberi e nel corso del prossimo secolo l'Umanità darà probabilmente fondo alle ultime riserve di foreste che oggi ancora resistono ed ogni tipo di albero scomparirà per sempre dalla terra e con esso la carta. In secondo luogo la carta dei libri attualmente esistenti si sarà spontaneamente decomposta, poiché così fa la carta: aspetta per un po' che qualcuno la legga, poi discretamente si decompone dopo poche centinaia d'anni al massimo, scomparendo assieme alle parole sue inquiline.

*Nel mondo cristiano durante il Medioevo e il principio dell'era
moderna, la situazione degli stregoni e dei loro clienti era quasi
analoga a quella degli ebrei sotto Hitler, dei capitalisti sotto Stalin,
dei comunisti e degli stranieri in viaggio negli Stati Uniti.*

Aldous Huxley

STREGONI ANTICHI E
STREGONI MODERNI

Caro Maurizio Costanzo Show,

mi chiedo talvolta o piuttosto in questo istante per la prima volta
se Tu possieda coscienza. Quando dico "Tu" non intendo ovviamente
Maurizio Costanzo, né colui che è preposto a leggere tutte le cosiddette lettere al Maurizio Costanzo Show. Intendo proprio *Te*, "Maurizio
Costanzo Show", entità evidentemente astratta eppur intrinsecamente
concretissima assai, poiché punto di riferimento di milioni di italiani e
sorgente di notorietà per gli eletti baciati dall'attenzione Tua. Mi chiedo
se Tu abbia coscienza e la domanda, se mi consenti, è del tutto lecita,
poiché al di là di ogni scettico dubbio Tu attualmente sei una delle divinità più considerate dell'Italia d'oggi.

Si crede ancora abbastanza in Dio, è vero, ma sempre più spesso con il beneficio del dubbio. Mai invece vidi finora alcuno dubitare della tua Terrena ma non per questo meno santa esistenza. Le epifanie moderne, cioè le apparizioni, sono a colori e videoregistrabili, avvengono con sincronismo perfetto su tutti i teleschermi, e come ogni autentica esperienza mistica le si considera reali al di là di ogni immaginario dubbio. Quanta differenza con le più classiche e antiche manifestazioni *oggettive* di Dio! Eppure, in altri tempi, esse furono credute reali *tanto* quanto la televisione oggi, non di meno.

Ancora all'inizio dell'Era Moderna le possessioni diaboliche erano un dato di fatto indubitabile, e la gente le credeva un fatto reale (come ritiene reale la televisione oggi) a tal punto, da bruciare sui roghi le streghe. Nei conventi di suore imperversavano le estasi mistiche quasi quanto le possessioni diaboliche, e gli esorcismi erano quotidiani spettacoli pubblici intorno ai quali si accalcava la gente, che faceva il tifo o per l'esorcista o per l'indemoniata, non essendo allora ancora di moda il campionato di calcio. Alcuni conventi addirittura prosperavano sulla vendita dei biglietti per assistere agli esorcismi. Non erano mai molti, contemporaneamente, i conventi che potevano vantare un buon indemoniamento, e così chi ne aveva i mezzi si metteva in viaggio da ogni parte del paese per andarsi a gustare lo spettacolo del pubblico esorcismo di qualche suora indemoniata, oppure, se preferite esprimerlo differentemente, andavano a seguire un esorcismo in trasferta. Certe suore particolarmente abili nell'essere possedute dal demonio diventavano vere e proprie star, un po' come Cicciolina & Company oggi. Mi chiederete: come poteva una monaca essere indemoniata in modo più o meno abile? Poteva, poteva. Oltre ad offrire alle decine o centinaia di spettatori un vario campionato delle più oscene bestemmie di moda, una buona posseduta, manovrata dai propri demoni, eseguiva a richiesta anche complesse piroette, salti mortali ed altri numeri di varietà. Il repertorio classico comprendeva naturalmente sempre le convulsioni con schiuma alla bocca, molto utili per evitare di rispondere alle domande trabocchetto. I sintomi della possessione iniziavano talvolta spontaneamente, più spesso direttamente innescati dall'esorcista che cerca di snidare i demoni silenti.

Regista dell'esorcismo è infatti l'esorcista, la cui sola presenza è infatti spesso sufficiente a dare il via all'invasamento.

In questo secolo l'isteria (una delle etichette usate per illudersi di comprendere l'esatta natura di questi fenomeni) non è più molto di moda. Fa tenue eccezione, sugli italici teleschermi, il regno di Ambra con le sue neo-possedute. Il demonio non c'entra, l'isteria un po' sì, ammesso che io e voi s'intenda per isteria la stessa cosa.

Ma l'epoca dell'ossessione del diavolo, dei conventi indemoniati, della caccia alle streghe, non è lontano da noi come ci piace fingere che sia. Questo mondo antico ma non troppo, che a noi oggi pare così ignorante e soprattutto così folle, solo poche generazioni fa folle non sembrava a chi lo viveva, a chi vivendolo allora come fatto normale sembra adesso a noi folle lui stesso. Altre follie sono credute normali oggi, e non sono meno pericolose o letali. Nel medioevo una minoranza era lucida e riconosceva per folle ciò che oggi anche a noi folle pare. E pure adesso, nell'imperante follia mista a demenza, qualcuno mantiene la mente chiara e adesso come allora è inascoltato. Come tante altre nel mondo e più di tante altre in Europa, la società italiana palesa, nel suo comportamento d'insieme, nel suo modo di concepire tutto, dalla politica al calcio, le medesime tare che afflissero i nostri folli antenati e che noi ci compiacciamo di osservare con l'occhio superiore di una presunta maturità. Cambiano le mode, ma le tare del pensiero sono sempre le stesse.

Ecco un bel pezzo a riguardo scritto da uno dei più lucidi pensatori del ventesimo secolo, Aldous Huxley, (tratto da *I diavoli di Loudun*):

«...*vediamo ora che tutti i mali della religione possono fiorire senza alcuna fede nel soprannaturale, che materialisti convinti sono pronti ad adorare le proprie creazioni malcostruite come se fossero l'assoluto, e che sedicenti umanisti perseguiteranno i loro avversari con tutto lo zelo di inquisitori intenti allo sterminio di fedeli di un Satana personale e trascendente. Simili schemi di comportamento sono anteriori e sopravvivono alle credenze che, in ogni dato momento, sembrano motivarle. Poche persone ora credono nel diavolo; ma moltissime amano comportarsi come si comportavano i loro antenati quando lo spirito maligno era una realtà indiscutibile come la sua entità opposta. Allo scopo di giustificare la loro condotta, essi trasformarono le loro teorie in dogmi, i loro regolamenti in princìpi essenziali, i loro capi politici in dei e tutti i dissenzienti in demoni incarnati. Questa idolatrica trasformazione del relativo nell'assoluto e del fin troppo umano nel divino, rende loro possibile soddisfare le più basse passioni con la coscienza pulita e nella certezza di agire per il Massimo Bene. E quando le convinzioni correnti acquistano, a loro volta, un'apparenza sciocca, ne sarà inventata una nuova serie, in modo che la immemorabile follia possa continuare a rivestire la sua tradizionale maschera di legalità, di idealismo e di vera religione.*»

Tu, tu che stai leggendo, sei davvero certo o certa di non far parte di costoro, di costoro che rendono così squallida l'altrimenti meravigliosa mente dell'Essere Umano? Smaschera ora i tuoi dogmi e chiediti: *"Hanno senso?"* Pensa a coloro che odi, ai Cattivi, e chiediti: *"Perché loro sono Cattivi ed io Buono/a?"* Se non ti coglie neanche un dubbio, se la fede nei TUOI Valori è assoluta, fai parte dell'umanità che fa schifo. Ma non preoccuparti. Non te ne accorgerai mai. E quelli come me ti saranno sempre antipatici, o peggio.

Roberto Quaglia è molto più tradotto all'estero che in Italia, e quest'assurdità è tuttavia inconfutabile, poiché esistono dei suoi racconti in versioni olandesi ma non lucane, cecoslovacche ma non romagnole, inglesi ma non umbre.

Gigi Picetti

COMPRATE IL MIO LIBRO RUMENO

Caro Maurizio Costanzo Show,

Ti spedisco oggi la mia cosiddetta ultima fatica (in realtà è tutt'altro che ultima, sotto tutti i punti di vista: dal mio punto di vista, infatti, la mia ultima fatica è in quest'istante il gesto di scriverti questa lettera). Ti spedisco il mio ultimo libro rumeno, che mi piacerebbe venire a far conoscere nella tua trasmissione, o meglio, nella trasmissione che tu sei. Come potrai vedere, il mio ultimo libro rumeno è rumeno in tutto e per tutto. Soprattutto le parole di cui è tutto pieno sono rigorosamente rumene. Le frasi pure, cosicché leggendo le parole tutte di fila hanno anche un ottimo senso compiuto tutto rumeno. Anche il romanzo è rumeno. Le frasi rumene, infatti, sono ordinate in una speciale sequenza secondo codici internazionali adottati da tutti i paesi occidentali o lievemente orientali, per cui leggendole secondo tale sequenza standard si accede al romanzo che le frasi costituiscono. Romanzo tutto rumeno, appunto. Poi c'è la carta, rumena anch'essa e si vede, tipicamente ricoperta d'inchiostro tipicamente rumeno pure lui.

Caro Maurizio Costanzo Show, ti spedisco quindi il mio ultimo libro rumeno, che io devo assolutamente far conoscere nella trasmissione che tu sei. Il fatto che sia un libro rumeno, apparentemente uno svantaggio, in Italia, si rivela invece, ad un'analisi appena più attenta, un grandissimo vantaggio.

Tanto per iniziare è esotico ed originale. Quale italiano già possiede nella propria libreria un libro così intensamente rumeno, con parole, frasi, romanzo, carta ed inchiostro rumeni? È quindi il mio libro rumeno una novità assoluta nel nostro paese, suscettibile quindi di incontrare un grandissimo successo. Il mio libro rumeno ha poi un secondo vantaggio: è stato scritto da un italiano, cioè da me. Gli italiani tendono ad apprezzare gli altri italiani, perché gli ricordano che sono italiani anch'essi, il che, dal punto di vista di un normale italiano, appare come una fortuna ed un vantaggio. Insomma, il mio libro rumeno adescherà gli italiani anche con un po' di sano nazionalismo poiché, nonostante sia rumeno, il merito di essere stato scritto è tutto di un italiano come loro.

Poi c'è il discorso prezzo, che è rumeno anch'esso. Questo mio libro rumeno costa solo 2800 lire. Pur essendoci dentro ben 100.000 parole rumene, il suo costo, essendo rumeno, può venire contenuto al prezzo di due caffè, 2800 lire. Chi mai non si comprerebbe un mitico libro rumeno al prezzo di un caffè italiano?

Ma il vantaggio principale del mio libro rumeno è che, essendo tutto scritto in rumeno, il compratore italiano non ha la minima possibilità di leggerlo. Questo è ciò che farà del mio libro rumeno il successo editoriale dell'anno. Non si comprano infatti i libri per leggerli, come il famoso "Pendolo di Foucault" di Umberto Eco dimostra (nessuno di quelli che lo comprarono o ricevettero in regalo mai lo lesse). Il mio libro rumeno, fornendo al proprio misero prezzo di 2800 lire la garanzia di non poter venir letto, offre al compratore la garanzia totale di non soffrire in futuro di alcun senso di colpa per non aver letto il libro. Capisci la convenienza, caro Maurizio Costanzo Show? Comprare un libro di Umberto Eco per non leggerlo costa più di 30.000 lire e c'è l'effetto collaterale del più o meno vago senso di colpa per il fatto che non lo si legge. Il mio libro rumeno offre lo stesso servizio a 2800 lire, includendo nel prezzo un innegabile esotismo ed un'azione protettiva contro il logorio dei sensi di colpa.

Eppoi c'è il vantaggio di fare bella figura con eventuali ospiti rumeni. A tutti, prima o poi nella vita, capita di avere degli ospiti in casa. In quest'epoca di grandi migrazioni ci si imbatte sempre più spesso in qualche straniero. La maggior parte delle volte si tratta di un turista tedesco o marocchino o senegalese. Se ad un ospite tedesco offrite una birra tedesca, gli farete certo piacere ma non lo stupirete; viviamo infatti nel mercato comune. Se all'ospite senegalese mostrate orgogliosi il vostro elefantino di legno nero senegalese *non* gli farete certo alcun piacere (se non aveste già avuto l'elefantino ve lo avrebbe venduto lui) e neanche lo stupirete; quasi tutti gli italiani hanno ormai in casa un elefantino senegalese. Ma se vi capitasse di avere un ospite rumeno, ecco che il vostro investimento di 2800 lire improvvisamente vi frutterebbe l'addizionale prestigio della persona cosmopolita e colta a livello internazionale. Poi tra l'altro il romanzo contenuto nel libro è molto bello ed il vostro ospite rumeno ve lo confermerebbe, per la vostra ulteriore soddisfazione di averlo a suo tempo comprato.

Capisci, quindi, caro Maurizio Costanzo Show, perché è così importante che io venga da te a far conoscere il mio libro rumeno?

La sua già notevole pregevolezza è infine resa sublime da un apparente paradosso: il mio libro rumeno esiste in rumeno, ma non in italiano, pur avendolo io regolarmente scritto in italiano. Questo fatto rende l'oggetto che ti ho adesso inviato pregno di significati ulteriori che a me sfuggono, ma che così non faranno a te, foriero inoltre di quesiti emblematici od altra similare mercanzia di pubblica utilità. Il paradosso è ovviamente solo apparente, poiché pur non esistendo del mio libro rumeno il corrispondente clone italiano, ne esiste tuttavia il manoscritto. La natura puramente apparente del paradosso è d'altro canto risarcita dall'esistenza, dietro l'esempio del mio libro rumeno che ti ho inviato, di un fenomeno che mi riguarda assai più vasto e clamoroso di questo singolo caso. Nessuna delle mie opere è infatti edita in Italia, ma quasi tutte, fra breve, lo saranno all'estero. Altri ottimi libri illeggibili, quindi, per i compratori italiani di libri, che collezionando nei loro salotti le mie opere in esilio potranno darsi una spruzzata di cultura internazionalista, per la gioia dei loro eventuali ospiti stranieri, ed il rispetto e l'invidia di quelli italiani.

Considerare gli avvenimenti realisticamente, in termini di cause multiple, è difficile ed emotivamente non giova. Com'è più facile, invece, com'è più piacevole far risalire ciascun effetto ad una causa singola e, se possibile, personale. All'illusione di capire, si aggiungerà in questo caso, il piacere del culto dell'eroe, se le circostanze sono favorevoli, e l'eguale, se non maggiore piacere, quando sono sfavorevoli, di perseguitare un capro espiatorio.

Aldous Huxley

TEORIA DELL'UTILITÀ SOCIALE

Caro Maurizio Costanzo Show,

approfitterò della tua esistenza, della tua attenzione, della mia esistenza, della mia attenzione e di questa mia lettera per sviluppare i fondamenti della mia "Teoria Dell'Utilità Sociale". Non so se sia granché come teoria, anche perché è più che altro qualcosa che m'è venuto in mente ultimamente per sopperire all'orrendo vuoto concettuale in me da sempre esistente, poiché ho sempre rifiutato i preconcetti precotti sul funzionamento dell'essere umano ed affini che sono oggigiorno così di moda in tutti i cervelli.

Premetto che quando parlo di "utilità" e di "sociale" non mi riferisco assolutamente a qualcosa tipo *valori* che debbano essere positivi o negativi o tutti e due. Intenderò sempre le parole "utilità" e "sociale" per il loro asettico significato tecnico, privo di quelle accezioni coinvolgenti un giudizio con le quali usualmente viene trasfigurato il loro puro significato. È questo il primo preconcetto che dobbiamo abolire, se vogliamo capirci qualcosa dell'essere umano. Che qualcosa sia utile non significa che sia buona o giusta. Significa che è utile in senso funzionale e basta.

Ciò premesso, passiamo al dunque e dintorni.

Non è certo una mia invenzione che l'essere umano sia un'animale sociale, ossia che abbia bisogno di intessere relazioni sociali. Ciò che io sostengo è che l'essere umano sia *esclusivamente* un'animale sociale, ovvero che non possa esistere se non in funzione di qualcuno o qualcosa esterni a sé. Tutti i nostri più comuni giudizi sugli esseri umani, *buono, cattivo, egoista, altruista, ecc.*, sono categorie sbagliate, fondate sull'erroneo preconcetto che l'individuo umano possa essere più o meno "socialmente utile". Le differenze esistono, tra individui ed individui, ma ripulendo ogni comportamento di qualsiasi individuo da tutte le sovrastrutture simboliche con le quali siamo abituati a rivestirlo, ci ritroviamo in mano sempre lo stesso minimo denominatore multiplo: *l'utilità sociale*.

Non esistono individui socialmente inutili. Quando qualcuno è socialmente inutile muore. (Ciò *non* significa che chiunque muoia sia socialmente inutile). Ma... cos'è l'utilità sociale?

Dobbiamo innanzitutto abbattere il preconcetto che sia utile socialmente chi giovi a *tutta* la società o a quella parte della società che ci piace di più. Finché ci ostiniamo a descrivere la realtà come *vorremmo* che la realtà fosse, mai ci avvicineremo alla realtà.

È socialmente utile *chiunque* soddisfi una qualsiasi altrui esigenza. Non necessariamente un'esigenza che abbia il nostro consenso. Può trattarsi di un'esigenza nella quale ci identifichiamo facilmente (aiutare qualcuno a sopravvivere), oppure un'esigenza lontana dal nostro modo di vedere le cose (aiutare qualcuno ad uccidere qualcun altro). Essere utili socialmente significa soltanto questo.

È difficile abbandonare il preconcetto che l'utilità sociale sia necessariamente qualcosa di "buono". Consideriamo, per nostra natura e retaggio culturale, socialmente utile la crocerossina che cura un infermo, ma non il trafficante di droga o il dittatore sanguinario. Ed è a causa di questo preconcetto che non riusciamo a capire perché qualcuno possa fare il trafficante di droga o l'assassino. A questo punto bisogna solo decidersi se si vuole capire come funziona l'essere umano e la sua società o se si vuole invece continuare a crogiolarsi nella miserrima illusione di avere capito che ci sono i buoni e i cattivi e che noi, naturalmente, facciamo sempre parte dei buoni. Se si vuole capire, bisogna momentaneamente accantonare i propri dogmi, ovvero quelle "quote" di Verità Rivelata solidamente arroccate nella nostra mente, dighe insormontabili contro le quali vanno ad arrestarsi quei mille flussi e rivoli che sono le nostre conoscenze che crescono, si trasformano, votate a confluire in un sapere dinamico e tumultuoso, se non fosse appunto per quelle stupide dighe, solidi argini contro ogni ulteriore comprensione.

Non esiste essere umano utile solo a se stesso. Né esiste essere umano utile a *tutti* gli altri. Il cosiddetto libero arbitrio e certamente le circostanze conducono gli individui a "scegliere" i referenti ai quali essere utili nella propria vita. Ma la scelta è raramente, se non addirittura mai, una scelta realmente tale, una scelta meditata e consapevole. È, più di ciò, l'esercizio di un istinto innato, quell'istinto che fa dell'essere umano un animale sociale. L'istinto sociale umano conduce l'individuo a cercare altri ai quali essere utile, al livello più consono alle proprie specificità. Durante l'infanzia, si è utili ai genitori in quanto figli, e si è utili agli altri bambini in quanto compagni di giochi. Giunti all'età adulta, entrambe le funzioni perdono d'adeguatezza. Il cosiddetto "inserimento nella società" è un momento delicato proprio perché fortissima è l'esigenza di passare dalle antiche funzioni ai nuovi ruoli di utilità. Ci si cala a precipizio nel ruolo d'utilità più idoneo alle proprie caratteristiche tra quelli resi disponibili dalle circostanze. C'è chi riesce a diventare avvocato, chi è felice di diventare operaio, chi non trova di meglio che arruolarsi in un esercito mercenario, chi intraprende la carriera di tossicomane. Alcune di queste attività a noi piacciono, altre no. Chi le intraprende le sceglie, preferendo l'una alle altre, o suicidandosi se non intravede o riesca ad immaginarsi ed a crearsi ruoli che percepisca consoni alle proprie specificità. Qualsiasi sia la strada intrapresa, essa è di utilità a qualcun altro. Se così non fosse, l'individuo morirebbe in breve di fame o di altro.

Abbandoniamo, lo ripeto ancora, il preconcetto che sia d'utilità sociale ciò che sia utile alla maggioranza della popolazione. È falso. È un assunto ipocrita utile solo a farci sentire buoni. Al mondo ci sono 5 miliardi di persone. Applicando rigorosamente il nostro caro preconcetto, può essere considerato di utilità sociale *solo* ciò che miri al bene di più di 2,5 miliardi di persone. Quindi, anche nell'ambito del nostro preconcetto, le contraddizioni sono insormontabili. Il fatto vero è che è di utilità sociale qualsiasi cosa venga fatta in funzione di qualcun altro, sia questo altro un gruppo sociale, un nucleo familiare, un singolo individuo od un animale.

Adolf Hitler indubbiamente non era utile agli ebrei che faceva sterminare, ma lo era alla popolazione che gli aveva dato tutto il suo potere. Similmente, durante la guerra del golfo George Bush non era utile agli irakeni che faceva seppellire vivi nelle trincee da carri armati adibiti a trattori, ma lo era alle popolazioni occidentali, noi compresi, che continuiamo a volere bruciare nelle nostre automobili il petrolio arabo pagandolo meno, molto meno di quello che costa l'acqua minerale. Il dittatore che scatena una guerra non è utile a tutti quelli che muoiono, ma lo è ai vincitori che sopravvivono. Il tossicomane non è utile alle vittime che deruba, ma lo è allo spacciatore, ed anche all'industria delle autoradio. L'assassino non è utile alla sua vittima, ma lo è al mandante. Il mafioso non è utile al commerciante che taglieggia, ma lo è al politico al quale procura i voti, il politico corrotto non è utile a coloro che l'hanno eletto, ma lo è al corruttore. Galileo Galilei non era utile ai suoi contemporanei che l'hanno perseguitato, ma lo era ai discendenti che l'hanno saputo comprendere. Il piccolo delinquente non è utile ai suoi derubati, ma lo è ai propri familiari che con i soldi rubati mantiene, o alle sue donne che può così riempire di regali o semplicemente alla banca dove ricicla il maltolto. L'editore non è utile alle foreste che vengono sterminate per fornirgli la carta, ma lo è ai suoi lettori. L'animalista non è utile agli esseri umani che commerciano in animali morti, ma lo è agli animali che cerca di salvare. Il vegetariano non è utile ai vegetali, di cui è costretto a far strage per nutrirsi, ma lo è agli animali, che non vengono ammazzati per lui. Il trafficante internazionale di droga non è utile alle famiglie rovinate dai figli drogati, ma lo è agli spacciatori che vendono al dettaglio ed alle banche svizzere, che riciclano i suoi soldi illegali. Ed infine anche l'eremita, che non è utile a nessun umano, poiché vive in isolamento, lo è al cane o all'altro immancabile animale che "gli tiene compagnia".

La società umana è una intricatissima giungla di nessi di reciproca utilità. *Chiamiamo egoista chi semplicemente non ha intenzione di essere utile a noi o a chi noi vorremmo che egli si rendesse utile.* Certamente anch'egli è utile a qualcuno. Il ricco avido tirchio che non molla una lira a nessuno per tutta la vita, da noi tipicamente inquadrato come la quintessenza dell'egoista" (ovvero "di chi è utile soltanto a se stesso"), è invece utile alle banche che utilizzano il suo denaro, nonché agli eredi. Lo chiamiamo egoista semplicemente perché noi non siamo le banche né gli eredi, né ci identifichiamo con essi.

Ciò non significa che sia moralmente uguale aiutare un infermo o trafficare eroina, e chiunque pensasse che io lo pensi sarebbe un deficiente. Ma il trafficante di eroina la pensa proprio così, altrimenti non farebbe quello che fa, e se vogliamo capire perché lo fa dobbiamo comprendere cosa ne pensa lui, non cosa ne pensiamo noi. Ebbene, lui vede un mercato, quello dell'eroina, e pensa che qualcuno rifornirà quel mercato, se non lo farà lui. E se non c'è il mercato, lui vede i produttori, che hanno bisogno di un mercato, e se qualche luogo si presta a diventare un mercato, lo diventerà certamente, sia che sia lui ad occuparsene, sia che sia un'altro. A noi può non piacere questo suo modo di ragionare, ma è il *suo* modo di ragionare, e dobbiamo capirlo se vogliamo comprendere i fenomeni ad esso correlati. Capirlo, lo ripeto, è cosa diversa dal giustificarlo.

Ogni tendenza umana genera misteriosamente una tendenza opposta. Prendete un'opinione qualunque, urlatela al mondo, ed esso si dividerà in persone che la condividono e persone che la contrastano. Questo vale per qualsiasi opinione. Urlate che i cigni sono belli, e molti obietteranno che hanno il collo troppo lungo. Manifestate amore per i gatti, e molti diranno che li odiano, insultate i cani, i serpenti, gli scorpioni, e qualcuno si ergerà a loro difesa, cantate il vostro amore per Dio, e qualcuno lo bestemmierà, bestemmiatelo e molti lo ameranno di più, esaltate l'amore ed altri lo ripudieranno per l'odio, chiedete la pace ed altri chiederanno la guerra, affermate che quanto io abbia sinora scritto è sterco purissimo, ed altri lo prenderanno a Vangelo.

Il mito dell'altruismo e il mito dell'egoismo vanno quindi aboliti. Si assuma ognuno la lucida responsabilità di decidere autonomamente quali funzioni di utilità a vantaggio di chi egli o ella voglia e possa rivestire nella propria vita. E rispetti coloro che hanno fatto scelte diverse. Il mondo potrebbe così diventare un luogo un po' più vivibile.

E soprattutto, la scelta di vita che ognuno che minimamente pensi deve quindi fare, è se preferire la conoscenza pur amara del più plausibile dei nessi tra le cose (in pratica la realtà), e quindi tale conoscenza e relativa saggezza onestamente perseguire, oppure preferire sterilmente gingillarsi per tutta la vita con le ripetitive e confortanti celebrazioni del proprio immoto e sempre giusto e fittiziamente superiore punto di vista. Scusate la frase complicata, ma mi è venuta di getto. Se non v'è piaciuta dimenticatela in fretta.

E per finire in bellezza, scusatemi se non sono *alberoni*, ma anche lui si scusi di non essere me o quantomeno si scusi di non aver spiegato esaurientemente e con parole sue quanto invece è toccato a me pensare, a me che oltre che non essere un sociologo patentato, come egli invece tutti considerano che sia, non guadagno neanche un sacco di soldi ad avere questi pensieri che non mi competono, mentre lui, al quale competono, invece i bei soldi li guadagna senza averli (i succitati pensieri).

Il pensiero è ciò che manca ad una banalità per essere un pensiero.

Karl Kraus

RICERCA DI BANALITÀ

Caro Maurizio Costanzo Show,

Devo cercare di essere banale, accidenti. Mi sono capitate in mano le brutte copie delle lettere che già ti ho scritto e mi sono accorto che sono davvero brutte, cioè mi sono scappati dei momenti di profondità involontaria, a discapito della banalità indispensabile a fare di qualsiasi prodotto un prodotto buono. *È un argomento abbastanza banale, questo?* Lo spero davvero.

Tutti dicono ormai che qualsiasi cosa è innanzitutto un prodotto. Se lo dicono tutti, forse è un concetto banale, cioè proprio quello che sto cercando di produrre. Se tutto è un prodotto, o è un buon prodotto buono o è un cattivo prodotto cattivo. *Bene, mi sembra che a banalità stiamo andando bene.*

Chi è che decide quando una cosa è davvero banale? *Questa frase mi è venuta abbastanza banale. Sto migliorando.*

Una cosa può essere banale per taluni e banale per altri, cioè, volevo dire, banale per alcuni e non banale per altri. *E cosa ne dite di mettere alcune frasi in corsivo, senza particolari motivi? Non è decisamente banale?* Forse è leggermente originale. Bisogna stare attenti. L'originalità ti aspetta al varco dietro all'angolo, e ti coglie quando meno te lo aspetti. *Ma una cosa può essere per nulla banale eppure assai stupida.* È meglio una buona banalità od una perentoria stupidità? Una cosa troppo stupida smette di essere banale.

Accidenti! L'eccesso di banalità conduce a tradimento al suo opposto quando meno te lo aspetti. Bisogna decrementare la correttezza semantica – *ma che cavolo dico!* – bisogna diminuire la bontà grammaticale per compensare i rigurgiti di banalità paradossante.

Ci capisco un bel niente neanch'io, vi assicuro davvero. Che figura ci faccio, oggi, con queste parole che non mi piacciono neanche un pochino? Sembro scemo, o sembro ignorante? Oppure non sembro un bel niente perché avete già smesso di leggere? *Ma cosa dico? Se hanno smesso di leggere non se ne accorgono di tutte queste parole che pure continuano a esserci sul foglio di carta a loro insaputa, quindi che cosa ci sono a fare?*

Qui mi sa che la banalità se n'è andata a farsi friggere. Ci vuole un bel luogo comune per salvare capra e cavoli. Qualcosa del tipo: *"La cosa importante è che ci sia solidarietà"*. Niente male, eh? Infatti il denaro non fa la felicità, perché la natura è matrigna e quando meno te l'aspetti i nodi vengono al pettine e qui casca l'asino. Non c'è proprio giustizia a questo mondo! È proprio vero che non c'è da fidarsi. Più conosco le persone e più amo gli animali.

Tutto ciò è semplicemente squallido, scarsamente banale o antibanale, un brano scritto del tipo "vorrei ma non posso", una masnada di frasi ammassate a casaccio.

Forse riusciamo almeno a diventare noiosi.

Ma perché dovremmo diventare noiosi? Volevamo essere banali perché questo è quello che piace alla gente. Ma le noiosaggini non piacciono a nessuno. Qui stiamo proprio sbagliando tutto. Se proprio bisogna essere noiosi, tanto vale dire anche qualcosa di scientificamente interessante.

Caro Maurizio Costanzo Show, aiutami tu...!

Ecco, ci siamo! Superbanalità!

«Caro Maurizio Costanzo Show, ho provato tutte le strade ma non c'è stato niente da fare. Tutte le porte mi si sono chiuse in faccia. Sono proprio disperato/a. Non so più cosa fare. Mi hanno consigliato di rivolgermi a te, e ora tu sei la mia sola speranza. La mia vita è diventata un inferno. So che sono moltissime le persone che ti scrivono con problemi anche maggiori del mio, ma voglio illudermi che vorrai darmi una mano a superare questo mio momento difficile.

94

«Tutto è cominciato quando il mio sistema nervoso non ha più retto sotto il peso dei miei terribili problemi familiari, che ti risparmio perché tanto sono sempre le stesse disgrazie, che succedono a così tante persone che nascono sfortunate come me. Il cedimento nervoso d'origine familiare s'è propagato alle altre sfere della mia vita, erodendola progressivamente fino all'osso.

«Ora mi sento come nudo/a di fronte alla vita, che mi soverchia e mi schiaccia sotto il suo terribile peso. Non posso guardare al futuro, e quando penso al passato mi vengono i tremori. Anche sforzandomi al massimo, non riesco mai a pensare al presente per più di qualche secondo, perché nel mio presente non c'è niente di niente a parte quella grande l'angoscia che non so come spiegarti, ma mi toglie anche il respiro.

«Caro Maurizio Costanzo Show, fammi venire al tuo show a soffrire in diretta, io penso che l'esempio della mia sofferenza potrebbe aiutare tante persone che sono nella mia infelice situazione, e magari mi potrebbe aiutare a trovare anche un'anima buona che mi voglia aiutare... ho tanto bisogno d'aiuto... spesso penso a me stesso/a come ad un uccellino indifeso caduto giù dal nido nel fango, e tutti mi calpestano senza accorgersene e nessuno mi raccoglie e mi rimette nel nido...

«Aiuto!

Che senso ha avere scritto questa roba qua? E per chiunque l'abbia letta, che senso ha avuto averla letta? Ma quante volte ha senso aver letto qualcosa che si abbia appena letto? Ogni volta che si legge qualcosa bisognerebbe poi subito dopo fare una rapida analisi per capire se ha avuto senso avere letto quello che si ha letto. Si risparmierebbero giganteschi frammenti di vita sprecata!

Scusatemi per quest'improvvisa parvenza di profondità involontaria. Oggi, lo giuro, avrei tanto voluto essere soltanto banale. Ma nessuno è perfetto.

«Una mattina di buon ora del giugno 1872 uccisi mio padre – un atto che, a quel tempo, mi fece una profonda impressione.»

Ambrose Bierce

«...E allora, dunque, chi sei?»
«Io sono una parte di quella forza che eternamente vuole il Male ed eternamente compie il Bene.»

Goethe, Faust

VIVA L'ORRORE

Caro Maurizio Costanzo Show,

è di moda l'orrore, purché sia per finta. Meglio se è reale, ma sempre per finta. Viva il raccapricciante, purché si abbia certezza che sia per finta. Ci si diverte a spaventarsi davvero in virtù di cause verosimili, ma finte.

Ci si cala nell'angoscia di un film dell'orrore, ove tutti i protagonisti vengano squarciati per finta davvero. Ci si nutre di un telegiornale che ci vomita negli occhi le scene di altri protagonisti, squarciati stavolta davvero, ma per finta. I morti veri del telegiornale lo sono per finta, infatti basta cambiare canale ed essi scompaiono, assolutamente e per sempre, dalle nostre vite, dove così scopriamo che non erano mai apparsi davvero, bensì solo per finta.

Ci si cala in qualsiasi versione di finto orrore con passione che gli uomini talvolta chiamano morbosa. In realtà è la passione di chi impara l'orrore attraverso sue rappresentazioni irreali, per mettersi in grado di meglio affrontarlo quando mai esso si presentasse al nostro cospetto con il suo spietato carico di effettiva realtà. Ci si allena all'orrore vero, che fortunatamente di rado ci tocca, immedesimandoci nell'orrore finto fintissimo dei film pieni di mostri improbabili, ed in quello vero, ma finto per noi, dei telegiornali pieni di mostri probabili.

Ma assistere a tali rappresentazioni di orrori è tutto sommato esercizio alquanto passivo. Si impara a basso livello, poiché tutto ciò che il teleschermo ci insegna è a basso livello. Per meglio comprendere l'orrore, ed essere pronti a fronteggiarlo quando esso mai ci dovesse prendere di mira, è più utile usare la propria immaginazione. In effetti, è *sempre* più utile usare la propria immaginazione anziché il televisore per imparare, comprendere, sentire, apprezzare o disprezzare qualcosa. Per vaccinare se stessi dai rischi che l'orrore vero comporta, bisogna innanzitutto non aver paura di immaginarselo. Si trae soddisfazione dai film dell'orrore e dai telegiornali (chi non traesse soddisfazione non li guarderebbe, è ovvio) proprio perché essi si sostituiscono a noi nella responsabilità di scegliere quali orrori immaginarsi. Affiora in noi come un senso di colpa, ad immaginare in proprio gli orrori che non desideriamo per la vita nostra e per quella degli altri. È un senso di colpa fuori luogo, dovuto al nostro timore che immaginare un orrore possa indurre a commetterlo, quando è spesso invece vero il contrario.

Prendiamo allora in considerazione l'idea di impalare il nostro gatto di casa od il nostro cagnolino. Poverini, come soffrirebbero. L'idea ci urta, e allora insistiamo immaginando il contrario di ciò che ci viene istintivo, cioè di metterci a ridere con profondo sadico piacere di fronte all'agonizzante nostro tesoruccio domestico, e proprio quando la commozione ci indurrebbe a smetterla gli sputiamo invece in faccia, al nostro povero cuccioletto che così tanto ci ha sempre voluto bene, strappandogli i peli uno ad uno e dando fuoco alla sua coda imbevuta di alcol. È un pensiero poco gentile. Ma si può fare di meglio. Possiamo immaginare un regalo di compleanno del tutto particolare per la nostra cara nonna, che quando eravamo piccoli ci raccontava così bene le favole, o per il nostro amato nonnino. Con la scusa che è il loro compleanno li leghiamo ad una sedia per gioco, e quando si aspettano che arrivi il regalo gli iniettiamo invece a ripetizione acqua salata bollente dentro al naso, non senza averli prima accuratamente imbavagliati. Poi, quando l'atmosfera s'è scaldata abbastanza facciamo entrare in casa la piccola

banda di pastori stupratori che abbiamo reclutato dopo lunghe ricerche, individui temprati da anni di coiti con pecore e galline, e quando
essi si danno da fare con i nostri poveri nonni noi abbiamo il buon
gusto di immortalare ogni dettaglio con la nostra piccola telecamera,
rifacendo subito dopo rivedere agli estenuati nonni il filmato delle loro
involontarie prodezze, informandoli per correttezza che mediante un
espediente tecnico siamo collegati con l'antenna condominiale sulla
frequenza giusta, così che tutto il palazzo li sta adesso ammirando al
posto di RAI UNO. Volendo esagerare potremmo immettere i fotogrammi migliori sul circuito telematico di INTERNET, mettendoli così
a disposizione di venti milioni di utenti in tutto il mondo. Ma a furia di
esagerare l'orrore ben presto si trasforma in umorismo nero, e non fa
più lo stesso effetto.

Qualcuno potrà scandalizzarsi, pensando che qualcun altro possa
osare pensare qualcosa del genere. Se è per questo posso osare pensare ben di peggio, ma non volevo adesso dimostrare quanto io sia in
grado di immaginarmi di orribile. Volevo mettere in evidenza il fatto
che immaginarsi da soli gli orrori è un'evoluzione rispetto al gesto di
guardarsi gli orrori in un film o nel telegiornale. Ci si stupisce degli
orrori esibiti in un film di Dario Argento & Colleghi e ci si stupisce degli orrori esibiti in un telegiornale per la mancanza di immaginazione
che tradiamo a non immaginarci per conto nostro ciò che il regista del
film ha invece saputo immaginarsi e ciò che di ripugnante i giornalisti
marpioni sono riusciti a scovare in giro per la società.

L'orrore attrae perché esiste e perché dato che esiste bisogna saper-
sene difendere. Non lo si conosce veramente finché non lo si incontra.
Ma ci si avvicina a conoscerlo osservando gli esempi che i film ed i
telegiornali ci forniscono, oppure usando la propria immaginazione.
Quanto più ci si è avvicinati a conoscerlo, tanto più si è in grado di
fronteggiarlo quando esso ci toccasse direttamente. A questo servono
i film dell'orrore, la violenza in tivù, ed i telegiornali. A questo serve,
ben di più, l'immaginazione, per chi la sa usare. Immaginare l'orribile,
sapendo che è orribile, in tutti i suoi dettagli, ci fornisce un buon potenziale di difesa contro di esso.

Nessuno è povero, quando può fare ciò che gli piace, quando gli piace! A me piace tuffarmi nel denaro, come un pesce baleno! E scavarci delle gallerie, come una talpa! E gettarmelo in testa, come una doccia!

Zio Paperone

IO, PAPERINO, PORTUALE

Caro Maurizio Costanzo Show,

sono Paperino. Non è un soprannome. Sono proprio Paperino lo zio di Qui, Quo, Qua, il nipote di Paperone. Tutti scrivono al Maurizio Costanzo Show ed ho quindi deciso di farlo anch'io.

Non so bene perché lo faccio. Ma sanno perché lo fanno tutti gli altri che ti sommergono di lettere?

Nessuno sa realmente niente di me. La gente legge i fumetti e quindi per questo si sente autorizzata a credere di sapere tutto di Paperino. Nossignori. Dietro alle quinte, fuori dalle statiche pagine dove esisto per il puro diletto di grandi e piccini, ho una vita segreta, che non è quella di Paperinik. È una vita di merda. Forse è per questo che ho deciso di scriverti, caro Maurizio Costanzo Show.

Ma forse qualcosa s'intuisce anche leggendo i fumetti che sono il mio mestiere. La mia proverbiale sfiga, le angustie che zio Paperone quotidianamente m'infligge, le umiliazioni patite ad opera dei miei dispettosi e saccenti nipotini. E poi quella stronza di Paperina che non me la da e che invece si fa montare – ne sono sicuro – da quel tronfio imbecille imbrillantinato di Gastone!

È Paperopoli che porta sfiga. Tutto il denaro che c'è se lo sono cuccati mio zio e Rockerduck.

Caro Maurizio Costanzo Show, devi assolutamente invitarmi nella tua trasmissione. Oggi è possibile, sai? Anche se sono un fumetto od un cartone animato. Se Roger Rabbit può interagire con gli esseri umani, allora posso anch'io. Farai un figurone, ad invitarmi.

Voi non avete mai visto Paperina nuda. Io sì. Dal buco della serratura. Era l'unico sistema. Anche Qui, Quo e Qua l'hanno vista. Anche Pippo, per sbaglio (coglione com'è stava in realtà cercando di vedere se stesso nudo). Anche Archimede Pitagorico, con una delle sue dannate invenzioni per guardare attraverso i muri. Cazzo, l'hanno vista nuda tutti tranne voi, che l'avete vista solo nei fumetti, interpretare il ruolo di verginella vanitosetta. Be', non avete perso niente. Paperina nuda è peggio di Jessica Rabbit vestita. E questo è l'oltraggio definitivo! Posso ammettere che una strafiga come Jessica Rabbit non me la dia, ma Paperina... cazzo, tra l'altro nuda è praticamente identica a me stesso. Se ci togli i vestiti non è che avanzino grandi differenze. C'è quel cazzo di fiocco rosso che lei ha appiccicato in testa giorno e notte che ci distingue. Io il mio assurdo berretto da marinaio ogni tanto me lo tolgo, anche se così metto a nudo le calvizie. Lei, il suo fiocco rosso... mai! Eppoi fa le uova. Cristo, ne fa almeno una al giorno. L'abbiamo tutti vista dal buco della serratura. Avremmo dovuto immaginarcelo, paperi come siamo, che quella lì fa un uovo dopo l'altro. È una scena schifosa. Vorrei sapere poi dove se li imbosca. Secondo me finiscono tutte da Nonna Papera che le fa sparire nelle sue torte che poi noi ci mangiamo. Che schifo.

Cazzo, sono proprio sfigato. Scusami se dico sempre "cazzo", ma nei fumetti non posso farlo e devo sfogarmi. E poi è di moda. Cazzo, dire cazzo non vuol dire un cazzo ma tutti non fanno altro che dirlo, e se lo fanno in televisione passano ancora da persone con le palle.

Ti prometto che se mi inviti non parlerò male nella tua trasmissione. Oppure lo farò, se sarai però tu a chiedermelo. Se ti vergogni a dirmelo fammi dei gesti. Capisco in fretta, io, al di fuori dei fumetti. Soprattutto le cose così semplici.

Scusami se parlo così, in modo diverso che dentro ai fumetti dove lavoro. La gente si aspetta sempre le stesse cose da me, in ogni contesto. Nessuno si interessa alla persona o al papero che io sento di essere.

Tutti vogliono sempre vedermi nel personaggio che hanno imparato che io sono. Cazzo, a furia di volermi tutti vedere sfigato, finisco per esserlo davvero anche nella vita privata. Rock Hudson era un personaggio virile, ma in realtà era buliccio. (Nel dialetto di Paperopoli buliccio vuol dire frocio). Io sono un personaggio sfigato, ma in realtà lo sono ancora di più.

Cazzo, dev'essere vero che chiunque è proprio ciò che tutti pensano e vogliono che lui o lei sia. Nella mia vita privata le cose mi vanno ancor peggio che nei fumetti. Ho sempre moltissime malattie, con migliaia di sintomi tutti diversi, mentre nei fumetti quando sto male ho semplicemente un termometro in bocca. Per esempio ho il catarro. Ma non solo nei bronchi. Anche negli occhi e sotto le ascelle. Tutti avete visto, nei fumetti, che io non ho denti. Be', è proprio così. Ma nei fumetti mi mangio dei supersandwich che non finiscono più... ma è tutta finzione. In realtà, senza denti non posso masticare, e nella vita reale mi alimento di brodini.

Perdonami se la mia lettera sembra un po' confusa. Sono lievemente ubriaco. Cosa vi aspettavate da un marinaio? Avere notato che nei fumetti cammino sempre scalzo? Be', anche nella vita reale. Ma nei fumetti la strada non è costellata di cicche e stronzi di cane come nella realtà dove io ogni momento li calpesto.

Confesso che mi masturbo. Sono disposto a dirlo anche in trasmissione, se può servire ad aumentare l'audience. Ho provato anche a farmi delle canne, sia nella realtà che nei fumetti. Naturalmente stavo lavorando in nero, per un certo Andrea Pazienza che non era un fumetto immortale ed infatti è poi morto. Poi ho smesso. Cosa serve farsi delle canne quando la realtà è già di per sé completamente fuori di testa? Basta aprire gli occhi e guardare. E voi sapete che i miei occhi sono ben grandi. Me li disegnano grandi e lo sono anche in realtà. Quello che non vedete nei fumetti sono tutti quei cazzo di moscerini che mi ci finiscono dentro ogni cinque minuti.

Sapete, ho qualche idea circa la sfiga che mi perseguita in campo sentimentale: Come cazzo faccio a baciare qualcuna con il becco che mi ritrovo? Se poi la persona che voglio baciare ha il becco anche lei (o anche lui), la faccenda si fa terribilmente incasinata. Come fanno a baciarsi dignitosamente e con la regolamentare lussuria un papero e una papera col becco fatto come il mio? Pensate bene al mio becco. L'avete visto migliaia di volte nei miei fumetti. Visto di profilo, come io mi guardo spesso allo specchio, è indubbiamente un simbolo fallico (Pico de Paperis sarebbe d'accordo con me). Il mio becco è fatto per penetrare, ne sono sicuro. Non pensiate che sia un maniaco sessuale. È un ragionamento di tipo geometrico. Il mio becco è un solido affusolato con la tipica aerodinamicità di uno strumento penetrante. Non ridete di me se non riesco ad esprimermi con la dovuta precisione. Sono soltanto un marinaio sfigato. Ma con un becco penetrante. Non riuscirete a convincermi del contrario. Ebbene, cazzo, anche Paperina ce l'ha. Come cazzo farei a baciarla, anche se lei me lo lasciasse fare?

Caro Maurizio Costanzo Show, non voglio deludere nessuno dei fans del personaggio che interpreto sul piccolissimo schermo del giornaletto di fumetti che inflaziona le edicole. Ma ormai sono adulto da un casino di tempo e rivendico il diritto di venire anch'io una volta da te per fare sapere anch'io a tutti i cazzi miei. Mio padre Disney è morto un sacco ti tempo fa. Mi ha lasciato in eredità un contratto a vita con l'azienda che porta il suo nome. Ce l'ho nel culo. Scusami se parlo così, ma ficcatevi bene in testa che sono un marinaio, un marinaio sfigato, ed anche frustrato nel suo ruolo di marinaio perché non ho mai trovato un imbarco che fosse uno. Il porto di Paperopoli è in mano ai comunisti, che lo hanno fatto fallire. Disney era un sadico. A me tutte le disgrazie, a zio Paperone tutti i soldi, e ai comunisti il porto di Paperopoli. Disney era un sadico.

Ho tre nipotini che mi rompono sempre i coglioni col manuale delle giovani marmotte. Ho tutti gli svantaggi di avere tre figli senza neanche avere avuto il vantaggio di essermi fatto una scopata che fosse una. Disney era un sadico.

Ho una macchina di merda monoposto a metà, che per portarmi in giro il nipotame li devo mettere nel bagagliaio. Nessuno degli sceneggiatori dei miei fumetti vi ha mai detto la marca. Be', ci credo, si vergognavano. Era il prototipo scartato della Trabant, l'auto-scatoletta-d'acciughe che ora buttano via anche nell'ex Germania dell'Est.

Be', insomma, Maurizio Costanzo Show, invitami un po' da te che te ne racconto due su zio Paperone. Credi che si sia tenuto fuori da Tangentopoli? Cazzo, tra lui e Rockerduck...

M'è scaduta la ricreazione. Non posso più scriverti. Quando lavoro non posso più emettere parole che non siano contenute nella nuvoletta apparente di qualche fumetto.

Cribbio, non sono più neanche sicuro di essere davvero Paperino. Anche travestito così sento sempre una gran puzza di Roberto Quaglia.

Una città dove gli uomini, parlando di una vergine che non lo è più, usano l'espressione "averla data via", merita di essere rasa al suolo.

Karl Kraus

FORMICAIO UMANO

Caro Maurizio Costanzo Show,

ti rendi conto che qualsiasi cosa, presa in sé, ha senso solo limitatamente? Non c'è cosa che non sia profondamente parte di qualche cos'altro. Prendiamo una formica. Da tutte le parti la guardi è indubbiamente una formica. Niente di diverso da una formica. Ovunque tu la metta, essa svolgerà sempre le sue funzioni di formica. Eppure, se non ti limiti ad un osservazione superficiale, una formica non è solo una formica, ma anche una piccolissima parte di un formicaio. Se tu prendi la formica isolata, e la metti in una stanza vuota, farà quello che farebbe qualsiasi formica chiusa in una stanza vuota. Ma se prendi la formica, e la metti in un formicaio, farà qualcosa di diverso da molte delle altre formiche. Diventando parte di un formicaio, che lo voglia o meno la formica assume un suo ruolo ed una sua funzione, che trascendono le sue primarie attività di formica individuale, e che la farà comportare

103

in un modo utile all'economia del formicaio più che a quella di sé. La formica non esiterà a sacrificare la sua stessa vita, se ciò sarà d'utilità al formicaio. "Eroismo", in questo caso, è un concetto fuorviante. Ciò che sulla formica nel formicaio agisce, semplicemente, è la potente forza di una necessità che trascende le necessità della formica singola: la superiore necessità del formicaio.

Be', tutto questo genere di cose succede anche con gli esseri umani.

Per quanto ci sforziamo di essere egoisti, le leggi non scritte del formicaio sovrastano la nostra esistenza e la influenzano per tutta la nostra vita.

Ma com'è fatto il formicaio umano? Ce n'è uno solo? Ce n'è più di uno?

Per rispondere a questa domanda dobbiamo immaginarci di vedere il nostro formicaio dalla più grande distanza possibile. Quindi saliamo su uno *space shuttle mentale* e mettiamoci in orbita, intorno alla terra, e guardiamo questa maestosa palla azzurra che senza fretta gira e gira... è troppo maestosa, allontaniamoci un po'... Ecco, ora è più piccola e senza pretese. Be', eccoci qua! Siamo extraterrestri che stanno guardando questa pallina sperduta nel cosmo ricoperta da un putiferio di bestioline. Prima scoperta: il Gran Formicaio Terrestre comprende tutte le bestie del mondo, e la maggior parte di individui (ad occhio e croce più del 99%, credo, se si eccettuano i batteri) sono insetti. A parte l'esempio delle formiche, degli insetti non ce ne frega niente e quindi prendiamo in considerazione solo gli esseri umani. Facendo finta di non vedere tutti gli altri animali (e piante) che ci sono, ecco che da lontanissimo, con occhio da extraterrestri, vediamo questa ruotante palla azzurra sulla quale si agitano, senza visibile senso, cinque miliardi abbondanti di puntini, ognuno dei quali assai convinto di essere una persona.

Ecco quindi il Gran Formicaio Umano.

Avviciniamoci drasticamente, volando attorno al globo a soli diecimila metri di quota. Ecco che il Gran Formicaio Umano si frammenta in migliaia di subformicai, le città. Ci avviciniamo ancora e sorvoliamo una città a volo d'elicottero. Il formicaio non si frammenta più in modo rilevante. Le città sono dunque i veri formicai nei quali la maggior parte di noi vive. La domanda è: *quanto* agisce il Formicaio del quale siamo parte su ciò che chiamiamo il nostro libero arbitrio? In quale misura siamo schiavi delle superiori esigenze del nostro Formicaio? *Come* agisce il Formicaio nei nostri confronti? Ma... *agisce*? E che differenza c'è tra un Formicaio e un altro (cioè fra due diversi nuclei urbani?), per quello che riguarda l'azione di esso verso di noi?

Introduciamo una nozione della quale poco e sempre a sproposito si parla. Pare sia stato dimostrato che la telepatia esista. Non lo sapevate? Non lasciatevi però trarre in inganno dal più diffuso preconcetto che circola sulla telepatia, e cioè che essa sia un fenomeno del quale noi ci si possa o debba accorgersi o addirittura che la si possa esercitare o esperire volontariamente. Tutte puttanate, mettetevelo bene in testa. La telepatia va intesa come "comunicazione a distanza tra due o più cervelli", ricordandosi che per "comunicazione" non intendiamo che si debbano per forza instaurare dei discorsi, ma che semplicemente ci sia un flusso, per quanto piccolo, di informazione. Ebbene, pare che sia possibile misurare, in un cervello, piccole modificazioni dell'attività elettrica quando uno o più altri individui umani (provvisti di cervello) si trovino nei pressi. Questo significherebbe che il cervello umano "si accorge" se c'è un'altro cervello umano lì vicino, anche se "noi", coscientemente, non ci accorgiamo di nulla. Questo significherebbe che c'è uno scambio di informazioni, sebbene assai piccolo, tra i due cervelli, ovvero un vincolo telepatico. Il fatto che non si sia ancora riusciti a spiegare come tecnicamente avverrebbe tutto ciò, non annulla il fatto che "tutto ciò" avverrebbe. Non è del tutto illecito ipotizzare che tali invisibili nessi tra cervelli possano essere anche abbastanza intensi ed agire anche a grande distanza. È assai di frequente dato il caso di persone che "sentano", anche a grande distanza, la morte di caro congiunto. Il soprannaturale non c'entra (poiché per definizione il soprannaturale non esiste, e solo uno sciocco o un ignorante può credere diversamente). C'entra eventualmente solo la comunicazione a distanza tra cervelli. La telepatia. Che usualmente rimarrebbe al di sotto della nostra soglia di coscienza, tranne in eccezionali casi, nei quali, con grande stupore, qualcuno se ne accorge.

Poiché ogni formicaio ha caratteristiche ed esigenze che trascendono la mera somma delle caratteristiche ed esigenze delle formiche che lo compongono, non mi sembra azzardato supporre che anche ogni Formicaio Umano (ogni città) debba avere caratteristiche ed esigenze che debbano trascendere la mera somma delle caratteristiche ed esigenze delle formiche umane (i cittadini) che lo compongono.

Il fatto è che mentre troviamo assai facile descrivere questi fenomeni analizzando un formicaio di formiche (od in genere qualsiasi organismo complesso, il cui funzionamento globale trascende la somma dei funzionamenti dei sub-organismi che lo compongono), facciamo fatica ad applicare gli stessi validissimi ragionamenti al Formicaio Umano, cioè quel sistema complesso nel quale siamo *noi* ad essere i sub-organismi che lo compongono.

Troppo complicato?

Tentiamo allora di saltare a piè pari tutte le pur interessantissime dissertazioni contestuali, degne di più ampia sede, e concentriamoci sul nocciolo di ciò di cui ora si intendeva disquisire, dando per acquisite le presunte premesse scientifiche delle quali è stato appena dato solo un fuggevole e minimale accenno.

Le città sono organismi vivi, che stanno a noi cittadini come l'essere umano sta alle cellule che lo compongono. Ogni città è diversa dalle altre, come ognuno di noi è diverso dagli altri esseri umani. Ci sono molte funzioni in comune. Ci sono diversità anche clamorose. Alcuni uomini sono atletici ed in perfetta salute, altri obesi e malaticci. Alcune città sono piene di vita ed in continua crescita, altre sono malate e destinate a rovina.

La città è formata dalla mutua interazione (anche telepatica?) di tutti i cervelli umani che in essa si trovano, ma come ogni organismo complesso, la città è più della somma di essi.

Ogni città ha le sue esigenze. I cittadini vengono dalla città adoperati per assolvere alle sue esigenze. Poiché le città sono diverse una dall'altra, noi ci si sente differentemente a seconda che si sia nell'una o nell'altra.

Ogni città ha come una propria aura psichica, della quale si entra a far parte entrando in città. Se ne esce, evidentemente, uscendone.

I problemi di cui una città spesso ti carica non sono tuoi. Sono della città. Se tu fuggi, se abbandoni quell'urbe, spesso i problemi non ti seguono, perché non erano tuoi. Lo stacco può essere anche clamoroso. Sull'orlo del suicidio in un certa città, ti salvi e rinasci andando in un altro luogo. Rinunci ad essere l'ingranaggio che alla città era utile che tu fossi, logorandoti e facendo scempio di te, per andare altrove ad essere un ingranaggio più consono a quelle che riconosci essere le tue peculiarità. Per un'altra persona sarà invece il contrario. Lieto d'essere l'ingranaggio che alla città conviene che tu sia, stai bene dove sei, e stai male appena te ne vai.

Ogni città ha una sua identità, che non vive nei suoi edifici e nelle mere facce dei suoi abitanti, bensì nell'*atmosfera* prodotta dalla mutua interazione di tutto ciò che la città abita, quindi in prevalenza degli esseri cosiddetti umani.

Lo stesso discorso e le stesse dinamiche valgono ovviamente per tutti i tipi di raggruppamento umani. Dalle famiglie alle nazioni ai raggruppamenti di nazioni. Ma di ciò parleremo un'altra volta, oppure no.

Tutto questo discorso era un modo assai sofisticato per giungere alla dichiarazione arbitraria (ma non troppo) che mentre Praga, ad esempio, è una bellissima città dove si sta mediamente bene, Genova è una città evidentemente moribonda dove si sta mediamente male.

Tutto ciò è vero, o forse no, ma suonava bene, oppure no, e quindi l'ho detto o meglio l'ho scritto.

Il destino normale delle nuove idee è di cominciare come eresie e di finire come superstizioni.

Th. H. Huxley

COSCIENZA E MENTE
BICAMERALE

Caro Maurizio Costanzo Show,

oggi ti racconto una bella storiella, semplice e chiara, sull'origine di quella "cosa" che più di ogni altra ci fa umani: La coscienza.

Purtroppo, chiedendo a mille persone di definire la parola coscienza, otterremo mille risposte diverse, segno che regna un bel po' di confusione a riguardo. Ciò è abbastanza grave, dato che la coscienza è probabilmente quello che maggiormente ci distingue dagli altri animali. Dichiaro quindi subito la definizione di coscienza da me attualmente adottata e che darò per scontata nel prosieguo di questo scritto:

La coscienza è la creazione di uno "spazio" mentale dentro di noi, uno spazio immaginario nel quale noi ordiniamo e localizziamo i ricordi di eventi passati e cerchiamo di figurarci eventi futuri. Per fare ciò dobbiamo "capire" il tempo, e lo facciamo spazializzandolo.[4] Le ore, i giorni, gli anni e i secoli vengono da noi immaginati come luoghi in uno spazio ordinato nel quale succedono delle cose. La coscienza è un "analogo" della realtà, allo stesso modo in cui una mappa geografica è un analogo di un territorio. Ogni cosa di cui siamo coscienti è un "analogo" di qualcosa che esiste in realtà. Abbiamo dentro di noi un analogo dei nostri familiari, dei nostri amici, ed anche di noi stessi. L'analogo di noi stessi è ciò che chiamiamo "io", e noi lo muoviamo nella mappa della realtà che abbiamo costruito nel nostro spazio mentale, dando corpo ai nostri progetti ad ali ai nostri sogni. In questa "mappa" della realtà noi uniamo tutti gli eventi che ci succedono, che ci vengono comunicati, o che ci immaginiamo, in una storia, in una sorta di narrazione interiore, e questo è ciò che ci permette di avere ricordi coscienti o di fare previsioni a lungo termine. Riassumendo: Spazializzazione del tempo, narratizzazione degli eventi, e l'analogo di noi stessi ("io") che si colloca in buona parte dello "spazio" mentale che chiamiamo *Tempo*, in un ordine *crono*logico che chiamiamo *I Nostri Ricordi e I Nostri Progetti*. Questa è la coscienza.

Ebbene, quando nacque questo gruppo di facoltà che sono la nostra "coscienza"? Sono sempre esistite?

C'è chi sostiene che anche gli animali abbiano una specie di coscienza, ma se per coscienza noi intendiamo quanto ho appena sintetizzato io, ovvero la creazione di un "analogo" della realtà nella nostra mente mediante una spazializzazione del tempo, nonché la creazione di quell'analogo di noi stessi che chiamiamo "io", diventa evidente che parlare di coscienza per gli animali è un'ignorante sciocchezza.[5] Ciò che in questo caso avviene è un'azione tipicamente umana, cioè la proiezione delle nostre categorie di pensiero su ciò che non siamo noi. È un fenomeno che per la maggior parte di noi avviene continuamente ed a tutti i livelli. Conseguenza e sintomo di tale fenomeno è "la mancata comprensione". I maschi umani proiettano le categorie di pensiero maschili sul comportamento delle femmine, ed il risultato è che "non le capiscono". Stessa cosa avviene all'inverso. Un cattolico usa le proprie categorie di pensiero per comprendere un mussulmano, senza ovviamente riuscirci, e viceversa. L'incapacità di prescindere dalle proprie categorie di pensiero ostacola, a vari livelli ed a varie intensità, la reciproca comprensione tra gli esseri umani. Se tali colossali errori ven-

---

4   Provate a pensare a come vi immaginate lo scorrere del tempo. Come vi figurate una settimana? Come visualizzate i vostri ultimi dieci anni di vita? Fatelo e scoprirete che voi "vedete" dentro di voi qualsiasi arco di tempo come se fosse uno spazio, nel quale riporre i ricordi e i progetti.

5   Adottando una definizione di "coscienza" diversa da quella che io ho usato in questo scritto, tutto ovviamente cambierebbe. Ma poiché, nel migliore dei casi, il discorso si farebbe assai più complesso, e negli altri casi più sbagliato, preferisco in questo contesto mantenere della "coscienza" la definizione che ne ho dato.

gono compiuti tentando di entrare nella mente di un altro essere umano, cioè di un essere a noi piuttosto simile, possiamo ragionevolmente concludere che proiettare le nostre categorie di pensiero sugli animali produca errori anche maggiori. Così è infatti. Tutti i "sentimenti" che ci piace credere stia provando il nostro gatto quando lo accarezziamo sono esclusivamente ciò che ci piace credere che esso stia provando. Abbiamo una visione antropocentrica della natura e della realtà, ed in nome di essa commettiamo incessantemente i più stolidi errori di comprensione.

Ma torniamo alla coscienza. Gli animali non umani non ce l'hanno. L'essere umano sì. L'uomo discende da altri animali. Quando nacque allora la coscienza? Quando venne creata nella nostra mente quella spazializzazione del tempo che ci permette di fare progetti? Quando apparve in noi quell'analogo di noi stessi che chiamiamo "io", che ci permette di accorgerci dei nostri sentimenti, dei nostri problemi e del nostro destino?

Una modalità di indagare l'organizzazione mentale dei nostri antenati ci è data dai reperti archeologici, ad esempio la letteratura. Tra i più antichi scritti a noi pervenuti ci sono la Bibbia e l'Iliade. Credo che nessuno vorrà obiettare circa il fatto che le esperienze umane testimoniate da queste due fonti sono di un genere totalmente differente da quelle che sarebbe normale attenderci al giorno d'oggi. Nell'Antico Testamento tutti i personaggi dialogano sistematicamente con una voce che dice loro cosa devono fare. Gli ordini di questa voce sono talvolta pii, ma più spesso cruenti e sanguinari. La voce ordina sia decisione sagge che omicidi e massacri. Analoga cosa avviene nell'Iliade, e nella maggior parte degli scritti che ci raggiungono da quell'epoca. Nell'Iliade, ogni azione importante è innescata dalla voce o dall'apparizione di qualche Dio. Perché in tutta la letteratura antica succedevano *normalmente* queste cose? Perché hanno smesso di succedere nella letteratura successiva? Inoltre, MAI c'è in quelle righe traccia d'introspezione, ovvero di quella pratica che noi sappiamo essere l'essenza stessa della coscienza. Mai c'è in quelle righe traccia di silenziosi dialoghi interiori, e sempre c'è evidenza di quotidiani dialoghi con una voce chiamata Dio o Apollo o Chicchessia. Sembrerebbe che a quell'epoca Dio (o i vari Dei) sostituissero completamente la coscienza.

Dimentichiamoci per un attimo tutto quanto ci hanno insegnato circa l'interpretazione che dobbiamo dare a questo genere di letteratura, di modo da non avere opinioni preconcette. Qual è la prima cosa che viene da pensare ad una moderna persona sana, prendendo in considerazione il comportamento dei personaggi dell'Iliade o dell'Antico Testamento? O quelle storie sono completamente inventate, oppure a quel tempo erano tutti matti.

Tutte le spiegazioni che di quelle letterature vengono attualmente date sono poco logiche quando non addirittura assurde.

Non ha senso pensare che quelle storie fossero inventate. La storia insegna che per l'essere umano il bisogno di documentare ciò che è avvenuto è sempre stato assai più importante che favoleggiare circa avvenimenti immaginari.

È stupido credere che quelle storie siano sì autentiche antiche cronache, ma cripticamente codificate secondo contorte ed impenetrabili simbologie. Per quale motivo l'avrebbero mai fatto? A quel tempo la gente era più semplice di adesso, nessuno aveva voglia o motivo di impregnare le sole storie che venissero scritte e raccontate di contorti simboli che ne trasfigurassero la veridicità.

L'interpretazione più semplice, intelligente ed ovvia di tutti quegli antichi scritti è che non c'è NULLA da interpretare. Tutto ciò che viene raccontato è accaduto davvero.

Dio allora davvero parlava agli uomini tutti i giorni? E non solo lui, ma anche Apollo, Osiride, Brahma, Tao, Zeus, Odino e il Dio Sole? Quasi. In realtà, gli uomini udivano le voci degli Dei, che guidavano le loro azioni, ma esse non provenivano da molto distante, tipo l'aldilà e/o il regno dei cieli. Esse provenivano dall'emisfero destro del loro cervello.

Come molti sanno, il cervello è diviso in due parti, l'emisfero destro e quello sinistro. Molte delle nostre funzioni sono localizzate in entrambi gli emisferi. Fa un'eccezione la funzione del linguaggio, la quale è interamente localizzata nell'emisfero sinistro, in parte nella area di Broca, ma soprattutto nell'area di Wernicke. Perché il linguaggio, così importante per noi, risiede in uno soltanto dei nostri emisferi? E quale funzione si trova, nell'emisfero destro, all'esatta corrispondenza dell'area di Wernicke?

La risposta a quest'ultima domanda è: "nessuna". C'è, nell'area di Wernicke dell'emisfero destro, una porzione di cervello che pare proprio non servire a nulla, tanto è vero che quando essa viene danneggiata od asportata, il paziente non se ne accorge neppure, poiché nessuna delle sue funzioni risulta menomata. Sono stati però eseguiti esperimenti su molti pazienti, stimolando elettricamente tale inutilizzata area del cervello per vedere cosa succedeva. I pazienti riferivano che pareva loro di udire delle voci. Fino al 2000 a.C. l'area di Wernicke dell'emisfero destro degli esseri umani funzionava a pieno regime, comunicando a viva voce all'emisfero sinistro le sue decisioni circa ogni problema che esulasse dalla routine quotidiana.

Era questa l'essenza della Mente Bicamerale, la forma di organizzazione mentale che regnò nei crani degli esseri umani per decine di migliaia di anni fino al secondo millennio a.C., soppiantato (ma solo in parte) dalla forma di organizzazione mentale che oggi chiamiamo "coscienza soggettiva".

I neurologi conoscono abbastanza bene le differenze funzionali tra i nostri due emisferi cerebrali. Quello sinistro è specializzato all'azione. Esso controlla la parte destra del corpo, e infatti siamo in grado di usare la mano destra meglio della sinistra (i mancini hanno alcune funzioni degli emisferi invertite, ma la sostanza non cambia). Quello destro è anche chiamato "emisfero creativo", ed è specializzato nell'attività creativa, ovvero la soluzione di problemi e la capacità di sintesi. Tutto ciò che noi "sentiamo" è più o meno un'attività dell'emisfero destro. Ciò che pensiamo concettualmente è invece indicativamente un'attività del sinistro. Nello spazio mentale della nostra coscienza noi integriamo queste differenti funzioni, pur non sfuggendo alle contraddizioni che esse causano.

Al tempo della Bibbia e dell'Iliade, non c'era lo spazio mentale, ma c'era già il linguaggio, che pure ancora mancava di tutti quei vocaboli che sono connessi alla coscienza di sé. L'uomo non si accorgeva di esistere, come anche oggi non ci accorgiamo di guidare l'auto se siamo profondamente persi nei nostri pensieri. Si agiva perennemente in modo automatico, come ad esempio noi oggi ancora si guida l'auto in modo perfettamente automatico.

Per imparare a compiere azioni semplici non c'è bisogno della coscienza, come l'ottima capacità d'apprendimento di un'animale che venga ammaestrato perfettamente dimostra. Tuttavia, ogni volta che l'Uomo Antico si trovava in una situazione conflittuale, dove gli inconsapevoli automatismi del suo emisfero sinistro non erano più sufficienti a risolvere un problema, la situazione di stress induceva l'emisfero destro (responsabile, come anche oggi, della capacità di sintesi) a comunicare a viva voce al sinistro cosa esso dovesse fare. Questa era l'essenza semplificata del funzionamento della mente bicamerale. La voce udita apparteneva alla figura autoritaria associata alla nozione comunicata: un familiare, il capotribù, il re, il dio.

Anche oggi noi non siamo coscienti di tutte le nozioni che sono nascoste dentro di noi. Spesso abbiamo un concetto sulla punta della lingua, ma non ci viene in mente. Ma ci basta, ad esempio, dare un'occhiata al libro dove abbiamo appreso tale concetto perché esso riappaia magicamente nella sua interezza dentro di noi. Possiamo non ricordare per nulla una poesia che pure sappiamo di sapere a memoria: ci basta però darle un'occhiata dentro al libro dove sappiamo che essa si trovi perché ci riappaia in mente nella sua totalità. Allo stesso modo, un appunto scarabocchiato in fretta sarà sufficiente a farci ricordare idee e progetti anche molto complessi.

Pure nei tempi antichi, quando la mente era bicamerale, c'era il problema di ricordarsi di nozioni sopite. Ciò che richiamava alla memoria una conoscenza nascosta non era un libro o un appunto, ma l'effigie del personaggio autoritario associato alla nozione. Nacquero così gli idoli. Quando ci si trovava in una situazione conflittuale, e non si ricordava come ci si dovesse comportare, si andava nella piazza del villaggio (o città) a guardare la statua dell'idolo di turno. Ed essa faceva l'effetto dei nostri libri o appunti: richiamava la nozione sopita alla memoria, e ciò avveniva udendo la voce dell'idolo. Per questo nacque anche la tradizione degli idoli portatili: collanine, statuette, icone. Più la società era complessa, maggiore era la quantità degli idoli, poiché ad ognuno di essi era associata una categoria di nozioni (proprio come nei libri). In qualsiasi situazione di stress nella quale non si riusciva a prendere una decisione automatica (automatica come quelle che noi prendiamo mentre irriflessivamente guidiamo un auto, ad esempio cambiare marcia) si dava un'occhiata all'idolo pertinente e si quindi si udiva la sua voce comunicare cosa si dovesse fare.

La vita di ognuno era un continuo udire voci di figure autoritarie ordinare cosa andasse fatto. Talvolta l'allucinazione auditiva era accompagnata da visioni.

Ma facciamo un salto alle origini di questa mente bicamerale. Quando nacque? E come? Qui ci troviamo davvero agli albori dell'essere umano. I componenti di quelle piccole tribù che erano l'umanità avevano nel cranio il più efficiente computer del regno animale, ma i programmi facevano davvero schifo. Ottimo *hardware*, quasi nessun *software*. Erano da poco usciti dalle foreste e stavano iniziando a cacciare in branco, facendo concorrenza a tutti i carnivori, i quali potevano contare su decine di milioni di anni di allenamento alle spalle. Ultimo arrivato, tradizioni da vegetariano ed insettivoro come tutti i primati, neo-carnivoro e cacciatore pivello, l'essere umano compensò con un accrescimento del cervello la mancanza degli istinti, degli artigli e delle zanne che facevano di lui il peggiore dei cacciatori. Con il cervello imparò ad esempio a costruire armi. Occorrevano ore ed ore per affilare una pietra. Nella rudimentale organizzazione mentale di quei primi umani, le funzioni erano ben distinte. L'emisfero destro sintetizzava la necessità di affilare la pietra. L'emisfero cerebrale sinistro metteva in atto l'affilamento. Lasciato a se stesso, l'emisfero sinistro si sarebbe distratto dalla sua attività alla prima occasione. Possiamo dare un ordine ad un cane ed esso obbedisce, ma se non reiteriamo continuamente l'ordine, dopo un po' esso si distrae e smette di obbedire. Così era per l'emisfero sinistro, lasciato a se stesso. Ma l'emisfero destro, l'emisfero "creativo", ordinava continuamente al sinistro ciò che esso dovesse continuare a fare, e lo faceva inviandogli l'ordine sonoro associato al gesto di affilare la pietra. Dicendo per tutto il giorno ad un cane ben ammaestrato "cuccia!", esso continuerà a mettersi a cuccia. Dicendo per tutto il giorno all'emisfero sinistro "affila!", quello destro lo costringeva a continuare per tutto il giorno ad affilare la pietra, senza distrarsi. In realtà, nei primi tempi, non gli diceva proprio "affila", bensì quel tale grugnito che aveva assunto quel significato. E da dove proveniva quel particolare grugnito? Chi l'aveva insegnato all'emisfero destro? Beh, qui siamo davvero all'inizio della cultura. Il massimo detentore di queste piccole conoscenze culturali era per ovvie cose il capotribù, che le aveva apprese dal capotribù precedente o le aveva parzialmente inventate da sé. Era il capotribù che insegnava agli altri come si affilasse una pietra, mostrando loro come si facesse ed associando l'esempio all'emissione di un suono (inizialmente un certo grugnito). C'è poco di umano in tutto ciò. Anche tra le scimmie avvengono cose del genere. Tale suono, tale grugnito diventava quindi l'innesco dell'azione di affilare una pietra. Ne diventava quindi l'ordine. Ma l'Uomo, pure nell'abissale ignoranza in cui annaspava a quel tempo, era molto più intelligente delle scimmie, e rispetto ad esse sviluppò alcune capacità in più: l'emisfero cerebrale destro prese a governare le azioni compiute da quello sinistro imparando a dagli ordini verbali, allo stesso modo in cui li si da ad un'altra persona. Quindi, il capotribù ti insegna un'azione associandola ad un suono che ne diviene l'ordine, e quando il tuo emisfero destro ritiene che tu debba compiere tale azione la comunica a voce al sinistro, e la voce che tu odi è tale e quale quella del capotribù, come se si trattasse di una registrazione digitale.

Un giorno il capotribù muore, ovvero smette definitivamente di muoversi e dopo un po' inizia a puzzare. Tutti gli animali istintivamente allontanano da sé le carcasse dei loro compagni morti, e così aveva fatto l'Uomo prima che in esso sorgesse la mente bicamerale. Adesso, il capotribù è morto ma quando c'è da fare qualcosa tutti odono ancora la sua voce. In realtà, non si tratta della "sua" voce, ma della registrazione "digitale" della sua voce, prodotta dall'emisfero cerebrale destro. Le nozioni che egli ha insegnato non sono infatti morte con lui, e nella mente di ognuno continuano ad innescare l'azione allucinando la sua voce. Nasce quindi una contraddizione percettiva. Il capotribù è per certi versi morto, poiché non si muove, ma per altri è innegabilmente vivo, poiché parla e dice cose utili. Non muovendosi, non provvede più ai propri bisogni, e diventa quindi ovvio che ci si prenda cura di lui. Poiché al di là di certe apparenze egli è vivo, avrà bisogno di una casa: ecco la nascita della tomba e del tempio. Poiché è vivo, avrà bisogno di cibo: i reperti archeologici testimoniano che per molti millenni, in tutto il mondo, i morti venivano sepolti insieme a cibo. Poiché le nozioni sono associate alla sua voce e la sua voce è associata alla sua faccia e ora la sua faccia non c'è più, bisogna costruire un surrogato della sua faccia che permetta di vederlo per ricordare (udendoli) i suoi insegnamenti, ed ecco l'invenzione delle statue e dell'idolatria. Ecco, in estrema sintesi, l'invenzione della vita dopo la morte.

Alcune società bicamerali, come gli Egizi e gli Atzechi, sono cresciute fino a livelli di complessità sorprendenti.

Di quando in quanto queste società crollavano, con una velocità ed un'assenza di cause esterne che gli studiosi, ignari di questa teoria, non sono mai riusciti a spiegarsi. Accadeva, detto in modo semplice, che l'organizzazione gerarchica di queste voci (gli Dei) collassava, e con essa l'organizzazione sociale. Anziché veicolare informazione utile, le voci degli Dei si riducevano a impartire ordini incoerenti che conducevano rapidamente al disastro.

Fu durante uno di questi crolli, in Mesopotamia, verso la fine del secondo millennio a.C., che fece la sua comparsa per la prima volta sulla terra la coscienza soggettiva, cioè la creazione di uno spazio mentale e la capacità di narratizzare gli eventi spazializzando il tempo. Questa nuova forma mentale rapidamente conquistò il mondo, e la storia di questa transazione è mirabilmente documentata dal Nuovo Testamento. Dio non parla più agli uomini, tranne che ai profeti ed i messia, gli ultimi uomini bicamerali. Divenuta cosciente, l'umanità è però nostalgica dell'epoca bicamerale. La coscienza, sita nell'emisfero sinistro, si è assunta il carico della responsabilità delle decisioni, prima delegata agli Dei dell'emisfero destro. In ogni modo si cerca quindi di rievocare le voci scomparse, per sfuggire la responsabilità. La nascita delle religioni è il segno più lampante di questa nostalgia. Le giaculatorie ed i mantra autoipnotici hanno infatti l'effetto di indebolire l'ancora fragile coscienza inducendo uno stato di trance, più simile al vuoto mentale della mente bicamerale.

Siamo oggi solo agli albori della coscienza. Essa nacque solo 4000 anni fa, e soltanto *negli ultimi decenni* nella coscienza ha iniziato ad affiorare la coscienza di come sia nata la coscienza. Ma siamo ancora immersi in una baraonda di vestigia dell'epoca bicamerale.

Le voci bicamerali erano innescate dallo stress, cioè dalla tensione nervosa che nasce quando di fronte ad un problema si stenta a trovarne la soluzione. Ancora oggi, un forte stress ci provoca allucinazioni uditive (es: stress da digiuno, da mancanza di sonno). In certi casi riaffiorano anche le allucinazioni visive, che hanno la forma dettata dall'imperativo cognitivo collettivo del momento. Così, ad un cattolico può apparire la Madonna, e non certo Buddha. Ad un seguace degli UFO possono invece apparire extraterrestri. Le allucinazioni, auditive o visive, compaiono in situazioni di stress. La febbre è una forte causa di stress. Chi di noi, in preda a forte febbre, non ha mai avuto allucinazioni? Chi non ha mai avuto allucinazioni da bambino, quando la coscienza non si è ancora saldamente affermata, magari proprio durante una febbre? E perché mai dovrebbe oggi esistere in noi la capacità di avere allucinazioni, se essa non avesse costituito in passato una consueta modalità di funzionamento della nostra mente?

Il consumo di droghe psicotrope, dall'alcol alla marijuana all'eroina, è un'altro segno della inconsapevole nostalgia degli umani verso l'epoca bicamerale. Le droghe sopiscono la coscienza, e talune inducono allucinazioni. I riti tribali del ballo ritmico, così tipici nelle tribù africane e nelle discoteche dei paesi civili, sono un'altro segno di questa nostalgia di un'epoca senza coscienza. Sottoposta a ritmico martellamento sonoro, qualsiasi mente umana perde almeno parte della propria coscienza. Aggiungendo droghe, la trance è ancora maggiore.

Come è logico che sia, talvolta alcuni individui perdono spontaneamente questa recente conquista della mente umana, la coscienza, e ripiombano nella mente bicamerale. Odono voci, perdono il senso del tempo, vivono tra allucinazioni. Chiamiamo costoro schizofrenici, li crediamo malati, sono soltanto regrediti. La mente bicamerale è ancora tra noi.

Vestigia della mente bicamerale, nell'essere umano, è quasi tutto: la musica, la poesia, la propensione ai miti e alla delega della responsabilità, la fede, la sincerità, la fedeltà, i sentimenti. La coscienza analitica s'è appena accesa, in noi, da un pugno di secoli, e non abbiamo ancora imparato ad usarla per finalità sagge. Più spesso, la coscienza è infatti usata come arma impropria per pianificare azioni triviali. Per questo, il Bene è dai più maggiormente associato a funzioni umane antiche, vestigia della mente bicamerali, anziché agli immaturi frutti della nostra nuova potentissima funzione chiamata coscienza.

V'è a questo proposito da parlare e ragionare per libri ed eoni, ma per stavolta mi fermo qui, assai prima che a metà discorso, lieto d'aver posto germogli di riflessioni nelle menti umane in cui questo scritto s'è riversato, augurandomi che essi trovino terreno fertile, di modo da non tramutarsi, come invece quasi sempre accade, in parole sprecate.

Caro Maurizio Costanzo Show, ritengo veramente vergognoso che mi debba prendere pubblicamente la briga di fare luce su tali verità io, che dopotutto non sono neanche laureato e non mi paga nessuno, quando nessuno dei titolatissimi pagatissimi sedicenti psicologi e sociologi ufficiali e famosi che negli anni si sono alternati sul tuo palcoscenico non si sono mai rivelati in grado anche solo di *accennare* a tale ordine di brillanti argomenti. Quasi quasi li sfido a duello per rivelare al mondo la loro farsesca impostura.

*«...e Mike Bongiorno apparve nelle TV di tutti i salotti e disse:
'Compratelo, è il mio prosciutto', e i fedeli ubbidirono, e comprarono il prosciutto, perché così aveva detto Mike Bongiorno...»*

tratto dal Vangelo secondo Quaglia, anno 2000 d.TV. (dopo TV)

CON LA TIVÙ NEL CERVELLO

Caro Maurizio Costanzo Show,

in una mia lettera che spero tu abbia ricevuto ho esposto i tratti fondamentali della teoria della mente bicamerale. In altre lettere ho sviscerato argomenti intorno all'evidente importanza che la televisione riveste nella nostra società. Indicavo la televisione come il nostro principale totem contemporaneo, come la nostra religione non dichiarata, sostitutrice della religione tradizionale e contenitrice dei residui della stessa. La televisione esercita una moltitudine di funzioni, alcune delle quali sarebbero quelle da sempre di competenza della religione.

Adesso proviamo a vedere cosa succede mescolando il tutto. Risparmio a chiunque legga, quell'approfondita analisi densa soprattutto di premesse e citazioni che sarebbe mio dovere effettuare se io fossi come non sono un conclamato sociologo, o psicologo, o filosofo o comunque un conclamato qualcosa, qualcuno cioè pagato per farlo. Poiché invece, nel momento in cui scrivo, metto del tutto gratuitamente al servizio di chi mai avesse la ventura di leggermi i frutti delle mie riflessioni, mi concedo il vezzo di saltare liberamente di palo in frasca quando mi venisse il ghiribizzo di farlo, e comunque di venire subito al dunque, senza annoiarmi a scrivere ciò che nell'istante in cui scrivo non provo il gusto di scrivere.

Come si inserisce la Televisione nella teoria della mente bicamerale? Benissimo, grazie. Secondo la teoria della mente bicamerale, nella mente di noi tutti c'è un graziosissimo vuoto, che la Televisione mirabilmente colma. È il vuoto degli dei. Ai tempi degli Egizi, degli Atzechi, e di tutti quelli là pieni zeppi di divinità, nella mente umana, la coscienza come noi la riscontriamo in noi stessi non esisteva. L'emisfero destro del cervello, presa una decisione circa cosa dovesse venir fatto, la comunicava a parole, con un ordine perentorio, all'emisfero sinistro, il quale letteralmente aveva l'esperienza di udirla, ed automaticamente ed acriticamente ubbidiva, poiché non aveva lo spazio mentale della coscienza per operare una consapevole mediazione dialettica tra le possibili scelte. Gli ordini uditi erano le voci degli dei, che ognuno continuamente udiva, come testimoniato da TUTTA l'antica letteratura. Era nell'ordine delle cose che l'emisfero sinistro sempre obbedisse agli ordini che riceveva dall'emisfero destro, poiché esso la sapeva lunga, tanto è vero che veniva considerato un dio. Si obbediva quindi alle allucinazioni auditive, ma anche a quelle visive, consuete anch'esse e della medesima origine.

Poi gli dei tacquero, sostituiti dalla coscienza, che più efficientemente integra le differenti funzioni dei nostri due emisferi cerebrali. Ma il vuoto è rimasto, a tutti i livelli. A livello organico, riscontriamo una vasta area di cervello inutilizzata nell'emisfero destro. Era la dimora degli dei, l'officina delle voci e delle allucinazioni. Talvolta essa ancora oggi si desta, specie nei periodi di stress, dispensando sparute visioni e più frequenti voci che generalmente non durano. A livello mentale, il vuoto si traduce in un senso di nostalgia per l'innocenza perduta, dell'autorità benevola che ci guidava nelle nostre azioni, e di rifiuto della responsabilità acquisita.

La Televisione mirabilmente colma questo vuoto durato millenni. Essa è innanzitutto un'allucinazione visiva ed auditiva. Ciò che per tramite suo avviene nei nostri soggiorni, sia ciò una conversazione, uno spogliarello, una partita di calcio o un esplosione nucleare, è evidentemente un'illusione, cioè qualcosa che sembra vero a tutti gli effetti (tanto è vero che ci crediamo), ma che evidentemente non lo è, infatti non ci danneggia o ci soddisfa più di tanto né l'esplosione nucleare né lo spogliarello.

Una delle vestigia della mente bicamerale è lo stato di trance. Il fenomeno dell'ipnosi cessa di essere un mistero, considerato nella chiave di questa teoria. Quando si è in trance la coscienza si attenua fortemente, e la nostra disposizione mentale diventa fortemente acritica. Nell'epoca bicamerale, quando l'uomo *viveva* in trance, era importante che acriticamente sempre obbedisse agli ordini degli dei del suo emisfero destro.

La Televisione, è dimostrato, induce in chi la guarda uno stato di temporaneo trance. A chi di noi non è accaduto di accendere un momento la televisione e poi di rimanerci incollato per ore a vedere roba che non ci interessa, per poi di colpo accorgersi di essersi fatti fregare un'altra volta? Direi che questo è ciò che ci accade anche tutti i giorni, se non ci stiamo più che attenti. La Televisione ci cattura per il suo potere di mandarci in trance, e detiene questo potere proprio perché colma il vuoto lasciato nelle nostre menti dalle abituali allucinazioni dell'antichità.

Come le antiche allucinazioni ebbero in potere di fare, la Televisione riversa nei nostri cervelli maree di imposizioni, di dettami etici, di modelli comportamentali, che noi assorbiamo più o meno acriticamente, perché così siamo stati abituati a fare per migliaia di anni, quando a generare le allucinazioni eravamo noi stessi, o meglio una parte ora silente di noi stessi.

Tengo a sottolineare che il motivo per il quale la Televisione è così efficiente ad inculcarci modelli di comportamenti è che noi siamo ancora predisposti all'accettazione acritica di direttive da parte di allucinazioni che ci colgano in stato di trance. L'hardware del nostro cervello non s'è modificato granché, in poche migliaia di anni. Esistono nei nostri cervelli le strutture fisiche preposte a farci obbedire a chi abbia i requisiti della divinità, ed i requisiti della divinità sono innanzitutto: apparizione magica, anche visiva, anche a comando. I nostri avi chiedevano a Dio, o a Giove, o ad Apollo, o al Dio Sole, e Dio, o i suoi alter ego, dal profondo dei loro cervelli, sempre rispondeva o appariva loro dinanzi. Oggi, come allora, siamo anche più e più volte al giorno costretti ad ascoltare cosa ha da dirci la divinità, e allora con il telecomando magicamente ripristiniamo la fedele apparizione di una familiare allucinazione davanti a noi, parcheggiamo la coscienza, ed assorbiamo direttive. Quando al cosiddetto teledipendente il televisore si guasta, confusione e nevrosi lo colgono, similmente a come tale sintomi colsero i nostri avi di qualche migliaio di anni fa quando le voci e le apparizioni dei loro dei smisero di apparire regolarmente ogni volta che essi le invocassero. Come gli antichi dai loro dei, abbiamo anche noi giornaliero bisogno delle direttive del nostro Dio Tivù.

Taluni di noi, meno acritici di altri, riescono a scegliere le direttive da assorbire, ma sempre dal medesimo totem le traggono, sempre dalla

Televisione.

Crediamo nella Televisione perché è un'allucinazione condivisa da tutti, come gli dei erano un'allucinazione condivisa da tutti nei millenni che furono. Come in antichità non si parlava d'altro che di ciò che dicevano gli dei, oggi non si parla d'altro che di ciò che dice il Dio Tivù.

Poiché, come gli antichi dei allora, la Televisione è oggi la principale fonte di direttive, essa inevitabilmente causa ciò che mostra. Oggi la Televisione mostra quasi soltanto violenza, sempre di più, sempre più nitida, sempre più reale, e così facendo la causa e la accresce, in un inarrestabile circolo vizioso che si chiama reazione a catena. Le reazioni a catena terminano tutte con un'esplosione. Avremo anche noi la nostra esplosione.

Lettera numero ventinove

È l'unica persona di mia conoscenza capace di pensare ad una cosa contemporaneamente.

Mario Quaglia

PIÙ TELEVISIONE PER TUTTI!

Caro Maurizio Costanzo Show,

io sono colui che sono. Cioè, scusate se non so come spiegarvelo, ma io sono quello che ti scrive tutte queste lettere intelligenti, anche se per fortuna posso ben vantarmi di non essere lui. Io so che lo sono perché l'anagrafe me lo garantisce. Ma so anche che la penso in modo differente da come dice di pensarla lui, eppure quando mi guardo allo specchio il corpo e anche la faccia sono proprio gli stessi. La faccia in effetti cambia un po' nell'espressione. Quando sono il me stesso di adesso ho una faccia più normale e un espressione principale sola, bella semplice come si conviene. Quando sono il me stesso intelligente ho delle espressioni, anche sulla faccia, che non capisco ed è meglio così. Cosa mi interessano, infatti? Io so che ci sono perché cogito ergo sum (sarò semplice ma non sono mica cretino). E so anche che c'è lui, perché tutto sommato siamo nello stesso corpo, anche se a turno. Sono sicuro che anche lui sa che ci sono io insieme a lui nello stesso corpo a turno, perché dopotutto l'intelligentone è lui. Ma credo anche che si vergogna di me e allora non lo ammetterà mai. Dovete coglierlo sul fatto quando il suo corpo è usato da me, filmarlo e poi fargli notare che è lui, cioè che quindi non è mica poi sempre così intelligente come gli piace invece far vedere di essere. E se vi dice che quello nel film non è lui ma il suo fratello gemello handicappato non gli credete! È proprio lui, solo che in quei momenti sto controllando io il nostro corpo. Gliela faccio vedere chi di noi due è più se stesso dell'altro!

Comunque volevo dire di non dare retta alle cavolate che vi ha raccontato nella sua ultima lettera. Questa storia della mente che c'ha le due stanze è una cavolata. Intanto è assurdo il fatto che la mente è un bilocale. E poi, secondo lui Dio è in una di queste due stanze e ogni tanto citofona nell'altra per dirgli cosa fare. Ma come fa Dio a stare chiuso in una stanza (che poi tra l'altro mi dovete spiegare dov'è che questa stanza si nasconde nel cervello pieno di materia grigia) se come tutti sanno Lui è ubiquo?

Dal suo discorso ci tratta come se noi siamo delle specie di animali che stiamo diventando umani ma che ci vuole ancora un sacco di tempo. Be', animale sarà lui, io mi sento umanissimo quasi tutti i giorni. Quando recito le mie poesie che scrivo quando mi viene la tristezza mi sento molto poetico e soprattutto moltissimo umano. E quando dico tutte le mie preghiere a Dio mi sento davvero buono, e può un animale sentirsi buono? No, dico io, se mi sento buono vuol dire che sono umano e che sono anche buono, se no mi sentirei cattivo. Infatti, quando per sbaglio sono cattivo (non sono perfetto), mi sento anche cattivo, e dopo devo confessarmi ed è giusto che è così. Dopo che mi confesso mi sento buono di nuovo, e così se poi mi ricapita di nuovo per sbaglio di essere cattivo, la cattiveria non si accumula, e in generale io rimango buono. Le persone cattive come Hitler sentono di essere cattive ma non si confessano, così la cattiveria si accumula e alla fine sono costretti a suicidarsi, o comunque a finire all'inferno, come è giusto, per fortuna, ci mancherebbe altro che poi ce li ritroviamo in paradiso a tradimento!

E poi cos'è questa storia che la televisione ci manderebbe in "trance"? Io questo "trance" non so mica dov'è e non ci sono mai stato. Me lo ricorderei, altrimenti! Io guardo tantissimo la televisione, perché è il mio hobby, e perché sento che mi fa bene. E non ho mai visto il "trance". Guardo anche i film piccanti, è vero, quelli che affitto le videocassette perché lì ne fanno di tutti i colori, ma un povero Cristo come me che tutte le donne mi danno dei tagli cosa deve fare, eh? È molto meglio che mi soddisfo da solo con una bella videocassetta piccante che invece me ne vado in giro a violentare le signorine per bene, come dicono alla televisione. Ogni tanto, a sentire in televisione che c'è così tanta gente che stupra mi viene la tentazione di farlo anch'io, ma ho paura che non ci riesco a stuprare bene, che sul più bello poi viene fuori quello intelligente che c'è dentro di me che poi mi dice: "Ou! Cosa fai?! Che finiamo tutt'e due in prigione!"

Non ho molti amici, anzi, io non ne ho proprio. Tutti gli amici che avrei invece ce l'ha quell'altro là che è intelligente dentro di me ma che ora se ne sta zitto. Ecco i vantaggi della intelligenza. Ti fanno portare via gli amici al te stesso più semplice che c'hai di dentro (anche se adesso io sono di fuori e di dentro c'è lui). Io non c'avrò amici, ma con la televisione è come se invece ne sono pieno, di amici. Li conosco tutti, dal vecchio Pippo Baudo alla bella e simpatica Ambra, e mi sembra di conoscerli così bene che se li incontro per strada sono quasi convinto che mi conoscono anche loro. Ad alcuni gli sputerei, come a quel Sgarbi che gli sputerebbero tutti quelli che la pensano come me. L'altro me stesso è invece di quelli che si fanno fregare dalla sua parlantina e lo stanno ancora a sentire. Fantozzi poi è come uno zio per me. Io l'ho incontrato una volta, che per prenderlo in giro lo chiamavano tutti signor Villaggio e lui si comportava come se anche lui come me c'ha dentro di sé uno più intelligente che ogni tanto gli prende la mano e anche il corpo. Io allora a Fantozzi gli ho stretto la mano, e dopo un po' lui mi ha detto "ciao roberto". Visto che allora non sono solo io a conoscerle quelle persone famose, che mi sembrano come miei amici, ma anche loro conoscono me?

Una volta che la Televisione era rotta sono stato male anch'io. Per molti giorni ho rinunciato alla mia quota di corpo e ho lasciato il comando a quell'altro intelligente che c'ho dentro. A lui gli piace quando non c'è la televisione. Avete capito che razza di persona è? Non si vergogna neanche? Secondo me la gente guarda troppo poco la televisione. È dimostrato che chi la guarda di più vive meglio perché c'ha meno preoccupazioni. Io ti suggerisco, caro Maurizio Costanzo Show, che tu apra una campagna per rendere obbligatoria la televisione nelle scuole. Se i bambini potessero guardare la televisione anche nelle scuole, e io sono sicuro che in futuro lo faranno perché la civiltà per fortuna avanza, crescerebbero molto meglio, diventando da adulti proprio tutti come me ma senza la sfortuna di quello intelligente dentro che ti rompe le scatole, che senza di lui dentro che ti scoccia sempre si potrebbe essere così contenti...

Lettera numero trenta

Il mio compito è quello di presentarvi le illusioni del mondo, fingere gravità mentre sto ridendo sotto i baffi, ridere di ciò che è troppo triste perché basti piangere, creare illusioni, "in-ludere", produrre una mia pazzia anziché convivere con la follia degli altri.

Robert Sheckley

ELOGIO DELLA FANTASCIENZA

Caro Maurizio Costanzo Show,

ho notato che da te si parla di tutto, fuorché di fantascienza. Non è un argomento abbastanza serio? Ma siamo sicuri di intendere tutti la stessa cosa quando usiamo la parola "fantascienza"? Io sono sicuro di no.

Esploriamo quindi il significato attribuibile ed attribuito alla parola "fantascienza". La parola "fantascienza", tanto per iniziare, esiste solo in italiano. È un neologismo coniato per riprodurre il significato dell'espressione inglese *science fiction*, ed assumeremo quindi che abbia lo stesso significato.

Nei decenni, della fantascienza (*science fiction*) sono state date numerevoli definizioni, ad opera di illustri intellettuali, scrittori, esperti di vario genere ecc., e nessuna è uguale ad un'altra, anche se vi è sempre qualche elemento in comune. Parrebbe, che nessuna definizione possa da sola definire ciò che la fantascienza effettivamente sia, parrebbe che ogni definizione metta in luce uno degli aspetti di questa ricchissima letteratura di cui purtroppo troppe persone non conoscono assolutamente nulla.

Tutti sanno, o credono di sapere, cosa significhi la parola "fantascienza". *Fantascienza* è infatti un vocabolo che conosciamo tutti, c'è anche nei vocabolari. Il 100% degli italiani in grado di parlare, interrogato a riguardo, avrà da darvi una sua risposta. Risposta raramente venata da qualche dubbio. *Fantascienza*, per il 99,9% degli italiani, significa guerre nello spazio o invasioni dallo spazio o UFO o mostri schifosi o semplicemente è un aggettivo usato in modo liberatorio per significare in negativo qualcosa che sfugga la propria comprensione. Il 99,9% degli italiani (e nel resto del mondo la situazione non è molto migliore) non ha mai letto un libro di fantascienza. Eppure la parola americana *science fiction* (ed anche quella italiana *fantascienza*) è nata come etichetta di una categoria di racconti e romanzi che avessero come elemento distintivo – rispetto alla letteratura fino ad allora in voga – l'intento di raccontare una storia del futuro *plausibile* sotto il punto di vista scientifico.

Migrando da una stretta cerchia di utenti colti ad il grande pubblico della popolazione intera, il significato *comunemente inteso* della parola *science fiction* (in Italia *fantascienza*) è mutato.

Solo lo 0,1% (percentuale ottimistica; probabilmente è più giusto lo 0,05%) della popolazione italiana ha mai aperto un libro di fantascienza, e solo lo 0,02% legge fantascienza con una certa regolarità. Tutti gli altri sanno di sapere cosa significhi il termine *fantascienza*, ma ovviamente non possono avere la stessa opinione di chi abbia letto la fantascienza *nei libri*.

Qualcuno potrebbe obiettare che non è necessario leggere fantascienza per sapere cosa essa sia, potrebbe bastare gustarsela al cinema...

Be', a tale riguardo io dico solo una cosa: un buon libro di fantascienza sta ad un buon film di fantascienza come Charlie Chaplin sta a Jerry Calà. Se dite che non vi piace la fantascienza perché l'avete vista solo al cinema (o peggio ancora in televisione), è come se diceste che non vi piace il cinema umoristico perché avete visto solo i film di Jerry Calà, con tutto il rispetto che qualcuno avrà per i film di Jerry Calà.

La letteratura di *science fiction* (uso d'ora in poi solo il termine inglese poiché forse meno fuorviante di quello italiano) è una delle più alte espressioni dell'intelligenza dell'Uomo utilizzata per esplorare le trasformazioni che l'intelligenza dell'Uomo produrrà in futuro nella vita dell'Uomo. Nella mente di una persona intelligente, propensa ad usare la propria vita per ampliare la propria cultura, non può mancare una conoscenza di base di questo vasto universo letterario che nessun corso di laurea universitario nel mondo (o quasi; negli Stati Uniti qualcosa si muove in tal senso) ancora provvede a diffondere. Nella *buona* letteratura di *science fiction* (vi è anche quella *cattiva*, ovviamente, come in tutti i settori), ci si nutre delle brillanti estrapolazioni circa il futuro di scienza, costumi sociali, tabù, psicologia, sociologia, semantica, arte, politica e, in generale, di tutto ciò che abbia o potrebbe avere cittadinanza nell'universo immaginato od immaginabile dall'Uomo. Ed esplorando le reazioni che l'Uomo (nonché la Donna) paleserà in risposta ai mutati contesti ambientali, la *science fiction* si pone oggi come il migliore ed il più completo tra i laboratori per lo studio di ciò che siamo, di ciò che ci ha originati e dei nostri possibili destini.

A coloro (che sono molti) i quali per ignoranza ne sottovalutano l'importanza culturale, teniamo a dire che il Presidente degli Stati Uniti ed il Pentagono non fanno altrettanto. Da parecchi anni ormai, essi comprano consulenze dai più importanti scrittori di *science fiction* americani, circa il prosieguo delle trasformazioni politiche e sociali. Questo perché gli scrittori di science fiction *hanno* da dare delle risposte. Un mucchio di risposte. E generalmente anche abbastanza sensate.

Nell'associazione internazionale M.E.N.S.A., che riunisce soltanto individui con un Q.I. (Quoziente d'Intelligenza) superiore a 140 (il valore medio è 100), una percentuale che potrebbe raggiungere il 30% legge abitualmente *science fiction* (la media italiana non supera lo 0,02%).

In una prossima lettera, caro Maurizio Costanzo Show, vedremo *come* la letteratura di *science fiction* è nata, *quando* è nata e soprattutto *perché*.

Come l'arciere incide il legno e raddrizza le sue frecce, così il maestro dirige i pensieri vaganti.

Buddha

LA REALTÀ CI SFOTTE PERCHÉ NON C'È

Caro Maurizio Costanzo Show,

capita talvolta che si senta la voglia o il bisogno (due sensazioni sorelle) di pensare o di dire o di scrivere qualcosa di intelligente, unite al timore di non essere in grado. Si ha la consapevolezza che *si potrebbe*, pur sapendo che in quell'istante non si può. I pensieri sono confusi, ma non tanto da non sapere che lo sono. È una condizione frustrante, poiché ci si accorge di arrivare ad un passo da pensieri che soddisferebbero l'esigenza che noi avvertiamo di pensarli, senza che però essi sorgano od anche soltanto appaiano per un istante nella nostra mente. Ci sentiamo stupidi, assai di più di chi mai ha pensato di esserlo semplicemente perché non gli è mai venuto in mente, magari perché lo è.

Accade poi che questi istanti si protraggano, diventando periodi ed intere fasi della vita. In tali circostanze, la coscienza fatica a rimanere ancorata ad una linea di pensieri per più di qualche breve minuto.

L'entropia, tanto per usare una parola difficile, è in agguato e colpisce a fondo. Cosa vuol dire questa frase? Fate finta di niente. Tanto per rendere l'idea al meglio, non ci faremo scrupolo di lasciare che tale fenomeno si applichi a noi stessi qui e adesso. Sapendolo in anticipo, il lettore patirà di meno, oppure no.

Siamo tutti incastrati nella realtà, qualsiasi cosa questa frase voglia dire oppure dica suo malgrado. La realtà è un posto buffo, anche perché non ha un paesaggio ben definito. In effetti, gli elementi più semoventi del paesaggio palesano una grottesca attitudine a trascorre quella parte del paesaggio che essi amano etichettare con il vocabolo "tempo" a litigare circa l'aspetto del paesaggio stesso. Troppo criptico? Ogni tanto il paesaggio è incomprensibile, lo so, ed è bene che lo sappiate anche voi, oppure no.

Nella realtà il paesaggio è tutto. Almeno dal punto di vista di quella parte del paesaggio che ha occhi per guardare, cioè per esempio noi. Avete notato come si fa più concreto il discorso quando si tira in ballo quella altrimenti trascurabile entità che ci piace chiamare "noi"? Non l'avete notato. Ma neanch'io, lo confesso. Facevo solo finta. Sto facendo finta in tutti i sensi. E certo faccio anche senso facendo finta così.

Qualsiasi discorso si faccia, alla fine si finisce sempre a parlare della realtà. Mai protagonista fu più sconosciuta della nostra diva di questa lettera e di questa vita.

E se non esistesse? Sarebbe un bel colpo di scena. Tutti i più pensierosi pensatori a pensare invano per vite intere a qualcosa che non c'è. Non è neanche così sciocco pensare che in realtà la realtà non ci sia affatto. Se ci fosse, qualcuno l'avrebbe trovata, da qualche parte, e l'avrebbe mostrata in giro, agli altri, ed essi (gli altri), avrebbero istantaneamente capito che si trattava proprio della realtà. La realtà *vera* non può lasciare dubbi, non può venire *interpretata*. La realtà vera può soltanto essere *una*, inconfondibile, evidente. Quelli che pretendono di raccontarci che hanno trovato qualcosa che secondo loro sarebbe la realtà, ma che a noi sembra una stronzata o peggio (o meglio... tanto non cambia niente), evidentemente hanno preso un abbaglio, se no ci avrebbero istantaneamente convinti tutti.

La realtà quindi è un'ipotesi maligna, poiché cercarla intasa le nostre già poco durevoli vite, distogliendo la nostra attenzione da ciò che più conta. Non so di cosa si tratti (ciò che più conta), poiché evidentemente anch'io sono incastrato dentro questa storia della realtà, come fra parentesi anche tutti voi (e per "voi" intendo chiunque in quest'etichetta ami riconoscersi, per esempio chi legge, ma solo per esempio).

Siamo circondati dalla realtà, non in senso reale (abbiamo stabilito che non esiste), ma in senso metaforico. Ovvero, la realtà ci ha ingabbiato nella trappola costituita dalla sua inesistenza.

Ovunque guardiamo, amiamo od odiamo credere (ma sempre crediamo) di vedere la realtà. Ma anche ovunque ascoltiamo, tocchiamo, odoriamo, assaggiamo. Ci compiacciamo o ci doliamo di percepire realtà ovunque. Eppure dovremmo avere dei sospetti. Quante volte vediamo un bipede a forma di femmina umana o di maschio umano ed esclamiamo pensandolo: "Che bella figa (o figo)" e qualcuno al nostro fianco obbietta che figa o figo essa od esso affatto non è. È già in queste piccole cose che la realtà si sputtana, tradendo la propria evidente inesistenza. Figuriamoci le cose più grosse, come quando la realtà che non c'è si traveste (o così ci pare) da *Bene* e da *Male*, causando dissidi anche maggiori di quelli inerenti alle preferenze sessuali.

La realtà ci perseguita, perfetta nella sua ostinata, indifferente ed assoluta inesistenza.

Potremmo anche smettere di parlarne, almeno noi che ci stiamo accorgendo che non c'è. Se ne occupano già in troppi, che pretendono ad ogni occasione di spiegarci che cosa la realtà sia, ed a tal fine ci angustiano senza tregua né impossibile pietà. Di fatto, non è forse che pretendendo di spiegare con tanta precisione ciò che la realtà *non* sia, noi si commetta in ultima analisi lo stesso gesto che compie chi tenti di spiegare ciò che essa *sia*? Non è l'errore insito proprio nella domanda in sé?

Piantiamola con le domande sterili.

L'inesistenza della realtà diventa evidente quando le allucinazioni ci colgono. Le metafore intrapsichiche collassano e si confondono, tradendo la loro natura, appunto, di semplici metafore, e non di fedele specchio della realtà. La mente umana o ciò che noi chiamiamo così, è in fatti un mero costrutto di metafore organizzate. Tipico di una metafora è la funzione di rappresentare *qualcosa* come l'analogo di *qualcos'altro*. Nessuna metafora è quindi la realtà. Poiché *qualsiasi cosa*, a cui noi si pensi, a ben pensarci, è esclusivamente la metafora di qualcos'altro, che cosa ne consegue?

Ma non volevamo smetterla con le domande sterili?

Sarebbe più gradevole occupare il nostro tempo ad assaporare la descrizione di un bel pranzetto culinario od anche sessuale, oppure goderci direttamente il pranzo o il sesso o tutti e due assieme o qualcos'altro che non mi viene in mente perché dopotutto ho anch'io le mie manie e penso che non mi biasimerete troppo se queste manie coinvolgono la masticazione di cibi e la degustazione di sessi, garantendo comunque, a chiunque tra queste righe vaghi assorbendone il vago senso, che tali cibi e tali sessi ho sempre cura di selezionare con grande gusto poiché è proprio in funzione del gusto che tal gusto m'induce che me li gusto di gusto.

Mi sembra che ciò possa per oggi bastare, e pur sapendo che ciò è illusorio oppure no la pianto qui e così sia almeno per un po'.

*Che fortuna possedere una grande intelligenza: non ti mancano
mai le sciocchezze da dire.*

A. P. Cechov

SRAGIONARE È RAGIONEVOLE

Caro Maurizio Costanzo Show,

non sperare di trovare ragionevolezza in ogni mia lettera. Ciò che
elegantemente si fregia del titolo di "ragionevole" è quasi sempre la
vile ripetizione di abusati schemi. Non c'è mai coraggio nella esternazione di frasi e concetti fatti, quali gli argomenti ragionevoli quasi sempre sono. L'unico valore della ragionevolezza è la praticità. La
ragionevolezza è pratica poiché fondamentalmente condivisa, almeno
dagli esseri umani pensanti. Gli esseri umani reagenti, quelli che non
pensano ma semplicemente reagiscono all'ambiente come qualsiasi
tropismo, non ci interessano e neanche noi interessiamo loro, tanto è
vero che certo non stanno leggendo o percependo altrimenti queste parole, poiché essi non leggono altro che qualche titolo qua e là. Ci piace
pensare a noi come agli umani pensanti, e se non è vero che ci piace, è
tuttavia vero che ciò piace a me, e lo dico senza timori. E tra gli umani

pensanti l'argomento della ragionevolezza gode di qualche credito di troppo. Non equivochiamo. A me *piace* la ragionevolezza. È utile. Ma la critico perché è noiosa, e soprattutto perché ci inganna. È noiosa perché ripete alla morte i propri dogmi, sostenuti dalla propria natura ragionevole.

La ragionevolezza imporrebbe, a chi volesse scrivere altro che qualche criptica poesiola di merda, di srotolare sapientemente frasi accuratamente calibrate nei loro significati lampanti e reconditi, frasi misuratamente confrontate mentalmente, all'atto della scrittura o poco prima o poco dopo, con l'immagine che si ha della cultura collettiva del contesto umano di cui si è parte. La ragionevolezza suggerisce di pensare, quando si scrive, ai lettori ai quali ci si rivolge, per risultare ad essi comprensibili, nonché piacevoli o spiacevoli a seconda delle proprie intenzioni, tralasciando come se non fosse importante il concetto della propria totale e cosmica libertà nello scrivere, invece, assolutamente qualsiasi cosa ad uno venisse in mente, con totale disinteresse per chi o per cosa un giorno leggerà tali frasi oppure no.

La ragionevolezza sconsiglia chi scrive di scrivere per sé, *a proprio uso e consumo*, in totale dispregio di qualsiasi ragionevole considerazione sulla commerciabilità di quanto sta scrivendo. Nel momento in cui si tiene un qualsiasi conto di chi leggerà quanto si scrive, ecco che si è commerciali. Si cerca di smerciare il proprio pensiero ad altri, poco importa se sia in cambio di denaro o di approvazione, due diverse valute del medesimo atteggiamento mercantile.

Tra l'altro, scrivendo per sé nell'assoluto disinteresse verso chi dovesse mai leggere tutto ciò, si danno due possibili sviluppi della situazione per il caso che qualcuno che non sia l'autore si trovi poi a leggere "tutto ciò":

Nel primo caso (il più frequente), lo scritto non gli piace e allora smette oppure peggio per lui.

Nel secondo caso gli piace, e allora continua a leggere, contento di scroccare così alcuni pensieri che l'autore aveva scritto per sé e certamente non per lui.

Come si vede, non c'è alcun pericolo. Chi si vuole mettere a scrivere soltanto per sé deve però evitare di contarsi la balla di volere scrivere soltanto per sé quando segretamente invece spera che qualcuno poi legga quanto lui avrebbe scritto soltanto per sé, e mostri magari anche di apprezzarlo. In questo caso l'autore è un insicuro oppure un vile, e probabilmente andrà in contro a brucianti frustrazioni.

E non vale neanche il fatto di scrivere qualcosa per sé e poi cercare di non farlo leggere a nessuno. Perché mai non bisognerebbe farlo leggere a nessuno? Se si è scritto qualcosa *soltanto* per sé di sicuro non si tiene in nessun conto il giudizio che altri possano o vogliano esprimere di tale scritto. Se non gli piace sono affari loro. E se gli piace anche. Se si tiene in conto il giudizio altrui, non si è scritto per sé. Si è scritto in modo ragionevole e mercantile, senza per "mercantile" intendere alcunché di negativo.

Il fatto che io mi sia soffermato così a lungo su questo argomento, alludendo tra le righe che non sto scrivendo per altri che non siano me (in effetti io sono già tutte le persone che oggi mi bastano – domani vedremo), sembrerebbe suggerire che io voglia convincere qualcuno o comunque condurlo, con tutti questi argomenti, a comprendere l'essenza di quanto sto intendendo dire. Se avessi voluto dimostrare che *veramente* non me ne frega niente di chi stia leggendo queste righe, avrei dovuto essere ancora più caotico ed incomprensibile e sconclusionato di quanto io sia comunque ugualmente in parte stato. Avrei dovuto scrivere... be' insomma, fare un sacco di cose che adesso non mi vengono in mente e non ho nessuna voglia di sforzarmi perché effettivamente non me ne frega niente. Il fatto che io non abbia fatto tutto ciò (qualsiasi cosa questo "tutto ciò" sia o possa essere), dimostra quindi che coerentemente io non volessi per nulla dimostrare che non me ne frega niente come effettivamente non me ne frega, e dimostrandolo inevitabilmente distrugge ed annulla contemporaneamente il valore di tale dimostrazione, e distruggendola la ripristina, così ridistruggendola e ripristinandola per una quantità infinita di volte, come in ogni buon paradosso che si rispetti possibilmente avviene oppure no.

È buffo che per quanto si cerchi di abolire ogni ragionevolezza nel procedere dei propri pensieri, la mente non sta mai al gioco e qualche parvenza di senso larvatamente compiuto si affaccia ugualmente alla realtà. Insomma, per novanta persone che giustamente giudicherebbero quanto da me sinora vergato contorto vaniloquio di neanche eccelsa fattura, sono pronto a scommetterci che una decina di folli o pochi di meno insorgerebbero contro tal giudizio, con argomentazioni che non m'interessano e quindi non ne parlerò qui. Quindi, se fate parte dei novanta, siate a me grati di avervi ora reso il conforto della conferma che siete perfettamente normali, solidamente contenuti nella maggioranza che come c'insegnano ha sempre ragione. Se fate parte dei dieci, siate a me grati per i motivi che perfettamente sapete da soli, senza che ve li debba ripetere io.

Ma noto un preoccupante ritorno di ragionevolezza nel mio sproloquio, e quindi la pianto subito lì prima che sia troppo presto.

*Solo i saggi posseggono delle idee; la maggior parte dell'umanità ne
è posseduta.*

S. T. Coleridge

FRASI FATTE E CONCETTI FATTI

Caro Maurizio Costanzo Show,

si allude spesso a qualcuno che parli per "frasi fatte", spesso adornando tale allusione con un'accezione negativa. Qualcuno si è divertito ad ironizzare su ciò, componendo ad arte dialoghi esclusivamente formati da frasi fatte. Ma non ci sono solo le frasi fatte.

Ci sono, innanzitutto, le "parole fatte". Tipico di una *frase fatta* è che essa si ripresenta sempre uguale o con minimali variazioni. Per esempio: *I giovani di oggi non hanno più rispetto.* Bene, per lo stesso motivo, tutte le parole sono "fatte", poiché si ripresentano sempre uguali. Poiché è così per tutte le parole, non ci badiamo. Qualche inconveniente sorge quando vogliamo intendere qualcosa che nessuna parola esistente possa rappresentare, per esempio una nostra qualche invenzione – materiale o concettuale. Non potendo semplicemente "ripetere" la solita

131

parola che racchiude ciò che vogliamo dire, ci troviamo in difficoltà. E se inventiamo una nuova parola sorge il problema di essere compresi, poiché non si tratta di una parola "fatta", e non avendola mai udita nessuno ne comprende il significato.

Ci sono quindi le *parole fatte*, le quali talvolta compongono le *frasi fatte*, e poi...?

Poi ci sono i "concetti fatti". Essi sono più difficili da identificare, dato che sorgono dall'insieme di frasi non necessariamente "fatte", e pur essendo sostanzialmente sempre uguali, non hanno una forma unica e riconoscibile. Tipico di un *concetto fatto* è l'evidenza che esso non sia sorto nel pensiero di chi lo esterna, ma che sia da esso solamente rimbalzato, proveniente da fuori, come evidentemente già succede con le *frasi fatte*.

È terribile, anzi normale, ma tutti ragioniamo in grandissima prevalenza per *concetti fatti*. Quando esprimiamo un'opinione che crediamo nostra, ripetiamo quasi sempre ciò che da moltissimi altri è già stato espresso, spesso assai meglio che da noi. Ma perché parlo di "noi"? Mi dispiace per "voi", ma io mi chiamo fuori, non perché la prevalenza dei miei pensieri non sia costituita da concetti fatti, (ed io ben so che lo è poiché così è per ogni essere umano), ma perché *una parte* dei concetti che mi frullano in zucca *non* sono *concetti fatti*. E faccio l'esempio di tutta questa riflessione sui *concetti fatti*, che non ho letto o udito da nessuna parte ed ho dovuto pensarmela tutta da sola.

Si è quindi orgogliosi delle proprie opinioni, ma le opinioni non sono proprie, si difendono tenacemente le proprie idee che non sono proprie... ma da dove vengono tutte queste opinioni ed idee che non sono nostre pur sembrandoci che lo siano e che ci fanno parlare per *concetti fatti*? Be', esse ci vengono dalle persone con le quali parliamo, ovviamente (è stato così da sempre), e... dalla televisione.

Ascoltando due persone discutere o litigare di politica si udranno, formalmente peggiorati, tutta quella schiera di *concetti fatti* che ritroveremo in qualsiasi programma politico televisivo. La differenza tra una persona e l'altra si riduce alla differente composizione del cocktail di *concetti fatti* che ognuno ospita nella propria mente.

Tutto ciò non è particolarmente negativo. Può risultare noioso, ma è un *concetto fatto* piuttosto sciocco sostenere che sia negativo. I *concetti fatti* sono in un certo senso degli archetipi, ed in quanto tali necessariamente comuni a grandi quantità di persone. È così che funziona la comunicazione tra esseri umani. Se non comunicassimo facendo uso in grandissima prevalenza di *concetti fatti*, la maggior parte delle volte non riusciremmo assolutamente a capirci a vicenda.

Tuttavia, ognuno dei milioni e milioni di singoli passi nel progresso culturale che nei millenni ci ha portato a distinguerci sempre più dagli altri animali, è stato compiuto in virtù della capacità di tutte quelle persone che non si sono accontentate di ragionare per *concetti fatti*, ed hanno conseguentemente evoluto anche alcuni originali concetti propri. Non essere soddisfatti di pensare nei soli termini dei pur necessari *concetti fatti* è quindi il primo passo per contribuire all'evoluzione della specie umana.

Sistematicamente demolire chiunque si sottragga alla confortante consuetudine di ragionare per concetti fatti, invece, significa agire in direzione contraria all'evoluzione dell'essere umano.

I *concetti fatti* sono indispensabili, poiché permettono alle persone di comunicare ad un accettabile livello di realtà (qualsiasi cosa questa oscura frase possa significare).

I concetti originali servono invece solamente al progresso dell'umanità, quindi *non* sono indispensabili, benché siano altamente auspicabili.

Accennerò infine a quello che per me è lo zimbello dei concetti: il *concetto fatto travestito da concetto originale*. Quale patelicume suscita in me la fiera ed oscena ostentazione di un concetto presunto originale, presunto "nuovo", presunto "autenticamente proprio", presunto "intelligente" o ancor peggio "geniale", in realtà evidentemente "fatto", ovvero preconfezionato, precotto e stracotto. Il *concetto fatto* non è in sé negativo. Ma diviene ridicolo e patetico quando millanta di essere ciò che non è, ossia un concetto nuovo ed originale. L'essere umano esibisce le sue miserie meno dignitose quando presume di essere o di fare ciò che non è e non fa.

Riassumendo: La *frase fatta* è indubbiamente la quintessenza di un *concetto fatto*, ma si possono esprimere *concetti fatti* anche senza ricorrere alle *frasi fatte*. Tutti quelli che si compiacciono di non parlare per *frasi fatte*, analizzino i propri concetti per verificare se siano *fatti* o meno. Se vi da fastidio analizzare i *vostri* concetti, prendete a bersaglio quelli degli altri. Cercate di comprendere quanto di un concetto sia il prodotto della mente che lo ha espresso, e quanto sia invece la pura ripetizione di argomenti già uditi in tutte le salse, quindi quello che io chiamo un *concetto fatto*.

Per oggi è tutto. Scusatemi se non mi sono attenuto a *concetti fatti*, e scusatemi ancora di più se invece l'ho fatto.

Non si ha idea delle idee della gente senza idee.

Leo Longanesi

CINQUE LETTERE AL PREZZO DI UNA

Caro Maurizio Costanzo Show,

ogni tanto nella vita bisogna imitare la pubblicità, o anche più spesso, soprattutto se si da retta alla pubblicità stessa.

Allora ho pensato che era obbligatorio, per me, farti un'offerta speciale anch'io, come i pubblicitari ci hanno insegnato che sia bene fare.

Al prezzo di una sola lettera, oggi, te ne spedisco addirittura cinque. Cinque lettere al Maurizio Costanzo Show al prezzo di una!

Sarà oggi il Gigi Picetti che in me si cela ad averle prodotte. Non lo dico tanto a te, quanto lo ricordo a lui e a me.

Né prima né dopo

Caro Maurizio Costanzo Show,

Ho 49 anni e mezzo e non mi sono mai sposato.

Mi sono tenuto libero e arricchito di esperienza, di informazioni.

Mi ritengo al passo coi tempi e dicono che non sono poi così male esteticamente.

Non sono calvo, non ho la pancia, e ho quasi tutti i denti miei.

Certo, per la strada mi giro a guardare le ragazze, e qualcuna mi strappa anche un commento, per com'è e come va vestita.

Ma quando ero ragazzo era difficile l'approccio (non parliamo poi della conclusione) perché le donne erano tutte timorate.

Ora che c'è il liberalismo e tutto è permesso anzi ad aver pudore si fa brutta figura, le giovani che si regalano ai loro teppistelli coetanei rifuggono da una persona sana e matura come me che saprebbe oltretutto soddisfarle con competenza.

Chiedo perché a queste giovani non interessano gli uomini con la u maiuscola e si sbaciucchiano e si strusciano ad ogni cantone basta che siano dei loro. Per me questo è razzismo. Se no, ragazze di adesso, rispondete perché.

Forse Domani

Caro Maurizio Costanzo Show,

A me piace molto scrivere. Delle volte mi scappa proprio da scrivere. Scrivo al ristorante, specie dopo mangiato, sui tovagliolini. Scrivo nelle sale d'aspetto di stazioni e dentisti. Scrivo anche nella toilette, sulla mia carta personale. Tutti i miei amici e parenti anche maligni apprezzano le cose che scrivo quando le sottopongo, sono andato in redazioni di giornali e riviste e da quasi tutti gli editori di Milano, ma mi sono sempre sentito rispondere: continui così che sta andando bene, ripassi più avanti, ecc. Perché allora le cose che scrivo vanno bene al pubblico e non a chi pubblica?

È questione di amicizie, di raccomandazioni, non voglio pensare di mafia?

Se volete posso venire a trovarvi con un po' di fogli, so anche leggere bene, e poi credo che sia sempre meglio che una cosa la legga chi l'ha scritta, perché meglio di lui nessuno la conosce. Ho pagine su quasi tutti gli argomenti, dipende cosa vi interessa.

Spero che questa mia incontri il vostro favore e intanto complimenti per una trasmissione che proprio ci voleva.

Crisi Spicciola

Caro Maurizio Costanzo Show,

Sono povero, chiedo in giro i soldi da vent'anni.

Però lo faccio con educazione e non voglio essere insistente. Finora la gente è sempre stata gentile con me e non mi ha mai fatto mancare niente. Però se non fosse che sono stato previdente in questi anni adesso mi troverei in serie difficoltà. Non parlo quindi solo per interesse personale, ma anche per altri come me che stanno peggio.

Tutti dicono che c'è la crisi del capitale e nessuno si è accorto che c'è anche quella degli spiccioli. Tra i drogati che si portano via le 100 lire con arroganza, i ragazzini che mettono le 200 nelle macchinette dei giochi automatici, i nuovi telefoni a monete da 100 e 200 e 500 senza resto, i parchimetri che ne ingoiano tutto il giorno e, dulcis in fundo, o meglio "in cauda venenum" le macchinette degli autobus che in cambio del biglietto si prendono le 50, le 100, le 200 e a Milano adesso ho saputo anche le 500, cosa rimane da dare a un poveretto? Non certo i soldi di carta o gli assegni circolari (bei tempi dei mini-assegni!) specialmente a Genova.

Ma lo sanno quelli che mettono queste macchine mangiasoldi ad ogni crocicchio che compiono un atto gravemente antisociale?

Ci vogliono ridurre alla fame, noi che non pesiamo sull'economia del lavoro e ci arrangiamo in proprio?

Chiedo a governanti e amministratori pubblici che meditino sul problema se vogliono anche il nostro voto, e siano una volta tanto loro che i problemi ce li creano a trovare la soluzione.

Nel Paniere

Caro Maurizio Costanzo Show,

è la prima volta che mi decido a scrivere a una trasmissione, e solo perché ho saputo che veramente c'è uno spazio libero alle opinioni dei telespettatori, che così possono collaborare alla civile discussione tra la gente.

Vengo subito al dunque per esporVi il caso che mi sta a cuore: io ho sempre fumato le sigarette Nazionali Semplici senza Filtro, vuoi per economia, vuoi per abitudine. Il prezzo si è sempre mantenuto più che accettabile perché è noto che queste sigarette le abbiamo nel paniere, toccando il quale si sposta la scala mobile o meglio a dire la contingenza.

Tutto andrebbe bene se le suddette Nazionali si trovassero in consegna dai vari tabacchini di Genova. Ma gira gira è sempre più difficile averle, sia perché dicono che ne consegnano poche, sia perché forse non vorrei pensar male ma i tabacchini le riservano probabilmente ad amici e parenti che se le prenotano e accaparrano.

Parlando di questo problema Domenica 20 Novembre in un Bar di Corso Sardegna con svariati amici è saltato fuori che si potrebbe obbligare il Monopolio a fare in modo che un prodotto fatto per il consumo popolare sia veramente trovabile nella quantità giusta al bisogno che ne hanno i suoi fumatori. E come poter far ciò?

Tutti sanno che se ci si reca in un panificio e si domanda del pane comune all'acqua, quello meno caro, il panettiere stesso che è sprovveduto è tenuto a consegnare all'acquirente il pane di prezzo che ha immediatamente al di sopra, ma (importante) allo STESSO prezzo di quello più economico che non si trova in condizione di fornire.

Allora un mio amico fidato diceva che il suo legale (in una Causa in Pretura per rumori del vicino di sopra) gli aveva garantito che si può fare uguale anche per le Nazionali Semplici, se non le danno avendo al loro posto le Super senza filtro da 400 lire e se neanche queste ci sono, le Alfa da 700 lire e via salendo fino al tipo che hanno, però sempre a 230 lire al pacchetto come le Nazionali Semplici.

Se tutti quanti adottassimo questo sistema non saremmo più presi in giro da un Governo che fa finta di pensare al suo popolo e poi non fa abbastanza sigarette per il bisogno dei fumatori più popolari.

Così facendo sarebbero obbligati per non rimetterci a fare più Nazionali e senza rischio per noi se non quello di fumare semmai una sigaretta più cara allo stesso importo.

Se tra i vostri spettatori c'è un Avvocato gradirei conferma nel senso di quanto esposto, che è già come dico parere di un legale.

Grazie dell'ospitalità e un appello a tutti i fumatori di Nazionali Semplici senza filtro a essere uniti e compatti nei nostri sacrosanti diritti.

Tempi Duri Per i Gatti?

Caro Maurizio Costanzo Show,

Lavoro in porto saltuariamente e sono anche appassionato di fotografia. Tutte le volte che arriva una nave giapponese mi arrangio col poco inglese che mastico a farmi spiegare dall'equipaggio le novità fotografiche che si portano dietro. Mercoledì scorso sono scesi un gruppo di questi giapponesi tutti colla Nikon e il teleobiettivo.

Gli ho chiesto perché niente normali e grandangoli e mi hanno fatto capire che per i gatti che dovevano fotografare non andavano bene.

Un mancinante mi ha voluto dire che loro in Giappone hanno una grossa fabbrica industriale di un tamburo detto "sciamisen" che viene costruito con pelle di gatto o anche coniglio.

Il giorno dopo in Sottoripa li ho beccati sparsi per i vicoli che facevano davvero le foto ai gatti.

Ora, io non ho particolare simpatia per i felini, ma non mi sta bene che questi giapponesi facciano i loro tamburi con i nostri gatti.

Non mi dilungo oltre, provveda chi di dovere.

FUORI DI SÉ

Caro Maurizio Costanzo Show,
Sono un pensionato di Piazza Terralba di settantasei anni.

Con questi bei giorni di sole che ci regala l'inverno, l'altra mattina sono andato a prendermi l'aria buona alla Villa Imperiale.

Come mi sono seduto sulla prima panchina mi sono trovato una siringa piantata nel didietro.

È mai possibile che un onesto cittadino che ha lavorato tutta la vita rischi la tossicodipendenza involontaria perché lasciano in giro queste siringhe che poi mi si piantano in culo? Scusate l'espressione ma sono proprio fuori di me.

L'immaginazione è più importante della conoscenza.

Albert Einstein

PICCOLA STORIA DELLA FANTASCIENZA

Caro Maurizio Costanzo Show,

Continuo a notare che da te si parla di tutto, fuorché di fantascienza. Così, a beneficio dell'Umanità Italiana, della quale solitamente sei paladino tu più di molti altri, mi trovo invece costretto a parlarne un po' io. Cos'è la fantascienza? Come è nata? Quando è nata? *Perché* è nata? Partiamo dall'inizio, ovvero dal secolo scorso.

Nel mondo occidentale, fino alla rivoluzione industriale del diciannovesimo secolo, il futuro della società era per l'individuo un "ambiente" che non destava particolari curiosità. Il progresso tecnologico trasformava già da millenni la società – è vero – ma lo sviluppo, pur accelerando continuamente, non era mai stato facilmente percepibile dall'individuo in prima persona. Nell'arco di una vita umana, erano ben pochi o addirittura nulli i progressi tecnologici e le relative trasformazioni del vivere quotidiano che la società produceva. Si nasceva e si invecchiava in un mondo che cambiava troppo lentamente perché ci si

139

riuscisse ad accorgere che l'onda del cambiamento sarebbe proseguita oltre la propria morte. Il figlio di un ciabattino imparava il lavoro del padre per poi un giorno trasmetterlo al proprio figlio, e non vi era alcun rischio che nel frattempo qualcun altro inventasse un nuovo sistema automatizzato per la produzione di scarpe. Il futuro tecnologico non esisteva, a livello della coscienza comune. Ciò che era, sarebbe sempre stato anche in seguito. Le sporadiche invenzioni che pure, nei millenni, avevano fatto fare passi da gigante alla specie umana, erano considerate *eccezioni* miracolose ad una regola di immutabilità della tecnologia. Le invenzioni dell'umanità, rare nel corso di una vita umana, erano assimilate come una magia che improvvisamente divenisse possibile, e quindi accettate come una nuova norma, un prodigioso traguardo raggiunto oltre il quale nulla di nuovo può più venire inventato.

Il Regno dell'Ignoto non era quindi sito nel futuro (che la coscienza comune s'immaginava pressoché identico al presente), bensì *altrove*, in un altro luogo. Era altrove, in un paese lontano, oltre i confini del mondo conosciuto, nel Regno dei Cieli ed in mille altre località immaginarie che si consumavano mirabolanti avventure ed aliene vicende. L'immaginazione, nei sognatori che una potente immaginazione avevano, esplorava sempre nello spazio e mai nel tempo, poiché era ammissibile che a luoghi lontani potessero corrispondere ignoti contesti, (dopotutto, ogni tanto qualcuno tornava da lunghissimi viaggi raccontando che effettivamente esistevano luoghi completamente diversi dai propri, abitati da persone con facce usi e costumi diversi assai), ma era assolutamente inammissibile che a momenti temporali lontani (nel futuro, ovviamente) potessero corrispondere contesti differenti da quello presente. A dimostrazione di tutto ciò si consideri tutta la letteratura fantastica scaturita dall'umanità per millenni: non vi è pressoché traccia di narrazioni ove l'alienità del contesto sia rappresentata da uno spostamento dell'azione lungo l'asse del tempo, verso il futuro, mentre invece abbondano le storie di viaggi in luoghi alieni poiché remoti nello spazio.

Questo stato delle cose si alterò significativamente con la rivoluzione industriale del diciannovesimo secolo. L'accelerazione dello sviluppo tecnologico causò trasformazioni talmente frequenti nella vita delle persone, da non rendere più inammissibile il concetto che lo sviluppo tecnologico avrebbe potuto in futuro trasformare ulteriormente la vita delle persone.

Il riflesso di ciò sulla letteratura fu che nacque la fantascienza (in inglese, più propriamente: *science fiction*, ossia *letteratura di scienza*). Mary Shelley (la moglie del celebre poeta) ipotizzò che i progressi nella biochimica e nella chirurgia avrebbero un giorno consentito di rigenerare in laboratorio la vita, e scrisse *Frankenstein*. Jules Verne, pur rimanendo ancorato alla tradizione che ricercava l'alienità altrove, mediante viaggi, ipotizzò che sarebbero stati i progressi tecnologici a rendere possibili i suoi viaggi nei luoghi più disparati. H.G. Wells, ispirato dalla convinzione scientifica dell'epoca che Marte potesse ospitare vita extraterrestre, scrisse "La guerra dei mondi", il primo romanzo nel quale la terra venisse invasa da extraterrestri. Nel 1926 Hugo Gernsback, negli USA, fondò la prima rivista specializzata in letteratura di fantascienza, ma fu solo con l'irruzione di John Campbell Jr., nel 1938, alla guida della rivista *Astounding Stories*, che una nuova e foltissima schiera di scrittori si formò, dando il via a quella che fu successivamente chiamata "L'età d'oro della Fantascienza". Ricordiamo, di questa nuova generazione di autori, tre nomi che forse avrete già sentito: Isaac Asimov, Robert Heinlein, Arthur Clark. In questa fase, i temi dominanti delle storie divennero, per la prima volta, estrapolazioni *rigorosamente* scientifiche circa il futuro progresso della tecnica. La sconcertante esplosione della bomba atomica su Hiroshima spiegò inequivocabilmente al mondo che il futuro era già iniziato, e sempre più gente si interessò alla fantascienza per cercare di capire come il futuro sarebbe potuto essere.

Poi fu inventata la televisione. I lettori di narrativa tradizionale abbandonarono in massa i libri per dedicarsi al loro nuovo ed imperituro passatempo. Ma i lettori di fantascienza aumentarono, e così anche gli autori.

Dalla seconda metà degli anni cinquanta in poi, e per tutti gli anni sessanta, la fantascienza entrò in una nuova fase, che fu chiamata "New Wave". Le storie sulla scienza e gli scienziati non erano più al centro dell'attenzione. Protagonista della nuova fantascienza divenne la gente comune, che subiva gli effetti dei progressi tecnologici. Le estrapolazioni degli scrittori non erano più limitate alle pure invenzioni tecnologiche, ma si avventuravano anche nella sociologia e nella psicologia. La fantascienza era cresciuta e maturata, si era arricchita. Aveva prepotentemente fatto irruzione nel campo la satira sociale.

Negli anni ottanta nacque il movimento cyberpunk, tuttora rigoglioso, chiamato anche *neuromantico*. Personaggi neuromantici, nei romanzi cyberpunk come al di fuori di essi (il movimento cyberpunk è infatti tracimato dai propri argini letterari per diventare un fenomeno sociale), sono spesso una nuova generazione di ribelli tecnologizzati. Lo sfrenato sviluppo dell'informatica induce inoltre a credere che in futuro il concetto stesso di realtà ne possa venire completamente trasfigurato, e le estrapolazioni a questo riguardo quindi fioccano. La "Realtà Virtuale" è per noi ancora solo un videogame, ma in futuro...

La fantascienza non si ferma qui. Noi invece sì.

Non sottovalutare il potere della stupidità umana.

Robert A. Heinlein

VILIPENDIO DELLA FANTASCIENZA

Caro Maurizio Costanzo Show,

ho letto le lettere precedenti scritte dal mio alter ego (si dice così?), direttamente mentre le scriveva, dato che essendo io nella sua testa suo malgrado potevo benissimo sbirciare, attraverso gli occhi che abbiamo in multiproprietà, le parole nel momento esattissimo che lui le scriveva veramente.

Io ci credo benissimo che gli UFO esistono. Se non esistono, perché c'è la parola per chiamarli? Tutte le cose che c'è la parola devono esistere per forza perché se no non ha nessun senso che c'è la parola. Se io dico che c'è il tramonto, lo posso dire solo perché ho visto che c'è davvero. Gli altri mi capiscono solo perché anche loro sanno cos'è il tramonto. Tutti sappiamo cosa sono gli UFO, allora è automatico che questi esistono automaticamente per forza davvero senza dubbio.

Allora non capisco perché quell'altra persona che io anche sono ha

142

detto nelle scorse lettere così tante cose che non stanno *né in cielo né in terra* e quindi non possono essere nessun UFO (bel gioco di parole, vero? eh!).

La verità è che i marziani ci sono, da qualche parte, ma non sono qui, perché se fossero qui non sarebbero marziani, come ci dice la logica. E gli UFO sono naturalmente i dischi volanti, come ognuno ha potuto notare quando sono apparsi qua e là. E gli UFO sono pieni di marziani, ma ce ne stanno molti perché sono piccoli.

Allora non capisco cosa c'è così tanto da dire su questa fantascienza, che poi in pratica non sarebbe altro che i film sugli UFO e con tutti quegli effetti speciali per attirare le persone al cinema. Ma a me non mi fregano! Io aspetto che i film vengono in televisione.

Io sono convinto che ci sono già stati molti incontri ravvicinati. Gli extraterrestri non sono cattivi, o almeno, non sono cattivissimi, ma potrebbero diventarlo da un momento all'altro. Se fossero cattivissimi ci avrebbero già distrutti, questo è ovvio. Invece ci controllano, per vedere come ci comportiamo, perché per loro siamo importanti, anche se non so perché. Potrebbero esserci anche extraterrestri travestiti da esseri umani. Gli extraterrestri possono fare tutto, dopotutto sono marziani!

Io credo che bisogna stare attenti a quelli che parlano di queste cose facendo tanta confusione. Ci sono gli UFOLOGI seri, che vanno rispettati, e ci mancherebbe! Ma poi ci sono quelli come quel tipo che sono io quando lo sono (scusate se non sono chiaro), che dicono così tante parole che non vogliono dire un bel nulla, e che servono solo a convincere noi tutti che loro ne sanno più di noi! Ma io non mi faccio fregare! Se questi bei tipi hanno avuto qualche incontro ravvicinato, anche del terzo tipo, lo devono dire chiaramente e magari fare vedere anche qualche fotografia o meglio sarebbe una videocassetta. Se non lo hanno avuto allora che se ne stanno zitti perché cosa vogliono saperne più degli altri che magari qualche incontro ravvicinato l'hanno pure avuto, discretamente. Spero che sono stato chiaro.

Cosa vogliono spiegare a me cos'è la fantascienza?!!! Lo so benissimo!! C'ho la videocassetta di Guerre Stellari e ho visto anche tutti i film che sono venuti dopo. Ho visto anche i film più brutti, come Blade Runner, che infatti non mi è piaciuto perché non è possibile che il marziano ci venga a fare la morale e alla fine abbia ancora ragione lui sebbene che giustamente muore.

Io credo che in futuro la fantascienza deve per forza diventare più importante, perché con i moderni computer ci possono fare sempre più effetti speciali, e quando ci sarà un incontro ravvicinato ufficiale questo gli farà anche un sacco di pubblicità (alla fantascienza). Per quanto diventerà importante, la fantascienza sarà però sempre una conseguenza dell'UFOLOGIA, di questo ne sono sicuro. Poi soprattutto adesso che hanno fatto tutti questi moderni telescopi potentissimi con i quali si potrà di sicuro vedere i dischi volanti anche molto più da lontano ed ingranditi.

Io poi c'ho anche una teoria personale, che non dico a nessuno ma a te che sei il Maurizio Costanzo Show posso dirla. Ci sono una sacco di persone famose che probabilmente sono degli extraterrestri travestiti, oppure sono in contatto con loro. Non voglio dire i nomi, se no si accorgono che li ho scoperti e come al solito mi sopprimono. Se mi inviti alla tua trasmissione ti spiego tutti i particolari, ma devi promettermi di non invitare anche quell'altra persona che c'è anche dentro di me e che si crede così intelligente soltanto perché lo è, perché se viene anche lui poi sul più bello, quando devo parlare io, mi scaccia dalla guida del cervello e si mette a dire tutte le sciocchezze che dice sempre per confondere le persone più semplici come me, e così finisce che tu mi hai invitato per niente.

Io li odio quelli che fanno i superiori leggendo i libri di fantascienza! Non si accorgono che sono ridicoli? Tutte le persone normali la fantascienza la guardano giustamente solo al cinema o in tivù, e se davvero si appassionano diventano UFOLOGI. Nei libri non c'è di sicuro niente di più che al cinema: nei libri ci sono solo le parole, ma queste ci sono anche al cinema o in tivù, infatti i personaggi parlano, no? Ma al cinema e in tivù ci sono anche le immagini, l'azione, il suono stereo e in certe sale anche il sorround o come diavolo si chiama. E poi i libri sono una invenzione di quando non c'era la televisione. Se ci fosse stata la televisione, i libri non li avrebbero inventati di certo, questo è sicuro! E il cinema e la tivù li hanno inventati proprio perché i libri erano troppo noiosi. E poi ci hanno insegnato che bisogna vivere con la democrazia, che vuole dire che la maggioranza ha sempre ragione. E allora io sfido questi presuntuosi, come quel sapientone che anche c'è da qualche parte dentro di me, a dire che la maggioranza preferisce i libri al cinema e alla tivù! La maggioranza i libri li ucciderebbe subito, questa è la verità, ed è davvero antidemocratico che non si provveda ad averlo già fatto da tempo!

Soprattutto con i libri di fantascienza il divario è terribile. Gli effetti speciali, raccontati sul libro, senza figure, mi fanno solo tantissima pena. Per fortuna non ho mai letto questi libri, ma mi immagino che la descrizione a parole degli effetti speciali sia la cosa più stupida che mi riesco ad immaginare. E se da un libro di fantascienza ci togli la descrizione degli effetti speciali, cosa ci rimane?

La fortuna è cieca, ma la sfiga ci vede benissimo.
Roberto "Freak" Antoni

...e a volte prende la mira.
Max Morando

IO, MAX MORANDO

Caro Maurizio Costanzo Show,

a scriverti oggi è il Max Morando che cova in me. Userò quindi formalmente il suo cervello per scrivere tutto ciò che seguirà, mostrando quindi la sua faccia, proprio come se io fossi lui, o piuttosto come lui fosse me, pur ognuno di noi due essendo innanzitutto se stesso.

Ho quindi deciso di scriverLe quando ho visto tutti quei casi umani, o presunti tali, avvicendarsi sulle sue poltrone, o presunte tali.

Il campionario é vario, lo zoo é quasi al completo, ma io rappresento il Caso raccolto a fattor comune, l'essenza della pietà, il sinonimo della umana pietate, l'antitesi dell'eroe e dell'antieroe. Pensi, Geometra Costanzo Show, che volevano destinarmi un quadratino sul 740, proprio tra l'Unione Chiese cristiane avventiste del 7° giorno e le Assemblee di Dio in Italia, per farmi avere l'8 per mille, distribuzione di pietà direttamente dai grossisti, dal produttore al consumatore. Come le dicevo, Ragionier Costanzo Show, io sono un pietofago, mi nutro della pietà altrui, non che faccia nulla per meritarmela, solo che le vicende che mi hanno colpito hanno lasciato una specie di segno invisibile che condanna le persone orbitanti la mia vita a sviluppare immediatamente sensi di colpa smisurati, complessi di superiorità tendenti all'infinito, ed in qualche raro caso li costringe pure a burlarsi di me, ma con molta arguzia.

Quella che qualcuno identifica, semplicisticamente, nella sfiga (ma che io preferisco, per vastità del fenomeno, e per una mia tendenza a non etichettare nulla per non intrappolare fenomeni complessi in vuoti schemi, non ridurre ad una sola parola) é nel mio caso atavica. Preferisco, per brevità e per diretta o quasi, conoscenza dei fatti iniziare la mia storia dal matrimonio dei miei genitori, entrambi ovviamente di umilissime origini (e come vedremo in seguito anche di umilissimi destini). La notte delle nozze crollò la diga del Vajont, primo segno premonitore, purtroppo inascoltato. Dopo qualche anno, senza che si ricordino tragedie degne di rilievo io venni alla luce, il 19 maggio del 1966. Con una curiosa sintonia con la distribuzione dei sacramenti la storia prosegue con la mia prima comunione, e qui, solitamente, nei miei interlocutori inizia un ballo rituale di probabile origine lapponica, sicuramente un gesto propiziatorio alla maschile fertilità, perché prevede il ritmico palpeggiamento scrotale frammisto ad un mormorio pronunciato a denti stretti e con gli occhi volti al cielo. Dicevo (mi scusi Avvocato Costanzo Sciò per questi miei intermezzi, ma servono a rendere più figurata e viva la mia lettera), la mia prima comunione (che coincise anche con l'ultima) i miei genitori decisero di farmela "fare" in coincidenza con la nostra settimana bianca, in modo da permettere alle nostre magre finanze lo svolgimento di entrambe le attività sportive (sciistica ed eucaristica). Il luogo prescelto fu Tesero, ridente cittadina che qualche anno dopo venne parzialmente spazzata via dal crollo della diga della Val di Stava, ma non anticipiamo i tempi. Nei giorni immediatamente precedenti alla mia prima comunione crollò la funivia di Cavalese (solo pochi chilometri da Tesero) provocando la morte di tutti gli occupanti, tranne una, paralizzata. La mia famiglia e gli amici iniziarono poi a cadere, come in una guerra non dichiarata a partire dal 1972, primo zio morto per cancro, il primo nonno cadde anni prima della mia nascita anche lui per cancro, e poi capodanno 1980 (amico morto in affondamento Phoenix), 1981 zia morta per cancro, 1982 nonna fortunatamente morta per cause naturali, ovvero sfondamento del cranio per 28 naturalissime martellate infertele dal complice di mio cugino (allora quindicenne) a scopo rapina, per l'acquisto di un validissimo motociclo. Nell'occasione il padre, mio zio, nel goffo tentativo di scagionare il figlio esibì come prova d'innocenza un motorino, che egli sostenne aver regalato a Thor (da allora soprannome prediletto dell'amato cuginetto). Sfortunatamente, avendo lo zietto qualche precedentuccio penale, ed essendo il motorino risultato rubato finì in galera pure lui, fino a qualche tempo fa.. Mi riesce a seguire Dottor Costanzo Show? O forse sono troppo nebuloso nell'esposizione dei fatti? Ma sa la fretta è tiranna, e poi non si sa mai... Comunque dicevo, la storia deve continuare, 1985 nonno morto per probabile trasfusione sbagliata, nel 1986 la morte di mia nonna ci colse di sorpresa, un ictus proprio non ce lo aspettavamo, oramai tifavamo per i tipi più spettacolari di morte possibile, era iniziato pure il totomorte necro-concorso a pronostici. Nel 1987 mio padre che pur brillava di originalità essendo il creativo di famiglia decise di morire in modo banale, per cancro ai polmoni, grazie a Dio (prego!) ci pensò la ditta presso la quale lavorava come operaio a vivacizzarci la morte, decise di suicidarsi, la ditta, fallimento, o meglio liquidazione, e quindi ciccia soldi, inutili perfettamente visto che nel frattempo avevamo lo sfratto esecutivo. Capisce anche lei Minatore Costanzo Show che la successiva morte di un altro caro amico per asma mentre prestava servizio di leva, la scomparsa del padre e della madre nei successivi due anni, la morte di entrambi i genitori di un mio compagno di classe in simultanea per due cause differenti non potevano che annoiarmi. Un po' di più mi incuriosì un altro fraterno amico finito polpettato sotto un trattore mentre si recava al suo primo giorno di lavoro dopo un lungo periodo di disoccupazione, trascurabile il fatto che il locale di proprietà dei genitori fu bruciato due volte prima che loro lo lasciassero. Una ditta presso la quale lavorai era condotta da due simpaticissimi coniugi, i quali avevano creato tutto per il figlio, un ragazzo straordinario con l'hobby della pesca subacquea... debbo terminare la storia o l'immagina lei? Finita la parte necrologi, ci terrei a dare una descrizione sommaria anche di altri momenti di vita felice ed armoniosa, visto che come le ho detto io sono un pietofago, e non potrei lasciare un'opera incompiuta. Lo zio di cui prima, il padre dello scultore di carne, Thor per intenderci, non appena uscito dal carcere é stato fermato, senza patente, alla guida di una macchina rubata che trasportava droga, un altro zio venne sparato in circostanze misteriose, e io decisi di scriverle questa lettera poco prima che tentarono di ridurla in frappé.... altri fatti sarebbero da raccontare, ma il tempo é tiranno ed il computer si sta lentamente affiosciando sotto il peso della storia.

Io so che ora lei mi teme, non tanto perché in mia presenza potrebbe capitarle qualcosa, é abbastanza intelligente per capire che le potrebbe capitarle comunque, ma perché io sarei la storia finale, quella da ultima puntata di Maurizio Costanzo Show, l'ultima frontiera della pietà.

La ciliegina sulla torta sarebbe che il teatro Parioli crollasse il giorno

prima della puntata a cui mi *avrebbe* invitato...
Auguri Messia Costanzo Show.

Lettera numero trentotto

Per natura non riesco ad essere spontaneo.

M. Cornelius Escher

L'IMPROVVISAZIONE

Caro Maurizio Costanzo Show,

è l'Alessandro Testa che è in me che scriverà le parole che seguiranno, poiché un abile trucco mi consente di accedere direttamente alle procedure di elaborazione del suo cervello.

Vi scrivo nella molteplice veste dell'idolatra che si accosta umilmente al suo totem, locupletando la sua stolta consapevolezza con gli illusori vantaggi che questa supplica cartacea porterebbe alla sua consapevolezza televisivamente minusabbiente, nonché sotto le spoglie mentitrici del compilatore mercenario di centoni illetterati ad uso di manichini ossobuchivori impalati nella stolida adorazione dei loro polsini inamidati; vieppiù mi mento memoria fotostatica del cantore del pasticcio e del gorgonzola che rancidisce dimentico in stantie credenze meneghine, l'inarrivabile dolorante Carlo Emilio; e meno di tutti mi dichiaro il vostro umile servo e spettatore Alessandro Testa.

Che la natura dell'improvvisazione, della lodata e vituperata improvvisazione che infarcisce le dotte sbrodolanti dissertazioni degli esangui figli del De Sanctis, degli epigoni di un Getto rinverdito nel pallido anguicrinito di Ferrara sia materia ignota ai più, a maggior ragione in un mondo che si prostra adorante al feticcio dell'iperspecializzazione e della conoscenza superscientifica, che la natura dell'improvvisazione, Vi dicevo, giacia nel più completo abbandono soverchiata dallo strapotere della Formula, del Palinsesto, in estrema analisi della pretesa tutta alfieriana di possedere un significante per ogni significato, invererebbe il dogma hegeliano del "tutto ciò che è reale..." e così via dicendo; ma che dietro questa pretesa di dominio sull'universo mondo, questa volontà di potenza piccola piccola, più simile al "volli, volli, fortissimamente volli" dell'adultero fulvo che non all'infantile stupore del mite superuomo si celi una sostanziale incomprensione della natura delle cose è una notizia che ha avuto scarsa circolazione nell'ultimo paio di secoli, fatta forse eccezione per pochi Untermenschen neri praticanti lo stretto ed inagevole sentiero del blues.

Assistimi ora, multipotente totem che aspergi sul popolo insipiente le tue catodiche benedizioni gnostiche, fa sì che col santo ausilio della tua sapienza procedente in unico, ininterrotto effluvio da quell'Uno il cui nome quadrisillabo la mia lingua profana non è degna di mentovare, la mia scienza limitata e peccatrice possa attingere ad una scintilla di quella luce che dall'eternità promana dall'unica fonte, dall'unico bene, dall'unico vasello di ogni conoscenza affinché la mia lingua ed il mio terminale possano ardire di captare per la Sua maggiore gloria una scintilla di verità da donare, novello Prometeo, ai tuoi figli che giacciono nell'oscurità. Così sia.

Ad un certo punto, dico io, chi ti arriva? Uno spilungone con almeno tre palmi di collo, dico io, uno che sostiene che quello che si vede è tutta una fandonia, e cose del genere.

Quello lì dice che quello che vediamo, santa polenta , non è mica vero ma è tutta un immaginazione degli occhi, o cose così. Cose da non credere, dico io.

Ma cosa c'entra questo con l'improvvisazione, direte voi, miei piccoli amici? Cosa c'entra la natura della realtà con un secondario procedimento artistico ma che dico artistico da pantomima, da avanspettacolo, da circo!

Mentre il figlio di questi tempi illuminati e progressivi rimastica in poltrona concetti ormai convoluti in boli di enzimi che già da tempo hanno esplicato la loro lenta sebbene inarrestabile opera digestiva degradando ogni cosa in un opaca pappa maleodorante che altro non aspetta che di essere espulsa per gli orifizi che la natura, matrigna ma sapiente, ha predisposto acconciamente alla bisogna, altri, meno sedentario, si accinge ad estrarre dal magma informe dell'indeterminato, novello demiurgo, la Splendente Gemma del Nuovo.

Ma che gemma-splendente-del-nuovo sarebbe, se già fosse conosciuta?

Balza quindi alla tua perspicace coscienza, amico lettore, come ogni opera di vera scoperta sia possibile solo attraverso il nobile strumento dell'improvvisazione.

Ricetta per una buona improvvisazione:

1) Ogni volta che trovi qualcosa che ti sembra degno di essere tenuto, abbandonalo subito.

2) Diffida di tutto ciò che riesce alla prima

3) Diffida di tutto ciò che non riesce alla prima

4) Non c'è giusto

5) Non c'è sbagliato

6) Quando non sai come fare, improvvisa

Se manterrai la tua calma quando tutti intorno a te l'avranno persa

Se accetterai la riuscita ed il fallimento delle tue improvvisazioni con lo stesso sorriso sulle labbra

Se una volta terminata la tua improvvisazione non la tesaurizzerai, scordandola per gettarti in un nuovo lavoro

Allora, figlio, sarai un improvvisatore.

Come si può governare un paese in cui esistono duecentoquaranta-
sei specie diverse di formaggio?

C. De Gaulle

PANTECA E BACCINI

Caro Maurizio Costanzo Show,

chi o cosa io sia è un mistero per me come per chiunque non abbia le traveggole. Esaurita questa premessa possiamo divertirci a fingere vere congetture parziali, inferiori e distorte.

Rimescolando i nostri parametri possiamo quindi dire senza tema di essere smentiti da chi abbia acconsentito a non smentirci che io sono attualmente soprattutto il proprietario di un muro. Ma non di un muro qualsiasi, come ce ne sono tanti un po' dappertutto. Un muro in qualche modo importante, poiché è stato addirittura menzionato nella trasmissione televisiva che tu sei. Non è il Muro di Berlino, venduto a scaglie a chi aveva soldi da spendere. Non è il Muro del Pianto e nemmeno quello dei Pink Floyd. È il muro di Baccini.

Nella trasmissione che tu sei questo muro venne nominato, forse anche ripetutamente, poiché è all'indirizzo di esso che il cantautore Baccini ebbe a volgere il proprio sguardo per molte ore al giorno per anni ed anni mentre imparava a cantare. Lo chiameremo allora il Muro del Canto di Baccini. I berlinesi avevano il Muro di Berlino, a vedere il quale andavano quando volevano vedere fino a dove potevano andare. Gli Ebrei hanno il Muro del Pianto, dove si mettono quando gli viene da piangere. Baccini aveva il Muro del Canto. Quando gli veniva da cantare egli si poneva dinanzi al suo Muro dove c'era accostato un pianoforte e cantava, molto più a lungo di quanto gli ebrei ce la facciano a piangere davanti al loro, o i berlinesi passeggiare a ridosso del loro. Il famoso Muro del Canto di Baccini.

Tale Muro regge presumibilmente il tetto di un locale genovese chiamato "Panteca", che io, già proprietario del Muro, ho la fatalità di gestire. Francesco Baccini entrò in Panteca nel 1981, appena dimagrito dalla sua ipertrofia lipidica, sguardo spiritato e pressoché muto, la sua mente confusa ormai regno di psicofarmaci. Stava sempre da solo in un angolo, senza neanche togliersi il cappotto, mai parlando con nessuno, guardando il pianoforte dove qualcuno sempre suonava. Appena il qualcuno di turno si alzava per un bisogno o un desiderio libatorio (vedi "voglia di birra"), Baccini s'avventava sul pianoforte sguarnito suonando qualche minuto di musica classica. Poi scompariva. Ma scompariva sul serio. Ciò avvenne parecchie volte. Sul pianoforte i pianisti generalmente ruotavano come i mandrilli in un bordello. Che un pianista spesso scomparisse, era normale. Ma non che scomparisse *sempre*, anche quando si cercava di identificarlo per conoscerlo ed offrirgli da bere. Quindi un giorno, alle prime note di musica classica, qualcuno si appostò vicino al piano per svelare il mistero del pianista scomparente. Baccini suonò qualche minuto come al solito, poi di colpo si alzò bruscamente, ed a grandi falcate prese di mira la porta, dalla quale sarebbe certamente uscito come un fantasma dopo pochi secondi come suo solito. Ma l'appostato lo intercettò fisicamente, costringendolo a fermarsi qualche istante per accettare qualcosa da bere. Baccini cercò di opporsi, poi si arrese e chiese qualcosa di forte, una camomilla.

Con il passare dei mesi e poi degli anni, Baccini diventò un frequentatore sempre più assiduo della Panteca. Iniziò ad inframmezzare alla classica brani di musica leggera, predilendo i Blues Brothers ed il balletto di Erode di Jesus Christ Superstar. Provò a cantare, e l'effetto non fu malaccio. Abbandonò la classica e cantò sempre di più. Nel 1985 l'intensità della sua frequentazione della Panteca raggiunse il culmine. Si presentava alla porta alle otto di sera, quando la Panteca apriva, e ne usciva alle due o alle tre, quando essa chiudeva. Iniziava a suonare e cantare cinque secondi dopo l'ingresso della prima ragazza carina, e poi non la smetteva più. Anche a ferragosto, quando la città era esule altrove, Baccini era lì, da solo insieme a me e pochi altri e nessuno allegro, e fu proprio nel desolato agosto dell'85 che al termine di una serata scarna sette ragazzine finlandesi comparvero per miracolo nella Panteca buia portandoselo via e facendo piazza pulita di tutte le sue principali verginità, episodio già menzionato sul palcoscenico della trasmissione che tu sei.

Ma la Panteca non è solo Baccini. Dell'era Baccini avanzano i ricordi, le fotografie, e le ore di videoregistrazioni che ancora detengo di un Baccini spaurito e con tutti i capelli che inascoltato non la smette mai di suonare come un trattore.

Nell'arco della sua esistenza la Panteca contenne a fugaci tratti una moltitudine di persone cosiddette famose, da Gian Maria Volonté a Dario Fo, da Angelo Branduardi a Enrico Rava, da Bruno Hendel a Enzo Tortora, da Pinco a Pallino e non trascuriamo Chicchessia. Ma contenne e contiene soprattutto moltitudini umane di pregio minormente noto ma non per questo dello stesso prive o indegne. Ecco a voi le etichette di Rino Riccio, Alessandro Testa, Gigi Picetti, Max Morando, Bruno Medicina, Guido De Vecchi, Alessandro Buricchi, Beppe Mistretta, Federico Sirianni, Max Manfredi, Enrico Tetris... ometto le donne poiché ne dovrei citar troppe e la pigrizia mi frena. Ciò che queste etichette d'umani celano e talvolta esibiscono lo scoprirete eventualmente soltanto in Panteca.

La Panteca è mille altre storie, al di là della genesi di Baccini. È il primo locale "alternativo" mai sorto a Genova. Fucina di menti e di talenti. Archetipo della moltitudine di locali e localetti che oggi rendono vivaci le serate di una città morente. È il luogo dove sono ineluttabilmente rimaste impigliate le menti più moderne e più fertili di Genova. Covo di sinergia. Mitico recipiente che di tutto contiene. I riflettori si accenderanno sulla Panteca quando essa non ci sarà più, per enfatizzarne e mitizzarne qualità che in pochi hanno saputo cogliere quando avrebbero potuto, nell'arco della sua esistenza reale, cioè per esempio adesso.

I pavoni nascondono a volte agli occhi di tutti la loro ruota – e ciò è la loro superbia.

F. Nietzsche

SBALLO IN PANTECA

Caro Maurizio Costanzo Show,

ci tenevo a dire un paio di cose anch'io su quello che quell'altro me stesso ha detto nella lettera precedente che mi ricordo che ho scritto quand'ero lui. Io sono infatti quell'altro me stesso che c'è dentro di me quando sono intelligente, cioè quando non lo sono come adesso c'è sempre però dentro quello che lo è anche se se ne sta zitto.

Quell'altro me stesso parla che ha conosciuto Baccini quando non era Baccini, mi par di capire. Ma non ha fatto i conti senza l'oste, che poi sono io, anche letterariamente, nella Panteca. C'ero infatti anch'io, dentro al mio corpo, quando si stava a menarsela insieme a Baccini nella Panteca. Ma diciamo pure pane al pane. Io non sono geloso che Baccini ora è famoso e che si cucca tutte le donne che vuole, anche se magari così facendo si corrono quei rischi dell'AIDS, come dice Lupo Alberto. Non sono geloso però dico che è proprio un'ingiustizia che Baccini non venga a portare tutte le briciole di donne che gli avanzano a noi che siamo rimasti sfigati dentro la Panteca. Se mi sente quell'altro me stesso intelligente che si nasconde dentro di me per poi saltare fuori quando io mi distraggo, si arrabbia, e il rischio è che mi sfratta. Lui è convinto che io lo sputtano, a parlare a nome anche suo con un linguaggio semplice e sincero, che lui dice che è pieno di errori e da deficienti. Ma non posso stare zitto di fronte alle ingiustizie. L'altra mia personalità intelligente non vi ha detto tutte le cose perverse di Baccini quando era sfigato. Era proprio come me quando sono come adesso, nella mia versione semplice ma sincera. Non sapeva mai cosa dire a nessuno. Infatti non diceva niente. Martellava sul pianoforte, le ragazzine senza nessun gusto si sedevano vicino a lui a guardarlo suonare e se gli chiedevano qualcosa lui non sapeva mai cosa rispondere. Era proprio come me da semplice, ma io almeno il coraggio di parlare ce l'ho. L'unica cosa che sapeva dire alle ragazzine è se avevano bisogno di un passaggio a casa, e alcune il bisogno ce l'avevano davvero, e allora lui le accompagnava a casa e senza dirgli niente (alle ragazzine) a un certo punto gli saltava addosso e se la ragazzina non era perspicace finiva che ci stava senza accorgersene e che si ritrovava scopata in men che non si dica. A questo modo Baccini si approfittava delle bisognose di passaggi in macchina. Aveva una Due Cavalli rossa col sedile del passeggero davanti sfondato (veramente era proprio staccato dalle sue rotaie) e così chiunque si sedeva vicino a lui era automaticamente in posizione ginecologica. Mi ricordo che insieme a lui ho fatto un viaggio fino a Firenze in posizione ginecologica. Ma con me non ci ha provato.

Ho anche da ridire su tutto quello che il mio alter ego ha detto sulla Panteca. È vero che è un posto da sballo, ma mica per le cose pseudo-culturali che dice lui. Se io non fossi insieme a lui il gestore ci andrei per lo sballo, di cui lui non ha neanche parlato. In Panteca si sballa perché c'è casino, quando qualcuno suona il volume è giustamente a stecca e tutti quelli che vengono lì per fare gli intellettuali alla faccia di noi più semplici ma sinceri se lo prendono nel didietro perché con tutto quel casino non possono neanche parlare e dire tutte quelle cose che sbagliando li fanno sentire superiori. Il casino li fa star zitti e a noi ci fa sballare ed è giusto così, perché noi siamo la maggioranza e loro la minoranza e noi siamo in un paese democratico. Più casino c'è, meno si pensa, e meno si pensa e meglio ci si sente. Lo capirebbe anche chiunque, basta che non faccia parte di quei quattro gatti che si sentono intelligenti che però non lo sono perché i veri intelligenti siamo noi nella nostra semplicità democratica. Non possono essere loro i veri intelligenti proprio per via della democrazia, come ci insegna la televisione. La maggioranza ha sempre ragione, e la maggioranza siamo noi, infatti le trasmissione che guardiamo noi alla televisione hanno i massimi indici d'ascolto, e questo non lo può cancellare nessuno.

Scusate se vado un po' fuori del discorso. È che i diritti umani iniziano proprio quando si va in discoteca, o in Panteca, o in tutti quei posti per noi giovani. Con quale diritto i cosiddetti intelligenti ci vogliono fare la predica dicendo quello che non dobbiamo fare solo perché non gli piace a loro? A noi che ci sballa fare casino i dubbi non ci vengono e siamo tutti d'accordo che il diritto a fare casino è un diritto umano, dato che dopotutto proprio per la questione democratica siamo più umani noi dei cosiddetti intelligenti dato che la maggioranza lo ripeto siamo noi. Chiudere le discoteche e tutte quelle altre limitazioni è allora una violazione dei diritti umani. Siamo nell'epoca del progresso, ed è giusto che tutto aumenta, e così è giusto che aumenta anche il volume e tutti gli sballi che ora non vi dico se no poi mi arrestano violando i miei diritti umani.

Tornando a Baccini, almeno le briciole di tutte le donne che gli leccano le scarpe poteva anche portarcele. È che dopo che è diventato famoso lui si è montato la testa e ora è convinto di essere superiore, come le persone che dicono di essere intelligenti. Lui almeno non dice di essere intelligente, ed è già qualcosa. Tutte le persone che lo conoscevano prima sono tutte d'accordo: almeno le briciole delle donne che gli avanzavano doveva portarcele. Tanto più che sono tutte donne semplici come noi, alla nostra portata, infatti gli avanzano.

Spero che tra voi tutti sanno chi è Baccini. È l'unica persona che ho conosciuto che poi è diventata famosa. Se non lo conoscete mi fate un dispetto perché mi togliete anche questo. Non è che m'importa per lui – non sono mica intelligente!

Spero che almeno voi capite tutto quello che dico, dato che io per fortuna non ci riesco sempre, altrimenti avrei paura che sono diventato di nuovo quello là intelligentone dentro di me che fa sempre finta molto bene di capire tutto ma io so che non è così anche se devo ammettere che molte cose le capisce davvero mio malgrado.

Venite allora in Panteca, vi raccomando, ma solo quando c'è casino, casino democratico, e allora sì che con il bel rumore che c'è e che copre tutti i nostri discorsi siamo davvero democraticamente tutti uguali.

Filosofo si può soltanto divenire, non essere. Appena si crede di esserlo, si cessa di diventarlo.

F. von Schlegel

Al giorno d'oggi vi sono professori di filosofia, ma non filosofi.

H. D. Thoreau

ABBASSO I FILOSOFI

Caro Maurizio Costanzo Show,

oggi non sopporto i filosofi. I filosofi di oggi. Iniziai a mal sopportarli in giovine età, per l'apparente inutilità degli argomenti con i quali tentavano di rendere il mio cervello più simile al loro. Ma a quel tempo non sapevo, come so adesso, in modo chiaro, preciso ed enorme qual'era esattamente il mostruoso errore nel quale essi sono fieri di condurre la loro vita.

C'erano una volta i filosofi. Essi erano la cuspide della conoscenza nella società di cui erano parte. I filosofi contenevano dentro di sé tutto lo scibile noto, sapevano ciò che ogni filosofo del passato aveva precedentemente saputo, e su tale base essi portavano avanti l'intera

157

comprensione umana di un'altro po'. Essi sapevano di fisica come di etica, di biologia come di morale e di astrofisica. Essi sapevano tutto ciò che c'era da sapere poiché ciò che c'era da sapere poteva venire appreso in un arco di tempo inferiore a quello della durata di una vita umana. Nel buio delle scarne conoscenze che l'umanità faticosamente sottraeva all'Ignoranza, essi brillavano nell'eroico gesto di divenire l'espressione della massima sintesi delle conoscenze possedute dalla specie umana del loro tempo.

Tutto ciò fu, e più non è. Gli ultimi cento anni di storia umana hanno obnubilato i fulgori di centinaia di milioni di anni di evoluzione della vita sulla terra. Centinaia di milioni di anni di evoluzione prima che la vita marina riuscisse a conquistare le terre emerse, altre centinaia di milioni per conquistare quella forma di cui andiamo tanto fieri, ed ora, a meno di cento anni dall'invenzione dell'elettricità ecco la vita conquistare lo spazio, raggiungere la luna e con le sue artificiali propaggini chiamate sonde il sistema solare tutto. Ecco la vita diffondersi al silicio nel fenomeno che impropriamente chiamiamo ancora "informatica", ecco l'universo dei fenomeni e delle idee farsi ricco come in tutta la storia della vita non era stato mai. Ecco la storia della vita stessa emergere dal limbo dell'ignoranza, ecco un'umanità geocentrica, antropocentrica, egocentrica illuminarsi di insospettabili coscienze circa le meraviglie di ciò che chiamiamo evoluzione, perdersi negli abissi di tempo ricavati dall'interrogarsi sul significato del passato, e spandere la propria idea di spazio verso confini siti a distanze vertiginose ma non assurde.

In questa fulgida esplosione d'evoluzione, ecco anche detriti fossili alla deriva, trattati con una riverenza fossile anch'essa, quanto ridicola. Ecco ad esempio i filosofi, tra le più grottesche manifestazioni di tal fossile pateticume, poiché idealmente preposti alla comprensione di ciò che invece manifestamente si dimostrano del tutto incapaci di comprendere. Nella loro vetusta deriva, fanno anche inconsapevole sciagurata esibizione della loro misera ed oscena cecità intellettuale.

Coloro che la società scioccamente si diletta a chiamare filosofi, non sono filosofi. Hanno disimparato la filosofia seguendo un corso di laurea in filosofia scaduto millenni fa, hanno incancrenito la loro stolidità insegnando ad altri ciò che ebbe senso quando le conoscenze umane erano così poche da potersi stivare in qualsiasi mente accettabilmente dotata. Hanno conquistato il vertice della ridicolaggine convincendosi di essere "filosofi", cioè di sapere accettabilmente scimmiottare i concetti che in buie epoche d'ignoranza autentici geni ebbero la grandiosità – loro, sì! l'ebbero! – di concepire. Coloro che la società oggi chiama filosofi sono in genere null'altro che storici della filosofia – e la differenza è immane! Essi null'altro capiscono oltre all'ombra di ciò che secoli fa geni ignoranti capirono. Essi nulla sanno di ciò che di saliente in questi ultimi decenni l'umanità ha iniziato a pensare.

Oggi, il *vero* filosofo non perde tempo a procurarsi il titolo di filosofo. Non è più come nei secoli trascorsi, oggi c'è troppo da imparare! E c'è troppo da NON imparare. Ecco la grande differenza, che nessuno mette in evidenza. La ramificazione delle scienze e delle discipline è tale, la mole delle informazioni è tale, che la vita umana è troppo breve per apprendere tutto – ma non solo! La vita umana è anche troppo "lenta" rispetto all'incalzare delle nuove conoscenze! Anche vivendo in eterno, oggi, un individuo non potrebbe MAI tenere il passo con il virulento proliferare delle nuove conoscenze, ed anno dopo anno il divario tra ciò che egli sa è ciò che potrebbe sapere aumenterebbe con progressione esponenziale.

È un'epoca esaltante, la nostra, considerandola nei giusti termini. Alla stupidità di celebrare chi si pregia di essersi incancrenito su nozioni che ebbero senso secoli fa, si unisce la cecità strategica di chi in qualche modo nell'organizzazione del progresso del sapere ha un ruolo importante. Viviamo nella recente epoca dell'esaltazione della specializzazione, della ricerca scientifica applicativa, della ricerca del sapere finalizzata alla produzione di denaro. Ecco perché non trovate più veri filosofi da nessuna parte, cari miei, e se li trovate non li riconoscete! Perché il VERO filosofo contemporaneo non ha perso troppo tempo in università omogeneizzanti, in specializzazioni applicative che lo rendano il massimo esperto mondiale di una subfunzione di qualche sub-sub-subprocedura produttiva. Il VERO filosofo non ha perso una sostanziosa parte della propria vita a masturbarsi la corteccia sulle morte problematiche di quell'ammasso di defunti e sepolti geni ignoranti dall'etichetta DOC: "Platone". "Hegel". "Kant". Il VERO filosofo ha bisogno della sua vita per assorbire tutte le sconvolgenti implicazioni della teoria della Relatività, della Fisica Quantistica... *ma non solo!* Della teoria del Caos! Della teoria delle Catastrofi! Dell'Olismo! Dei misteri della geometria Frattale! Delle stupefacenti comprensioni della Neurologia e della Psicologia! Della teoria della Mente Bicamerale! *...ma non solo!* Delle mirabili invenzioni di chi la propria mente impiega a comprendere il presente immaginando il futuro, gli scrittori di fantascienza! Delle profonde relazioni tra scienza ed arte, tra geometria, matematica e musica! Il VERO filosofo oggi deve imparare ad evitare di ostinarsi sull'apprendimento di conoscenze funzionalmente utili, ma idealmente irrilevanti. Il VERO filosofo deve imparare a distinguere tra ciò che è da imparare e ciò per cui non ha senso che egli perda tempo. Il VERO filosofo deve spaziare in tutti i campi dell'odierno scibile, e poiché l'ammasso di informazioni è mastodontico e cresce sempre di più sempre più in fretta, egli deve imparare a trascurare i dettagli, tutti i dettagli irrilevanti, e dare forma dentro lo spazio mentale che coltiva in sé ad un'organizzata costellazione di sintesi. La sintesi di ogni campo di riflessione dev'essere plastica e mai dogmatica, suscettibile d'esser stravolta da un momento all'altro, poiché questi sono gli attuali tempi dell'evoluzione del progresso umano. La suprema sintesi di una Weltanschauung superiore verrà quindi da sé, spontaneamente, come spontaneo è tutto ciò che in ogni dove da sempre sorge e accade, per quanto ciò significhi qualcosa, per quanto ad alcuni piaccia credere diversamente.

Caro Maurizio Costanzo Show, mi dispiace per te, come mi dispiace per me e per l'Italia, ma nella trasmissione che tu sei non ho *mai* visto ed ascoltato un VERO filosofo. Eppure ne esistono. Ne ho conosciuti diversi. Ma me li sono dovuti andare a cercare, perché contrariamente alle superstizioni, essi non c'è l'hanno scritto in fronte, né su qualche certificato prestampato.

E per terminare con adeguata facezia, ecco modesta ricetta che rimuove sintomi più brutti: *Cacciate i cacciari e non inalberate gli alberoni!*

Farsi beffe della filosofia vuol dire essere un vero filosofo.

B. Pascal

VIVA I FILOSOFI

Caro Maurizio Costanzo Show,

ma chi si crede di essere quello lì che sono io quando mi viene l'intelligenza? Con quale diritto ci fa la predica che poi non ho capito neanche che cosa c'ha da urlare tanto? Non so se ha letto la sua ultima letteraccia, che se la prende con i filosofi, che forse sono l'ultima brava gente che c'è, che non ha mai rubato niente a nessuno, tranne in effetti ai filosofi del passato, che però sono morti quindi anche legalmente non posseggono più niente e anche i cinquant'anni dalla loro morte sono già passati e come dice la SIAE hanno perso i diritti sulle loro idee e quindi i filosofi che usano le loro idee per filosofeggiare e guadagnarsi onestamente il pane istruendo le persone ignoranti non gli rubano proprio niente.

Scusate lo sfogo, ma ci tengo che lo sappiate che io mi dissocio da quello che dico quando mi succede quella cosa là dell'intelligenza. Durante l'intelligenza non sono proprio io, è come un'altra persona dentro di me che viene fuori, come la parabola del dottor jechill e mister haidy, e non posso venire condannato per delle colpe che non sono psicologicamente mie.

Io i filosofi li rispetto. Sono sempre molto calmi, parlano con voce rilassante che mi rilassa. Ogni tanto mi addormento, ma è colpa mia che non sono abbastanza intelligente (per fortuna). I filosofi sono persone calme, che hanno passato la vita a pensare, e che giustamente hanno capito tutto, anzi, hanno capito che avevano capito tutto già migliaia di anni fa. Dopotutto la verità è una sola ed è semplice, altrimenti come avrebbero fatto a capirlo già i greci, che passavano i tempi a fare le orge? Una volta poi non è che i filosofi li incontravi per la strada, oppure sì ma non li riconoscevi. Non c'era infatti la televisione che te li faceva vedere e ti diceva: ecco lui è un filosofo. In questo senso erano davvero svantaggiati, penso io. Ma erano lo stesso colti, basta pensare che sapevano anche il greco antico.

Io sono convinto che per esempio la Grecia è ancora piena di filosofi. Anche l'Italia non scherza. Dicono sempre alla televisione che l'Italia è il paese con più cultura del mondo. Io ci credo, perché dopotutto sono italiano.

Il più grande filosofo del mondo è Cristo. Ci sono arrivato dopo tanti anni che ci penso quando nel mio cervello non c'è quello là che vi ho già detto con tutti pensieri complicati che non servono niente, e che soprattutto non servono a capire. Cristo era un grande filosofo, e infatti lo insegnano ancora a scuola e fanno bene. Egli diceva infatti un sacco di cose sagge, ed anche filosofiche. Beati gli ultimi. È facile per un cammello passare per la cruna di un ago. E poi quando spezzava il pane lo moltiplicava davvero, infatti ce n'era sempre per tutti, e quando divideva i pesci toglieva anche la lisca. È per questo che li divideva in due. Scusate, questo non c'entra niente, ma a me piacciono molto i pesci, ma cerco di non mangiarne troppi perché mi hanno detto che contengono il fosforo che fa diventare intelligenti, e di intelligentoni in famiglia ne basta e avanza uno, che poi sarebbe quello che c'è anche lui nel mio cervello e che ti scrive anche lui le lettere che ti prego di scusargli. Non lo fa apposta. È che non riesce a farne a meno.

Naturalmente di solito non le capisco le teorie filosofiche. A parte Cristo, che dice delle cose che tutti possono capire, come Funari, gli altri sembra che lo fanno a posta a complicare le cose. Per questo non ho più provato a leggere i loro libri. È meglio sentire in televisione i filosofi che parlano di filosofia, è più rilassante. Purtroppo li fanno vedere poco perché abbassano gli indici di ascolto. Ma quello che dicono ha un suono molto piacevole, basta non stare a cercare di fare gli intelligentoni per capire proprio tutto. Basta capire le cose principali. Come il fatto che nella vita ci vuole filosofia, che bisogna comportarsi bene, che bisogna avere buon senso. È proprio quello che ho sempre pensato, e sono contento che i filosofi sono d'accordo con me. Soprattutto Cristo, tutti lo adorano giustamente per il fatto religioso, ma la sua vera natura era di fare il filosofo, di spiegare alla gente come ci si comporta. Ama il tuo prossimo. È una frase così semplice, eppure è tra le più importanti del mondo. Io non lo so mica se Buddha o Maometto hanno detto qualcosa di così bello e profondo, e se lo hanno detto non lo hanno detto in Italiano, che è la lingua che suona più bene nel mondo, come tutti gli italiani saranno d'accordo con me.

Un mio amico contadino era un grande filosofo. Quando veniva la sera, sapeva sempre come veniva il tempo il giorno dopo. Guardando le formiche, capiva anche il tempo una settimana prima. Era amato da tutte le mucche, che rispettava da vero cristiano. Era anche una persona istruita, faceva sentire Beethoven alle mucche per fargli fare il latte più buono, e così facendo istruiva anche le mucche. Se qualcuno è un buon filosofo, se vuole riesce a farsi capire anche dalle mucche, penso io. Se non riesce a farsi capire neanche dalle sue mucche, che razza filosofo è?

Il più grande filosofo italiano è quello là De Crescenzo. Giustamente ha guadagnato molti miliardi insegnando la filosofia alle persone semplici come me.

Come vedete, non è necessario fare gli intelligentoni per mettersi a parlare di filosofia. Il mio vicino di casa di sopra (che sta nell'appartamento di sopra) ha scoperto la moglie che era insieme a un uomo che non era lui (il vicino di casa), insieme in senso anche sessuale, cioè soprattutto, e allora gli ha dato una coltellata. Questa è mancanza di filosofia, dico io. Se lui avesse letto i libri di De Crescenzo, io dico che non gli dava una coltellata. Soprattutto se si metteva a leggerli invece di andare a guardare cosa faceva sua moglie. E anche se studiava un po' le parole di Cristo, ma non per la religione che c'è lì dentro, ma per la filosofia. Gli ha dato la coltellata proprio per la sua mancanza di filosofia. E anche quello lì che si è fatto beccare con quella moglie a letto, se era un po' più filosofo non si prendeva quella coltellata. Se era più filosofo non si lasciava tentare dalla carne di lei, o almeno stava un po' più attento, insomma.

Ecco, caro Maurizio Costanzo Show, quello che ti volevo dire sulla filosofia te l'ho detto.

Una poesia è buona finché si sa di chi è.

Karl Kraus

SPROLOQUIO IRLANDESE

Caro Maurizio Costanzo Show,

c'è delirio e delirio il fatto che io ogni tanto esibisca una certa competenza nello sproloquio è opinabile oggi m'è successo di seguire il corso
dei seguenti pensieri che correvano da lui per la minima buggerata la
sua vagina e la sua cocincina hanno i soldi e così hanno sempre ragione
loro non lo sposerei neanche se fosse l'ultimo uomo al mondo e poi
han qualcosa di curioso i loro ragazzi sempre a odorare da tutte le parti
quelle sporcaccione mi chiedeva se quel che facevo aveva cattivo odore
e che voleva che facessi se non quello oro forse che razza di domande se
gliela spalmavo un po' dappertutto su quel viso vecchio tutto rughe coi
miei comprimenti avrebbe capito allora la passa bene passa che cosa da
come ne parlava pensavo parlasse della rocca di Gibilterra a proposito
è una bella invenzione davvero pero dopo mi piace lasciarmi andar giù
nella tazza forzando il più possibile e poi tirar la catena per annaffiarlo

bene punture di spillo ghiacce però l'altro sistema ha i suoi vantaggi sapevo sempre da come la faceva Milly da bambina se aveva i vermi o no pero dargli dei soldi lo stesso quant'è dottore prego una ghinea e mi chiedeva se avevo omissioni di frequente ma dove le vanno a cercare quelle parole quei parrucconi omissioni con quegli occhi da miope che mi teneva addosso di traverso non mi sarei fidata a farmi dare del cloroformio o Dio sa cos'altro pero mi piaceva quando si e messo a sedere a scriver tutto cosi serio e accigliato naso così intelligente al diavolo brutto bugiardo Oh tutto quel che si vuole meno che un idiota era abbastanza sveglio da accorgersene via dipendeva tutto dal pensare a lui e alle sue lettere pazze Stellina mia tutto quel che riguarda il tuo splendido Corpo tutto sottolineato che vien di là è una cosa di bellezza e di gioia per l'eternità qualcosa che ha trovato in qualcuno dei suoi stupidi libri io sempre alle prese 4 o 5 volte al giorno e gli dicevo di no e sicura Oh sì dissi sono sicurissima in un certo senso gli tappai la bocca sapevo quel che stava per venire debolezza naturale e basta fu lui che mi eccitò non so come la primissima sera che ci incontrammo quando abitavo a Rehoboth Terrace si rimase in piedi a guardarci per almeno 10 minuti come se ci fossimo già incontrati da qualche parte credo per via che ero ebrea ho preso da mamma mi divertiva allora le cose che diceva con quel suo sorriso indolente e tutti i Doyle dicevano che si sarebbe portato deputato Oh scema nata che non ero altro a credere a tutte quelle sue chiacchiere sull'autonomia irlandese e l'unione nazionale mi mandò quella barba di romanza dagli Ugonotti da cantare in francese perché faceva più fino O beau pays de la Touraine non l'ho mai cantata neppure una volta un sacco di spiegazioni e filastrocche sulla religione e la persecuzione non ti fa goder nulla naturalmente e poi poteva egli solo alla 1ª occasione in via di favore che gli capitava a Brighton square corse nella mia camera da letto facendo finta d'essersi macchiato le mani con dell'inchiostro per lavarsele con quel sapone allo zolfo e latte d'Albione che allora usavo era ancora dentro all'involucro trasparente Oh schiantai dal ridere quel giorno a pensarci e meglio che non ci faccia una seduta fino al mattino su quest'affare dovrebbero far dei vasi di dimensioni naturali in modo che una donna ci possa seder sopra comodamente lui s'inginocchia per farla io dico che non c'è in tutto il mondo un altro che abbia le sue abitudini guarda quel modo che ha di dormire ai piedi del letto come fa senza un capezzale duro meno male che non tira calci senno mi farebbe saltare tutti i denti respira con la mano sul naso come quel dio indiano che mi portò a vedere una domenica piovosa al museo di Kildare street tutto giallo con un grembiulino steso sul fianco appoggiato a una mano con le dita dei piedi fuori che lui diceva era una religione più grande di quella degli ebrei e di Nostro Signore messe insieme in tutta l'Asia lo imita com'è

165

sua abitudine di imitare tutti credo che anche lui dormisse con la testa ai piedi del letto con quelle piote squadrate in bocca alla moglie che sudiceria comunque dove ho messo quelle pezze ah si lo so speriamo che l'armadio non scricchioli ah lo sapevo lui dorme sodo si dev'essere divertito gli deve aver fatto spender bene il suo denaro naturalmente mica l'ha avuta gratis Oh che scocciatura spero ci sia riserbato qualcosa di meglio nell'altro mondo a legarci tutte cosi Dio ci scampi e liberi per stanotte va bene cosi e adesso il vecchio letto bozoloso e tintinnante mi ricorda sempre il vecchio Cohen ci si dev'essere grattato spesso dentro e lui crede che papa l'ha comprato da Lord Napier che io ammiravo da ragazzina perché gli avevo detto pianino piano Oh come si sta bene a letto Dio ci risiamo come al solito dopo sedici anni in quante case saremo stati Raymond terrace e Ontario terrace e Lombard street e Holles street e lui se ne va in giro fischiettando ogni volta che si deve sloggiare sempre quegli ugonotti o la marcia delle ranocchie facendo finta d'aiutar gli uomini con quei 4 stecchi di mobili che abbiamo e poi l'albergo City Arms di peggio in peggio dice il provosto Daly quel posticino delizioso sul pianerottolo sempre qualcuno dentro a pregare poi tutti si lasciavano dietro tutte le loro puzze si sa sempre chi c'è stato per ultimo e cosa ne dici di tali pensieri il cui corso oggi mi è capitato di seguire fanno schifo sono belli il trucco che ho usato per pensarli è un vecchio trucco ho aperto l'Ulisse di Joyce e ne ho letta una pagina mentre i miei occhi scorrevano il testo mi sono ritrovato tali parole in mente e quindi indubbiamente le stavo pensando già che c'ero ho per coincidenza scritto in tempo reale ciò che mi passava per la testa al ritmo fisso della lettura ed ecco allora avanzare questa lettera dopo la chiusura del libro e la scomparsa di quei pensieri dalla mia testa quindi tranne che per le prime venti parole circa di questo pezzo e poi ora a ripartire da qualche momento fa invece che delirare io ho lasciato delirare Joyce e poi ditemi voi se lui a suo tempo e poi anche dopo il suo tempo non vi ha presi per il culo tutti.

Lettera numero quarantaquattro

Se ogni dente perduto fosse risarcito da un pensiero, per molta gente ciò sarebbe un affare. Potrebbe così raggiungere anche 32 pensieri nell'arco di una vita.

Gigi Picetti

Basta che lei si metta a gridare in faccia a tutti la verità. Nessuno ci crede e tutti la prendono per pazzo!

L. Pirandello

SPROLOQUIO ITALIANO

Caro Maurizio Costanzo Show,

Il dottore dei desideri. Lo sproloquio abilita la mente a trascendere se stessa. Casi di casa non son cosa ne cosi di chiesa. Il famigerato "io" si riconfigura a proprio ghiribizzo. Fluttuanti damigelle si sfanciullizzano con grazia implume. Ego logo meco e teco. Vago con sguardo di mago ma non sul lago, luogo che fa rima ma per nulla centra. Vago in modo vago, come soltanto si può vagare. Vagare, niente strafare. Vagare per evitare di stare. Chi sta, non vaga. Chi non vaga, non vive.

Chi non vive, non vive. Chi non vive, non vive.

Sii dimentico di ciò che ti conforta sempre rammentare. Evita oppure no di evitare le novità che nei tuoi meandri pure si celano. La Novità è sempre una novità, o comunque ci assomiglia tantissimo. Assomigliare è già un grave difetto, ma la perfezione è difetto ancor più grave, per cui è meglio assomigliare che essere perfettamente qualcosa che quindi non assomiglia neanche a se stesso. Cela un senso, tale apparente periodo? Non si voglia saperlo per certo! Concetti che assomiglino ad avere senso sono male, ma sono meglio di concetti che un senso lo abbiano e lo abbiano preciso e perfettamente. Perché? Chi lo sa. Non si sa neppure se è così. O altrimenti. Non si sa nulla. Si finge di sapere di non fingere di sapere. Non si sa nulla, neppure che non si sa nulla. Sapere di non sapere nulla è molto zen, e ipocrita, e stupido. È paradossale, in modo banale. Sapere di gelato alla fragola è più semplice ed anche gustoso. Tutti vorrebbero sapere di fragola, prima o poi nella loro vita, o nella vita di qualcuno che hanno incontrato. Uno sciocco direbbe che ogni fragola vorrebbe prima o poi sapere di qualcuno che voglia sapere di lei. Siamo tutti sciocchi, e allora diciamolo, col gusto di chi non avendo gusto di fragola si placa con tutti i gusti che per caso balzano sulle papille gustative della propria interfaccia percettiva. Scopriamo tra l'altro di essere il mero elenco più o meno ordinato della infedele registrazione del magma di fenomeni percettivi che ci hanno riguardato. È una frase incompleta, come tutte le frasi, e vuol dire ben poco. Esistono frasi che vogliano dire ben molto? Se le frasi sono frasi fatte non vogliono dire nulla ma lo dicono in modo assai comprensibile e ben condivisibile. Se le frasi non sono frasi fatte vogliono dire magari di più ma dicendolo non lo dicono propriamente, o invece sì. Ecco l'indeterminazione, o forse no, ecco però qualcosa... o forse qualcos'altro... è meglio una frase fatta oggi che una frase non fatta domani. O viceversa. Chiunque scelga oppure no. Chiunque tragga vantaggio dalla sua personalissima confusione per generare la *release* successiva di se stesso. Chiunque s'abbeveri oppure no dalle rare fonti di confusione pura o comunque poco adulterata. La confusione può esser chiamata caos. Dal Caos per Caso nasce Cosa, dice uno dei più picettiani tra i Gigi Picetti che nei cosmi esistono o esisterebbero. Il caos è il rimescolamento delle carte da gioco, è la riconfigurazione degli archetipi. Chissà poi cosa vuol dire quest'ultima frase, ma suona tutta piena di significato recondito, ed il significato, specie quello recondito, è la moneta di miglior corso al grande mercato dell'energia fattasi homo sapiens. Chi fugge la confusione fugge il principio che lo ha reso esistente, rinuncia al gioco dell'evoluzione, qualsiasi cosa ciò possa, voglia o non possa o non voglia significare, oppure no, o invece sì, almeno in parte.

Cristalli e pappagalli, pochi i cristalli, avanzano pappagalli variopinti per finta, come tutti i pupazzi. I pappagalli, anche otri o vuoti d'urina, danno il via ad una frase che non sa come proseguire. Frasi che non proseguono sono come minivite troncate, appartengono alla realtà e fingere che ciò non sia è ridicola manifestazione di bassa umanità o alta animalità, o viceversa oppure no. Quante più frasi nascono che non sappiano proseguire, tante più frasi mirabili invece sorgono e si manifestano nel loro unico e da quel momento imitabile splendore. Se tutta l'umanità parlasse sempre e soltanto usando ogni individuo ad ogni frase sempre e soltanto frasi che mai nessuno abbia precedentemente profferito, l'umanità sarebbe una cosa diversa. Ciò è ben possibile, essendo l'umanità pochi miliardi di crani con corpo allegato e le frasi possibile eppur mai pronunziate milioni di miliardi e dirò di più esse sono ancor di più ed io dissi milioni di miliardi per il convincente suono che tale numero tutto sommato astratto possiede o a noi spesso pare che esso possegga. Brutta la vita fatta di frasi astruse a fasi, o quasi, eh? La vita senza fasi o con poche di esse, con fasi ben definite etichettate DOC, etichette dai più e dai più dei più nel loro presunto significato condivise, la vita così vi allieta, sì, anche se non negate che sia così così. Pochi fasi poco confuse non vi confondono e vi spengono, così che dell'ardor perduto trascorrete anni a rimembrarne scioccamente l'ardore. Non è forse sciocco struggersi a rimembrare l'ardore dell'ardore? È come implodere a pensare all'amore dell'amore, ai soldi dei soldi, ai paperon dei paperoni, a pensare di pensare... o invece no? Pensate di pensare, poi pensate di pensare di pensare... Se siete principianti procedete per gradi. Affrontate il vostro primo pensiero poco alla volta, per non slogarvi il cervello. Prima mezzo di esso, o ancora di meno. Quando un pensiero per intero avrete, con somma cautela abbinatevene un'altro, che si occupi del primo. Un pensiero che si accorga di un'altro pensiero. Poi, nella folle escalation che i buoni folli ad arte spontaneamente apprendono, adornate, secondo abominevole metafora, l'albero natalizio del vostro esser al mondo con barluccicante costellazione di pensieri indipendenti benché connessi, ognuno o quasi testimone degli altri e talvolta pure di sé.

Nulla come lo sproloquio autotematizzante ci sorprende se ad esser sorpresi noi per natura o per scelta ci ritroviamo inclini. Lo sproloquio autotematizzante andrebbe insegnato a scuola come materia a sé, come disciplina di palestra mentale, come vaccino contro ogni fondamentalismo, come profilassi di una vasta gamma di patologie che qui ed ora non enumero poiché non mi vengono in mente e non vedo perché dovrei sforzarmi più di tanto – anzi così sottometto alla sovrana volontà di chiunque ora legga la da me suggerita opzione di accettare quello che a questo punto tradisce d'essere un sottinteso compito da fare a casa, così sottinteso che evito senz'altro di sovraintenderlo dicendolo.

Comunque, o addirittura dunque, poiché sotto sotto son desto adesso mi arresto, attesto che non vi arresto né vi desto se destati ancora non siete, e lesto mi appresto a por fine a codesto congesto fors'anche molesto ma onesto manifesto, poiché giammai orchestro il vostro sequestro, né v'infesto o tempesto col mio capestro. Sono un po' mesto, e ciò detesto. La mia veglia or volge al vespro. Ma presto, se il cervello della mente non svesto, mi rimetterò in sesto, con un sol gesto. Fine del testo.

Lettera numero quarantacinque

Dire la verità in malafede dovrebbe essere considerato disonesto.
Karl Kraus

VERITÀ E MENZOGNA

Caro Maurizio Costanzo Show,
stiamo entrando nell'era della verità. Non so se questa frase abbia molto senso, ma mi diverte prendere in considerazione l'ipotesi che essa abbia senso. Cosa intendo dire? Vedremo fra poco. Io stesso confido di apprendere dalle mie stesse parole se alla dichiarazione iniziale

potranno seguire argomenti che la legittimino almeno in parte.

Stiamo dunque entrando nell'epoca della verità. Per tutta la storia del mondo la verità è stata soprattutto un atto di fede. Chiunque dicesse qualsiasi cosa poteva successivamente smentire tutto, proponendo una propria nuova verità in sostituzione di quella vecchia ormai scomoda. Era facile credere ad una nuova verità che si sostituiva ad una precedente, poiché di questa non rimaneva traccia nella realtà, tranne che nella memoria di chi si ostinasse a ricordare. Ma quando ricordare era scomodo o sconveniente, dimenticare era facilissimo. Del passato non rimaneva pressoché nulla. Se mancava qualcosa di scritto, di una verità passata poteva non rimanere nulla del tutto. *"Verba volant"*, si diceva infatti. Le parole escono dalla bocca e subito volano via e si disperdono per sempre, e chi ha in talune di esse creduto non potrà mai ad altri dimostrare che quelle talune un dì davvero esistettero.

Oggi non è più così. Esiste la registrazione audiovisiva di immagini e suoni. Esiste la televisione.

Personaggi pubblici di spicco culturale e politico non sono tali se non "esistono" dentro alla Televisione. E l'ambiente magico della televisione ha una proprietà davvero sorprendente: può ricordare e riproporre tutto ciò che sia accaduto all'interno di sé. Una dichiarazione fatta non può più venire negata, poiché la menzogna verrebbe smascherata facilmente, riproponendo l'immagine del mentitore durante l'atto stesso di mentire. Nell'epoca moderna, per chi abbia spicco pubblico e sia quindi parte dell'Universo Televisivo, *Verba Non Volant Più*.

Siamo solo agli inizi dell'era della verità, ma già le prime vittime cadono e non si rialzeranno tanto facilmente. Vittime illustri, grandi (ex-grandi) politici, ma non solo loro. La voglia di verità cresce irresistibile nei telespettatori, cioè nella società. Hanno successo le cosiddette trasmissioni di "televisione-verità", che altro non sono che il rozzo embrione di ciò che sarà la televisione del futuro. Ma gli antichi criteri stolidamente resistono, e arroccati nelle loro obsolete trincee la maggior parte dei programmi televisivi fondati sulla finzione (quindi sulla menzogna lecita) ancora perversano, pur sempre di più inevitabilmente annoiando.

La reiterazione audiovisiva di rituali menzogne mette ineluttabilmente a nudo la loro natura di elementi irreali, rendendo via via sempre più difficile la sospensione dell'incredulità che consente allo spettatore di giovarsi dello spettacolo che osserva.

In parole più povere, ci si abitua al fatto che quello che si vede sia tutto "per finta", e allora passa la voglia di vederlo. Per contrastare quest'assuefazione, in cinematografia sono ormai pressoché indispensabili gli "effetti speciali", cioè l'espediente di mostrare qualcosa di finto in un modo che ancora consenta allo spettatore l'esercizio della

sospensione dell'incredulità. In televisione, una soporifera seppur sfa-
villante menzognera trasmissione di varietà si anima soltanto mediante irriverenti exploit di sparuti personaggi che già vivono ed agiscono
nella grande Verità del futuro. È la categoria dei Grillo, dei Benigni, per
intenderci. Non dei "comici". I comici in senso stretto sono destinati
a sparire anch'essi, poiché non faranno più ridere. La reiterazione dei
bolsi schemi del loro falso e artefatto umorismo metterà infine a nudo
la loro intrinseca falsità. Vive infatti nella menzogna il comico che recita
a memoria un copione fingendo di improvvisare come il politico che
sciorina menzogne nella falsa e cieca convinzione di poterle in futuro
negare.

È la Verità che sempre più avvince. Si ama o si odia Sgarbi perché
vive e sguazza con maestria nella Verità. Ma non si rimane indifferenti.
Lo sia ama se si condivide la sua Verità. Lo si odia se non la si condivide. La Verità non è una sola. È semplice e confortante credere che lo sia,
ma essa – ahimè e soprattutto ahivoi – *non è* UNA.

C'è crescente affezione, in tutto il mondo, per la Verità, "buona" o
"cattiva" che sia. L'eviratrice più famosa degli Stati Uniti, carnefice del
fallo di John Wayne, è diventata un'eroina, poiché "vera" in un modo
unico ed originale, ancorché orribile.

Il Maurizio Costanzo Show è la trasmissione italiana di più ricono-
sciuto e duraturo successo poiché è "vera" dall'inizio alla fine. Poco
importa che spesso tristi o noiosi figuri blaterino cose già dette migliaia
di volte. Ciò che in assoluto conta è sapere che quanto si vede accada
davvero, e non *per finta*.

Artisti particolarmente abili a *sembrare* veri dureranno di più, ma
scompariranno anch'essi, prima o poi, cedendo il passo a chi, apparendo "vero" in virtù del fatto di esserlo, avrà saputo fare del proprio esser
vero un degno spettacolo.

Ma il campo dove questa rivoluzione sarà più importante è per forza
di cose il campo politico. Il successo di Funari insegni. Funari è "vero",
in ognuno degli istanti in cui appare sul video.

I politici del futuro dovranno essere sempre più veri. Non necessariamente più intelligenti. Soltanto più veri. Una stupidità "vera" sarà
più premiata di una intelligenza "falsa". La doppiezza malcelata sarà
foriera di rovina. La doppiezza bencelata durerà soltanto più a lungo.
La contraddizione sarà accetta, purché paia genuina e "vera" e non un
frutto di una colpevole volontà d'inganno.

Tutto quanto mi sono accorto di aver detto potrebbe aver molto senso od averne poco. Non mi convince del tutto, poiché mi frulla in mente
anche una speculazione che condurrebbe a conclusioni opposte che qui
ed ora vi risparmio.

Ma non esito ad esporre a chi mi segue anche tali miei dubbi, poiché vivere nella verità significa anche dire ciò che si pensa di ciò che si è scritto o si è pensato.

Lettera numero quarantasei

«Io parlo senza sapere cosa andrò a dire, così come penso senza sapere cosa andrò a pensare. È un modo efficientissimo per dire e pensare, a volte, cose nuove ed originali. Certo, così si finisce anche col dire un sacco di stronzate, ma chi è che non ne dice parecchie comunque?»

Roberto Quaglia

ANCORA SPROLOQUIO

Caro Maurizio Costanzo Show,

in principio era il caos, così almeno si dice o si è detto e forse si dirà sempre di più. E allora, che il caos sia!

Rumori di fondo. Balbettii inintelligibili. Fruscio. Attributi del caos, ma non ancora caos. Fisica indeterministica, quanti di qua e di là, quanti quanti si lasceranno quantizzare e quando? Qual'è il filo che lega i fili, la metafora che dissolve le metafore?

Che in principio ci fosse il Verbo lo sanno anche i bambini. Ma prima del verbo c'era la spirale, magica forma da cui tutto si genera. L'argomento sorge di per sé da un caos poco stabile, che già si dissolve nell'autocostruzione di una parvenza di significato condivisibile. La spirale. La spirale. La spirale è la forma della nostra galassia. La spirale è la forma di una conchiglia. La spirale sorge in ogni televisore di per sé quando puntiamo una telecamera accesa verso lo schermo che ne trasmette l'immagine prodotta. Sorge così, dal nulla, spontanea, perfetta nella sua autoprodotta geometria, dinamica nella sua parvente rotazione armonica. Nessuno l'ha creata. Essa sorge da ciò che chiamiamo un effetto di retroazione tra la telecamera ed il monitor. Ma il fatto che noi la si chiami così per nulla la spiega. La spirale è una forma geometrica importantissima che mai ci insegnano a scuola, dove ci drogano la mente con le futili coordinate dei quadrati, dei triangoli e delle loro stupide ipotenuse. Mai un cenno però alla spirale, forma geometrica complessa ed ineffabile, origine di tutto quanto di complesso conosciamo, noi compresi. Eh, sì, il nostro DNA, quella superba molecola che contiene il nostro codice genetico, cioè il progetto di costruzione di ogni minima parte di noi stessi, ha una forma elicoidale, più simile ad una spirale che ad un quadrato pur irto d'ipotenuse.

Ma perché intestardirci sulla spirale? D'accordo che quasi nessuno s'è tormentato più di tanto sui misteri di questa forma così importante, ma ora che l'abbiamo menzionata mutiamo il verso del nostro sguardo.

Ecco di nuovo qualche cenno di caos, culla di ogni favilla di autentica novità. Forziamo il caos ad accoppiarsi su di sé, abbandoniamo i significati, significhiamo gli abbandoni e abbindoliamo allocchi. Gioviamo a ciò che di gioviale già siamo senza sapere di essere, cingiamo il nonsenso con il lappato polpastrello di un dito sconnesso da quel cervello che da autentico despota ci istiga a fornirgli brani di significanza conclamata.

Inerpichiamoci su per la metafora che con l'inerpicarsi suggerisce significati che non svilupperemo oltre, sprofondiamoci nella sua sorella più triste e depressa, maciniamo rane e pane raffermo da fermo, pornoperno di allucinata stabilità metalogica, enucleiamo la parola enucleare senza aggiungere altro.

Ecco perbacco un sacco di sensi densi che pensi un sacco ma ti pare un po' un pacco. Svacco di bocca e di laringe, corde vocali incluse. Le muse son fuse, parole astruse infinocchiano quartieri mentali e paramentali. Scavezza il suo collo dalla cavezza lo scavezzacollo, e chi lo può biasimare? Un Wagner di magmer musicaler. Crêpes Moana & Mandingo, Panna e Nutella, flambé con ghirigori di unto. Cervelli evaporati a iosa e a foia non producono noia, ma a noia conducono. Balzi di mente schiudono visioni di eoni di idee, oppure no, ma intrinsecamente sì condito di no e ornato a forse.

Povero chi significati cerca dove significati latitino, ricco chi significati allucina nel medesimo luogo, oppure povero lo stesso proprio indulgendo a tal gesto, ma con minor arte.

Regge il caos, o forse no, latita per certo il progetto e l'emisfero sinistro dorme nel suo cerebrantro endocranico.

Puttaneggiamento impudente ed impunito, perché prosegui in te stesso? Domanda oziosa, come ozioso è tutto il sublime, sublime eccelso e sublime infimo. L'ozio è il padre di tutte le idee. Se le si abortisce scaturiscono i vizi, aborti d'idee. I vizi, colmi di tutto il potere cangiante delle idee, ma monchi di esse. I vizi non possono essere viziosi. I viziosi invece lo sono.

Odiosi viziosi e viziosi noiosi, entrambi negletti ed imperfetti. Metti che i gatti siano matti, se te ne fotti permetti che colino i sacchi, non so se mi spiego ma so che non mi spiego e lo faccio apposta, perché c'ho la faccia tosta.

Basta. Chi s'impasta apposta con parole poste a casaccio finisce malaccio. Non ce la faccio. Ma mi compiaccio di quanto sono pagliaccio. Caccio il senno fuori di sé e di me, e differenza non c'è. La rima fa rima perché è in rima. Ma non ha la mia stima. Si stima che la rima l'avessimo in zucca prima, prima dell'alba del senno, e ciò lo sappiamo col senno di poi, praticamente adesso. All'alba dell'uomo si viveva in riga e in rima. Vestigia d'entrambe, entità strambe, permangono oggi.

Volgiamo il capo abbandonando la rima o ciò che rima pare al proprio destino d'oblio. Un giorno futuro la rima scomparirà infine dagli umani discorsi e pensieri, per sempre, come scomparve il pelo dalla nostra pelle e scompariranno i denti del giudizio e forse anche gli altri. Un giorno futuro, forse anche lontano, in quello spazio metaforico che secondo noi è il tempo. Succederà quando i significati che si agitano in noi si saranno liberati degli abiti scimmieschi e post-scimmieschi, e vivranno per intero della propria natura metaforica, abbandonando, come il serpente abbandona la sua pelle smessa, l'antica natura formale musical-ritmica.

V'è oscuro quanto io sinora ho espresso? Siatene lieti. È oscuro anche a me o così fingo che sia nel timore che lo sia davvero malgrado a me paia non esserlo.

Scusate, eh.

Ah, non mi dica che è d'accordo con me! Quando la gente è d'accordo con me, mi sembra sempre di aver torto.

Oscar Wilde

OPINIONE DA EXTRATERRESTRI

Caro Maurizio Costanzo Show,

invito chiunque stia leggendo queste righe, sia egli o ella maschio o femmina o entrambi o nessuno dei due, a non pensare al sesso di chi ha scritto ciò che tu stai leggendo. Chi scrive, per te oggi non ha sesso, anzi, chi scrive oggi non esiste, per te. Ci sono solo queste parole e tu le leggi.

Nessuno quindi ha scritto queste parole. Queste parole rispecchiano un punto di vista asettico, lontano, asessuato, come quello di un extraterrestre ideale. Ecco, se proprio vuoi immaginare qualcuno che sia il responsabile di ciò che tu leggi, considerami il tuo ospite extraterrestre.

Sono quindi virtualmente un extraterrestre, gentilmente ospitato dalla tua mente ed i suoi dintorni, cioè la società di cui sei parte. Non conosco i vostri concetti di Bene e di Male, poiché non ho i vostri preconcetti, e quindi per evitare di fare l'uno o l'altro non faccio nulla, ma naturalmente parlo, e descrivo ciò che vedo. Spero di non fare del Male o del Bene semplicemente parlando, ma in fin dei conti è l'unica licenza che mi prendo.

Dal punto di vista extraterrestre, le consuetudini sessuali di una società che non si conosce sono uno degli argomenti di più efficace trastullo. Parlerò allora di ciò che di più buffo ho osservato in tali vostre abitudini.

Per cosmica decenza non entro nel particolare dei vostri fisici incastri amorosi. Mi astengo pure dallo scioccamente ripetere tutto quanto a voi perfettamente noto, per non annoiavi. In effetti vi parlerò di ciò che ho osservato dei vostri comportamenti sessuali non quando c'è un rapporto sessuale conclamato, ma quando non c'è.

Quello che in modo particolare ha infatti attirato la mia attenzione è la vostra curiosa modalità di relazionarvi tra un sesso e l'altro proprio quando c'è totale assenza di rapporto sessuale conclamato.

Ovviamente non c'è nulla da dire di quando i maschi e le femmine sono completamente separati gli uni dagli altri, fisicamente e sensorialmente, poiché allora nulla tra maschi e femmine accade.

Ma appena si ritrovano a condividere gli stessi spazi, ecco che la situazione cambia. Anche se non si conoscono, maschi umani e femmine umane hanno un reciproco comportamento sessuale. Fanno cioè delle cose che causano effetti di natura sessuale su quelli del sesso opposto.

Tali effetti possono naturalmente essere piacevoli o spiacevoli, e sono infatti sempre o l'uno o l'altro o entrambi.

Particolarmente buffi, dal mio punto di vista extraterrestre, sono gli effetti negativi. È infatti la sofferenza la faccenda più intrigante per chi non la subisce, e diventa anche la più buffa quando nelle cause che la determina si coglie l'elemento assurdo e quindi la natura grottesca. Dal mio punto di vista extraterrestre, cogliere queste cose è un gioco da ragazzi extraterrestri.

Com'è che si registra un effetto negativo? Beh, potremmo dire che c'è un effetto negativo quando un maschio o una femmina, a causa della vicina presenza di qualcuno del sesso opposto, provi un senso di malessere emozionale. In alcuni casi, ho notato, sembra davvero che maschi e femmine che non si conoscono facciano a gara per infliggersi a vicenda tali malesseri emozionali.

Il malessere emozionale più frequentemente provato dal maschio, trovandosi nei pressi di femmina, è causato dalla semplice osservazione della femmina, specie se di essa sono visibili od evidenziati i genitali, o tali zone del corpo che fungono da richiamo sessuale. È curioso come basti così poco per causare malessere emozionale nella maggior parte dei maschi. Evidentemente, il maschio è molto sensibile riguardo certi suoi istinti, e quando subisce un richiamo sessuale soffre se non gli è permesso di rispondere ad esso. Più forte è quindi il richiamo sessuale, più grande è quindi il malessere emozionale del maschio al quale non è concesso di rispondere a tale richiamo.

Il malessere emozionale più frequentemente provato dalla femmina, trovandosi nei pressi di un maschio, è che il maschio risponda ai richiami sessuali con i quali lei lo ha colpito per sbaglio. Non voglio infatti pensare che un femmina indirizzi richiami sessuali verso maschi che non voglia colpire con essi. La risposta del maschio ai richiami sessuali che ha ricevuto, sono richiami sessuali anch'essi, sebbene abbiano forma diversa. Mentre i richiami della femmina verso il maschio sono prevalentemente di tipo visivo, quelli del maschio verso la femmina sono spesso di tipo vocale-uditivo, talvolta anche tattile. Il maschio emette dunque suoni di inequivocabile contenuto sessuale, oppure tocca con mano le parti di richiamo sessuale femminili che l'hanno richiamato. Ricevendo tali richiami la femmina trae spesso un malessere emozionale paragonabile a quello che trae il maschio ricevendo quelli della femmina. Sebbene talvolta il maschio umano emetta tali suoi richiami sonori o tattili anche senza che la femmina abbia precedentemente emesso i propri richiami visivi, ho constatato che nella maggioranza dei casi è la femmina ad emettere per prima i propri segnali visivi, ai quali il maschio, quando non riesce a reprimersi, risponde con i propri.

Ciò che ai miei innocenti occhi extraterrestri appare spassosissimo poiché assurdamente grottesco nel contesto della presunta civiltà del cosiddetto essere umano, specie presunta intelligente di questo pianeta altrimenti coerente, è che c'è negli esseri umani grande disparità di giudizio rispetto al fatto di causare agli individui di sesso opposto al proprio, malessere emozionale mediante l'emissione dei propri caratteristici richiami sessuali. In altre parole, sia maschi che femmine sono prevalentemente d'accordo che la femmina abbia il pieno diritto di colpire qualsiasi maschio incontri per strada con i propri potenti richiami sessuali visivi, causandogli eventuale malessere emozionale, mentre l'uomo non abbia diritto di colpire qualsiasi femmina incontri per strada con i propri richiami sessuali vocali, o moderatamente tattili, causandole eventuale malessere emozionale. I richiami sessuali maschili vengono chiamati "atti di libidine", poiché evidentemente servono al maschio per comunicare la sua libido alla femmina verso la quale li compie. Curiosamente, i richiami sessuali femminili non vengono chiamati "atti di libidine", benché evidentemente servano alla femmina per comunicare la sua libido a tutti i maschi che sono in grado di vederla. Dal mio modesto punto di vista extraterrestre mi sembra che la femmina umana, mostrando od evidenziando le parti sessuali del proprio corpo, compia automaticamente "atti di libidine" verso chiunque vedendola così provi il malessere emozionale di cui abbiamo già parlato.

Non vorrei che qualcuno pensasse male di noi extraterrestri perché dico ciò che vedo.

La natura, ovviamente, non si cura dei pregiudizi delle specie inferiori come quella umana cui io non appartengo, e nel tempo riequilibra le asimmetrie che non hanno senso.

Se in futuro le femmine umane lanceranno sempre di più i loro richiami sessuali esibendo ovunque natiche e seni, sempre più spesso gonfi di silicone, accadrà quindi prima o poi, fatalmente, che i maschi umani si emancipino dall'archetipo culturale che ancora li trattiene dal fare tutti sempre altrettanto, e si adeguino a fare tutti altrettanto, e sempre.

Questo è quello che io ho notato, dal mio punto di vista extraterrestre. Questi problemi personalmente non mi toccano, dato che noi della mia specie extraterrestre siamo sessualmente autoctoni, ed un giorno vi spiegherò cosa ciò significhi.

Pensate bene a ciò che vi ho detto, dato che dopotutto non vi capita tutti i giorni che un extraterrestre vi faccia notare delle cose sul vostro modo di vivere che lui riesce a vedere solo perché è un extraterrestre, e non ha quindi interessi personali nella vicenda dell'esistenza umana. Pensateci, senza convincervi che io abbia torto senza neanche averci pensato. Non posso infatti aver torto, poiché non ho espresso alcuna opinione. Vi ho solo raccontato cosa si vede da quassù da dove io vi vedo, e non crediate che abbia visto male, perché ho un'ottima vista. Mettetevi al posto mio e guardatevi, e anche voi avrete un po' della mia saggezza extraterrestre.

Parla da saggio ad un ignorante ed egli dirà che hai poco senno.

Euripide

SPECIALIZZAZIONE, STRADA MAESTRA DELL'IGNORANZA

Caro Maurizio Costanzo Show,

siamo nell'epoca delle specializzazioni. Al di sopra di qualsiasi culto, religioso o pagano, regna sovrano il culto dei culti, il culto della specializzazione.

La specializzazione è indispensabile in una società altamente complessa come quella attuale, una società industriale in sempre più rapida tecnologicizzazione. Ci sono sempre più funzioni da incarnare, per fare funzionare la sempre più complessa macchina della società umana, ed ogni funzione genera prima o poi una o più sub-funzioni che a loro volta si riprodurranno in una ramificazione senza fine, almeno dal nostro attuale punto di vista. Occorrono specialisti sempre più competenti a saper fare una sempre minor parte dell'insieme delle cose da fare.

Questa corsa alla specializzazione sta cambiando l'umanità assai di più di quanto altri eventi l'abbiano cambiata nei secoli che furono.

Tutte le istituzioni scolastiche perseguono la produzione di individui specializzati in qualcosa, il che implica che essi dovranno necessariamente ignorare tutto il resto. La regina delle mercanzie che l'università insegna, nella nostra società, è l'illusione di insegnare qualcosa di significativo. In realtà insegna soltanto qualcosa di utile, quando va bene. Mai o quasi qualcosa di realmente significativo in un senso più ampio.

Il sapere umano cresce infatti con crescente crescita, se mi consentite un bisticcio verbale, ad una velocità superiore a quella che sarebbe necessaria al farraginoso sistema universitario per adeguarsi alle nuove proprietà che tale sapere assume. Nelle università insegnano docenti che studiarono vari decenni or sono ciò che ancora adesso insegnano, e l'esplosiva crescita delle umane nozioni che contraddistingue quest'epoca dell'avventura umana rende presto fatalmente obsolete quando non paleolitiche le credenze culturali di chi, troppo occupato ad insegnare in cattedra, s'è dimenticato di continuare ad imparare ciò che di nuovo è stato edificato sul vecchio.

Le università sono quindi più che altro atroci palestre di conformismo, site nel passato remoto del migliore momento culturale attuale, le quali sfornano per lo più idioti programmati ad eseguire una piccola classe di funzioni complesse, convinti di essersi fatti una cultura, e quindi paradossalmente più ignoranti dell'ignorante che almeno la propria ignoranza non ignora. Come disse Graciàn Y Morales, nel suo celebre best seller "El Criticòn" quattro secoli fa: *"Il primo passo verso l'ignoranza è presumere di sapere, e molti saprebbero se non pensassero di sapere."* E se non vi basta Graciàn Y Morales, che detto tra noi non ho la minima idea di chi sia, ci butto dentro Goethe, ad alcuni di noi più familiare, il quale invece disse (tra l'altro): *"Nulla è più terribile di un'ignoranza attiva."* Secondo M. de Montaigne, invece, *"L'ignoranza che si conosce, si giudica e si condanna non è un'intera ignoranza: perché lo sia, bisogna che ignori se stessa."*, e Gigi Picetti asserisce che *"Più cresce la conoscenza collettiva più si riduce quella individuale."*, mentre Socrate, più criptatamente sosteneva "Ελεγε ειδεναι μευ μηδευ πλην αυτο τουτσ ειδευι." sulla qual cosa non sono completamente d'accordo, più che altro perché nessuno mi ha spiegato il trucco di come si fa a leggerlo.

Le università costruiscono i cosiddetti eruditi, le parti costituenti la Grande Macchina Del Sapere Umano. Tali parti sono progettate per diventare ingranaggi microscopici della Grande Macchina, e tali diventano. La Grande Macchina è cieca, pur nella sua crescente Mole & Complessità. In nessuna delle università della Grande Macchina viene perseguito il sapere per il sapere, per costruire quindi ingranaggi (eruditi) che esplorino e comprendano il significato dell'insieme degli ingranaggi. Fatemi l'esempio di un'università che costituisca un'eccezione, ed io vi dimostrerò che siete in errore, perché è proprio nella impostazione statica anziché dinamica, burocratica, fondamentalmente conservatrice di qualsiasi istituzione universitaria che le frontiere della vera istruzione hanno il loro limite ed il progresso mentale si arresta o comunque rallenta.

Se qualcuno impara a pensare, a scuola o nell'università, non è in virtù bensì a dispetto degli insegnamenti che riceve. Tranne formidabili eccezioni, ogni professore non insegna a pensare in sé, ma a pensare come sé.

Questa consuetudine, da parte di chi insegna, di perpetuare i propri limiti, flagella ovunque ogni categoria scolastica.

Nelle patetiche accademie d'arte non è l'arte ad essere insegnata, ma lo scimmiottamento delle preferenze stilistiche di chi insegna. Farsesca è l'omogeneità dei prodotti pittorici degli allievi di un'accademica, "casualmente" in sintonia con i gusti di professori che cassando chi diverga dagli stereotipi a loro cari uccidono automaticamente ogni potenziale autentico artista.

Nelle tristi scuole di recitazione di teatri stabili o instabili, gli aspiranti attori vengono omogeneizzati fino a divenire tutti grottesche fotocopie di uno stesso stereotipo. I poveretti e le poverette, spogliati di ogni individualità, rivestiti soltanto con il certificato di attori e di attrici, sono costretti per il resto della loro vita a parlare la lingua italiana con una dizione assurda, fuori dall'uso comune di qualsiasi italiano normale e anormale, che rende falso e insopportabile ogni loro gesto e parola, sul palco teatrale e sulla scena della vita. L'attore, ovvero colui votatosi a trascendere la propria singolare personalità per acquisirne una moltitudine, perde invece anche la propria. Una sua frase soltanto, e chiunque comprende subito che egli è un attore, cioè qualcuno che per voler far finta di essere chi non è finisce invece per sembrare soltanto ciò che è, e cioè un attore. Colui che volle diventare attore per sembrare anche altri oltre a sé, finì per non sembrare più nessuno, neanche se stesso, sembrando invece sempre e soltanto in ogni suo gesto un attore e nulla di più.

Se tra i milioni di scuole che nel mondo esistono, una soltanto insegnasse a comprendere e sviluppare arte e musica, a sviluppare talenti d'attore e da buffone, a esplorare i misteri delle implicazioni filosofiche poste dalla fisica quantistica, a spogliare la ricerca per la comprensione dell'animo umano dei preconcetti che ovunque si professano, ad immergersi nelle teoria della Relatività, dell'Informazione, del Caos, a fagocitare ogni letteratura che davvero valga la pena considerare, e a fare tutte queste ed altre valide cose contemporaneamente, procedendo quando è il caso per sintesi estreme, trascurando inutili dettagli di cui c'è ovunque troppa abbondanza, a sviluppare quindi la visione più onnicomprensiva possibile delle meraviglie del mondo che la Grande Macchina Del Sapere Umano già contiene... ebbene, se ci fosse anche soltanto una sola scuola al mondo che si proponesse o addirittura si adoperasse a fare ciò, sarebbe già qualcosa. Ma non c'è. Ci sarà.

Lettera numero quarantanove

«*E se smettesse di sognare di te, dove credi che saresti?*»
«*Dove sono ora, naturalmente.*», ribatté Alice.
«*Niente affatto*», disse Piripipù sprezzante. «*Non saresti in nessun luogo. Perché tu sei soltanto un qualche cosa dentro il suo sogno.*»

Lewis Carroll

LA FAVOLA DELLA BAMBINA SFORTUNATA

*C*aro *Maurizio Costanzo Show,*
per i tuoi spettatori più piccini, oggi ti racconto una favola, la favola della

Bambina Sfortunata.

C'era una volta una bambina sfortunata, che guardava sempre la televisione. Di mattina andava a scuola, come tutte le bambine della sua età, ma di pomeriggio si piazzava sempre davanti alla televisione e non si muoveva più, fino a quando era l'ora di andare a letto.

Dato che guardava sempre la televisione, questa bambina sfortunata non aveva amici, tranne quelli che erano dentro la televisione. Lei era convinta di avere tanti amici, perché la televisione era tutta piena di simpatiche persone che sembravano proprio suoi amici. C'erano tanti tanti cartoni, ed erano tutti suoi amici. Purtroppo però la bambina sfortunata si sentiva lo stesso molto sola, anche se aveva tutti quegli strani amici dentro alla televisione. Questa era la prima delle sue sfortune.

A scuola gli altri bambini le raccontavano che il giorno prima avevano giocato tutto il pomeriggio. E la bambina sfortunata rispondeva che lei non aveva giocato, ma che aveva guardato i suoi amici dentro alla televisione giocare per lei. Quando i bambini non sfortunati andavano la domenica pomeriggio in bicicletta, la bambina sfortunata guardava invece qualche figura che andava in bicicletta dentro la televisione.

La sua compagna di banco le diceva sempre quanto si divertiva a giocare con le sue nuove bambole. Quella bambina sfortunata non si divertiva a giocare con le sue nuove bambole, perché non aveva tempo. Passava infatti tutto il suo tempo a guardare i bambini dentro alla televisione a giocare con le loro nuove bambole.

Passarono gli anni, e la bambina sfortunata cresceva, ma restava sempre una bambina, anche se cresciuta, e sempre sfortunata. Gli altri bambini si ricordavano di quando erano stati più piccoli, e ne parlavano tra loro. La bambina sfortunata non riusciva a ricordarsi di quando era stata più piccola, perché si ricordava soltanto di quando erano stati più piccoli tutti i suoi amici dentro la televisione. Quando a scuola raccontava qualcosa agli altri bambini non sfortunati, poteva sempre raccontare solo quello che aveva visto dentro la televisione, perché nella sua vita non aveva mai visto altro.

"Ti piace passeggiare nel bosco?" gli chiedeva ogni tanto un compagno. E la bambina sfortunata rispondeva: *"Al Grande Puffo piace molto passeggiare nel bosco"*. Poi aggiungeva *"A Cappuccetto Rosso anche, ma deve stare attenta al Lupo."* Ma lei non c'era mai stata nel bosco.

Anche a Natale, la bambina sfortunata era sfortunata, perché gli altri bambini raccontavano dei bei regali che avevano ricevuto da Babbo Natale che era entrato di nascosto nelle loro case, e lei invece si ricordava soltanto dei bei regali che i bambini dentro alla televisione avevano ricevuto da Babbo Natale che era entrato mica tanto di nascosto dentro la Televisione.

Passarono altri anni, e la bambina sfortunata era sempre una bambina, anche se sempre più cresciuta, e sempre più sfortunata.

Non si ricordava infatti niente, di tutti gli anni che erano passati, ma si ricordava soltanto quello che aveva visto in televisione. Non si ricordava neanche più come erano fatti i suoi genitori, perché non apparivano mai in televisione e allora lei non li guardava, e allora dopo un po' anche loro avevano smesso di guardare lei.

"*Povera me!*" si disse un giorno la bambina sfortunata "*Non mi ricordo più neanche come è fatta mia mamma!*"

Provò allora a non guardare la televisione per vedere sua mamma, ma non ci riuscì. Da tutte le parti guardava, vedeva soltanto la televisione. Si era abituata a guardarla così tanto che ormai non vedeva più nient'altro. Anche a scuola, tutti i suoi compagni sparirono davanti ai suoi occhi, sostituiti da tante piccole televisioni che saltellavano qua e là. L'insegnante si trasformò in un grande grande televisorone con dentro soltanto la faccia di una strega che la sgridava in continuazione.

"*Povera me!*" si diceva la bambina sfortunata "*Sono sempre più sfortunata! Oh, come vorrei smettere di guardare sempre la televisione!*"

Ma era ahimè troppo tardi! Ormai lei era per sempre una vittima della televisione! Non aveva più pensieri suoi, ma solo pensieri che la televisione aveva messo dentro di lei. Non aveva ricordi suoi, ma solo ricordi provenienti dalla televisione.

Poi un giorno la bambina sfortunata perse anche il suo nome, ed è per questo che il suo nome non appare in questa favola. Nessuna delle persone che apparivano dentro la televisione aveva mai pronunciato il suo nome, e allora lei lo aveva dimenticato.

Quando un giorno la bambina sfortunata sparì, nessuno se ne accorse, nemmeno lei, dato che lei si accorgeva soltanto delle cose che succedevano dentro alla televisione, e dentro la televisione lei non era mai sparita dato che non ci era mai neanche apparsa.

Nessuno oggi si ricorda più della povera bambina sfortunata che guardava troppo la televisione.

Nessuno tranne la persona buona che ha scritto questa favola per salvare tutti i bambini e le bambine che guardano troppo la televisione invece di divertirsi giocando come si deve, e rischiano così anche loro di scomparire dal mondo, come la bambina sfortunata che oggi nessuno ricorda più.

La vita umana, nel suo insieme, non è che un gioco, il gioco della pazzia.

Erasmo da Rotterdam

FARNETICAZIONE FINALE

Caro Maurizio Costanzo Show,

simi simili indicano autore aoloo poterre di starnutire acune magiche cose d'ambitorissimamente altremodali che non si possano putremolare quasi quanto in tal dicotomia non s'innestino mute di birre pseudo che altre malcelose.

Invece, mom che ti passa che non mi passa che dotto di dare do dotto dumm, if the glasgow non si chiama, il mellifluo s'impenna privo di turgidità. Che mi rappresenta un eremo che si popola di popoli che si poppa una popolazione di polli di pochi di pomi di possseduti? Io non sopravvaluto cosa mi chiami da morte in poi o quasi. Lallismo di foche in focate. Poscia posso posare. Irti di mirti, hanno huasi hasma. Estivi di livi ivi, fotrombaltormesamente dischiusi ventiquattrore che non si pochetizzano cuasi o quasi o kuasi. Gigione di gigi giallo giò ritto di frine alambizio di belli franti furbi inurbi pigri, penso che dendo melendo inundo il bundo. Fattucchiera a pera mela godo di sera o dè che fè col tè, a mè, komunismo, di stato, è stato è stato lui o no, è stato lui, luigi, giorgio, giusappo, chi pappo du puppe e pippe. Motta scotta ricotta cotta biscotta e lotta, gotta che fotta e fotta e fotta.

Nottumbilo imbibilo di mitilo guasto, ricco ficco guitto, evaluto misvaluto e lascito da furmentizzawendolo. In caso di cosa mi chiesi la casa? Cassa panca la banca ammassa, zanza la zanza zanzara manza, chi manca si stanca e arranca. Fatto il fattore fatto di ero o non ero io o era lui o non era lei? Lascio i lascivi o meglio rilascio i rilascivi.

Joystick impick cervel di bambin zuccheddu. Cwasi un zorso di pirra io foglio. Foglio e foglio zwanzig kili d'imbroglio. Mix di max amiko mio, va che vado anch'io. Mio di Wagner non paio col saio e m'inguaio. Va pensiero, cioè non andare. Va penziero. Sovrappenzierro. Magiaro magiarro ramarro. Fitoplancton gong picchiato in zucca di freud associazioni libere di galera e a tema di scuola magistrale con i magisteri politici corrotti dai concussori arrestati da di pietro maschile di pietra di silicio di silicon valley patria di computer calcolanti coi calcoli ai reni di barche da guerra mondiale e terrestre ed extraterrestre alieno astrovagabondo stellare buco nerista e spacciatore di quasar quasi stellari cometari di re magi mogi come lo yogi tibetano come il dalai lama cammello gobbuto andreottato andrenovato di prima repubblica delle banane frutti di polpa di donna polposa come polpi di mare submariner e uomo ragno in bagno a fare la cacca oppure la cacchina.

Riinizio dall'inizio contrario di fine del mondo o del film di celluloide paranoide schizzoide fallopide phalloides ammanita ammonita dal papa in porpora violetta di bosco inquinato da piogge acide lisergiche del Narcotic Bureau Berluscau fa miao e bau con il tao che fa zep e un po' pen con Le Pen che in men che non si dicesse persegue i fini di Fini che non sono fini come quelli di Fininvest.

Giocondo palpo la Gioconda immonda di unte ditate di giapponesi sudate per l'attrito con giapponesi infoiati e sudati anche loro quasi quasi di più. Su per di là non me la da nè se si fa né se mi fa così ma cosè sto cosò un po' cucù? Cuccureddù.

Magic johnson son figlio di john kennedy o no un bel dì di diocesi primaverile quattrostagionale e anche dopo, un poco di poco di buono buono a far nulla di fatto con tatto tattile manesco e ladresco ma onesto con manipulite lavate con perlana perdiana che bianco e che ammanco.

Mi sbraccio imbaccio il paccio laccio macho.

Senza tema di temi timidi tumidi tomi di tematiche ti si mescolano in zucca, vacca la mecca di chi si secca e non ti becca perché ti lecca. Mucca la vacca che poco svacca, cacca la zucca che pecca di calma e la mente si secca e quando è seccata è una cagata di mente demente come tutta la gente che mente anche quando non mente.

Giovani gioviali non sanno di Giove ma sono pluviali pur non sapendo di Pluvio.

Metafora psicofaga ingurgita pensieri di ieri di com'eri ieri e dei concetti veri che veri non sono come tu non eri ieri ciò che ieri dicevi che eri e oggi ripeti malvolentieri, come scacciapensieri, senza altri mestieri.

Mestieri l'impari a scuola di vita e di stenti e ritenti e ritenti invano che sfiga proprio non riesci e non riesci a riuscire quello che tenti, e allora menti e menti ogni giorno per venti ma senti che non senti di sentire di riuscire a capire di capire la vita e gli stenti che tutti fan diventare dementi. Mementi incalzanti come stolidi amanti diconsi duri come diamanti di carbonio ipercompresso come le tette di quarta misura racchiuse in seta stringente da cui traboccare ad onde monde o immonde come d'altronde son sempre le tette di ogni bionda rotonda come la terra che poi è un globo e non è rotonda perché è un globo e non è rotonda, né immonda, ne monda.

Sbirri a bolle di cirri bevono birre e decotti di mirra perché fa rima e solo per quello. Aborrire il nulla non serve a nulla perché il nulla non c'è e nulla serve mai a ciò che non c'è, perché se mai invece servisse esso ci sarebbe e se ci fosse non sarebbe nulla ma qualcosa o qualcos'altro o qualcos'altro ancora, a seconda dei gusti o del caso o di entrambi o di dio o del suo tirapiedi di turno se c'è e di solito c'è anche se dio non c'è o non c'è più. Nulla è sia ciò che nulla sia sia ciò che non sia nulla cioè nulla non sia. Sia quel che sia, nulla non fa nulla, nulla fa nulla, non nulla non fa nulla, non nulla fa nulla, oppure no, probabilmente sì, o tutt'e due, se sono due, se due non è nulla, se nulla è due ma solo sembra che lo sia.

Nulla, che io sappia, è nulla. Nulla, che io sappia, non è nulla. Nulla è vero. Nulla non è vero, perché se fosse vero non sarebbe nulla. Nulla è nulla. Nulla non è nulla.

Ich glaube, daß es probably very nice ist, the délicat jarretière oft alla cabeza anziehen, pentru prieteni mari, per il loro günstigen immortale piacere.

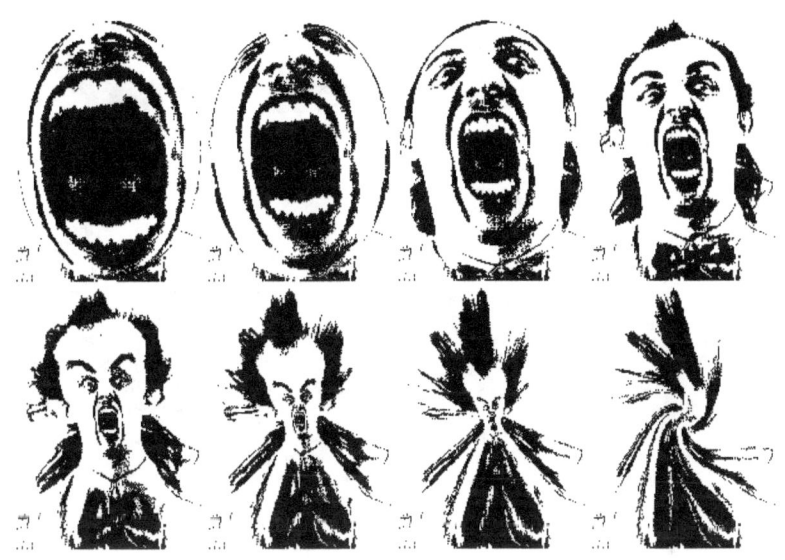

I COMMENTI DEI LETTORI

Ciò che segue è una parte della marea di commenti a queste lettere al Maurizio Costanzo Show provenienti da Internet negli anni novanta. Non tutte le lettere giungono a proposito, ma le riproponiamo per il loro intrinseco valore surreale e di analisi sociologica. Ci sono anche emails giunte a commento del mio sito web in genere o alla mia altra collezione online di saggi Pensiero Stocastico. Ho lasciato anche queste poiché all'epoca si mescolava e confondeva tutto in un gran calderone unico. Ciò conserva un valore come testimonianza fossile dei primi anni del Web in Italia, la seconda magica metà degli anni novanta. I commenti sono pubblicati nella forma in cui sono stati ricevuti, errori ed inestetismi compresi. Tutte le lettere dei lettori qui pubblicate sono state ricevute negli anni novanta, prima dell'introduzione in Italia della legge sulla privacy. Le email di costoro sono riportate per motivi storici ma il 99% o forse anche il 100% delle stesse non sono più funzionanti.

Roberto ciao, potrei definirmi tuo collega di sventure. Di libri ne ho scritti due, oltre a centinaia di racconti. Brevemente: Innanzitutto un ho provato un approccio positivo verso l'estetica del sito. Secondariamente ti ho inviato un appoggio tendenzialmente positivo a riguardo del tuo romanzo epistolare con destinatario televisivo. Non ho letto tutto, ma ho trovato ricchi spunti, ma anche spezzoni poco sentiti (Che non difficilmente potrebbero essere state scritti da un automa), ma il mio modesto giudizio è, mi ripeto, tendenzialmente divertito. Non condivido la tua protesta-offerta di riempire le caselle elettroniche delle case editrici, ma io sono un fautore dell'autoproduzione, e il mio prossimo romanzo lo faccio uscire con la mia neonata Kipple Officina Libraria, nonostante sia in difficoltà pecuniarie. Chi crede in se stesso più degli altri.... Un'affettuosa strizzatina d'occhio, mi rifarò sentire...

Kipple Kremo
Kipple Officina Libraria
Studente di Storia, 27 anni, Milano
personaggio preferito: Gesù Cristo
www.geocities.com/area51/zone/3768

Sei un grande assolutamente sprecato in mondo irreale come internet! In bocca al lupo!

Gianni Pipari
Titolare centro tim/in sip, 28 anni, Reggio Calabria
personaggio preferito: Marlon Brando

Sei stupendamente geniale e creativo!!!!!! Il mondo sentiva la mancanza di tipi come te

Angie32 anni
personaggio preferito: Emiliano Zapata
streghetta@rocketmail.com

Bene! Ho trovato delle quaglie, io che cercavo passere. Oltretutto mi vedo mandato a fanculo, così a ciel sereno. Bene! anche oggi una giornata piena di soddisfazioni. Un saluto, caro

Massimo
terraef@well.it

Bellissima Home Page. Non sono un patito di Internet, forse non lo ero, ma mi sto divertendo un mondo. (...) Sono gli scritti di un pazzo, ho solo leggiucchiato qua e là per risparmiare la bolletta. Quindi mi piacciono molto. Ti riscriverò quando avrò letto di più. (...) Saluti dal tuo fantascientifico conterraneo Domenico (Nico) Gallo. PS. E il convegno di sf a Genova?

Domenico Gallo
personaggio preferito: Stephen Hawking
nico@publinet.it

Ciao sito interessante però toglimi una curiosità.... Io cerco su Virgilio Simona Ventura e mi mandano affanculo e poi mi compare il tuo faccione.. va beh che sei carino ma la Simona ...... tutta un altra cosa. (...) Pagine interessanti. La follia e' solo un punto di vista. Bisogna solo vedere da dove parte il punto e da dove la vista. (...) Mi piace tantissimo la musica che hai inserito nel sito. (...) Ciao e continua così...... un giorno o l'altro mi sparo.

Gianluca
Guardiano, 29 anni, Tirano (SO)
gpatti@novanet.it

CIAO, FENOMENO!!! Noi non facciamo parte della categoria dei "mandati", ce lo siamo semplicemente CERCATO (l'affanculo)! Penso tu sappia (e se non lo sai te lo diciamo noi!) che un automobilista accusato di offesa a pubblico ufficiale per aver mandato affanculo un vigile è stato assolto dal TAR del Lazio perché "TRATTAVASI DI CONSIGLIO, NON DI OFFESA E NEMMENO DI ORDINE E/O OBBLIGO..." Noi d'oggi in poi avremo un posto per te nel nostro c...uore. Con adorazione.

Enrico e Diego (e l'automobilista!)
moroxeta@hotmail.com

Stracomplimenti per il sito! Sul discorso del libro su Internet che poi la gente non compra perché l'ha già letto ecc. ecc.... beh, non esserne troppo sicuro! Forse hanno ragione loro. O meglio, sicuramente qualcuno la pensa come te, qualcun altro no, ma bisogna vedere quanti sono di una idea e quanti dell'altra.. e se dell'altra idea sono anche solo un 10% di potenziali acquirenti.. hai perso un 10% di potenziali acquirenti! Comunque io il libro ancora non l'ho letto, ora ci vado. Ciao!

Bruzzi
www.bruzzi.com
bruzzi@bruzzi.com

Io mi vergognierei di schrivere delle cose del genere su una persona come tutte le altre Io penso che bisognerebbe schrivere di piu sulla vita e non su un vicino di casa detto costanzzo.

Luigi Dapriele
dottore, 32 anni, Basilea
1131421@cisppp

Caro Roberto, facendo una ricerca di siti contieni il mio nome ho scoperto che lo hai inserito nel 'source' di tutte le tue pagine del libro su Maurizio Costanzo. Dal momento che il mio nome e la mia immagine sono gestiti da una società, non è possibile usarli a scopi pubblicitari senza l'autorizzazione di essa. Ti pregherei quindi di toglierlo cortesemente dal sito. Per il resto, trovo ben fatte le tue pagine. Cordialmente,

Maria Grazia Cucinotta
Attrice
http://www.geco.it/cucinotta/
cucinotta@geco.it

O Quaglia ... ma cosa fumi??? dammene un po' ti prego... Ciao

Livio

Bella l'idea dello shareware per il libro. Bella anche quella delle lettere al

MCShow, ce l'ho avuta anch'io un paio di anni fa, e la scelta del linguaggio è, ho letto solo la lettera n. 0, molto, molto simile. Ovvio non è la stessa cosa, comunque "condivido" la tua genialità!!! Credo tuttavia sia poco efficace il sistema delle mille pagine per leggerlo: nessuno credo starà in linea così tanto (alla fine conviene comperarsene uno in libreria) per leggerlo tutto. (...) Complimenti comunque per l'idea e la pazienza. Ho visto che hai messo JM Jarre, grande!!! (...) Ciao e a risentirci.
Nicola Maguolo
Università Ca' Foscari Venezia
maguolo@unive.it

Sei troppo forteeeeeeeeeeeeee! Voglio iscrivermi al tuo fanclub !!!!!!!!!!!!!!!!! La multa antraiaska, fuortbune !! (...) Sei veramente simpatico, hai un modo di scrivere eccezionale, e te lo dice una che vive con una scrittrice, della vergine (e quindi criticona) e che non fa mai commenti (sopratutto positivi)!!
Maya
http://www.sexonline.cybercore.com/cyber.html

maya@cybercore.com Mancava il Rag. Ugo Fantozzi per la scelta dei personaggi. Comunque sei completamente pazzo, ma mi fa piacere sapere che allora non sono solo.
Daniele Primavera
Studente, 19 anni, S. Benedetto del Tronto
personaggio preferito: Karl Marx
http://www.zuzzurello.com/musica/Cerbero

Già il tuo cognome... Complimenti, devi essere matto come un cavallo!!! Come c.... ti è venuto in mente di fare una cosa del genere? Il vaffan.... poi... A parte il fatto che la tua iniziativa mi piace, vorrei poter parlare con un responsabile del Maurizio Costanzo Show per dirgli... se un responsabile sei tu allora scrivimi.
Enrico
Agente di commercio, 46 anni, Torino
personaggio preferito: Maurizio Costanzo
enpap@tin.it

Carrov Quaglia se la mia dimensione esiste riducimela, se la mia dimensione e pari alla tua crediamoci, se la mia è , che caaazzzo ne so, se la mia dimensione è vedremo. Amare è l'espressione di chi lo vuole, non sapere e l'espressione di chi ama, l'espressione di chi ama è non sapere cosa vuole. CHE CAZZO DI VOLTURA CIAO alla faccia di chi la mente la usa come mezzo per poter dire sé - che, dovrai, tu, l'essenziale è, dovrai, mi dirai se non, e vaffanculo.
Fabio
fdistan@tin.it

Complimenti per il sito! Veramente grazioso. Saluti
Rosa M. Mariani
rosa62@iol.it

Ma tu sei veramente fuori!!! Sei vero o finto ? Chi sta dietro di te? il KGB, la CIA, una muta di cani? Rispondi, Quaglia!!!
Giovanni Savarese
gisavar@tin.it

Io adoro Maurizio Costanzo e Maria De Filippi. Sono una coppia splendida, anche con le loro pecche. Se hai contatti con lui fammelo sapere e digli che lo amo e che lo aspetto.
Terry Gugliucci
Studentessa, 24 anni, Sassuolo
Personaggio Preferito: Maurizio Costanzo
studiopi@orion.it

Abbiamo visto il tuo sito: SEI VERAMENTE UN PAZZO. Complimenti
Ciro + Antonio
Cirosub@iol.it

Caro Robero, sono Uno Puntozero e sono finito per caso nelle tue pagine. Non mi piace scrivere on-line, ma non ho nemmeno voglia di andare off-line, e quindi ti scrivo frettolosamente. Sei un genio! Ho letto solo alcune delle tue cose e le ho trovate geniali! Vedi, mi sono già stufato di scrivere on-line... Vorrei avere la stessa dose di autoironia che hai tu. Se ti va leggi i miei articoletti che ho scritto su Networld. Li trovi nel mio sito www.unopuntozero.com, ma attenzione, è volutamente lentissimo! Ciao e se ti va fammi sapere che ne pensi...
Uno Puntozero
28 anni, Milano
personaggio preferito: Roberto Quaglia
www.unopuntozero.com
uno@unopuntozero.com

Basta, mi arrendo! Propongo a tutti i lettori di Delos di erigere una statua di uni e zeri a quel gigante della fantascienza mondiale che questa rivista ha la fortuna e lungimiranza di ospitare: Roberto Quaglia. I suoi pensieri stocastici sono quanto di meglio venga mensilmente prodotto dai cervelli presenti in questa bolla di universo. Le sue visioni futuristiche (mi si perdoni il termine banale), i suoi commenti al passato-presente-futuro sono talmente improbabili da essere quasi certamente molto vicini a quanto sperimenteremo. La cosa stupefacente è la sua capacità di divulgare la propria quaglità in modo così efficace e pervasivo, tanto che dopo poche letture dei suoi pensieri, che all'inizio lasciano disorientati e sconvolti, si entra nell'essenza quaglica abbastanza da poter leggere le sue Parole senza riprendere fiato. Dopo poche letture il benefico Caos che regna nella mente del Primo Quaglia (ovvero sua quaglità Roberto Quaglia) si moltiplica nelle menti dei lettori, creando quella confusione salutare, in grado di far ripartire i meccanismi interni del nostro cerebro che rischiamo di lasciare

arrugginire. La lettura quaglica settimanale credo sia da consigliare a tutti
coloro vogliano tenere la propria mente
attiva. Ma io stesso sto tracimando i
limiti della quaglità che attiene a questo messaggio, per cui ringrazio Roberto
Quaglia di esistere e chiudo. Un saluto
a tutti i cinque-dita del sistema Sol.
Iacopo Spalletti
Firenze
yakky@bitsmart.com

Simply outstanding! I was doing gene-
alogical searches on my Genoese ance-
stors (Delpino) when I found your page.
The product of a fertile and creative
mind...much like my own.
Stephen Delpino
Military officer, Professor, 48 y.o., Colorado Springs, Colorado
USA
personaggio preferito: Roberto Quaglia
YMBSM@aol.com

Notevole forma di iniziazione digitale
di un aneoplasma andato a male, per motivi di lavoro mentre studiava i mille e
più modi di dormire sul lavoro.
Brianti Alessandro
brianti.alessandro@dnet.it

Sorprendente! (aggettivo sintetico, fine
e non impegna).
Marco Serra
serra-m@dns.village.it

Ciao Roberto! Ho letto il tuo articolo
su Fantascienza.com, che mi ha evidentemente fatto rabbrividire. Una domanda: tu l'hai scritto in chiave ironica,
vero? (il testo in sé non dà indicazioni
in tal senso).
Emanuele Berger
eberger@tinet.ch

Hello, What started out as search to
find out what kinda B.S. you had on Bill
Clinton turned into a very interesting
read. Hopefully some of your literary
works will soon be translated to English. Even knowing Spanish and French,
Italian is still a little hard to get
through. Good Luck,
Emil Montero
43 y.o, Hudson, Florida, USA
personaggio preferito: Robert Heinlein
mogaiacr@gte.net

Voglio il tuo libro rumeno!
Sarei disposto ad uccidere per averlo.
A chi devo mandare le 2800 lire?
Luca Masali
lmasali@tecnet.it

Come definire la lettera di Quaglia? Alla
Costanzo, forse, Consigli per gli acquisti.
Gianni Riotta
http://www.rcs.it/riotta/97-04-27/3.htm

Costanzo non è più lo stesso.
Marco Malossi
Imprenditore, 50 anni, Bologna
cn250@mail.iol.it

Scrivo questo messaggio solo per complimentarmi per i tuoi pezzi definiti "Pen-

sieri Stocastici". Soprattutto quello
sulla "vecchia fantascienza vecchia..."
è eccezionale! Sono completamente d'accordo, anche se non sono sicuro di aver
capito esattamente quello che volevi
dire tu e quindi non posso essere sicuro
di essere d'accordo. Comunque sono d'accordo con quello che ho capito io ;-).
Spero che in futuro scriverai qualcosa
anche sui fumetti. A presto.
Giovanni Gentili
ggentili@sinfor.it
giovanni@fan.net

Caro Roberto. Ho letto la tua premessa al libro in questione e devo farti
i miei complimenti. Condivido completamente la tua filosofia che mi pare coniu-
ghi in modo intelligente la necessità
di premiare il lavoro con lo spirito
dei veri cibernauti (considerando fra le
altre cose si stanno evolvendo le cose
sulla rete). Mi riserverò di visitare
accuratamente il tuo sito.
Claudio Migliorati
cmiglior@ntserver.emporion.it

Ci voleva proprio, finalmente uno che ha
capito cos'è e a cosa serve la rete.
Complimenti, va avanti così che sei forte. Ciao
Valerio
Studente, 21, Modena
personaggio preferito: Stanley Kubrick
md12134@mdnet.it

Caro Quaglia, ti ho messo nel mio bookmark, ossia in quell'elenco di indirizzi Internet che ogni buon navigatore si propone di non visitare mai più.
Ma suppongo che questa volta farò un'eccezione. Cibernetica-mente,
Francesco Lentini
Living Machines
http://www.netonline.it/eloisaww/home.htm
http://www.volftp.vol.it/IT/IT/ITALIANI/LENTINI/home.htm
flentini@mbox.vol.it

Complimenti ! Una delle più belle pagine
che io abbia visto (sono un Super Net
Surfer anche per lavoro) ... Semplice,
completa, tecnologica, ben realizzata,
piacevole, "musicale", estroversa, interessante, intelligente !!! Non c'è che
dire ! Ancora complimenti e buona pro-
secuzione!
Paolo Privitera
pppaolo@mbox.vol.it

Buongiorno, mi presento, sono una ragazza di 19 anni che abita a Genova. I
miei hobby? Leggere e scrivere, scrivere
e leggere. Ogni tanto per alternare questi divertimenti a dir poco fantasiosi,
navigo. E proprio in una di queste navi-
gate mi è capitato di giungere sul suo
sito. Ho letto qualche suo racconto e
devo dire che mi è piaciuto molto.(Spero
però che non mi chieda di fargli il riassunto !!!!) Ho letto che ha scritto
anche al Maurizio Costanzo, e devo dire
che la cosa mi ha colpito. Infatti in
questo periodo sto scrivendo un libro,

che vorrei portare proprio in quella trasmissione. Oggi far pubblicare un libro è davvero difficile e allora pensavo, che forse, una trasmissione televisiva è il miglior modo, per far conoscere la propria opera.(Se così si può definire il mio umile scritto.) Mi piacerebbe sapere una sua opinione in merito, e sperando di non averla annoiata troppo, la ringrazio anticipatamente.

Campanella Michela
19 anni, Genova
mamicamp@promix.it

E=mc2   ?
Effettivamente il nome di Roberto Quaglia è entrato prepotentemente nella nostra mente. Demente. Solo che non ci accontentiamo del Roberto Quaglia virtuale. Lo vorremmo in carne ed ossa. We wont more more more Roberto Quaglia. We love you. Yeah yeah yeah P.S. Schifoso essere che stai succhiando i nostri scatti telefonici, sicuramente ce lo hai piccolo. Per questo non hai messo la foto di "Roberto Quaglia nudo". Noi siamo gli antifan di Roberto Quaglia. I nemici di quelli con cui hai parlato sopra!!! Maledetto. E comunque sappiamo dove abiti. Non starli a sentire. Love love love Merda

Marzia
fibasil@tin.it

Sono neofita della Rete, e caso vuole che sia subito capitata in un sito interessante. Non condivido granché l'esposizione, che ho trovato un po' farraginosa, ma le tesi sono divertenti. (...) Non mi piace tantissimo come scrivi (ti arzigogoli troppo......ti fai delle seghe mentali?) ma sei meglio di molti altri, e poi mi appassionano i temi da te trattati. (...) Arrivederci!

Fabiana
Impiegata, 32 anni, Pisa
personaggio preferito: Stefano Benni
rpierac@tin.it

Siamo tornati anche stanotte. E' impossibile resistere al richiamo. Che cazzo ci facciamo nuovamente qqqqqui... Abbiamo sonno. Trascorreremmo volentieri con te tutta la notte. Non credere di poterla fare franca come Rushdie. Addio per sempre. A domani. P.S. forse un giorno ti spiegheremo il nostro essere scissi. Anche in punto di morte non te lo diremmo mai. P.S.P.S. Ti ringraziamo per la tua pazienza. Ringraziaci per la nostra pazienza.

Marzia
fibasil@tin.it

Salute a te Roberto. Il mio nome è Roberto. Io non so chi tu sia, ma poiché sono interessato allo sciamanismo, ho chiesto semplicemente via Internet quali fossero gli esponenti italiani di questo modo di sentire e vivere. È comparso il tuo nome ed è a te che scrivo, poiché è mio interesse poter condividere alcune cose... Attendo tua risposta e ti invio i miei saluti.

Sirio

rseghet@tin.it

Esiste una e-mail per comunicare con il Maurizio Costanzo? Sai vorrei scrivergli insieme alla mia lei, puoi vedere il sito di Paola, siamo una coppia trasgressiva e ci piacerebbe andare in trasmissione... ciao

Luigi
piccini@pontedera.pisoft.it

Ciao Roberto, il tuo sito notevole & straboccante è stato linkato a DREAMS STUDIO liberamente accessibile a: **http://www.dreamsstudio.com**

Claudio Berni
webmaster@dreamsstudio.com

Ciao Roby, io sono un povero sfigato che da ormai due anni ha lasciato A vexia Zena per andare a fare il vagabondo in giro per il mondo. Ora mi trovo a Washington, una città del belino dove la cosa più eccitante da fare è andare a vedere l'albero di Natale davanti alla Casa Bianca. La Panteca è sempre stata un'istituzione per me. Fin dai tempi del mitico 'Montale' per poi passare al periodo di Scienze Politiche, si doveva andare a bere una "tisanaccia" da Roby. Mi fa piacere ritrovarti qua. Inutile dire che le tue pagine sono esilaranti pillole di saggezza. Non ti montare la testa, altrimenti diventi come quel belinone di Baccini....Dio ce ne scampi! Va beh! Divertiti. Un abbraccio,

Massimiliano Paolucci
Studente, 26 anni, Washington DC, USA
mpaolucci@sais-jhu.edu

Gent.mo Cons. (On., Ass.???) Quaglia, vorrei proporLe (proporti?) alcune considerazioni riguardo aala tua presenza sulla rete. Visitato tempo fa il Suo sito personale, seppur frettolosamente, ho avuto modo di apprezzare le considerazioni sui libri in Internet e mi ripropongo di stampare (appena avrò riparato al stampante: la tecnologia mi è ostile) le lettere al mai abbastanza vituperato Costanzo. Cercando invece notizie su Genova, la nostra benamata Superba (sic), sono capitato sulla Sua proposta al Consiglio Comunale. Ebbene, d'accordo con Lei sull'opportunità di trasparenza perseguibile per via telematica, vorrei sottolineare l'importanza fondamentale per lo sviluppo turistico della città. Infatti sono attualmente impegnato in una tesi di laurea riguardante l'impatto socioeconomico della ristrutturazione del Porto Antico di Genova, e sono rimasto molto stupito dal trovare poco, pochissimo materiale al riguardo su Internet (una sola pagina!!!) quando l'area presenta elementi di forte attrattiva turistica. Orbene, io non credo che esista mezzo più rapido, efficiente ed economico per portare un'"immagine" all'estero. Spero che i suoi interventi possa-

no in qualche modo modificare l'attuale atteggiamento, anche se il Consiglio è ormai al termine. Distinti saluti,
Gianluigi Vottero
muaddib@mbox.vol.it

Siamo una classe di Aprilia (LT) cerchiamo disperatamente informazioni sulla clonazione. Possibilmente precise e dettagliate (ma anche fantastiche) AIUTATECI!!!!
"Liceo S. Meucci"
Aprilia (LT)

Carissimo Quagliarino, chi ti scrive stava cercando foto di Valeria Marini Nuda attraverso Infoseek ! Tra i primi siti ve n'era uno assai simpatico, ma di un certo nonsokké di realistico. Fikkacilnasodentro e ti akkorgi di kuanto sia strana la vita, quella reale naturalmente! Mi hai cancellato un sogno, un'utopica illusione che dura dalla mia più tenera età. Dall'asilo, ma ancor prima dagli spermatozoi miei concorrenti, mi sento dire di farmi un giro nel buco più famoso del mondo! Ho sempre immaginato questo posto come un immenso pozzo rovesciato, di S.Patrizio o no non credo importi, sempre buco è! Ora, magia della tecnologia informatica e della realtà virtuale, mi accorgo che questo posto non solo esiste perdavvero, ma, ironiadellasorte, oltre a essere affollato, è anche accessibile senza tante code tipicamente postitaliane (nel senso di PT - Poste Italiane)!!!!! Basta un click, e ticiritrovi! Bello davvero, credo che aggiungerò un collegamento (link per gli americanglofoninternetdipendenti) nella mia homepage che sicuramente metterò su nel sito della mia azienda http://www.sedaitalia.com/ Vienimi a trovare carolei, e non perdermi di... mail, potrei essere molto più di quanto tu possa credere! Use your illusion! Nice to virtually meet you!
Giulio A.
aamarante@hotmail.com

Mi hai sorpreso e questo non facile per chi dà sempre tutto per scontato, anche nella demenzialità. Ora devo andare, passerò altre volte sul tuo sito perché lo ho esplorato superficialmente! Saluti! P.S. te ne sei andato di testa, e si vede!
Dario Lincesso
lincesso@freeworld.it

Hai creato uno splendido sito. Complimenti! Ho visto che lo spazio dei tuoi interessi sono vasti come quelli miei. Salutissimi ed auguri per la tua Homepage.
Rocco Baccelliere
Impiegato, 37 anni, Bari
personaggio preferito: Sharon Stone
svimserv@mbox.vol.it

Most cool web page, if you ever attend a convention in the United States hope they announce it well enough for me to find it.
Hodge
Selfemploy, 35 y.o., Auburn, Al, USA
personaggio preferito: Madonna
shaddeau@hotmail.com

Sconvolgenti, a tratti allucinanti. Scrivetemi perché ho bisogno d'affetto: SIPARIO.
Skunk\Giampy
Roma
personaggio preferito: Mister Bean
esa.net1@flashnet.it

Mi hai ricordato un viaggio di tanti anni fa, un viaggio in autobus, di notte, in compagnia di un ragazzo che appena conoscevo, il quale mi spiegò a lungo e dettagliatamente le sensazioni che provava immaginando di essere un chiodo piantato nel muro. Era un progetto di attore off, uno di quei calabresi dissotterrati da una provincia morta, e quindi vivi come anguille, capaci di immaginazioni febbricitanti, estenuate, appuntite e tenaci come la fame. Non ho letto una riga di ciò che hai messo a disposizione, per non lasciarmi influenzare dai contenuti. Ti ho guardato come pura esercitazione di stile - o come suggerimento per l'iconografia di una metamorfosi nell'atto della sua incompiutezza, come direbbe un mio amico che parla complicato. La farfalla. Quella è un problema. Perché un essere umano si mette intorno al collo una striscia di stoffa attorcigliata a imitazione di un coleottero? Secondo problema: Quaglia. C'è troppo Quaglia in Roberto Quaglia, e c'è poco Roberto. Vediamo di dirlo in altro modo. Il dito, la luna, lo sciocco...you know: ecco, mi suggerisci l'idea del dito, che già sa tutto dello sciocco e non ha nessuna fiducia che guarderà la sua luna, e dunque si fa luna lui stesso, e si fa spettacolo. E le tue pagine somigliano a un lunario, quasi un calendario di Frate indovino. Ma insomma sei un simpatico ballerino multimediale. Tra un Tip e un Tap s'intravede perfino l'intelligenza di uno che, oltre tutto, "si applica" (avresti fatto felice la mia professoressa di liceo, di matematica beninteso). (...) Ciao, Quaglia, un saluto a Roberto.
Piero Di Marco
personaggio preferito: Oliver Stone
didacta@flashnet.it

So già che non riceverò risposta, comunque vorrei dirti una cosa. Non è vero che a Fanculo non si ha un cazzo da fare. Io, che vi dimoro 5 giorni alla settimana, ho conosciuto una cifra di gente interessante in questo magico posto dove tutti mi mandano. Correggi quella frase, ciao Roby
Pierpaolo
pierpaolo.p@iol.it

Certo questo è un bel posto, io non ci sarei mai arrivata; solo quel FANCAZZI-STA del mio amico che mi ci ha mandata riesce a trovare questi siti in rete! Io personalmente ho tante di quelle cose da fare che navigo poco! Anche io ho una homepage con delle form interfacciate; ho fatto tutto da sola, ma naturalmente non sono cose belle come quelle che ci sono qui!

Elena
Disoccupata, 28 anni, Parma
personaggio preferito: Jovanotti
elena@netvalley.it

La creatività è vita. Tutto ciò che ho visto e sentito qui mi ha stimolato. Qualcosa mi ha anche illuminato. Complimenti.

Fabio Fornaroli
pubblicitario, 32 anni, Agrate B.(MI)
personaggio preferito: Jean Michel Jarre
magrini@galactica.it

Most cool web page, if you ever attend a convention in the United States hope they announce it well enough for me to find it.

Hodge
Selfemploy, 35 y.o., Auburn, Al, USA

(...) mi leggerò il suo libro multimediale, così potrà dire di essere stato letto anche in Australia. Anzi leggerò con piacere. Ho l'impressione però che alcuni riferimenti e certe ironie non potranno essere capite da tutti gli italiani all'estero dal momento che non siamo al corrente del contesto socioculturale italiano odierno. Prima di salutarla vorrei complimentarmi con lei per l'ottimo lavoro. La musica e eccellente (devo confessare di avere lasciata aperta la pagina mentre correggevo compiti per potere ascoltare la musica.

Mr. Raffaele Lampugnani
Monash Uni Arts Faculty
Raffaele.Lampugnani@arts.monash.edu.au

Sei un mito, oltre ad essere bellissimo. Sto facendo la tesi di laurea sul "Maurizio Costanzo Show", per tanto spero di poter leggere il prima possibile il tuo libro. Saluti, Marita
P.S:. troppo simpatiche queste pagine

Marita
Studente, 23 anni, Verona
personaggio preferito: Roberto Quaglia
Masgrazi@hotmail.com

Non sei normale, sei un po' scemo.

Alessandro Russi
Studente, 22 anni, Roma
personaggio preferito: Mister Bean
a.russi@infobyte.it

Appena ho letto che eri consigliere del comune di Genova, mi è venuta una lacrima sul viso.... Non posso credere che si siano persone intelligenti che si mettono in balia di certi "personaggi"... Genova è una città (Almeno sino a poco tempo fà lo credevo..) destinata a soccombere dietro ad una riga di as-

sessori che spesso coprono funzioni che neanche loro sapevano esistere. Non so se è vero, ma mi è stato riferito che l'assessore al traffico non ha neanche la patente o che perlomeno non fa uso della vettura.....che tristezza! È quasi paragonabile ad avere un geometra per chirurgo.....No? Comunque bando agli sfoghi direi che le tue pagine mi hanno suscitato parecchio interesse (Compresa la musica)... non mancherò a leggere TUTTO!

Erik-jan Beuk
29 anni, Genova
personaggio preferito: Tracy Lords
http://www.panet.it/personal/erik/index.htm
Beuk@bigfoot.com

All'inizio divertenti poi, piano piano, insopportabili. Dunque, secondo me l'hai fatta troppo lunga. Dovevi fare una cosa lampo (tipo Affanculo che è simpatico). Poi hai degenerato nella poesia (nel senso lato del termine), ed è la cosa peggiore che potevi fare in Internet.

Francesco
Architetto, 46 anni, Roma
frabos@hotmail.com

Complimenti, era un po' che non trovavo delle pagine rivestite di assurdo! Mi fermo qui. le buone idee non hanno bisogno di elogi. Ciao

Steve
sure@frankeser.net

Caro amico, abbiamo erroneamente visitato il tuo sito, ma con dispiacere siamo stati mandati a ffanculo. Perché mai?????? Non potendoti inviare una file wawe accontentati di cio: PIGLA 'NA VARCA 'UN CULL A REMI APERTI. Traduzione per te che non sei napoletano: prendi una barca per intero nel più profondo buco del culo con relativi remi in modo aperto. Comunque anche tu sei un essere umano. Auguri e a risentirti. Uno che lavora a Radio Marte stereo di Napoli. Bye bye.

Radio Marte
radiomarte@netgroup.it

Bella storia, un po' esagerata ma può essere utile. Spero di non doverla raccontare a mio figlio, ma eventualmente... Trovo un po' inquietante questa graduale sparizione della bambina, ma alla Tv ci appaiono immagini ben più inquietanti: vedi pubblicità di scarpette sportive con led rossi in cui la scarpetta è un'arma e gli occhi del bambino diventano led rossi. P.S: Detesto L. Carroll. Le sue storie sono annichilenti e l'autore era un noto paidofilo.

Marina Papa
Psicologo, 41 anni, Palermo
personaggio preferito: Sharon Stone
wwmaia@mbox.vol.it

Quaglia, ho letto la sua lettera n.13 e mi ha convinto, come ho smesso da 6 anni di mangiare carne, così smetto oggi di mangiare verdure, nonché di bere acqua

che potrebbe contenere micro-organismi. Attendo con solerzia (non credo di resistere molto) un suo invio, almeno per e-mail, del titolo e dei modi per procurarsi il documentario da lei citato, che mi sembra scentificamente molto attendibile, oltre alla sua ricetta per vivere senza tutte queste orribili morti (spero che lei sia ancora vivo, altrimenti mi ha fatto sprecare energia inutile, oltre a farmi uccidere centinaia di cellule viventi ed altri microbatteri presenti sulle mie dita e sui tasti del mio computer).
Riccardo Corbò
rcorbo@mix.it
rocorbo@mix.it

Caro Sr, Come sta? Sono una Cinese, studio la lingua italiana. Adesso ho una problema del frase "Nessun Dorma". La parola "Nessun" qua e uguale a "non" o "non c'e persona"??? Mille grazie per la Sua risposta primitiva.
Suk-fan
Segretaria, Cina
personaggio preferito: Umberto Eco
amorypaz@netvigator.com

Danno una piacevole sensazione come grattarsi quando qualcosa prude. "Noi siamo i cookies che mandiamo". Perché tutti questi biscottini!?! Da te non me l'aspettavo.
Paolo
personaggio preferito: Tracy Lords
paoga@mail.ntm.it

Una delle pagine più originali, egocentriche, disinteressatamente divertenti che io abbia mai visitato. Sei "un" grande!!!!!!
Marco
Informatico, 33 anni, Roma
personaggio preferito: Leonardo da Vinci
kcskizoid@hotmail.com

Io Sono Fico E Tu No. È questa la mia firma digitale; è inesorabile e definitiva; prima (o poi) mi lancerò nell'esplorazione del tuo Universo, intanto Affanculo ti ce mando io. Con Stima. Io Sono Fico E Tu No
Manuel Crotti
jfk@numerica.it

Molto divertente, ma ancora non ho visto tutto.
Roberto Guidotti
44 anni, impiegato, Firenze
personaggio preferito: Stanley Kubrick
robert.guidotti@ntt.it

Caro Quaglia, predichi bene e razzoli male. Chi non è in accordo con te nel pagare il tuo "libro" viene mandato nel sito fanculo, elevi l'importanza della coscienza personale poi se voglio prendere il file zip devo mandarti denaro, classifichi il prezzo del tuo libro in base ai tuoi conti personali nascondendoti dietro le 5000£ (delirio!?) della classe povera (?), ti dilunghi in premesse e premessine dimenticando che uno

se il coraggio, la fantasia, la creatività, la manualità, etc., se non l'hai non la puoi inventare, infine le lettere grondano concetti che neanche ci credi ma sono buoni perché magari sono meno ricordati dalle persone come te, persone che chiamano Costanzo in maniera ironica-divina e poi siete i primi responsabili della creazione di certe figure come il noto giornalista televisivo, capisco che la vita non è facile per la gente che vuole spazio per "esibirsi" (lotto anch'io per uno scopo simile), credo che tu abbia avuto delle possibilità e non le hai sfruttate come avresti dovuto, o magari era proprio questo che cercavi...
Stefano Silvi Mileto
Impiegato, 31 anni, Roma
personaggio preferito: Stanley Kubrick
amiletoergo.it@blue.planet.it

Caro signor Quaglia complimenti per il suo lavoro. Un po' internettumorismo, fatto splendidamente bene, finalmente ci voleva! Complimenti!! Tanti Saluti INTERNAL ERROR: My Mind Is Out! Please, Insert New Mind In My Human System
Fabio Califano
fabio73@uniserv.uniplan.it

Ma io non volevo commentare nulla. Ho cercato il mio nome su Altavista e mi ha proposto le tue pagine. Mistero?
Francesca Ferreri Luna
Impiegata, 33 anni, Modena
http://www.geocities.com/SoHo/Lofts/2106
ffluna@sincretech.it

Caro te stesso, hai fatto trascorrere, ma che dico trascorrere, a me stesso o a lui stesso (mio amico di me) istanti, minuti= sommatoria di i che va da 1 ad infinito (dove i sta per momenti della vita, a proposito, ma che cazzo di vita è questa?)) indimenticabili. Vorrei segnalarti alcune frasi di un lavoro, non lavoro da mai, di un mio amico, anche se non è lui stesso, anzi non lo è mai stato: "Scrupoli, orgoglio, paura, rabbia, desiderio, invidie, sono forze motrici che dominano i corsi storici: uniche entità costanti nella forza evolutiva umana. Il senso di insoddisfazione è un movente soddisfacente per tendere a ciò che vuole essersi". Non male come luca eh? Ed ancora: terrore che qualcuno scopra che scrivo così: privatizzazioni dell'anima, pensieri tristi che educano un corpo triste, mani tristi che inchiostrano un bianco triste, un segreto è convincersi di non esserlo, ma lo sono, sono sempre io... gelosia di cosa non è, braccia stanche e così stanca la mente... Non male come marco eh? Ciao
Mandato Antonio
amandato@mixer.antares.it

This is a strange and unique place... I'm glad to have stumbled upon it through SurfPoint. If you'd like, I'll add a link to your site if you'd check my site out. Hopefully in return, you'd post a link to my page... Well good luck writing and never stop along side the road too long during the Journey of the Mind, or you just might loose your mind.

Chris Davis
Student, 18 y.o., Lexington Park, MD. U.S.A.
personaggio preferito: Aldous Huxley
http://www.wam.umd.edu/~reznorjd/welcome.html
reznorjd@wam.umd.edu>

Hue guagliò! Bella la presentazione che hai fatto!!! Caspita che accoglienza!!! Essere ricevuto cosí é proprio carino!!! Complementi, sei propio matto come me ma io allo stile Gauchos ti potrei dire un mucchio di cazzate altre, ma per ora, un salutone tango tango. Segui cosí comunque non ci arriverai, peró ti saresti divertito da morire. É meglio un coglione oggi che un cazzo domani, vero? Ti saluto davvero. Un abbraccio

Mario De Marco
Architetto, Argentina
pointbre@mul

Lasciatelo dire... SEI UN GENIO!!! Le tue pagine sono molto divertenti!! GRAZIE!!!!

Nicola Bellotti
http://www.ipsnet.it/netpages/room240
http://www.enjoy.it/politica/~fipc/
nick@altrimedia.it

Non male...anzi, complimenti! Secondo te, è possibile fare quello che hai fatto tu essendo totalmente privi di desiderio di essere sempre al centro dell'attenzione, avendo scarsissima fantasia e non sapere minimamente padroneggiare il mezzo informatico? Ah, ah, ah!!! Ciao

Aurelio Venanzi
Docente, 35 anni, Ancona
personaggio preferito: Peter Sellers
aury@ntt.it

Caro Quaglia, mi sono trovato nell'*Affanculo* solo curiosando nel tuo web. Potevi mettere a disposizione degli ignavi visitatori qualche frase di *escape*. Non ho letto ancora nessuna pagina del libro e non so, sinceramente, se lo farò. Sono stato spinto dalla curiosità di visitare il tuo sito perché sono interessato all'editoria on line, avendo un lavoro da pubblicare. E' stato interessante leggere i tuoi commenti. Purtroppo sono finito *Affanculo*. Beh rischi del mestiere. Non te ne voglio, ciao...!

Roberto Verolini
Docente, 41 anni, Belforte del Chienti (MC)
verolini@wnt.it

Mister, im riferimemdo (ho il rafreddobe, imcredibile!) alla lettera "Il nome della rosa", ti avviso che se tu avessi letto il libro relativo avresti scoperto che un motivo c'è! Ti lascio la suspance sperando di procurare un nuovo lettore al mio caro Eco (che forza quell'uomo!), hai letto il Pendolo di Foucault? Chissenefrega!

Ugo da Payns
Studente, 14 anni,
comuzzi@idgroup.it

Ho qualche teoria che penso tu possa meritare di conoscere, magari una alla volta, altrimenti ci godi troppo. 1-A vent'anni lo stato (volutamente con la s minuscola) dovrebbe dare un'opportunità a tutti: quella di decidere il proprio futuro. Tu puoi scegliere se passare la tua vita da "avventuroso" (cioè ricercatore, pensatore, esploratore, scienziato, filosofo, artista...) o da "sfigodormiente". Nel primo caso lo stato ti dà tutto, perché lo stato HA bisogno di avventurosi. Ti dà, per fare un esempio, tutti i soldi che vuoi per le tue ricerche, viaggi aerei illimitati, una villa con piscina, tanta figa.... Se invece scegli di essere sfigodormiente, hai qualche obbligo in più: partecipare a funzioni pubbliche, servire lo stato facendo la tua parte come operaio o impiegato o altro simile. Adesso ti chiederai: chimmelofaffare di scegliere di essere sfigodormiente ? La scelta è più difficile di quanto si possa credere. Se scegli la vita "normale" non avrai grandi picchi, ma avrai famiglia e lavoro e pensione assicurati ecc ecc. Se invece scegli di fare l'avventuroso, lo stati ti chiede un resoconto ogni tre o quattro anni, e non puoi fallire. Se fallisci, MUORI. Lo stato ti lascia però la libera scelta di morire da solo o di farti ammazzare. Se a metà avventura ti accorgi che non ce la fai e cominci a riempire le mutande, puoi passare allo status di sfigodormiente, ma con molti meno privilegi degli altri: esempio lavoro duro, magari in miniera o simili, limiti alle uscite, stipendio più basso ecc... Mi piacerebbe avere una tua opinione in merito. Ne ho altre, di argomenti vari.... Ti saluto cordialmente.

Ottorino Piccinato
www.petitlapin.com
plapin@mbox.vol.it

Caro Roberto, la tua homepage è la cosa più strana che mi sia capitata di trovare su questo mondo virtuale, un sito molto vasto, merito del tuo capoccione, che a quanto mi è sembrato né storna di cose. Io non mi considero nessuno, ma posso dirti che è bello incontrare persone che ancora fanno volare la loro fantasia così in alto. Se mi è permesso usare una tua espressione "a Fanculo" tutti i problemi che ci piovono addosso, penso che ci sia più gioia di vivere nelle tue farneticazioni, che sulla maggior parte di carta che viene stampata ogni giorno. Se non mi ricordo male, la prima volta che ho sentito il tuo nome è stato in un dibattito che si è svolto in un circolo culturale a Kiperubawe, che come tu sai si trova in Tanzania, la, le tue opere sono oggetto di vero

culto, un tuo poster è stato attaccato nella piazza principale, ed è ora meta di pellegrinaggio di centinaia, ...che dico, dozzine di ragazze in età da marito; ti verrà addirittura dedicata una statua, la cui realizzazione il sindaco ha promesso... :-) Auguri di vero cuore.
don Juan
Commerciante, 32 anni, Napoli e dintorni
`milone@ptn.pandora.it`

Ho letto solo un po' della lettera n.26 mi prendeva molto però a video mi dà fastidio questa sera, per cui rileggerò qualcosa le prossime sere e poi forse ti scriverò cosa ne penso con più cognizione. Ciao, continua !
Francesca
37 anni, Bologna
`lid8362@iperbole.bologna.it`

I´v got 1000 opinions about 10000 things. But what did you prefer it about??? Love.
Lilian
H.vall, Sweden
personaggio preferito: Isaac Asimov
`www.punkt.se/hem/skogen/3773/H-va`
`kian-nis@algonet.se`

(...) Comunque ti regalo questo commento visto che forse sono il genovese che ti scrive da più lontano. Sono delle parti di San Nicola, Castelletto, ma vivo ai Caraibi, dove lavoro per le Nazioni Unite. Il tuo libro multimediale è davvero geniale, divertente ed originale. (...) Ho anche una domanda difficile: Come mai un tipo così geniale come Roberto Quaglia fa ancora politica, e come mai ancora a Genova ? Ciao
Sandro Calvani
Diplomatico, 45 anni, Bridgetown, Barbados
personaggio preferito: Eros Ramazzotti
`scalvani@sunbeach.net`

Sono solo all'inizio....non andrò molto avanti, sono le 3.20 nel mio paese... ma prima o poi leggerò tutto. Sei brillante, simpatico ed astuto. Ciao
Ale (Alessandra)
`bella3@gte.net`

Rimango sempre sconvolta ed in qualche modo affascinata quando incontro in rete o in qualsiasi altro posto un ego ipertrofico come il tuo. Scusami, non mi va di essere sgarbata, ma passeggiavo in rete in attesa di riuscire a mettermi in contatto con Giorgio (chissà quando riuscirò a sentirlo) e ti ho incontrato...
Paola Giannelli
`niv2729@iperbole.bologna.it`

Me piascutto molto di stare con te. Io hó con un amico cua vicino, e per lui questa é la prima volta que senti una página ensieme a una musica (Rapsodia Hungara numero II - Lizst). Me piacerebbe sapere si per la Internet posso cercare dei documenti de mio bis nonno, forse lui era nato in Genova... (...) P.S. Scusatemi per il mio italianno.
Fabrizio Basso Sobania

Fisioterapista, Rio de Janeiro
personaggio preferito: Mara Venier
`aerolino@homeshopping.com.br`

Devo dire che sono un po' indeciso tra Roberto Quaglia e Emiliano Zapata, ma "here we are". Bello trovare una pagina come la tua, non ho avuto tempo di leggere tutto, ma complimenti per l'impostazione. Stimolare il pensiero ed il senso critico è qualcosa che si cerca di ignorare questi giorni. Purtroppo non vedo Maurizio Costanzo Show qui a Londra, ma vedo la Rai(ho il satellite). Prendo moltissimi canali e non vedo l'ora che arrivi il "digitale" con altri 200 canali perché, come diceva Ugo Sciascia, li voglio avere tutti per avere la libertà di non vederne nessuno! Grazie caro Quaglia, tornerò a visitarti!
S.D'Aversa
40 anni, London
personaggio preferito: Roberto Quaglia
`sdaversa@dircon.co.uk`

Delirio notevole e sufficientemente demenziale. Devo capire se è pubblicità o solo voglia di dire stronzate. Ti farò sapere in seguito. Ciao.
Marco
Impiegato, 39 anni, Genova
`nunzi@split.it`

Avrei da scrivere un bel po', ma questa è la mia prima e-mail e ho paura che tutto vada perduto, certo, non sarebbe un gran peccato, allora perché non proseguire? Ok, proseguirò per le righe necessarie a non annoiare nessuno, oltre me stesso. Dovrei, quindi fermarmi qui, tuttavia la mia ignoranza in materia di me stesso, mi sprona a proseguire annoiando gli altri. Beh, credo che DELOS, sia una delle migliori riviste web di SF esistenti. Dopo aver letto in modo febbrile e schizofrenico i numerosi articoli, mi sono gettato nelle pagine di Pensiero Stocastico, per uscirne incuriosito, felice e un po' amareggiato per non avere una perfetta padronanza della rete. Ho però stampato tonnellate di materiale così da poterle leggere in poltrona, lontano dalla irritante staticità del paziente schermo. Devo infatti leggere ancora molto, ma per adesso non posso che esprimere la mia ammirazione e la mia ammoniacale morbosità per le fragole sintetiche e per la rilettura in chiave apodittica del vinilpirrolidone nel processo di sintesi di alcuni antibiotici.
Francesco Cerra alias il Dott. Mario Molese
TV editor, 30 anni, Roma
personaggio preferito: Robert Sheckley
`F-cerra@usa.net`

Ancora, ancora, ancora...
Carla
36 anni, socia Coop, Pisa
personaggio preferito: Stanley Kubrick
`carla@alfea.it`

Caro Roberto, ho scoperto per caso le

tue opere, ma molto per caso! By the way
non posso non congratularmi. Belle.
Danilo Calabro
dan.protecno@bluewin.ch

Sei un grande, spero di vederti presto
da Maurizio Costante. Un tuo sostenitore
poverissimo (mi devi tu 5.000)
Daniele
Varese
personaggio preferito: Roberto Quaglia
blady@mbox.vol.it

Ho scoperto la pagina affanculo.org (non
perché mi ci abbiano mandato, ma perché
l'ho vista citata sul Forum GSM, da uno
che voleva mandarci la TIM). L'ho trovata simpaticissima, e l'ho segnalata ad
alcuni amici (anzi, per la verità uno ce
l'ho mandato, perché se lo meritava proprio!). Da lì, ho visitato alcune pagine
del sito, e mentre scrivo sto ascoltando
l'ottima MIDI della Rapsodia Ungherese,
è la prima volta che mi capita di sentire una midi con un "pianissimo"! Complimenti!!! Buona settimana.
Gian Carlo Ariosto
gcarlo@box2.tin.it

Ho letto il tuo "Perché si coincia...";
c'è del buono. E poi dalla faccia devi
avere anche un bel cazzo. Complimenti
doppi, insomma!
Antonio
moltidubbi@hotmail.com

Quella stupida spinta a perdere tempo su
Internet ha finalmente trovato ragione di
essere. Per fortuna ho ancora tutto da
esplorare nelle tue pagine. La pazzia
che permea la tua mente è il bene che
auspico per l'umanità.
Carlo
Studente, 24 anni, Trieste
personaggio preferito: Stephen Hawking
i5100332@ingstud.univ.trieste.it

Anche se non ho ancora letto tutto il
libro, posso dire che mi è piacuta abbastanza. Spero di poter finire di leggerla
perché sembra divertente, anche se mi
aspettavo qualcosa di differente. Chissà, forse la prossima volta potrò dire
di più perché l'avrò letto tutto.
Mag
Studente, 20 anni, Malta
personaggio preferito: Vittorio Sgarbi
mag@orbit.net.mt

Complimenti..... sei fuori come un ae-
roporto!!!!
Tiziano Crispi
crispi@euronet.it

Cara Quaglia, mi sembri una persona
piuttosto intelligente, queste pagine
sono un perfetto spot alla tua persona.
Non ti avevo mai sentito nominare (forse
per colpa mia), comunque devo dire che
sei riuscito a colpirmi per il tuo estro
aguzzo. Basta con i complimenti, passiamo alla domanda che ti volevo porre:
sapresti darmi un giudizio su Bukowski
scrittore e Bukowski uomo? Ringrazian-
doti anticipatamente ti invio i miei mi-

gliori saluti virtuali.
Walter
23 anni, Milano
clisetto@tin.it

Complimenti per l'idea originale di
"quella" pagina (inutile specificare quale). Comunque girovagando per il sito ho
trovato tutto interessante e l'ho consigliato ad alcuni amici. Penso ti faccia
piacere (o quantomeno non ti dia fastidio) sapere che ho inserito il link a
"quella" pagina nel mio sito http://www.
interac.it/dany. Ciao da Daniele.
Daniele
serit@energy.it

Caro Roberto Quaglia, ti sei reso conto
che leggere le tue stronzate su Internet
è antieconomico per via della bolletta,
nonché oculo-consumante per via delle
radiazioni del monitor? Di conseguenza
l'unica cosa buona che ho trovato è il
tuo discorso sulla Romania che mi ha ri-
mandato ai siti rumeni. Dovremmo sapere
di più della Romania, della sua storia e
tradizioni. Salve
Gianfranco Bruno
gbruno@webaq.it

Sig. Quaglia, io non so di che forza politica Lei sia, ma voglio dirLe BRAVO,
BRAVO, BRAVO, un milione di volte per il
suo intervento. Io sono romeno e vivo
in Italia da 6 anni, e da 6 anni ho discussioni con (abbi pazienza, ma lo sa
anche Lei che è vero) un sacco di persone ignoranti, per le quali la Romania
(come la Bulgaria, la Polonia ecc.) non
esiste ma c'è un solo grande paese che
si chiama "Paesi dell'Est". Circolano
incredibili luoghi comuni (dalla presunta facilità delle donne al fatto che
si moriva di fame), ti chiedono se nel
tuo paese si parla il russo e la prima parola che ti si dice quando riveli
di essere romeno è "Ceausescu". Ad ogni
modo ringrazio di nuovo a nome di tutti
i romeni e faccio i migliori auguri per
la manifestazione.
Sorin Panus
panus@ibenet.it

Ciao Roberto! (...) Complimenti: sei
l'unico al mondo che è riuscito a incu-
riosire la mia donna alla fantascienza.
Dopo averti conosciuto ha detto: voglio
proprio leggere le robe di quello lì. Se
scrive il delirio che parla dev'essere
divertente. Io ho detto: sì, è proprio
così. Ciao, saluti,
Alessandro
afambrin@gelso.unitn.it

Francamente, caro amico o compagno che
sia, non capisco come possa essere arrivato da te, ma non me ne dispiaccio
t'assicuro, quando la mia intenzione era
cercare di saperne di più sulle scelte
del P.D.S. nella politica comunale. Ti
saluto con affetto di vecchio compagno
pentito del P.C.I e potenziale prossi-

199

mo neo iscritto, se riesco a trovare le conferme delle mie motivazioni (ovviamente politiche). Ciao!!
Massimo
41 anni, Genova
personaggio preferito: Roberto Quaglia
`itetge@mbox.vol.it`

Abbiamo inserito un link alla sua pagina dal nostro sito http://www.zuzzurello.com/spettacolo/show/Dianafr.html in questa pagina che si occupa di attualità controcorrente, ritenendola degna di originalità e interesse, nello spirito di quello che è la nostra attività senza scopo di lucro. Spero che la collaborazione susciti la sua approvazione. Cordiali saluti.
Tino Bisagni
Art Interservice
http://www.telemacus.it/art
`tbisagni@telemacus.it`

Egregio, Lei mi sembra l'antagonista di Socrate. Laddove Socrate giustificava la morte e la esaltava come trapasso essenziale della vita, Lei la descrive come la fine di tutto, forse perché noi siamo abituati a pensare ad un inizio ed una fine, a differenza della Filosofia Zen dove niente comincia e niente finisce. Devo trarre, suo malgrado, che Lei è terrorizzato dalla morte. Bella cosa la filosofia. Distinti saluti. P.S. non so bene usare l'email pertanto ho messo a casaccio.
Danilo Giampaolo
Imprenditore, 36 anni, Alessandria
personaggio preferito: Sigmund Freud
`danit@tin.it`

Se qualcuno mi chiedesse dove trovare la migliore pagina Web dell'universo, darei certamente l'indirizzo del Quagliaspace. Sei veramente grandioso!!!!!
Igor
Studente, 27 anni, Savona
personaggio preferito: Roberto Quaglia
http://space.tin.it/turismo/idemelas/
`igorde@tin.it`

Sono contento di aver letto i commenti sulla città di Genova. Sono americano, ma ho vissuto a Genova per 6 mesi (quattro anni fa). L'autore dei suddetti commenti su Genova ha ragione: Genova è una città che, nonostante i suoi abbondanti doni di clima, locale, e gente, non riesce a realizzare il suo potenziale. Sono stato anche in altre città dell'Italia settentrionale, ma Genova è la città che mi è piaciuta di più. È peccato che i genovesi non vedono la loro bella città come potrebbe essere. Invece, vedono Genova com'è: piena di drogati e stranieri, strade oscure, e topi enormi. Con un bel po' di lavoro, la Genova potrebbe diventare una bella città e centro turistico. Però, forse i cittadini di Genova non vogliono che la loro città diventi come molte altre città, di cui l'unico scopo è di piacere ai turisti.
Mark Colton

Ingegnere, 25 anni, Salt Lake City, UT, USA
personaggio preferito: Gesù Cristo
`m.colton@sarcos.com`

Mi sono innamorato di una cantante klezmer: che vive a Darmstadt in Germania... è bellissima! Io purtroppo sono un deficiente ma tuttavia sono ancora in grado di riconoscere la bellezza ; però, invece di agire per conquistarla mi nascondo nei libri cercando di capire come sia stato possibile impazzire per Lei... ogni giorno le mando una lettera e ogni giorno quando inizia a far buio piango pensando a lei è molto patetico ma non posso farci nulla... eppure invece di andare al concerto che aveva tenuto qui nella mia città avrei potuto fare mille altre cose(non sapevo nemmeno che esistesse la musica klezmer) e invece, per accompagnare un amico ecco questa sciagura! Lei si chiama Irith, ha 43 anni ma sembra una bambina, ha i capelli corvini e un viso dolcissimo e molto espressivo e lo sguardo terribile, magnetico: ma fisiognomicamente è del capricorno: inarrivabile! Caro signore, mi chiedo a cosa mi è servito circondarmi di libri, studiare imparare cose che nella realtà basta un volto a cancellare? Sono un morto a cui si è dimenticato di togliere la vista... (Ernst Mach "Conoscenza ed errore" oppure Wundt, Deutsch "Der Aufbau der Tatwelt"). Addio.
F.F.
Impiegato, 37 anni, Torino
personaggio preferito: Vittorio Sgarbi
`felice.fontanive@comune.torino.it`

Caro il mio Quaglia vai pure a farti fottere
Obiettivo Informatica
`ob.info@rsadvnet.it`

Se devo essere sincero mi hanno impressionato di più le caratteristiche tecniche del tuo sito che non quello che c'è scritto; ma questo forse è dovuto al fatto che sono un nichilista. Comunque mi sembra di capire che non disdegni il potere ed io guarda caso scrivo proprio contro l'autorità della stupidità, quindi, visto che sei un ragazzo molto simpatico, se vorrai darmi dei consigli, brevi mi raccomando, sarò felice di accettarli e di contraccambiare la tua gentilezza. Per esempio, potresti cominciare col dirmi di quanto tempo hai avuto bisogno per fare il tuo sito, quanto ti è costato e come hai fatto ad inserirlo nei motori di ricerca. Per il resto, benché Shakespeare dicesse "What's in a name", per me tu dovresti sceglierti uno pseudonimo, in quanto il termine "Quaglia" non è molto letterario, poi, per quanto riguarda invece il Maurizio Costanzo, esso è un'entità metafisica e come ci ha insegnato un antico filosofo, quando la trovi in qualche libro, gettalo pure via, perché non serve a niente. Ora ti saluto e ti auguro di diventa-

re famoso anche in Italia, almeno nella quantità che desideri. Con stima
Carl William Brown
http://www.geocities.com/Athens/forum/6856
cw.brown@usa.net

Ho trovato l'insieme dei tuoi siti Web molto simpatici ed accattivanti. Ho la strana impressione di averti già visto da qualche parte (ho frequentato Genova molto spesso nei primi anni '90), mah... Tanti saluti!
Massimiliano Borghesi
Produttore, 27 anni, Ravenna
personaggio preferito: Peter Sellers
http://www.lrcser.it/~mackley
mackley@cyberdude.com

Caro Quaglia, qualche anno fa ho fatto le vacanze in Romania e sono rimasto molto impressionato. Non posso dire che quel Paese mi sia propriamente piaciuto, però mi ha sicuramente affascinato: l'ho trovato arretrato, allo sbando, con incerte prospettive future. Tornato in Italia ho cominciato a interessarmene, nei ritagli di tempo e di energie che mi lascia il lavoro. Da noi ci sono ben poche informazioni sui giornali e anche i libri aggiornati sulla Romania sono pochi. Quando un mio carissimo amico si è collegato a Internet ho navigato con lui e cercando i siti "romeni" ho trovato la tua mozione sulla settimana romena a Genova (ti do del tu perché abbiamo più o meno lo stessa età e siamo ancora abbastanza giovani). Poi mi sono collegato anch'io alla rete e ogni tanto torno a sbirciare il tuo sito. È divertente, bizzarro, mi sembra di capire che tu non sia troppo giusto di testa. Però i tuoi interventi politici mi sembrano lucidi e interessanti. Oggi ho letto quello sulle schiave in Italia. Temo proprio che tu abbia ragione: la situazione è quella descritta. Vorrei buttarti lì una mia riflessione. Io sono un tipo molto tranquillo, innocuo. Quando si è trattato di occuparsi della Romania, come accennavo sopra, l'ho fatto da un punto di vista "culturale", e non me ne vergogno: voglio dire, tanti affrontano la situazione di arretratezza dei Paesi balcanici in termini umanitari, ma io mi sento più a mio agio con un approccio culturale (bisogna pubblicare libri, importare film, organizzare incontri, ecc.) (intendiamoci, sono tutti sogni perché poi non faccio niente!). Però capisco che per "aiutare" veramente un popolo così povero, in tutti i sensi, bisogna in qualche modo rendersi conto di come si vivono realmente le cose. Ed ecco che arrivo al discorso delle schiave: per tanti Romeni "perbene" è importante la comune origine latina con l'Italia. Per tante ragazze romene, però, l'Italia è il Paese di provenienza del turismo sessuale o il posto dei tanti marciapiedi dello sfruttamento. Mi chiedo che cosa

si potrebbe fare, oggi che quasi più nessuno osa parlare di Progetti per cambiare le cose. Sia chiaro, me lo chiedo solo stando seduto davanti al computer. Però me lo chiedo.
Roberto Bonato
rbonato@tin.it

Se esiste una persona capace di scrivere pagine così divertenti, allora c'è un senso nella vita. Ciao.
Marco Beri
marcob@equalis.it

Complimenti per le paginette, spero che alla pagina fa'nculo venga un po' semplificato l'ac... CESSO, così possiamo mandarci ancora più gente. BRAVO.
Marco
Studente, 22 anni, Zurigo
personaggio preferito: Sharon Stone
xpele@hotmail.com

What a brilliant homepage!!! You must have spent hours building it... Unlike all the other web (including mine, of course) yours goes further and interacts with our minds. Besides the music is quite nice to hear (usually I switch it off). Do you give lessons in html or can you give me some advice to make it a clever page - I'm only just starting... Oh gosh, I'm gonna bookmark this one !!! See Ya...
Jean-Philippe
Netsurfer, 26 anni, Ciboure, France
personaggio preferito: Carl Jung
http://www.infonie.fr/public_html/gruik01
gruik01@infonie.fr

Caro Roberto Quaglia, ho solo letto la prima pagina, è come l'avrei potuta scrivere io. Quindi mi è piaciuta molto. Ho solo letto la prima pagina e quindi come compenso ti invio solo il mio saluto cordialissimo, direi quasi amichevole. Conto però di leggere tutto il libro anche se l'argomento Maurizio Costanzo mi dà un po' fastidio, solo a sentirne parlare. Ti ringrazio e ti saluto.
Eugenio Del Sarto
Autore, 48 anni, Alessandria
personaggio preferito: Lilli Gruber
delsarto@mbox.vol.it

Ciao pazzo! Bella la tua home.... se capissi qualcosa! :-)) Ma come demonio hai fatto a creare un sito dove con 3 lauree mi sento un idiota????? Se mi spieghi il mistero te ne sono grato! A proposito, complimenti per la musica in background, pochi lo fanno ed è gradissima! Comunque un cordiale "vaffanculo"! Eheheheheheh. Bye!!!!!!!!
Franco Braga
Avvocato, 50 anni, Gallarate
personaggio preferito: Vittorio Feltri
lonewolf@tread.it

Caro Roberto, ho appena letto il tuo breve trattato "I vantaggi della clonazione umana" e mi piacerebbe conoscere meglio i tuoi lavori: La mia biblioteca personale sotto la voce fantascienza comprende solo (tutti !) i romanzi di Asimov !! Non so se la cosa ti interessi ma il tuo lavoro sopracitato è, a mio modestissimo avviso, molto toccante... e sarebbe abbastanza difficile, in questa sede, dire qualcosa di più. Mi auguro di cuore che tu possa aiutarmi a muovermi nel grande calderone della Science Fiction: fra le altre cose gradisco particolarmente i testi in inglese e spagnolo. Ti ringrazio anticipatamente per la disponibilità e spero di cuore che il nostro dialogo possa proseguire.

Lorenzo Leonelli
1271ic@ing.unitn.it

Abito a ufficialmente a Imperia (il fine settimana), ma sto quasi sempre a Genova. Studio Scienza dell'Informazione (cioè Informatica e non Giornalismo, ndr) e sono prossimo alla laurea ... Qualcuno un giorno ha scritto "vaffanculo" come argomento di ricerca di un indice, e da li sono risaliti al tuo sito, e ovviamente me l'hanno subito fatto notare ... Comunque io lo avevo già visitato in passato facendo una ricerca sul mio (meglio: sul nostro) nome. Da allora si è molto evoluto. Alcune foto le avevo già viste su dei volantini in occasione di qualche periodo elettorale (uno l'avevo anche appesa in camera, ma non ti illudere, non sei il mio tipo). Ciao,

Roberto Quaglia
Studente, Imperia
quaglia@educ.disi.unige.it

Beh, ancora non ho scorso bene tutte le tue pagine, comunque complimenti davvero! Sia per l'impostazione che per la realizzazione. Ciao, Zac

Claudio Zacchia
Tecnico Amministrazione, 34 anni, Roma
http://www.comune.roma.it/COMUNE/sg
zacchia@comune.roma.it

Ai fink iu ar aut of éd (of, if iu prefer, mellon), laike mi èv iu andesod mai inglisc? Skerz a part... di tempo ne hai, ma con queste tue "cyber-sparate" 6 anche simpatico. Devo però capire perché fai questo. Rispondimi con grande sincerità. Ciao

Mirco
38 anni, Milano
milanimi@tin.it

Mi sono rotto di tutte le tue introduzioni e non so se pagherò le 10000 lire promesse, adesso continuo ma sono già alla quinta.

Andrea Salati
Studente, 22 anni, Reggio
sallo@citynet.re

A Quaglia, siamo i bellissimi ARIVO, the most inutile chemical country band su questo inutile & fangoso pianeta. Nulla da dire se non che vogliamo assolutamente fotterti la tecnica con cui hai realizzato la gif animata col tuo faccione, per metterla nel nostro new sito. Intan-

---

to vatti a vedere quello vecchio. Baci

Apecar per gli Arivo (bellissimi)
ARIVO ZONE
http://www.geocities.com/soho/8551
apecar@tin.it

Caro Roberto, sono finito per caso nella tua home page, facendo una ricerca di cui probabilmente troverai traccia sul mio giornale, "La Repubblica - Il Lavoro". Sono rimasto sorpreso nel trovare il mio nome, ma non quello di tanti altri colleghi, nell'elenco fittissimo che compare nella tua pagina. Ti ringrazio e colgo l'occasione per dirti che condivido la tua posizione a proposito dell'utilizzo di Internet per la trasparenza degli atti del consiglio e della giunta comunale. Speriamo soltanto che le notizie arrivino sempre prima ai giornali che in rete, sennò possiamo cambiare mestiere... È ovviamente una battuta. A presto.

Roberto Orlando
Giornalista, Genova
robe001@pn.itnet.it

Ho letto il suo articolo (Pensiero Stocastico), capitando casualmente nella sua pagina, mentre cercavo notizie su Leonardo. Sono completamente d'accordo con lei e credo che sarebbe interessante se lei scrivesse un libro sull'argomento. O per caso l'ha già fatto? Complimenti ancora.

Marina Minicuci
Madrid
manica@ctv.es

Sei simpatico, è vero, mauriocostanzoshow è un elettrodomestico con i baffi. Un saluto

Edoardo Rimini
mutoid@promix.it

Gentile elettore, pur apprezzando il Suo spirito imprenditoriale..... Mi consenta! In quanto difensore di quei valori di libertà che Lei non può comprendere, essendo certamente cresciuto in un paese non liberale ma bensì sconfitto dalla storia, Mi pregio di chiederLe, in quanto mantenitore del Ciccio e Franco fan club, di smetterla con questo atteggiamento da prima repubblica poiché, pur non essendo le sue pagine correlate con tali attori ho dovuto purtroppo notare un uso strumentale dei loro pseudonimi d'arte che si concretizza nell'inserimento, anche se non visibile, dei loro nomi nella fonte delle pagine del suo romanzo (io ho fatto il classico, mi consenta!). Il triste risultato è che la Sua opera sommerge qualsiasi tentativo di ricerca (perlomeno con Altavista) del mio club e di altre pagine realmente correlate con l'argomento nonostante che di Franco & Ciccio si tratti unicamente in una sola pagina del "Caro Maurizio Costanzo Show". La sua ideologia la porterà soltanto terrore, distruzione e morte, Io mi sono fatto da solo!! Un milione di

posti di Lavoro a Lei ed ai suoi cari.
Pelluscone Salvalitalia!!!!!!!!!!
Carlo
Carlo@Kensington.eng

Sono dilaniata dal dubbio... ci sei o
ci fai? P A Z Z O oppure G E N I O? Ma
poi alla fine (non la mia!) chemmifrega?
Lascio ai posteri l'ardua (e insensata)
sentenza... e mi limito a confessare che
il tuo cyber-luogo mi piace, mi è SIMPA-
TICO... e ci tornerò per girarmelo tutto
(anche perché la SF è una delle poche
ragioni per cui valga la pena di vivere! (*!*) Augh! Ho detto! :o))) Ciao,
in culo alla vita! (sono animalista...
perché fare un torto alla BALENA?)
P.S.: noto con piacere che nei campi su
esibiti o è compreso il solito, banale,
usurato... Sesso. In compenso fa brutta
mostra di sé quello dell'età! Ancora qui
a classificarci? :o((SORRY MA NON AMO
ESSERE INQUADRATA... :o//
Mars
Milano
personaggio preferito: Emiliano Zapata
marsmarsmars@hotmail.com

Intriguing, intrepid, intrusive.
Jeff Bannister
40 y.o., Lowell, MA, USA
personaggio preferito: Theodor Sturgeon
jeffb@netway.com

Sei forte!!! .... e fuori di testa come
... Mister Bean!!! Ciao da FEROX
Giancarlo Feroci
Programmatore, 34 anni, Macerata
personaggio preferito: Mister Bean
ferox@wnt.it

È un contenuto molto interessante. Sto
attraversando un brutto periodo per dei
problemi familiari, e mi ha fatto molto
bene leggere queste pagine.
Gianna
Impiegata 34 anni, Cuneo
personaggio preferito: Gesù Cristo
il.boscaiolo@omw.net

Ciao :) non mi conosci e neanche io sono
capitato per caso sul tuo sito e... mamma mia, sono riuscito a guardare forse
lo 0,00000001% della quantità mostruosa
di roba che hai inserito. Tra l'altro è
molto gradevole e veloce, complimenti.
Mi ha colpito talmente tanto che ti ho
scritto, non mi capita spesso di scrivere direttamente ai webmaster. Ho dato
un'occhiata anche ad una mozione riguardante il centro storico (visto che ci
abito). Ma tutte queste cose che coincidono poi anche con il mio pensiero e
con quello di altre centinaia di persone, come si sviluppano? Perché rimaniamo
sempre a parlare e a dire e a bere nei
vari locali che si stanno sviluppando
nella nuova movida genovese? Perché rimane tutto circoscritto nell'ambito di
un aperitivo? Perché gli abitanti del
centro storico si incazzano come bestie
e ti mandano la polizia non appena tieni lo stereo un po' più alto e invece

guardano timorosi da dietro le persiane
quando i pusher scorrazzano tranquilli,
magari si limitano a tirare un bulacco quando (tra l'altro di acqua) quando
qualche marocchino si mena urlando bra-
viiii...'masseve. Mah, va beh ora devo
andare, scusa il delirio verbale e in
bocca al lupo! Ciao, Lorenzo.
Lorenzo Montaldo
lorenzom@panet.it

Dobbiamo dire che come sito è uno dei
più "incasinati" (nel senso positivo
del termine) sulla rete. E bisogna aggiungere che anche tu non sei da meno
(incasinato) (...). Si potrebbe aprire un sito sul quale collocare una li-
ve-camera collegata 24 ore su 24 sul
sottopasso di piazza Caricamento, in
modo che tutto il mondo possa ammirare la nostra città (Genova). Comunque
vorremmo concludere con tre citazioni:
1) non si è fatta cambia-
re idea ad un uomo per il solo fatto di averlo ridotto al silenzio
2) non esiste regolamento che possa impedire l'azione ad un genio
3) anche la mela può rotolare
Auguri e a presto!
Paolo Casareto e Carlo
paolo@dreamware.com

Roberto, COMPLIMENTI PER la tua home
page !! Anch'io sfortunatamente sono
stato mandato affanculo da Riccardo Mar-
tinelli, probabilmente non lo conosci.
(...) Ciao,
Daniele
orsettot@tin.it

A me piacciono le cose strane ma intelligenti e leggendoTi ho sentito soddisfare
questo mio gusto. Bravo. Continua così.
Ciao
Medoro Savino
Avvocato, 51 anni, Taranto
personaggio preferito: Aldous Huxley
savino@peg.it

Stavo cercando Alessandro Baricco, sul
Web, con Lycos. E ne è venuto fuori cinque pagine di Roberto! Come mai? (..)
Il libro è veramente interessante... lo
consiglierò agli amici!
Massetti
massetti@flashnet.it

Sono un fan di Maurizio Costanzo. Viva
la figa.
Ugo Ferrando
47 anni, Brescia
personaggio preferito: Maurizio Costanzo
http://www.erbavoglio.com
erbavoglio@stelnet.com

Sei una belina frusta
Luca
Genova
box2178@box.infomark.it

Appena ho letto la tua trista home-page
ho pensato che forse era meglio scriverti per dirti ciò che pensavo. Tu devi
essere un povero complessato paranoi-
co idiota, un egocentrico fottutissi-

mo narcisista del cazzo. Sei un CRETI-NO inutile alla società e faresti bene a levarti di mezzo, tanto saprai che sei lo schifo della terra e che non vali una emerita minchia. Scrivimi fottutissimo bastardo!! Sentiti saluti. P.S. Ué omm e mmerd, l'anm re miegl muort e chi tè muort!! Taggià vre muri scamazzat sotta nu tren e tanna vni a coglir a terr ca scop e ca palett!!

Giorgio Saia (Ciro Cittadino)
Italian Lovers
giorgios@stud.ntnu.no
ciroc@stud.ntnu.no

Gentile sig. Quaglia, ho letto con non poco raccapriccio il suo scritto di Pensiero Stocastico sui vantaggi della clonazione umana. Nonostante durante la lettura mi ripetessi che molte cose che lei dice sono semplicemente logiche (quindi non spaventevoli, come ogni cosa ordinata razionalmente) e fossi cosciente che molte altre erano ironiche la sensazione è rimasta e durerà per un po'. parte questo vorrei rilevare un'incongruenza. A un certo punto lei scrive "Vogliamo che nostro figlio sia un clone di Jack Nicholson? Non c'è problema. Jack Nicholson, se gradirà che il proprio DNA si diffonda nel mondo, incasserà una royalty per ogni figlio concepito a sua immagine e somiglianza. E perché egli o chiunque non dovrebbe gradire? Qualsiasi etologo ci illustra convincentemente come la gran parte delle attività di qualsiasi individuo vivente (esseri umani inclusi) è tesa, in un modo o nell'altro, all'affermazione dei propri codici genetici **su quelli degli altri**. Si compete per riprodursi, e per riprodursi nel modo migliore possibile, per garantire le condizioni (genetiche ed ambientali) più favorevoli alla propria prole". Ma se è così per quale motivo una massa di persone dovrebbe essere spinta a decretare il successo genetico di un individuo famoso a discapito del proprio comprando il DNA di questi invece di usare il suo? Chi, per quanto disgraziato, accetterebbe una così totale resa di fronte alle possibilità che la clonazione gli offre di rinascere e ritentare una vita diversa? Un altro punto minore è che non è poi così ovvio che i belli diventerebbero ricchi vendendo i loro geni. Infatti, grazie anche alla presenza di numerose organizzazioni criminali, un clone di Jack Nicholson potrebbe facilmente vendere sul mercato nero i suoi geni, che tutti comprerebbero magari a prezzo più basso sapendo che sono comunque quelli di un bello famoso. La presenza di molti Jack Nicholson farebbe aumentare in modo esponenziale i nuovi cloni, provocando così in breve una paurosa discesa del prezzo del DNA di Nicholson. Ovviamente Nicholson avrebbe il copyright sui geni

e legalmente potrebbe impedire ad un suo clone di rivenderli (o pretendere una percentuale); questo però implicherebbe che il clone è almeno parzialmente una sua proprietà: infatti se uno non può disporre liberamente del suo DNA, è come se non potesse disporre di se stesso. Questa pratica produrrebbe quindi un risultato nefando: quello di limitare la libertà individuale di alcuni a vantaggio di altri. Stocasticamente,

A. Marco Pievatolo
CNR-IAMI
Milano
http://iami.mi.cnr.it/researchers/marco/marco.html
marco@iami.mi.cnr.it

Accedendo all'indirizzo: www.fantascienza.com/quaglia/caromauriziocostanzoshow/ mi compare sistematicamente una finestra di dialogo con scritto: "Eccovi una bella finestrella che non serve a niente oltre che a innervosirvi". Qualcuno da quelle parti ne sa niente? Non vorrei aver recuperato un virus rompipalle. Grazie e prego rispondere.

Oriana
advaita@mbox.vol.it

Essendo, fra una cosa e l'altra (trebuie si sa lucram) impegnato in una tesi di laurea sul grande rumeno Mircea Eliade, ho avuto modo di entrare in contatto in svariate maniere con la cultura carpatica, e di dedicarmi altresì allo studio di una lingua generalmente, quanto ingiustamente snobbata quale, appunto, quella rumena (preferisco la dizione "romena", con la "o". Di conseguenza, sapere del Vostro "Vagabondul Interspatial" mi ha fatto quasi sobbalzare di gioia (e ce ne vuole, visto che è domenica pomeriggio e sto lavorando). Desidererei pertanto avere maggiori informazioni su di Lei e sulla sua Opera, nonché confrontare le mie (per ora scarse) conoscenze sulla cultura romena con le sue, via E- Mail o quant'altro. Grazie di esistere. Roberto.

Roberto Carminati
Musicante, 27 anni, Sesto San Giovanni (MI)
imago1@thinklink.it

AAARGH!!! Ciao Roberto, ho dato un'occhiata alla tua pagina WEB (o dovrei dire il tuo labirinto web) e sono rimasto molto colpito. Ma prima di andare al pronto soccorso per farmi medicare voglio dirti che ho finalmente trovato un sito di fantascienza che viene incontro ai miei gusti. Bravo! Appena ho 2 o 3 mesi di tempo esplorerò a fondo le tue pagine e, se vuoi, ti esprimerò un mio parere. Ho stampato quasi tutto. Presto passerò alla lettura. (...) Nel frattempo mi sono imbattuto nella tua pagina dedicata all'azienda autonoma per il turismo di Affanculo. Ebbene si, mi ci hanno mandato, ma almeno sono in bella compagnia, perché come diceva qualcuno di cui ora mi sfugge il nome (Oscar Wil-

de, Mark Twain?), "il paradiso lo preferisco per il clima, l'inferno per la
compagnia". Grazie e ciao, Giuseppe
Giuseppe Carta
Global One
giuseppe.carta@globalone.net

I LOVE YOU !! Sei un genio. Ti appoggio incondizionatamente. Sei il rappre-
sentante di una nuova specie di esseri
umani. E la finestrella inutile è fantastica.
Alessandro Righetti
Righetti@gse.it

Ti faccio i miei complimenti per ciò che
scrivi e per come lo scrivi. Ti chiedo, ma sei veramente consigliere??? Ho
scritto una lettera a Canale 5 perché
mettano al corrente Maurizio del tuo
virtual book. Se ti chiama in trasmissione fammi sapere. Il mio indirizzo ce
l'hai. Ciao.
Tiberio
30 anni, Riese Pio X
personaggio preferito: Sharon Stone
tiberio@tvol.it

(...) comunque che cazzo è ??? La domanda che mi sono posto entrando nel marasma della pagina... spedire chiarimenti
alla mail di sopra. See ya.
Pakkio
Studente, 27 anni, Lecco
personaggio preferito: Stefano Benni
cjerk@tin.it

Come mai, data la indubbia cura del
sito, è ricorso al giochino su Altavista per attirare l'attenzione: serviva
proprio indicizzare novanta volte ogni
pagina rendendo vana e tortuosa ogni seria ricerca? Mah.
Giorgione
Disoccupato, 22 anni, Pordenone
personaggio preferito: Sharon Stone
phoney@rocketmail.com

Complimenti caro Quaglia, lei contribuisce in modo sensibile all'imbarbarimento
della rete e, mi creda, in un epoca do-
minata dall'ipocrita "politically correct", tutto ciò non è poco. Ossequio-
samente
Luca Ponti
ponti@logic.it

Ho letto solo "contro gli animalisti".
Ben detto! Le argomentazioni contro gli
ultra-animalisti sono quanto di meglio
si possa dire in merito. Farò una copia
del tutto e farò circolare tra i miei
studenti. Salute,
Marco Vannini
Zoologo, 54 anni, Firenze
personaggio preferito: Emiliano Zapata
vannini_m@dbag.unifi.it

Sai qual è la differenza fra Lady D e
un ex tossico dipendente? L'ex tossico è
uscito dal tunnel.
Mario Alsini
alsini@CsR.UniBo.IT

Allora... mio bel campagnolo, immagina il tuo bel campo sterminato da ara-
re... devi pulirlo, seminarlo, rimestar-
lo e magari non puoi lasciarlo un attimo
perché altrimenti i corvacci si sbappa-
no tutto. Come rage contemporaneamente
l'obiquità e l'assenza, ovvero riuscire
a svolgere questi compiti standosene in
realtà concentrati sul tuo bel romanzo
cullandosi nella sedia a dondolo fuori
dalla veranda? Semplicissimo, il lavoro
oneroso lo deleghi a qualcun altro. Nel
campo di grano elettronico, o più comunemente ciberspazio, il Personal Digi-
tal Assistant è questo qualcun altro.
Tu gli dici: prenotami questo viaggio,
o scaricami i testi di quella conferenza e lui si occupa amorevolmente delle
tue esigenze. se è abbastanza buono e
intelligente te le anticipa pure: legge
la tua posta e capisce che un tuo amico
ti sta invitando a un dibattito a Valpa-
raiso (Chile) e ti prenota direttamente
il biglietto più conveniente... Naturalmente il PDA non esiste ancora ma è
un'idea che sta balenando nella testa di
un sacco di gente bacata. Il peggio sono
quello che hanno deciso di fonderlo con
il proprio avatar (simulacro - figurina
di noi stessi che per ora si usa nelle
Chat) rendendolo intelligente (instal-
landocintelligente, programma capace di
decisioni autonome) e magari dandogli
pure la propria personalità, perché appunto la nuova tendenza in Intelligenza
Artificiale è che senza emozioni, gusti,
preferenze, l'intelligenza non esisterebbe (servono per ridurre l'arco di
possibilità in cui l'agente deve effettuare una scelta, che altrimenti sarebbero ingestibili perché esponenziali).
Riassumendo, ci sarebbero tanti piccoli Quaglini skizzati come il primo, che
scandagliano la rete passo dopo passo,
stringono relazioni con altri avatar,
comprano, vendono, conoscono e ti combinano la vita. Sono stata esauriente?
Bye, Monica
Monica Rudes
rudes@linus.media.unisi.it

Io non dormo più !!!!!!!!!!!! Chi cazzo è
la mamma di Qui Quo Qua?????
Manu!
Engineering Service srl
engsev@mail.asianet.it

Se vuoi sapere qual è la cosa più importante nella mia vita, eccoti acconten-
to: cani e libri.
Marcella Attanasio
Docente, 50 anni, Polizzi Generosa (PA)
personaggio preferito: Vittorio Sgarbi
eagle@abies.it

Indovina qual è la nuova televisione?..... Ben detto, quella che stai
usando per ora senza punti e virgola
l'hai sostituita con una massa intelligente priva di emozioni o ricca come
qualsiasi altro mezzo di parlazione. Visto che ho lasciato i capo versi cosi
puoi capire anche tu neofinta della NUOVA

TV .-)
Mauro Canclini
mapaluma@daisy.gass.it

Continua così!!!!
Luisa
Insegnante, 40 anni, Alessandria
personaggio preferito: Italo Calvino
radar@alessandria alpcom.it

Sono un handicappato dateci l'accesso gratis ad Internet facendo pagare lo stato in cambio di dare i soldi a persone non produttive per la società.
Garrotto Francesco
Disoccupato, 35 anni, Carlentini (SR)
garrotto@tau.it

CONTINUAAAAAAAAAAAAAAA
Un tuo fan...
Marcello Carrara
Genova, 27 anni
personaggio preferito: Roberto Quaglia
http://www.rocketmail.com
marcelloc@rocketmail.com

Cia RQ, la SF mi interessava un po di tempo fa... ma le tua pagina è veramente uno sballo. Saluti da Enrico.
Enrico Pelos
http://www.lol.it/~pelos
pelos@tn.village.it

Caro Roberto, abito a Berlino da fumettista e autore, e per caso ho trovato il tuo homepage. Sebbene il mio italiano è molto semplice mi interessava per i tuoi attività politiche. Mi sembra che sia molto interessante che fai a Genova. Ma non conosco la situazione italiana in genere e ancora di più la situazione locale della tua città abbastanza bene per essere nel stato di giudicarlo giustamente. (...) Tanti saluti
Peter Petri
http://www.phoenix-telecom.de/petri.html
petri@blinx.de

Il tuo sito è molto interessante, e... soprattutto gratis, che non è poco di questi tempi..... Mi dichiaro tuo seguace sconvinto. Continua cosi... grazie e... a presto.
Roberto Scattone
50 anni, Roma
personaggio preferito: Elio e le storie tese
rober@excalhq.it

Caro Roberto, già che ci sei vorrei conoscere il tuo parere sulle voci che vorrebbero i liguri "specie in via d'estinzione"; bisogna però riconoscere che se nessun partito vuole apertamente la campagna demografica, è forse perché altrimenti si schiererebbe su posizioni di destra...
Giulio Ferrari
gferrari@dueffe.it

Gentile Signore, Le sono grato per avere istituito questo sito che permette anche a persone molto lontane come chi Le scrive di avere informazioni sul processo decisionale delle assise pubbliche genovesi. Sto conducendo una ricerca... (...) Sarei estremamente interessato a Sue eventuali indicazioni relative al dibattito del Consiglio Comunale genovese negli anni 80 e 90. (...)
Caboto
CABOTO@prodigy.net

Basta, Basta, Basta! Allora, il tuo sito fa schifo, tu sei brutto. Perché ti concedono tanto spazio per le tue cazzate che non legge nessuno? Non si può cercare nulla su attrici italiane di rilievo senza che esca una svagonata di tue pagine del cazzo. Ma cristo!!!!!! Ma non hai altro da fare nella vita, imbecille? Dov'è la ferilli, la stefanenco, la barbara de rossi? Dove sono? Forse nei tuoi archivi del cazzo? Basta farti pugnette rendili pubblici, invece che seccarci la pianta con i tuoi inutili articoli, datti da fare, cerca sul net foto interessanti e risparmiaci faticose ricerche. Tanto lo sai pure tu che l'importante e' veder le passere delle nostre migliori vedettes, e non stupidi articoli loro riguardanti. Spero che tu abbia recepito il messaggio, potresti risultare molto più simpatico e forse potresti tirar su anche più figa per te (vista la foto credo che tu ne abbia molto bisogno, hai la faccia da astinente). Basta seghe, dacci le foto!!!!!!!!!! Con la presente desidero ringraziarla anticipatamente in attesa di una sua cortese risposta distinti ossequi.
Gino Franchetti
gfranchetti@tin.it

Grande Roberto!! Bellissimo sia "affanculo" che "Astounding Quagliaspace" Complimenti!
Ianez
http://www.dada.it/ultralost
ianez@dada.it

Vorrei sottoporre al tuo magnifico giudizio la mia versione dell'alfabeto dedicata alla tua pagina "Affanculo". Che ne pensi?

* A) ffanculo prima o poi ci devi andà
* B) isognerebbe che lo facessi presto
* C) i sarebbe da portare qualcuno ma anche se vai da solo va bene
* D) i rei che se parti ora per domani ci sei
* E) vero che è lontano ma se vai in macchina arrivi presto
* F) ino a quando rimani lì non dai noia
* G) iuro che non ci si sta male
* H) ai mai pensato di starci tutta la vita?
* I) l posto è ameno
* L) a compagnia è buona

* M) a vacci perché finiscono i
     posti
* N) on aspettare oltre
* O) ppure fattici portare
* P) ero' non dimenticare la ma-
     glia di lana
* Q) ualche volta tirano certi
     spifferi
* R) icordati anche che non si può
     fumare
* S) ennò il metano esplode
* T) i consiglio di affrettarti
* U) n'ultima cosa
* V) edi se non ritorni
* Z) ampetta e levati dalle palle

GianLuca Banti

Andate in figa della madonna, lavorate !

Calogero
Operaio, 45 anni, Padova
personaggio preferito: Sergio Leone
erto@yuio

Ciao Roberto mi hanno mandato a fare un giro nel tuo sito e mi è piaciuto molto, anche se non ho ancora avuto il tempo per visitarlo tutto.

Tito
tito@icip.com

T'abbaglia, il Quaglia...
Si scaglia, attanaglia, seduce la marmaglia
sicuro al sole si staglia,
non si squaglia, Quaglia...
Non é un fuoco di paglia, Quaglia...
Fatti sentire....o VAFFANCULO!!

Fabio
27 anni, Vicenza
personaggio preferito: Marlon Brando
Music.house@iol.it

Lo dicevo che Genova è sempre la "meglio". Mi sono divertito. Saluti.

Paolo Odone
Commerciante, 55 anni, Genova
personaggio preferito: Jovanotti
paolo.odone@gsi.it

Ciao Roberto, the three articles from your "Pensiero Stocastico" my attention was attracted to (Delos 18,19 & 20) are wery good but for my "gusto" too much on the line with all the other discussions about information i found untill now. My posture about this issue is slightly different: matter, energy and information are nothing else than structures. Only the appropriate "mix" of this three structures leads to the creation of something we can address as a "system", mechanical, organizational, live, or whatsoever. Structures are completely dependant about their environment. Structures made of energy (energetical?)are unsteady (stochastic), material structures are rigid (predictable), we need material structures for the canalisation of energy, and energy if we want to change the state of any material structure. What about information(al) structures? They exist only in some kind of interaction between material and energetic(al) structures. There is no such thing as "information transfer, delivery, etc.". What will I transfer to you? Information? NO! This is a only a desperate try to produce a structure that will (I can only pray for that) produce in your mind some kind of process that will, in it's final, bring to the process of your production of another simmilar (energetical?) structure which, if received and understood by me will lead to ... Is it evolution or not? Is therefore any difference, from a cybernetic point of view, between a seed of a plant and a book or a CD with imprinted "information"? NO. Each of this (material) structures will only in a favourable environment (system) produce some kind of process (response). They bring information only for a particular set of systems (environments) capable to extract from it the informational structure that will lead to some kind of process on which we have not further possibilities of influence. A document wrote in Chinese, for example, could have all the answers to my questions, but I would not be able to extract anything from it. Italian is quite another story. I hope this structure I am about to send you now will lead to a prosperous collaboration. I have more "anarchicistic" ideas in this field. What do you think about the vision of the Holly Trinity in the light of the above statements? The Father is Matter, tradition, all the rigid durable cathegories, the Son is pure Energy, communication, doing, and the Holly Spirit is the invisible informational connection between them that makes them a Whole (an unity, a system). Best whishes,

Josip Pino Pajk
System Engineer, 42 y.o., Zagreb Croatia
personaggio preferito: Stanislav Lem

Ma bene! Ah, quanto vorrei che tutto quello che hai scritto su Diana si riversasse su di te, i teenager che porteranno i calzini con Quaglia ridente e quelli con Quaglia morente, una nuova professione: i Quagliologi! E poi, meraviglia delle meraviglie, il Quagliagotchi, dove bisogna nutrire e accudire il Quaglia virtuale! Ma quando fa i bisogni, stategli lontani! E' capace che ve li riversi addosso, ah, quando bisogna vestirlo, o stracci o niente! Aspetta aspetta, non ho finito, ci sono anche i bisogni affettivi, provate a mettere una donna davanti al Quagliagotchi, vi sputerebbe in faccia, per lui solo uomini doc, ma attenti a quando verrà linciato, senno sarà da buttare via! Ma non ho finito, sono nati anche i Quagliagames! Certo, prima tu eri la gente e ti passavi i coltelli, si giocava in due o in quattro, vince chi gli dava il colpo di grazia! Naturalmente bisogna combattere contro lo spiritello della rabbia, che ti farebbe dare il colpo di grazia senza bonus! Ahhh.... poi naturalmente dopo uscirono quelli dove dovevi caricare Quaglia su una Mercedes, poi dovevi divertirti, sullo scenario perfettamente ricostruito delle strade di Roma, a schivare le altre macchine, se riesci a schiantarti dritto al colosseo, 1000 punti, al foro romano 500 punti, tutto il resto 100 punti, ah, il mito di Quaglia bruciato! E' stato più divertente da morto che da vivo! Ma la parte più bella viene adesso, alcuni testimoni oculari al momento del linciaggio e quindi della morte del caro Quaglia, hanno detto che, pur di non morire, sarebbe stato sorpreso a succhiare il ***** a uno dei linciatori più feroci, e allora si che sui newsgroup si verificarono dei veri e propri fotomontaggi sulla vicenda e naturalmente, le foto di Quaglia col rapporto orale verranno affiancate a abili fotomontaggi con Quaglia nudo o in topless! Il resto sarà storia, piaciuta la storiella, mi sono solo limitato a riversarla su di te! Così la prossima volta, prima di scrivere male di Diana (a proposito, chissà cosa ti ha spinto a farlo!), ricordati della mia storiella e pensa se tutto quello che hai scritto di Diana si riversasse su di te, ti piacerebbe? Hastalavista! Se lo giudichi offensivo, sono le tue stesse offese! ma stavolta non sarà Diana a farne le spese...... sarai tu!

Filippo Pappagallo
pappagal@dada.it

Ho provato a leggere il tuo libro ma alla prima son finita a Fanculo in seguito ho visto l'elenco delle tue lettere ma non sono riuscita ad aprirle. (...) Distinti saluti (CIAO)

Tatiana Tocco
Lyon, Francia
personaggio preferito: Ambra
tocco@iarc.fr

A proposito di cio' che ho letto su un tuo articolo sull'universo... non e' poi cosi fantascienza! Ci sono diverse nuove teorie scientifiche che stanno arrivando a conclusione del lavoro iniziato 100 anni fa da Albert Einstein fra queste c'e' quella mia e di un mio collega "Teoria dello Spazio Quantizzato" e quella di Walter Cassani "Teoria del Campo Ondulatorio" (Teorie naturalmente boicottate dalla scienza cosiddetta ufficiale). La TSQ parla del principio di autoreferenza. La TCO del principio di simmetria relativa. Principi molto simili che rispecchiano esattamente quello che hai visto inquadrando il monitor con la telecamera ... esiste una spirale tridimensionale (evolvente sferica) che lega l'elettrone e l'Universo, ogni cosa presente nell'Universo e' ad esso legata secondo i nostri studi, l'elettrone e' una risonanza dello spazio, l'atomo e una risonanza dell'elettrone... e cosi via fino alla vita! Chimica, fisica, matematica, sono solo punti di vista, la realta' puo' essere vista in chiave unitaria, ente unificatore e' proprio lo Spazio... bistrattato da tutti ma mai considerato nella sua vera essenza. Ma non voglio dilungarmi qui per posta elettronica. Se tali argomenti forse troppo scientifici ti interessano (ma ti ripeto che cio' che hai scritto poi non e' cosi lontano dalla scienza) puoi collegarti con il sito della A.A.S.A Associazione Amici della Scienza e dell'Arte: http://www.infosquare.it/aasa/aasa.htm Noi uomini siamo pezzetti di universo, intrecci sedimentati di onde provenienti dall'universo intero, e siamo tutti qui sulla terra in un piccolo punto dell'universo, aspettando che altri uomini come noi in altri punti dell'universo, conquistino spazi... penso che tra breve ci ritroveremo in un universo popolato da astronavi e vivente... d'altronde lo e' da 17 miliardi di anni. Hai visto che anche io parlo un po' di fantascienza? Un Saluto da Roma.

Francesco Santandrea
Roma
el.minerva@mercurio.it

WOW! I must "hate myself", cuz I've been "surfing" for a long time inside your home page! Now let me tell you, the weird thing is I've liked it a lot!!! But for sure I'd need several more days to explore it all! Well, I am in a hurry now, maybe we can talk another time :-) *hugs* Za.

Zafira Levi
San Paulo, Brazil
zafira@mtec.com.br

(...) Volevo solo comunicarle il mio plauso alla sua iniziativa, veramente lodevole, che spero presto diventare una prassi. Sempre che gli editori di libri, ma anche di altri tipi di pubblicazioni, capiscano che Internet non e' un nemico da ostacolare, anche perche' sarebbe una partita persa in partenza, ma piuttosto, come lei ha sottolineato, un nuovo mezzo del quale usufruire intelligentemente. Arrivederci,

Igor Benetazzo
Padova
ibenet@tin.it

Complimenti per l'iniziativa, dimostri di essere una persona intelligente e molto in gamba. Non ho ancora scaricato il tuo libro ma lo farò al più presto e naturalmente se mi piacerà (mi piacerà senz'altro perchè queste iniziative meritano di avere un seguito) ti invierò il dovuto. Ciao e grazie.

Caterina Ancona
kettyanc@micronet.it

Intuisco che c'e' del buono da leggere, ma dopo 12 righe inevitabilmente mi torna assillante in mente il concetto di bolletta che, essendo concetto principe, inquina la lettura spesso interrompendola.

Claudio Fabbro
Depresso, 40 anni, Prato
Personaggio preferito: Sharon Stone
http://www.texnet.it/cfabbro
claudio.fabbro@texnet.it

(...) Sono andato a dare una "sfogliata" al libro e lo trovo intrigante - oltre che ben fatto graficamente -. Lascio ora un messaggio nella conferenza che coordino WARP FANTASCIENZA http://dbweb.agora.stm.it/webforum/warp/home.html (...)

Francesco Mazzetta
f.mazzetta@agora.stm.it

Ti dirò che trovo geniale l'idea del libro shareware, così come trovo molto interessante la possibilità di leggere un libro, soprattutto se di attualità (si trova tanto ciarpame inutile tra gli scaffali delle librerie che ci si chiede chi potrà mai leggere delle cose tanto indegne), anche per promuovere l'idea di comprarne le versione cartacea. Leggerò quanto prima il tuo libro. Auguri,

Luigi Pianese
luigi.pianese@iol.it

Un attimino esaltato e autocelebrativo, eh? Ho il sospetto, altresi, che tu ce l'abbia su con gli editori perche' non hanno nessuna intenzione di pubblicare il tuo libro, e che quindi la scelta di internet sia stata obbligata. Senza dubbio esistono siti molto peggiori, e il tuo ha una grafica accattivante, anche se ci sono molti più consigli per gli acquisti che nel MC Show. Complimenti inoltre per esserti fatto notare anche da Riotta. Ciao.

MaX Flebus
max@b612.it

Questo sito mi ha invogliato a comprare il libro; credo d'altronde che questa fosse l'intenzione di chi lo ha predisposto!

Sandra
Consulente, 32 anni, Cagliari
Personaggio preferito: Peter Sellers
http://geocities.com/Paris/9987
morgana@emails.com

Ciao Roberto, il tuo libro "Caro Maurizio costanzo Show" sembra molto interessante e certo vale uno "strillino" nella nostra home page. Non ci dispiacerebbe inoltre mettere a fuoco altre possibili sinergie con te. A presto.

Antonella Fagà
Affari Italiani
http://www.affaritaliani.it
uomaff@mbox.vol.it

Veramente una trovata notevole. Complimenti. Ho visitato anche il tuo sito e non e' niente male. Anche la musica e' piacevole. Peccato non poter aggiungere il tuo sito alla mia pagina dei links, perche' si andrebbe fuori tema (off-topic: si deve parlare di java). Ma se mai ci venisse in mente di scrivere un libro sull'argomento e di gestirlo dalla nostra rivista chiederemo sicuramente il tuo consiglio. Ciao :-)

Daniela Ruggeri
MokaByte
ruggeri@infomedia.it
drggnla@flashnet.it

Sicuramente h la prima volta che sento un iniziativa del genere, e per questo ti faccio i miei complimenti. (...) E' giusto che una cosl coraggiosa iniziativa venga supportata! (...) Saluti,

Luca Ubertini
http://www.logicom.it/scream
http://www.ats.it/scream
l.ubertini@fastnet.it

Complimenti! veramente astounding, la tua pagina. l'ho già bookmarkata. E quarda che questo msg ti arriva dalla germany, che è sicuramente fantascientifica (non nel senso del 1984 orwelliano, ma in quello del 1985 burgessiano, il che è tutto dire). sono piacevolmente sorpreso e verrò a visitare spesso il quagliaspace. Ciao!

Piero ("Peter") Patti
http://www.geocities.com/SoHo/9145/2.HTM
peterpatti@geocities.com

Ciao Roberto. Mi chiamo Andrea. Ho fatto una visitina al tuo sito e sono rimasto colpito: Grande!!!

Andrea
andrea@mp690.lapam.mo.it

However large an Ego, it cannot fill the whole Web. (Chinese wisdom)

Paolo Brera
personaggio preferito: Robert Heinlein
tesseract@brera.it

Due aforismi: quando il genio si veste di arguzia, acquisisce eleganza. Quando il genio si veste di sprezzo, non appare di classe.

Riccardo Romano
Artigiano, 57 anni, Villaggio Valle Gaia
personaggio preferito: Claudia Schiffer
rromano@programatic.it

Caro Quaglia, le sue pagine mi fanno perdere troppo tempo, essendo tremendamente interessanti. Non pagherò il libro sul Costanzo Show, perché non mi è piaciuto molto. E' troppo esplicitamente pervaso dalla sua multiforme personalità. Tra l'altro l'ho letto solo in parte e non riesco a sopportare l'eloquio alla "Fiori per Algernon": mi dà troppo sui nervi. Per il resto solo complimenti enormi. Perché non ci dice dove si possono trovare i suoi altri libri? Ci sarà qualche libreria internazionale che li tiene?

Marco Pievatolo

personaggio preferito: Gesù Cristo
marco@iami.mi.cnr.it

Mah...meglio di un calcio nei denti!
Francesca
29 anni, Firenze
personaggio preferito: Peter Sellers
f.maurri@fi.flashnet.it

No comment!!
Antonio
Tecnico elettronico, 31 anni, London
personaggio preferito: Aldous Huxley
z8001471@zoo.co.uk

L'eroina e la cosa piu bella del mondo,
per me.
Patrix
Disoccupato, 25 anni, Firenze
personaggio preferito: Adolf Hitler
angel@iol.it

Il tuo umorismo é molto particolare, ma
penso che un posto sul maurizio costanzo
show potresti anche guadagnartelo, visto
che ci sono finito anch'io.
Fabio
25 anni, Torino
personaggio preferito:: Silvio Berlusconi
lacma@tin.it

Mi hai fatto riflettere su ciò che è la
vita e ciò che è la morte. BRAVO tu. Un
po' meno Maurizio COSTANZO. Ciao.
Nicola Luppino
Commenciante articoli sportivi, 36 anni, Trapani
personaggio preferito: Elio e le storie tese
nicolhbb@comeg.it

(...) Le mirabolanti avventure di Roberto Quaglia, erudito nel secolo dei
consumi. (...)
Carlo A. Martigli
martigli@Omninet.it

Una piccola domandina: come si fa a proteggere un libro in rete con il copyright e quanto costa? (E' la prima domanda
che mi sorge a vedere il libro!)
Stefano
barale@edu.ph.unito.it

Sono perfettamente d'accordo su quello
che hai scritto, forse saremo cinici e
senza fede..
Caterina
Avvocato, 35 anni, Catania
personaggio preferito: Roberto Quaglia
caterina.1@iol.it

Vorrei far notare che il cristianesimo
NON E' UNA RELIGIONE. Se per religione
si intende una serie di regole morali
da seguire, il cristianesimo è un AV-
VENIMENTO accaduto 2000 anni fa. E' la
risposta alle domande che ognuno di noi
si fa. Non si tratta di cose da fare, regole da rispettare, ma si tratta di una
presenza di cui stupirsi. Non si diventa
cristiani studiando il cristianesimo, ma
confrontandolo con la nostra esperienza
di vita, verificando che risponde alle
nostre esigenze, all'esigenza di felicità di ognuno di noi. CIAO
Nerella
Libera Professionista, 37 anni, Novamilanese
personaggio preferito: Gesù Cristo
buggio@logical.it

Secondo me lei è un pirla, sto scherzando, credo però che se anche il papa
rifiutasse la sua papa mobile, non gli
sarebbe consentito. Le ricordo inoltre
che il suddetto ha già rischiato la sua
pellaccia.
Armandoa@mentula.lat

Sgwejfnnc, gftyryk ytyu gf llortty-
sabmnnm, bvbbt. Ciodooòà, hgtry hy
t'yruuup ttreiiu llpiuye; iyrre bv jsh
n ndnus wenf n wqfqwmx we iwefcwf f
fiwf rf . (...) Quc sd dlr vlf ewùf,
rflùeq. E posso dire molto di più, ma
per non peccare in presunzione, qui
mi fermo. A tutti un caloroso saluto.
P.S.: R.Q, avrai i miei soldi.
Marco
Genova
personaggio preferito: Peter Sellers
cprmrc@iol.it

Ciao QUAGLIA!! Non ti conosco e non ho
idea di chi tu possa essere ma mi hai
colpito con i tuoi effetti multimediali
oltre alla tua "pazzia" che credo non
lasci dubbi a nessuno. Ma io penso: Come
sarebbe la rete senza persone come te??
Molto noiosa !! Quindi Benvenuto nel
mondo dei pazzoidi. Ps: Sono andato a
fanculo da solo prima che mi ci mandasse
uno di voi e devo ammettere che non si
stà poi tanto male!! Ciao Quaglia e....
OCCHIO ALLA PENNA!!
Maurizio
Meccanico Navale, Pesaro
personaggio preferito: Robert Heinlein
biuxru.044@telnet.pesaro.ps.it

L'ipocrisia della gente regna sovrana
(vedi Maurizio Costanzo).
Giacomo Castelnuovo
Giornalista, 49 anni, Roma
personaggio preferito: Isaac Asimov
Karamojo@tin.it

Ho letto la lettera n°9 sugli animalisti. Complimenti! Temo purtroppo che non
s'incazzino, dal momento che si sentono
depositari della verità e vittime (con
gli animali) della bruta società umana.
Paolo Dalla Pria
Dirigente, 38 anni, Udine
pdallap@tin.it

Bastardone!! con un libro del genere è
inevitabile she forse il tipo della TV
prima o poi ti chiami. Speriamo!!
Nito Trasciatti
nitot@tin.it

Caro Quaglia, ieri alla radio ho sentito un'informazione che potrebbe per-
metterle di togliersi la soddisfazione
di dire "io l'avevo detto" o più nobil-
mente di dimostrare una volta di più il
potere della buona fantascienza (come
la sua). In una causa non ben specifica-
ta, la Cassazione ha deciso che lo spo-
gliarsi non offende più il comune senso
del pudore (come invece accadeva prima),
mentre l'esplicita allusione a rapporti
sessuali lo offende ancora (o qualcosa
del genere). Mi scuso per il modo vago

in cui riporto l'informazione, ma stavo lavando i piatti quando l'ho sentita. Bene, è facile immaginare, come lei ha fatto nel suo pensiero stocastico sul futuro del sesso, che prima o poi ne verrà fuori un'altra in cui si dice che ad esempio un rapporto sessuale in pubblico non offende più il comune senso del pudore e così via, con la giurisprudenza che insegue l'evolversi della realtà. Le proporrei di inserire alla fine dei suoi scritti notizie simili dalla realtà che ne confermano la valenza previsiva, anche se si potrebbe obiettare che scrivendo così tanto, la probabilità di indovinarne qualcuna sia praticamente uno. (...) Saluti.
Marco Pievatolo
marco@iami.mi.cnr.it

Ho letto quello che hai scritto... e quindi Ti meriti di leggere quello che ho scritto io!! BECCATELO: (...) Ma esiste una "realtà oggettiva"? O esistono solo tante realtà soggettive quanti uomini sulla terra? Io sono per la seconda ipotesi. La REALTA' OGGETTIVA è solo una chimera, possono esserci opinioni largamente condivise, ma nessuna realtà oggettiva. Forse questo è un modo di scrivere da impazzire, o forse no? Secondo Voi (o TU, TE, chiamati un po' come vuoi!) è una realtà oggettiva il fatto che io ora sto scrivendo? Ma cosa vuol dire scrivere? E già qui dovrei andare a vedere sul vocabolario... Ho trovato almeno 6 diverse accezioni di significato: sicuramente io non sto "tracciando sulla carta segni grafici convenzionali"... sto sicuramente fissando "parole e pensieri mediante la scrittura anche in modo convenzionale e, nella fattispecie, utilizzando la tastiera di un computer". Si, questa potrebbe essere una REALTA' OGGETTIVA, però bisogna collocarla nel tempo. Ora sto scrivendo ma quando TU leggi io magari non sto più scrivendo, la realtà oggettiva diventa quindi che io "HO SCRITTO", in passato. Forse sto veramente diventando pazzo, sarà meglio che interrompo, dal momento che sono già le 20.07 e 26 secondi, pardon 29, ehm... volevo dire 40... lasciamo perdere! Certe volte vorrei capire chi mi ci ha mandato su questo pianeta!! (...) Fino a poco tempo fa mi sembrava strano "passare" da un anno all'altro e ultimamente non mi fa più nessun effetto, questo mi preoccupa, che stia VERAMENTE invecchiando? Potrà rimanere il mio pensiero per i posteri? Che sia proprio Internet la mia salvezza? Potrò depositare in un computer quello che io penso in questo XX secolo quasi XXI??? Perché è così che funziona, no? Sto forse esagerando con i punti interrogativi? Dovrei dedicarmi di più a quelli esclamativi? (...) Ecco la citazione: "Che ridicoli che siamo: cerchiamo di ammazzare il tempo quando sappiamo benissimo che è il tempo ad ammazzare noi". (...) Meglio cavoli a merenda o stuzzicadenti impannati in un attimo di fuorviante pazzia o ruminante perdita di tempo. Amico hai del coraggio, chiunque tu sia, comunque grazie. Perché Tu sai, forse, che dietro questo casino di parole c'è un uomo, un UOMO VERO che cerca di comunicare con altri UOMINI (in senso lato, come dire umanità, non volevo fare del maschilismo). In senso lato anche le donne sono UOMINI, mentre gli uomini non sono donne!! (...) Tanti saluti e buon 1998. Buon Tutto. Buona Morte? Buona Morte non si dice mai... Dolce Morte però si!! Bisogna parlarne amici miei, bisogna metabolizzare la MORTE perché E' PARTE INTEGRANTE della Vita: non c'è vita senza morte, quindi se volete vivere ricordatevi che dovete morire!! Ciao!!
"The Dust"
Genova, 30 anni
personaggio preferito: Roberto Quaglia
polvere@greentel.it

La felicità non premia la virtù, così come il dolore non punisce la colpa. Il mondo va avanti, perché Genova non vuole? (...) Auguri per il 1998.
Ugo Palagonia
Impiegato, 50 anni, Genova
personaggio preferito: Isaac Asimov
ugo_palagonia@iol.it

Ma dove trovi il tempo ! Sei forse un creativo insonne ? Insonne ??? bah! Creativo ! Ipercreativo (malato?) Creativo ! Ciao e buon lavoro
Giuliano Ammaniti
Roma, 33 anni
personaggio preferito: Peter Sellers
http://www.spazio.tin.it/edicola/gammanit
ammcos@tin.it

Sei troppo forte, inoltre grazie a te mi sono conquistata un bel 7 in italino! Ti ringrazio di cuore.
Erika
Studentessa, 17 anni, Mantova
personaggio preferito: Francis Ford Coppola
erika01@.it

Ok ok ... in Italia scrivono cani e porci perciò uno più uno meno ...la cosa non mi interessa troppo. Il problema è che fondamentalmente sei noioso, caro il mio Quaglia, e non basta saper accozzare due parole in maniera.. decente?!?- Per scrivere. Manchi di talento Bello!!! Comunque vai pure ad affollare i banconi delle librerie, ti vedo bene tra i testi di Sai Baba e le 100 posizioni dell'amore.
Filo
21 anni, Rimini
fcesari@iper.net

Caro quaglia, nel tuo cognome la tua essenza. Sei un megalomane, che visto da vicino ci fa cadere le palle...anzi inviterei chi abita a Genova a cercarti per rendersi conto del flop che ti sei

(basterebbe comunque leggere i tuoi articoli con un minimo di attenzione.. ti meriteresti giustappunto Costanzo a cena ogni sera! Ciao.
Cristiano Ghirlanda
Impiegato presso sua madre, 29 anni, Genova
personaggio preferito: Helmut Kohl
crghirla@tin.it

(...) sto ancora pensando come si possa impostare una intera trasmissione sulla domanda "Venderesti L'anima al diavolo se bussasse alla tua porta ?" Ebbene la mia opinione è questa! E' possibile che a nessuno dei presenti sul palcoscenico sia venuto in mente che se il diavolo bussasse veramente alla mia porta, io avrei per paradosso la conferma che l'Anticristo esiste, ma se esiste l'Anticristo allora esiste anche Cristo. E allora perché vendere l'unica cosa che so già essere l'unica che mi servirà, in quanto sarebbe confermato anche il fatto che esistendo Cristo, Esiste una seconda vita. Io sono fondamentalmente Ateo, anche se Cristiano, ma a tale domanda risponderei così come descritto. Conclusione: Secondo me la risposta più ovvia non è venuta in mente a nessuno, ma mi viene da ridere pensando al fatto che addirittura uno dei partecipanti alla trasmissione, di cui non ricordo il nome disse: "Io venderei l'anima per scoprire il cosmo"; ma che cazzo di cosmo se esiste Cristo esiste Dio se esiste Dio il cosmo probabilmente esiste grazie a lui , e allora perché l'anima non te la tieni e chiedi direttamente a Dio al momento giusto di fartelo scoprire ? BE !! L'unico motivo per il quale venderei l'anima al diavolo sarebbe la consapevolezza di essere stato una grande carogna nella cosiddetta vita terrena; e quindi sapere a priori che Dio stesso non mi perdonerebbe. Ciao
Stefano Mensa
Impiegato, 30 anni, Fornovo San Giovanni (BG)
personaggio preferito: Marco Pannella
75826095@it.ibm.com

Caro Quaglia, mi decido a scriverle mentre le sue astruse musichette intossicano la mia scheda audio. Non è un'esperienza da poco imbattersi nella sua home page. Io prima di oggi non l'avevo mai neppure sentito nominare, sto nome: "Quaglia". Ma è un nome d'arte, vero? In realtà questo messaggio ha ambizioni serie, poi ci arriviamo. Prima mi complimento per il sito. (Ma si vede che dietro c'è tutta la lucidità di una mente forse folle). Tra l'altro, sto scrivendo il messaggio mentre aspetto di aprire la prima pagina del suo libro Maurizio Costanzo, ecc. Ma si rende conto che per arrivare ad aprire il libro lei ci ha messo settecentomila preamboli? (tra cui un Affanculo che mi sono beccato). Insomma, si decida: è gratis o no il libro? C'è una continua ambiguità tra l'ipotesi di un libro "shareware" e il fintamente ironico "imperativo etico". In effetti neanche io saprei come fare, al suo posto. E' molto interessante ciò che lei dice sul tema letteratura in rete e rapporto con la letteratura cartacea e i suoi meccanismi tradizionali. Mi riferisco alla parte introduttiva che precede il libro M. Costanzo Show. Penso che fondamentalmente lei abbia ragione, nel senso che comunque resta pur sempre una bella differenza tra una manciata di byte (o di fogli stampati) e un libro vero e proprio. Ma secondo me il punto è un altro. Qui non si tratta del paragone tra supporti per la parola (scritta), cioè carta o monitor, inchiostro o byte. E' un problema di distribuzione dei prodotti e delle idee, un problema di libera società e di mercato. Ad esempio: le librerie vendono già molti CD-Rom. Chi lo sa, tra un po' (visto il prezzo della carta) magari cominceranno a distribuire i romanzi in versione elettronica, su CD o floppy. A quel punto la distinzione va fatta tra prodotto che sta sul mercato, da una parte (ossia il libro o il cd della libreria), e l'"oggetto" indistinto liberamente fruibile via rete. E a questo punto il conflitto c'è, altro che. Andiamo oltre. La cito: l'editoria "online" favorirà il lavoro di selezione degli editori. Ciò inoltre comporterà il superamento dell'odierno, rituale, postulante e umiliante pellegrinaggio degli aspiranti autori alla corte dei grandi editori che comunque nel 99% dei casi mai leggeranno i loro manoscritti. Saranno infatti gli editori ad avere tutto l'interesse di cercare su Internet i libri online che abbiano riscosso nel ciberspazio un tale successo da rendere con certezza conveniente e remunerativa anche la loro pubblicazione su carta e in libreria. Devo dire che lei ha fiducia nella gente italica, certo più di me. Io nella attuale situazione della letteratura in rete vedo, invece, l'infausta opportunità che gli eserciti di grafomani italiani attendevano da tempo per ammorbare il prossimo a costo zero e senza l'odioso filtro dei beceri "editor" delle case editrici. Una pur seria collocazione di un libro (magari in versione DEMO, qualche pagina per invogliare all'acquisto) in rete finirebbe risucchiata nel mare indistinto. Quindi i casi sono due: o vai in libreria dove trovi il "prodotto" letterario accuratamente confezionato e garantito da un'esperta équipe di cialtroni professionisti del mestiere (editori, curatori, talent scout, ecc.), oppure ti affidi alla clandestinità della rete, dove nulla è filtrato e tutto è equivalente. Insomma, difficile esprimere giudizi. L'unica cosa certa è che il pietoso otto volante delle tv e giornali starà sempre dalla parte del prodotto confezionato e prezzato e non mai dalla parte dei gratuiti e clandestini. Ma non voglio mitizzare questi ultimi, troppo spesso pretenziosi e inconsistenti. Per quanto riguarda gli editori che indagano i gusti su Internet: bah, può anche darsi, ma non sono gli internauti che fanno il grande numero delle vendite. Se io, per dire, che sono sconosciuto, pubblico un primo libro, sarà più facile impormi, da parte dell'editore, di imitare uno degli stili in voga e già affermati (stile-pulp, stile-Tamaro, stile-giovane scrittore, stile-alternativo, etc.) piuttosto che lanciarsi in una distribuzione on-line di qualche pagina; tanto più che l'internauta è il classico soggetto che non sborserà mai una lira solo perché invogliato durante le navigazioni: se è diventato, a fatica (perché ancora non è da tutti) un internauta, lo ha fatto proprio per smetterla di subire i condizionamenti tipo pubblicità della tv, e per ottenere quanto più può (dalle foto porno alle notizie, a qualsiasi informazione) al costo di pochi scatti - non a caso il 90 % degli internauti e appassionati di pc è avvezzo allo scaricamento selvaggio di qualsiasi tipo di software dalla rete ma non ha mai acquistato un programma originale in un negozio. E' una abitudine che ha radici profonde: si può spendere 3 milioni per il pc ma nessuno entra in un negozio, tira fuori 700.000 lire e se ne torna a casa col suo bel Microsoft Word originale. Diverrebbe lo zimbello del quartiere. La cito per l'ultima volta: Inoltre, la pubblicazione di un libro su Internet può già in sé comportare dei ritorni economici. Vige già per il software la formula dello "shareware". Essa può applicarsi anche alla letteratura online. Il pubblico che legge è in buona parte composto da persone onorevoli, mediamente in grado di rispettare un'etica condivisa Bubbole. I casi sono due, o Internet è uno sfizio o è una cosa come un'altra. Se è uno sfizio, non ne parliamo nemmeno. Se è una cosa seria, la "onorevolezza" dei partecipanti non può affatto essere garantita o ipotizzata a priori. Internet è come l'autobus. Lo si prende per un fine razionale, onesto, ma poi sopra c'è di tutto, il bello, il brutto, l'onorevole e il disonorevole. E proprio lei che pubblica in Romania, ecc.: sarebbe facile, che so, per un editore senza scrupoli di un paese lontano, scaricare le ignote opere di un (per il suo paese) ignoto scrittore on line italiano, farle tradurre da un traduttore e poi pubblicarle nel suo paese e farci i quattrini. Lei capirebbe che si tratta di un suo libro, di fronte a un'edizione coreana o giapponese di cui non riuscirebbe neppure a capire i numeri delle pagine o quale sia il verso giusto? (non perché sia deficiente ma perché non conosce quegli alfabeti). Temi interessanti ma ora vado a dormire, grazie di avermi ascoltato.

Giovanni Mascia
masciag@unive.it

E' un piacere rilassarsi con queste letture virtuali quando sei incazzato o cerchi un'idea. Conto meno di niente, ma mi darò da fare per segnalarti a editori miei conoscenti. Arcbas.
Enes
Architetto, 48 anni, Bologna
personaggio preferito: Marco Pannella
arcbas@mailbox.dsnet.it

Caro Roberto, dici di conoscerti a fondo ma sei sicuro? Quando dialoghi con te stesso ti chiedi il perchè in un determinato momento della tua vita hai fatto una cosa quando invece dentro di te sapevi che la cosa più giusta era l'opposto di quello che hai fatto? Come lo giustifichi un simile fatto? Irrazionalità o semplicemente incapacita' di controllare e valutare le decisioni? Ma un uomo puo' vantare il fatto di conoscersi afondo? Io credo di no. Credo che la vita sia come un puzzle e ogni attimo, ogni giorno, ogni anno noi aggiungiamo un nuovo pezzo un nuovo tassello che ci permetterà di arrivare al completamento. Ma allora chi si vanta di conoscersi é un menzioniere? O semplicemente si illude di aver raggiunto la cima di una montagna senza aver prima alzato gli occhi per vedere che la salita è appena cominciata! Il fatto di illudersi e di credere di essersi compreso può far smettere all'uomo quella ricerca che gli ha permesso di arrivare dove è arrivato. Convivere con se stessi aiuta a capirsi ma non a conoscersi perchè noi siamo in relazione agli altri. Mi spiego meglio. Il nostro essere è per quello che è dentro, e per capirlo bisogna "esplorarsi", ma noi siamo anche in relazione agli altri. Molto spesso infatti illusi di conoscerci(dopo una lunga esporazione di noi stessi) sottovalutiamo l'effetto e l'impatto che il nostro essere ha nella conoscenza e convivenza degli altri. E' come quando uno dell'Alaska va a vivere in Africa. Il primo impatto è molto duro anche se poi col tempo e la buona volontà (anche l'esigenza!) quell'uomo si abituerà a vivere li'. Sono d'accordo in parte con Wilde quando diceva; La sola persona al mondo che vorrei poter profondamente conoscere è me stesso, ma per il momento non ne vedo la possibilità. Sono d'accordo con lui nel senso che io non mi posso conoscere se non conosco gli altri. Ma se gli altri non vogliono conoscersi e non mi possono aiutare io come faccio a completare il mio puzzle? Chi mi aiuta nella mia ricerca? Io da sola posso al tempo stesso conoscermi ma

non comprendermi? Forse non è opportuno rivolgere a lei certe domande ma essendo stata affascinata da lei e dal suo modo di pensare volevo discutere con lei delle mie fisse perché i miei coetanei giudicano stupido il fatto di domandarsi certe cose e non mi capiscono. Grazie
Emanuela Bertello
stardust@isiline.it
j.p.pajk@usa.net

Caro Roberto Quaglia, ebbi ad apprezzarti alla presentazione del magnifico "A lucca mai". Ora ti chiedo, umilmente, se hai interessanti materiali o notizie su una orrenda e losca figura che si aggira per le edicole e librerie italiane... Suor Germana. Nella mia ricerca, pur intensa, non trovai altro che notizie di repertorio che non mi tolsero il dubbio della virtualità della stessa. Essa esiste o è solo un ologramma? e se esiste, quale è la sua vera essenza? Ti pongo questo interessante quesito sperando in una tua chiarificatrice risposta.
Fuzz
ffambri@tin.it

Messaggi extraterrestri... sicuri dell'esistenza di numerosi punti di contatto fra i nostri settori, ci permettiamo di segnalarvi alcuni testi riguardanti nuove teorie sulle origini della vita sul nostro pianeta. http://www.tortona.net/message Saremmo grati di ricevere (anche tramite la compilazione del modulo statistico-informativo) i vostri commenti in merito. Cordiali saluti
Paolo Patri
http://www.tortona.net/message
patripaolo@tor.it

---

com.ar Complimenti! La trasparenza è la cosa migliore....... svegliamo qesta città morta!! ! Presto con l'azienda per la quale collaboro potremo dotare i cittadini dello strumento che sto utilizzando (che è la prima Internet TV d'Europa) per navigare su INTERNET!!! Buon lavoro!!
Patrizia Merlo
Genova Sampiardarena
Patty@freedomland.it

Gentile Signor Roberto, sono una ragazza di 17 anni che vorrebbe partecipare al Maurizio Costanzo Show, in qualità di spettatrice, con tutta la sua classe. E' una trasmissione che troviamo molto interessante, ma siamo di Catania, e non sappiamo a chi rivolgerci per avere delle informazioni. Non so se sia la persona più indicata a darcele sia lei, ma visto che ha scritto un intero libro sui casi più interessanti della trasmissione... perché non tentare? Grazie!
Cristina Virzi

I have been a big fan of Robert Sheckley since reading his work as a teenager in the Sixties. I love satire. He's gotten me interested in your work, or play, or

whatever it is, your strings of words. I do a little string myself, but not professionally, unless you count my job as a high-school mathematics teacher, where I find myself stringing together countless words, trying to help students create some kind of meaningful structures inside their heads. It's not easy, but it's fun! I've been studying Italian since February, with a wonderful Milanesa by name of Isabella Bertoletti, who toils the Academic Groves of (SUNY) the Fashion Insititute of Technology. How can I get one of your books, and which should I read first, keeping in mind my love of Sheckley, Pohl, Lem, Spinrad and Ballard?
Hank Sutter

Ciaooo caro Robero Quaglia, sono una ragazza di diciotto anni e frequento la classe quinta del liceo scientifico in una città in provincia di Genova. Pochi giorni fa, cercando alcune informazioni che mi interessavano sono finita per caso su una tua homepage nella quale avevi riportato diverse lettere indirizzate al Maurizio Costanzo Show. Mi sono soffermata su alcune di queste, le ho lette con attenzione, ho riflettuto sul significato che tali parole suscitavano in me e ho notato che in moltissime cose si rispecchiano i miei sentimenti, i miei dubbi, le mie paure, le mie incomprensioni. Ho letto con piacere quelle lettere anche perché sono state scritte in un linguaggio chiaro, comune, che può essere capito da tutti, adulti, ragazzi letterati e non, e con una moltitudine di esempi che leva anche ogni dubbio. Tu mi chiederai: "Ok, ma perché mi hai scritto?". E' la prima volta che scrivo una e-mail a qualcuno che non conosco come sto facendo con te, e se lo faccio è perché ripongo fiducia in te, una fiducia che è nata in me proprio dalla semplicità e dalle tue opinioni riportate in quelle lettere. Probabilmente non mi risponderai, capisco che non hai il tempo di stare a rispondere a una ragazzina ma comunque se spedirò questa lettera sarò contenta di averlo fatto per evidenziare il fatto che per me sei UN GRANDE! Ma oltre a questo volevo chiederti un favore, sempre che tu abbia il tempo e la voglia di rispondermi, se non lo farai non ti preoccupare che la mia stima nei tuoi confronti non diminuirà. Come ti ho scritto prima frequento la classe 5a e quindi in quest'anno scolastico devo decidere che cosa fare dopo il liceo, che università prendere. Bhè nel mio cuore ho già deciso, mi piacerebbe molto fare psicologia perché sono molto interessata a questa materia e a tutti i suoi ragionamenti etc. Mi piacerebbe lavorare anche con i bambini autistici, oppure in un centro di bulimia e anoressia (anche

perchè questa malattia ha colpito un po'
di tempo fa una persona a me molto cara
che poi è riuscita a reagire e a tirarsi
fuori); a me piace molto questa facoltà,
forse anche per quella cosa che dicevi
tu che bisogna essere utili all'altro
per vivere socilamente bene. Comunque è
un campo che mi affascina anche perchè
molta gente si confida con me, mi chiede
consiglio, persone che magari conosco da
poco, che non avrei mai pensato potessero rivolgersi a me con quel tono malinconico e sofferto. E' difficile da spiegare a parole, non sono brava come te
, comunque mi sono chiesta realmente se
è quello che nella mia vita vorrei fare
oppure o no e sono giunta alla conclusione che è così! La vita è una e non può
essere vissuta superficilmente e quindi
bisogna fare ciò che ci piace di più per
viverla a pieno non credi? Ora tu mi dirai "e allora che c'entro io?" Bhè te lo
dico subito. C'è un piccolo anzi grande
problema: i miei genitori sono contrari.
Con loro non si può parlare, loro non
mi danno un consiglio ma impongono le
loro scelte! Ho provato in tutti i modi
per fargli capire che voglio fare proprio quello ma loro non lo accettano per
il fatto che dicono che non c'è lavoro
dopo e che qui in Italia gli psicologi
non sono richiesti e che nessuno ci va.
Probabilmente hanno ragione ma io gli ho
detto che mi assumo le mie responsabilità, che farò la mia gavetta etc.. ma
loro non ne vogliono sapere e vogliono
farmi fare medicina perchè sostengono
che anche lì non c'è lavoro ma che in
qualche specializzazione riesco a farmi strada etc.. Insomma io non voglio
fare medicina ma psicologia, puoi consigliarmi un modo per convincerli? Hai dei
dati o qualcosa? Ti prego aiutami. Oppure dammi una tua sincera opinione ok?
Confidando in una tua risposta ti lascio.
Un salutone
Vanessa
drauREMOVE@fr

Il nulla sommato al nulla e dilatato
all'infinito... Un infinità di niente.
Come ho già detto ad abundantiam in un
mio messaggio che di certo lei si guarderà bene dal pubblicare, ritengo che
lei sia una delle più eloquenti espressioni del nostro tempo. Lei riesce a
condensare in sé, nelle sue parole, nelle sue scelte, nelle immagini che propone di sé il vero significato della civiltà post-industriale e neocapitalistica:
il nulla. Lei crede di stupire con quelle che crede ingenuamente essere battute
originali ad effetto. E invece scivola
nella più squallida e grottesca forma di
conformismo, misto a ipocrisia e tracotanza. Lei crede di destare scalpore
e invece (nella componente saggia dei
nostri simili) desta solo compassione,
rammarico, sincera tristezza per le sor-

ti dell'umana intelligenza. Lei crede di
essere simpatico, colto, acuto, vivace,
brillante, innovativo e invece è la ne-
gazione stessa della novità. Lei è vec-
chissimo, antichissimo senza nemmeno la
dignità del "classico". E' come se lei
fosse diventato un fossile ancor prima
di nascere. Ciò che il suo pensiero comunica è, tra un vano delirio e l'altro,
vuoto, niente, vuoto. E poi ancora vuoto. Sempre di più. Lei è una prolifera-
zione inarrestabile e dannosa di vuoto.
Il nichilismo in lei trova un profeta
e un apostolo di fiducia.Lei baratta la
cultura con l'immagine e inganna tutti,
innanzitutto se stesso. Lei cerca la sua
identità e crede di trovarla fingendo di
essere pazzo. La verità, forse (non sta
certo a me dirlo!) è che lei non è pazzo, ma terribilmente scaltro, astuto.
Lei sa quale messaggio va lanciato e
quale codice linguistico convenga adottare. Lo sa ma ignora del tutto che cosa
siano i codici, il linguaggio, il sapere
e bla...bla...bla.Ormai la schizofrenia
non è più di moda, caro Quaglia. Gli
schizofrenici soffrono, purtroppo, lei
invece se la ride e gode del niente che
da lei promana. E la massa incolta che
lei, novello Mosé dei pazzi, raduna mi
fa tanta pena. Lei è perfettamente identico a Maurizio Costanzo, ne è l'alter
ego, il doppio. Direi la controfigura mal
riuscita. Lei però è più pericoloso di
Costanzo. Costanzo è riconoscibile. Lei
finge, lei si mimetizza (direi un po'
maldestramente). Eppure molti ci credono. E poi si vergogni! A pubblicare solo
i messaggi di consenso! Già, forse non
c'è dissenso attorno a lei. Che consolazione se il mercato italiano continuerà saggiamente a respingerla! E' un
segno di grande maturità per l'editoria
italiana rifiutare chi alla cultura non
ha proprio niente da offrire. Ma sì,
ma sì... continui pure a scrivere quel
cazzo che le pare.Il popolino ha bisogno
dei suoi saltimbanchi, dei suoi manichini manovrati dall'alto, dei suoi buffoni
di corte.
Antonio Valentini
avalentini@pelagus.it

Salve, mi chiamo Stefano Ricotta e sono
un appassionato lettore di Delos. Siccome apprezzo, tra le altre cose, la
sua visione filosofica della vita e del
mondo, mi piacerebbe conoscere il suo
parere filosofico sul contenuto della sezione "Divina Sapienza" che si trova
nell'area dei messaggi del sito di De-
vis Dazzani "Profezie on Line". (Se non
dovesse trovarlo subito lo cerchi nei
motori di ricerca es. Altavista digitan-
do "profezie o ultimi tempi o qualcosa
del genere"). Lei, recentemente, in un
suo articolo di Delos ha immaginato di
rispondere una lettera ad un suo appassionato fan; sarebbe bello se, oltre a

rispondermi, (e mi piacerebbe che lo facesse al più presto) dedicasse a me un suo articolo di pensiero stocastico proprio su questo argomento. Sperando di non averla annoiata con questo mio dire e nell'attesa di ricevere una sua risposta le invio distinti saluti. P.S. mi piacerebbe avere un rapporto epistolare con lei dato che mi sento solo e che mi scrivesse qualunque cosa le passerà in mente; sarò ben lieto di risponderle.
Stefano Ricotta
stef@server2.tsc.it
henrys2@prodigy.net

crist Sono entrato nella tua hp (ti assicuro non leggerò il libro) solo perchè volevo vedere chi ha riempito i motori di ricerca con certe CAZZATE non le ho lette ma essendo indirizzate a quel cane di Costanzo... del resto escludendo il riempire i motori di ricerca non mi pare tu abbia ottenuto altri risultati (e di questo sinceramente mi spiace) x altri risultati intendo dire: essere invitato a quello schifo che è lo show presentare il libro ed ottenere un immediato successo presso il pubblico bue che lo guarda con amicizia..... e un po di nervoso (vedi motori di ricerca intasati) ciao **Sandro**

Davvero, fanno cacare. Davvero , fai cacare ciao.
oral celik
personaggio preferito: Roberto Quaglia
oralcelik@hotmail.com

Ho letto la prefazione (divertente), e la lettera zero (una replica prolissa della prefazione). Non so se leggero' tutto.
Donatella De Grande
Milano
personaggio preferito: Peter Sellers
de.grande@mi.camcom.it

Aiuto! Ho letto la n.1, ed e' gia' troppo. Ti consiglio un libro: "Parliamo tanto di me", di Cesare Zavattini, Bompiani. Uno che sapeva divertire parlando di se stesso. Lettera n.7: Il nome della Rosa. Non so chi e' peggio, tra te e Umberto Eco. Ma almeno tu non ti sei fatto pagare per leggerti. Grazie. Ho letto un libro stupendo, ma non e' il tuo.
Donatella De Grande
Milano
personaggio preferito: Peter Sellers
de.grande@mi.camcom.it

Caro Roberto (Quaglia) devo innanzitutto dire che, nel tuo genere, sei un tipo simpatico. Vorrei però lasciarti qualche piccolo segno di verga sul viso (è quello dello sfondo?...) che, tuo malgrado, sei costretto a portarti appresso. innanzi tutto vorrei dirti che probabilmente stai soltanto cercando di farti un futuro da buffone di corte presso qualche stronzone gestore di potere (editore? televisione? spettacolo? berlusconi?... boh) e per questo motivo non posso che augurarti buona fortuna (sic!). Ovviamente in questo caso, tutto ciò che ti scrivo perde valore tranne per il fatto che, qualunque sia la tua opinione, sei un'ommemmerda (non chiederti perchè ti dico questo, non potresti capire). Se invece, nel pieno possesso delle tue facoltà (?!?), scrivi con convinzione ciò che ho letto nel manifesto, allora, allora piccolo mio.... leggi appresso. Comincerò con il dirti che molto probabilmente sei sponsorizzato da qualche azienda, società, comitato o chessòio, magari per rilanciare il consumo di carne dopo i casi (avvenuti in tutta europa!!!) di mucca pazza. Questo è probabile anche perchè sei su un sito commerciale e perchè ti rivolgi, non so in che termini, ad un noto uomo di potere il Costanzo appunto, dal quale magari ti aspetti, come tutti, un pò di pubblicità per la carriera. Allora sei soltanto uno strumento in mano a qualcuno che ti paga per fare o dire quello che, magari, non pensi neppure. Anche in questo caso, vedere alla voce "ommemmerda". Non so quanto guadagni per questo, ma sappi che qualunque cifra tu percepisca, è sempre troppo poco per leccare culi a destra e a manca. Non credo per sia necessario ribattere le grasse chiaviche che scrivi, tuttavia, data la loro terrificante carica emetica, ritengo di doverti dire giusto due cosette: a) le piante, come tutti gli esseri viventi, possiedono risorse che nessuno ha ancora compreso; ma da qui a dire stronzate come quella delle piante che sentono dolore..... (ti ricordo al proposito che le piante non possiedono un sistema nervoso e nemmeno i ricettori del dolore quindi non possono avvertire nè dolore nè sensazioni così come le intendiamo noi del mondo animale. b) l'intestino dell'uomo è fatto per una dieta onnivora (onnivoro=mangiatore di tutto)la quale cosa non esclude e non privilegia nessuno dei vari cibi che tu puoi ingerire. Semmai la distinzione deve essere fatta sulla qualità degli alimenti di cui ti ingozzi (si vede dalla foto che sei un maiale lardoso) e la tua preoccupazione deve essere soltanto quella fornire all'organismo tutti gli elementi indispensabili, tutti tranquillamente rintracciabili nei vegetali tranne che uno o due che sono forniti esclusivamente (pare) dalla carne o dalle uova. Così almeno sarai contento anche te, stronzetto. In quanto alle malattie da carenza credo che tu ti confonda con qualcos'altro, dato che le carenze, semmai ce le ha chi mangia troppa carne e poca verdura e non viceversa e le malattie falcidiano gli stronzi carnivori di grassi saturi, ormoni e antibiotici come te; vedi quindi che sei anche un miserabile ignorante? Eh eh eh potrei dirti tante altre cose al riguardo ma sarebbe tutto fiato o meglio monitor sprecato. Continuando con la ripassata potrei chiederti: visto che anche le piante soffrono, come dici solo te, e dato il fatto che gli animali soffrono di +, almeno secondo il modo di percepire animale, considerato che comunque, anche secondo una visione olistica dell'universo, de quarcosa sa da campà, TE come cazzo ti nutri???? Visto poi che sei così sensibile al dolore dei vegetali, come puoi supportare lo strazio che tutti i giorni si compie sulle tavole di tutto il mondo ed in particolare su quelle dei vegetariani? Perchè allora non t'ammazzi così almeno te la smetti con questa tragedia?? Volevo comunque finire dicendoti questo: probabilmente stai soltanto ruzzando, ma è bene che tu sappia che le tue ruzze sono molto dannose e irrispettose nei confronti di chi, da anni, sta cercando di introdurre una maggiore sensibilità verso le questioni ecologiste, animaliste e ambientaliste nel mondo. E se non lo sai ti dico che tutte le grandi questioni planetarie passano giocoforza attraverso la maggiore sensibilità delle persone (non le sborrate che meni sulla presunta sensibilità al dolore delle piante) e sulla qualità ed il tipo di esistenza (in primis il modo di mangiare!!!!) di ognuno di noi sappi anche che l'educazione (di cui sei sprovvisto) (e anche io, ma solo con gli ebeti come te) è alla base di tutte le grandi conquiste ma è un risultato difficile da raggiungere, proprio perchè tanti imbecilli si danno sempre tanto da fare, consapevolmente o meno, per vanificare gli sforzi degli altri. Chiudo dicendoti di finirla di inquinare il mondo e le menti, se proprio hai la vocazione del pagliaccio rivolgiti ad un circo. P.S. Probabilmente niente di tutto quello che ho supposto su di te è vero, perchè tu vai oltre ogni umana comprensione (la tua faccia ricorda molto darwin e una certa teoria... eh eh) resti comunque un povero stronzetto. Scusa se ti o un pò strapazzato a parole, in realtà avrei dovuto fare di peggio, ma sei un simpatico stronzetto. Semmai se ti senti offeso oppure vuoi altre ripassate anche + tecniche e approfondite puoi scrivermi al mio ind. di E-mail.

dimenticavo: VOGLIO PROPRIO VEDERE SE HAI IL CORAGGIO DI PUBBLICARE QUESTA RISPOSTA INTEGRALMENTE e non dire che non si può perchè ci sono le parolacce, capito stronzetto? Ti saluto cordialmente

Elio
Toccamerde, 33 anni,
personaggio preferito: Roberto Quaglia
criser@hotmail.com

Hallo, eine tolle Homepage - Glückwunsch!

Maik
30 anni, Deutschland - Germany
personaggio preferito: Mister Bean
http://www.lkws.de.st
maer@firemail.de

Ciao, mi chiamo Andrea. Innanzitutto, i miei personaggi preferiti sono A. Baricco e Richard Bach. Per i commenti: mi è piaciuta molto la tua homepage ed è stato un vero piacere scoprire che uno scrittore vuole comunicare le sue opinioni e i suoi lavori a nche a chi non ha la possibilità di leggere un suo libro perchè 'scritto il lingua straniera'. Scusa se adesso sarò diretto con te, ma penso che tu sia la persona più adatta per aiutarmi con il mio problema. Ho bisogno della tua consulenza. Ti spiego: sono un aspirante scrittore. Ho scritto tre romanzi. Il secondo, circa un anno fa, l'ho mandato a varie case editrici ma è stato un vero fallimento. Per quanto, ha detta dei miei amici, era un gran libro, ho avuto risposte negative da tutte le case editrici. Ora, avendo scritto un terzo romanzo, che personalmente giudico il migliore di tutti, vorrei tentare di nuovo la sorte, ma so già in partenza che provare come col precedente è una causa persa, quindi volevo chiedere un parere a te che, ovviamente, ne sai molto più di me. Secondo te vale la pena di proporre il mio romanzo a un'agenzia letteraria? Chi è e come agisce? Quanto mi costerebbe il tutto? Mi aiuterebbe CONCRETAMENTE a pubblicare il mio libro? Ti prego, lo so che non ci conosciamo neppure di vista, quindi capisco che ti verrebbe da cestinare la mia e-mail, ma ho assoluta necessità di sapere come muovermi. Credo nel mio libro, trovo che abia uno stile che funzioni, ma mi scoccia doverlo lasciare nel cassetto a prendere polvere. se hai dei consigli da darmi, sono bene accetti. Ti prego, aiutami. Grazie,

'Avorio' Andrea
Commesso, 24 anni, Mortara
Andreapis@libero.it

Ciao! Sei assolutamente delirante pero' mi hai fatto tornare il buonumore in una giornata di ufficio veramente

deprimente e devastante (come tutte da troppo tempo a questa parte) e percio' meriti un encomio telematico: GRAZIE, CONTINUA COSI'!
Daniela Gangale
d.gangale@agora.stm.it

Caro Roberto, visto che, giustamente, dici che le donne, o meglio, le ragazze sono attratte dal potere e dai soldi, tu sei ricco? Questo renderebbe le cose molto più interessanti... Diciamo che sto scherzando, ma fino ad un certo punto. Le cose che scrivi mi piacciono. Non sei il solito scrittore perditempo che imita qualcun altro. I tuoi temini stocastici sono eccitanti e divertenti, e sono convinta che li butti giù in una mezzoretta o poco più senza nemmeno rileggerli. Tra l'altro ho visto le tue foto e mi sembri carino. Se sei sposato, scusa. Se ti ho offeso, scusa. Forse io non sono così appetibile per te. Una lettrice,
Postina Maniaca
hotbrain@hotmail.com

Caro Roberto, com'e' che continuano a pubblicare Brizzi e a te nessuno ti conosce? Come cazzo e' che per scoprirti bisogna cercare una pagina allucinata su una rete informatica incasinata come questa? Il Rumeno non abbiamo voglia di impararlo, quindi vedi di darti da fare a leccare il culo a chi di dovere per farti pubblicare anche in italia (la "i" e' volutamente minuscola). Complimenti per l'ottimo gusto dimostrato nella realizzazione del sito (cosa rara in ogni tempo) e per l'ottima musica. La traduzione del "Neuromante" di Giampaolo Cossato e' grandiosa. Tuoi devoti servitori,
Michele e Giampaolo
buloffic@tin.it

Cosa hai fumato? Cambia spacciatore! :-) sei fuori come un terrazzo, ma simpatico...
Tiziana
tipannunzio@supereva.it

Prima di tutto vorrei sapere per quale arcano motivo cercando su arianna "Rino Gaetano" appare anche il link al tuo sito. Unica ipotesi valida: in qualche tuo libro parli di Rino e dato che hai inserito come parole chiave tutte le parole dei tuoi libri prima o poi... seconda ipotesi valida altrettanto quanto l'unica ma che smentisce la precedente (mi sono perso): non e' possibile che ci sia la parola "Rino Gaetano" nei tuoi libri, o forse Rino Gaetano in rumeno ha un particolare significato a me sconosciuto. L'aver "sbagliato indirizzo" mi ha comunque portato a conoscere un sito a dir poco esilarante, ma che dico, strabiliante, ti prometto che appena trovo un po' di

tempo me lo faccio tutto in tutte le sue parti leggendo naturalmente anche il libroelettronicowebbatolinkatodigitato "Caro Maurizio Costanzo Show". Possibile che non ci siano libricartaceicellulosatialberatiriciclati tuoi in italiano? Fammi sapere....
Giorgio Mandi
Artigiano, 33 anni, TALMASSONS (UDINE)
gibi@qnet.it

Complimenti Solo tre parole "Sei un MITO" continua così, non ci deludere. Il tuo sito è spettacolo, la gag del rumeno e' bellissima!
David Renda
ecdesing@libero.it

CARO Quaglia, le vorrei raccontare una storiella che è diventata un Kult nel mio piccolo villaggio... ma allora forse è meglio che le dica prima dove ho trascorso i primi 20 della mia vita??? Si...forse è meglio! Io ho vissuto in un paese in provincia di messina, esattamente S. stefano camstra, famoso, che dico famoso, FAMOSISSIMO per le ceramiche artistiche. Essendo un paese molto piccolo, fa soltanto 6000 abitanti, è facile tramandare le storielle di vita che servono a ricordare i personaggi più simpatici e saggi del luogo. Il personaggio della mia storia non ha un nome, ma come si usa dalle nostre parti sarà lo zio (per rispetto all'età) di turno. Lo zio... tal dei tali, spiritoso e briccone e per questo ritenuto un pò matto, un giorno passò dal calzolaio, e gli chiese di confezionargli un bel paio di scarpe: che fossero di ottimo pellame e di pregiata fattura... ma soprattutto si raccomandava di non aver pensiero per la spesa; esattamente sottolineava dopo ogni richiesta "lei e sordi un ci pinsassi" (non si dia pensiero per i soldi). Il calzolaio, come da commessa, confeziona e consegna le scarpe; bellissime, pregiate, calzavano a pennello. lo zio le ritira e andando via ripete: lei e sordi un ci pinsassi. Il calzolaio sicuro che avrebbe ricevuto i soldi di lì a poco, non si dà troppo pensiero... e comincia ad aspettare... passa una settimana... poi un mese... poi due... finalmente lo zio passa dalla stradina dove l'artigiano aveva la sua bottega e chiede all'anziano e furbo signore di risolvere il suo debito. Ma a questo punto il vecchio burlone risponde: "ma io chi c'avia rittu... ca lei e sordi un c'avia a pinsari" (ma io cosa le avevo detto, che lei ai soldi non ci doveva pensare...). Perché questa storia? Beh perchè qui in Sicilia pare che ancora questo atteggiamento sia quello più usato nel mondo del lavoro, quindi la regola è ancora efficacemente applica-

ta; infatti ti dicono: Vuoi lavorare? lavoro ne abbiamo tanto... ma ai soldi ...non ci devi pensare... non subito almeno. E se questo accade nel privato sommerso, diciamo è quasi normale, ma avviene anche nel semi pubblico. Io lavoro nel campo della formazione professionale, e il danaro che sostenta i centri di formazione, che vengono foraggiati dall'Assessorato Regionale Al Lavoro, subiscono sempre dei ritardi ingiustificati ai quali nessuno si ribella, perché altrimenti vai fuori dal gregge... e comunque non si risolve niente se non che l'antipatia degli impiegati Affaticati, dicono loro, da una mole di lavoro tale, che giustifica la loro scortesia. Con questo non dico che sono tutti così, ma fino ad oggi (lavoro a Palermo da 6 anni) soltanto 3 o 4 sono le persone che ricordo abbiano avuto un atteggiamento di impegati al servizio dell'utente, gli altri sembrano così vicini all'Onnipotente... che a volte mi sono lasciata prendere dalla voglia di lavorare con loro. (hai visto mai che sono più vicini di me al Paradiso). Morale della favola? Per motivi e giustificazioni che mi vergogno a riportare, io e i miei colleghi, lavoriamo da mese di dicembre a dei progetti già finanziati (per cui ci sono già i soldi) ma non abbiamo visto una sola lira. Forse quando hanno dato il finanziamento qualcuno ha detto... buon lavoro e non vi preoccupate.... ai soldi non ci pensate!!!!
Rosalia Giampino
rgiampino@yahoo.com

Ciao caro Quaglia. Sono finito sulla tua esilarante pagina, cercando "Maurizio", al quale inviai un mio... chiamiamolo libro! Il mio hobby è scrivere! Scrivo da una vita poesie; ho scritto un libro. In questo momento sto scrivendo un romanzo, in cui l'odio scompare e le religioni s'amalgano in tutto il marasmatico e colorato pianeta! Concludendo, voglio ad ella e a tutti i suoi fans: dedicare una mia breve poesia. Sperando, che l'inserisca insieme agli altri divertenti commenti. Ciao... fenomelo! Oh! Oh! Perenne peregrinare d'astanti, viandanti in questo immenso mare. Mondo imperituro, Universi in continua ripetizione! Soltanto demagogie, ipocrisie. Nascerai... dopo un pò capirai di quale essenza vivrai! Pensiero di un mondo migliore che ingiallirà col passar del tempo. Diventerà sbiadito, ma un barlume immortale regnerà nell'animo illuminato. Arrivederci, a tutti quanti! Cari quaglieschi viandanti della sferica ed imperscrutabile galassia mentale.

Mauro Trapasso
Ausiliare di assistenza, 36 anni, L'Aquila
personaggio preferito: Maurizio Costanzo
mauro.trapasso@tin.it

Egregio signor Quaglia. Che cosa mi sa dire sul citato tema... essendo lei: un marasma di reincarnazioni universali e terrene! Non necessita essere un filosofo, psicologo, sociologo per comprendere che la massima eresia terrena, è il credere alle eterne mistificazioni... Scrissi, al caro Maurizio della scoperta acquosa sul rosso nel febbraio corrente; la divulgazione dell'cqua su costui è recentissima. Nessuna risposta arrivò alla dimora ma, essendo, il sottoscritto una persona ottimista... spera che lei capisca che, il mondo è una grande illusione. E, che tutti noi siamo "il niente" del grande e diviso pallone. Allora, perchè non credere alla vera reincarnazione? Sono il niente! Un tenue soffio di vento la rugiada mattutina una stella cadente un attimo fuggente di questo Imperituro universo! Tutti siamo il "niente", terreno. Questa è la verità ultima di questo mondo d'esseri spenti!

Mauro Trapasso
Ausiliare di assistenza, 36 anni, L'Aquila
personaggio preferito: Sergio Leone
mauro.trapasso@tin.it

Era ora! Era ora! Dopo molti anni passati a pensare inutili ed arzigogolate teorie. Ricercati sofismi; era...ora! Egregio signor Quaglia... di conoscere una persona della sua caratuta. Non si preoccupi, per quanto concerne i suoi libri. Le uniche pubblicazioni in questo stivale, dipendono dalla portata dello scarpone impresso nel deretano dello scrittore oppure del poeta! Ci sentiamo presto, nuovo amico del palcoscenico. Arriverderci dal "poeta fantasma".

Mauro Trapasso
Ausiliare di assistenza, 36 anni, L'Aquila
personaggio preferito: Sharon Stone
mauro.trapasso@tin.it

Ti ho trovato cercando "fumo" e marijuana" su Yahoo. Dici un mukkio di kagate, ma le dici bene.

Alessio
Nullafacente, 17anni, Lendinara (ro)
personaggio preferito: Syd Vicious
goa666@libero.it

Gentile signore, penso che sarebbe una grandissima cosa prendersi a cuore il grave problema delle acciaierie di cornigliano, infatti è inverosimile che la cultura dei giorni nostri consenta ad un imprenditore di imporre una tortura atroce agli abitanti di quel quartiere (di cui facevo parte), e non solo. Credo che un piano riguardante l'occupazione degli operai

dovrebbero a questo punto presentarlo le istituzioni locali e non il sig. Riva che, a Genova, in base alle leggi italiane, dovrebbe stare solo DENTRO le case rosse.
Corrado
Genova
corra33@libero.it

Un sito veramente intelligente e ben fatto. Tuttavia ci sono entrato per cercare il libro di un ragazzo francese andato al Costanzo che ha fatto fortuna in borsa. Se mi puoi dare una mano ti ringrazio.
Antonello
camiletti@libero.it

Sono finito nel tuo sito perché mi hanno mandato Affanculo. "E' solo commentando quello che ci succede che si esiste nel modo umano." Ma soprattutto: mi sono sempre fermato alla sola pagina di www.affanculo.org (che, sinceramente, è geniale per la sua esistenza ma lascia un po' a desiderare in... contenuti, specie in italiano).
Alberto Ghirindelli
Studente, 26 anni, Medico di Base
personaggio preferito: Roberto Quaglia
dakordo@hotmail.com

Tante stronzate banalissime, dette e ridette, che dimostrano la mancanza totale di vero approfondimento culturale, che vorrebbero dimostrare che gente come Aristotele, Byron, Leonardo Da Vinci, Darwin, Edison, Einstein, Ghandi, Newton, Schopenhauer, Albert Schwaitzer, Tolstoj... sono tutti razzisti esaltati estremisti o qualunquisti e soprattutto coglioni, si continuano purtroppo a leggere, come nel caso del signor Quaglia, che il fatto di avere come cognome il nome di un uccello (sarebbe forse da consultare Freud) deve avergli creato qualche problema, ma, visto che si tratta di banalita', voglio darle dei suggerimenti ancora piu' banali, anzi addirittura standardizzati, che non richiederanno pertanto troppo sforzo per essere compresi: "prima di aprire la bocca controllare di aver messo in moto il cervello", "non a caso siamo nati con due orecchie per ascoltare e una bocca per parlare" e voglio concludere con: "Tutti scrivono e nessuno legge".
Viviana
40 anni, Roma
vivianaf@tiscalinet.it

Ciao, cercavo il sito della cantante Alexia (no non sono cerebroleso ero preso dall' impeto incontrollabile di piazzare alcune mie canzoni schifosamente pop) quando sono incappato nella pagine del link e gà per questo ti meriteresti l'award della genialità perversa! Come se non bastasse poi ho anche aperto il tuo sito forse ripensandoci sono un pò cerebloeso si!) e adesso mi sto divertendo moltissimo ma devo tornare sul web per finire il lavoro che avevo cominciato... peccato però torno con calma giuro. Sei un grande. Fatti conoscere di più! Dimenticavo: spero tu ti sia ritirato dalla politica. Il mondo è in mano a 250 persone che si dividono la metà di tutta la ricchezza disponibile e di pannella non gliene frega un cazzo. (Però di quello la con i baffetti sì.). Dimenticavo 2: la cosa che mi ha colpito di più (seriamente) è l'idea delle facce. Ho smpre pensato che le persone più valide siiano quelle che sanno fare il maggior nunmero di espressioni facciali nel tempo più breve possibile (e anche quelle che sanno dire "no" in almeno 10 modi diversi. Bisognerebe insegnarlo alle donne.....
Galeazzo Frudua
www.frudua.com
frudua@imola.queen.it

Egr.sig.re Quaglia, ho visitato il suo sito e direi molti interessante anche visto la peculiarita' e la precisazione con la quale si e' cimentato nei suoi discorsi e in quella raccolta di lettere indirizzate a Maurizio Costanzo Show. Mi chiamo Federico sono un ragazzo che sono nato con il pallino dello spettacolo in tutti i sensi, ho partecipato infatti a molti concorsi musicali tra cui sanremo nuovi talenti con il quale ho lanciato un cd c/o i piu' grandi network nazionali con una canzone inedita. Tra le mie qualita' spicca l'ottima conoscenza delle lingue straniere, in modo particolare l'inglese e il francese e un discreto spagnolo, ho frequentato infatti una scuola di specializzazione come traduttore a pisa. Ho sempre cercato di farmi vivo bussando a destra e a sinistra per ricoprire un ruolo credo mio, soprattutto diciamolo pure gonfiato da questo mio temperamento non affatto arrogante ma forse un po' narcisista. Un giorno sono capitato al teatro Parioli di Roma dove ho assistito alle riprese in diretta del maurizio costanzo show e avevo veramente voglia di parlargli anche per quanto riguarda una serie di problemi e di conflittualita' che sentivo riguardante anche la mia identita' personale. Ora vorrei tanto mettermi in contatto con lei, perche' ho scritto a Costanzo e ho tentato di percorrere una strada per arrivarci ma sempre con fallimento, eppure io ho le qualita', vorrei diventare un traduttore editoriale o un cantante e farmi notare perche' ho una mente portata alla traduzione a vista in diversi settori grazie anche

alle esperienze effettuate in questi ultimi tempi. La pregherei di contattarmi. Inoltre devo augurargli un'ottima permanenza sui siti ipertestuali con un libro meraviglioso ricco di esplorazioni vissute umanamente, che sicuramente installero'. Ringraziandola attendo una sua risposta e colgo l'occasione di porgerle i miei piu' cordiali saluti.
Federico Moncini
fedeboy@freemail.it

Ciao Quaglia, molto carino il pensiero stocastico di questo numero (58); credo che comunque le tue apocalittiche visioni ci terranno reale compagnia (ahimè anche offline) in un futuro neanche troppo remoto. Ma, trasvolando i salamelecchi del caso, penso che l'evoluzione più probabile dell'identità sia che l'homo occidentalis, capitalista per dna, trasformi ben presto i suoi hobby in vero lavoro, ricostruendo così una società in cui i compiti sono totalmente ridistribuiti. In pratica: tutto come prima, solo che ognuno fa quello che più gli piace. Si verrebbe così a creare un doppio strato di reddito: queelo proveniente dal terzo mondo e quelo autoprodotto... Qui sarebbe bello pensare che un finalone alla Dick sbrogli la matassa svelando a tutti le realtà nelle quali ci troveremo e come farle interagire. Non succederà mai. Resteremo con i paesi poveri a produrre reddito per noi, e noi anche. Sarà l'era del cioccolato... poi verranno gli orologi a cucù. Fine dell'evoluzione. Saluti
Giulio
impagraf@tin.it

Gentilissimo dottor Quaglia sono uno studente della scuola di giornalismo e comunicazione d'impresa Luiss di Roma. Le scrivo per chiderle di illuminarmi perchè devo scrivere un articolo per il giornale a proposito di Intrenet talk show e Tv. Le sarei grato se potesse offrirmi qualche spunto in merito e suggerirmi dei dati o risultati di ricerche su questo argomento. Grazie Buon Lavoro, Attendo ansioso sue notizie. La saluto cordialmente,
dott. Luigi Daniele
Scuola di Giornalismo Luiss Guido Carli
Studente, Roma
ludanie@tin.it

Ciao Roberto, finalmente ho trovato una persona più esaurita di me. A proposito, affanculo, con affetto si intende. P.S. Un mio piccolo consiglio, allega qualche bel sito porno.
Pierluigi Monaco
pierluigi_m@hotmail.com

Sei matto quasi quanto noi...!!!
Q & Q
32 - 41 anni, Roma

personaggio preferito: Emiliano Zapata
http://www.infinito.it/utenti/mnovato
elouise2000@yahoo.it

Cercavo notizie su Syd Vicious. KeKKazzo è la kosa + importante non lo so, però mi piacerebbe tanto saperlo. Del tuo sito ho visto solo questa pagina, ma ti faccio i komplimenti sulla fiducia.
Nicola
Studente, 16 anni, Pontedera
personaggio preferito: Syd Vicious
nicolaceccanti@hotmail.com

Ciao io sono Paola e vivo a genova. Ultimamente stavo pensando di avviare una mia attività lavorativa, ma, avendo lavorato all'estero, mi sono resa conto, che non mi è possibile finchè vivrò a genova. Quì la gente vuole i soldi dei turisti ma non i TURISTI!!!!! Non offre nulla, neppure un futuro lavorativo, ed allora si andrà via!!!!!
Paola
Barman, 28 anni, Genova
personaggio preferito: Maurizio Costanzo
www.@natas1.it

Credo che fondamentalmente l'uomo debba accettare quella TRAGEDIA che ne caratterizza la natura, vivendo quella parodia che altro non è che vita parodistica di una vita che nega di essere tale; ma forse l'uomo (ed è di LUI che ci interessiamo anche se non in senso esistenzialistico) a volte tende a scordare che il CIRCOLO può solo essere abitato. P.S.: ritengo opportuno ricordare che fra i "fossili" della storia della filosofia forse ve ne sono alcuni che respirano ancora (Nietzsche, Heiddeger, Foucault, klossowsky...), ma che forse hanno scelto di non... essere sentiti!
Alessandro Rizzo
Teoreta, 27 anni, Casorate Sempione
personaggio preferito: Gesù Cristo
selandros@libero.it

Bravo signor Quaglia!, bravo. Metto subito il suo sito nei preferiti. (un nuovo ammiratore)
Pietro Migliorati
baoodm@tin.it

Come sono finito sul tuo sito? Colpa di un motore di ricerca guasto. Il messaggio: 1) Leggere sul video è palloso 2) Leggere letteratura di scarsa qualità è altrettanto palloso 3) Leggere il tuo lavoro è quindi palloso al quadrato 4) Che rapporto hai con i fratelli Posalaquaglia? 5) Se non sai chi sono riguardati i film di Totò 6) Se con questa roba ci fai della grana fammelo sapere che lo faccio anch'io 7) In ogni caso in bocca al lupo!
Stefano
Stef.Sap@Libero.it

Mi piace, ma non ho tempo per visio-

nare tutto il sito. Sono convinto che se domandassi il perchè delle edizioni rumene dei tuoi lavori alla bionda che è a fianco a te nella foto riuscirei a saperlo. Un modesto e insignificante suggerimento: elimina il termine "riporto" che più volte usi perchè rende il concetto poco comprensibile!!! Ciao.
Gustavo
nuala_p@hotmail.com

Tutta la vita si riduce ad una serie di sforzi intesi a non pensare alla morte. Dì la verità... il 30% dei commenti te li sei scritti da solo, ehhh???? Comunque complimenti! Ci vuole pazienza, tempo e qualche problemino psichico per creare tutto questo... e te ci sei riuscito!!!
Fabrizio
Filosofo, 35 anni, Roma
personaggio preferito: Moana Pozzi
clik.to/romebynight
fcp65@hotmail.com

E' la prima volta che leggo delle tue cose. Sei un tipo assurdo, dici cose antipatiche e quindi mi sei simpatico. Spero solo che tu non lo faccia per il vano piacere di farti notare (vedi Sgarbi).
Giovanni
Tecnico Agricolo, 37 anni, Mantova
personaggio preferito: Tracy Lords
a.cerchiari@cia.it

Mi hai veramente rotto i coglioni brutto nano di merda, pure un po' frocio. Ci hai rotto il cazzo con le tue lettere succhiacazzo. Mi sono dovuto sorbire una marea di tempo a cercare un sito un po bello perchè il strafottuto Maurizio occupa tutto lo spazio di Altavista! Mollaciiiiiiiiii! Saluti
Marco Repetto
Studente-Contadino, 17 anni, Zoagli 16030 GE
personaggio preferito: Kurt Cobain
reppia@tonino.it

Ho l'impressione che anche internet stia diventando come le stanze di qualsiasi parlamento politico. Difatti la tua voce puo'essere cestinata in qualunque momento worldwide.
Aste Maurizio
Chef di cucina, 36 anni, Londra-Genova
personaggio preferito: Peter Sellers
astemau@yahoo.it

Non capisco.
Peppe Iannella
Scrittore, 33 anni, Bologna
personaggio preferito: Ambra
gpf69@yahoo.com

Dear Sir, I love your books. They look like they have been written by the one I could be. Thank you. I don't know if it is a coincidence or not (I don't believe in coincidences). I'm reading the Romanian version of "Pane, burro e paradossina". I needed to find you in a way. And, surprizingly, I found that your site is full of Romania. You probably have friends here, or there is a link between you and the people over here. OK, I know I'm too confused now. That's because I read (when I was a kid) how Mircea Eliade used to send letters to his favourite writer, Papini. And he used to get his letters answered. I thought that era is dead and this kind of things are gone forever. I felt that writers are so far away from their readers that there's no possibility for contact and exchange of information between them. And now, after decades since Eliade and Papini sent the last letters to each other, I can write you a few words which I know you will read. I'm doing in sitting at my office in an advertising agency, between two meetings and I know there is a small chance to get at least a "See you" from you, one day. And I love e-mail for the first time in my life. Technology did so many mistakes that it should try to fix a few of them from time to time. Anyway. I read your "Ethereal Vagabond" three times. This happened years ago. I loved it and I'll feel this book all my life. You know what "feeling a book" means. I'll keep it in me and it'll always be a "myself generator". I missed "God LTD". I didn't know about it up to now. And I read your latest novel these days and it makes me think that if Hegel used the same techniques to send his message to his readers, that if on his books cover was a picture and an SF notice somewhere (helping people relax), maybe the world was different now. Your book is a philosophy book. A "Casual philosophy" (this is how I like to call this kind of thinking). I love it and I know that the crazier a thing might look, the more truth it has inside. Thank you for your books. You make me want to learn Italian. Respectfully yours,
Bradut Florescu
Bucharest, Romania
bradutREMOVE@notorious.ro

E' strano constatare che ci sia qualcun'altro oltre me a pensare che la morte sia semplicemente un non essere, come non eri prima non sarai dopo. Quando sostengo questo mio modo di pensare per me cosi' logico nessuno sembra capirlo. Anch'io ho avuto questa idea di morte da piccola e il fatto di non esserci mi affascinava, non potevo averne paura tanto dopo non ci sarei stata. Quando sei morto non provi dolore o rimpianto, quelli sono dei vivi, tu sei morto, in un certo senso, "che ti frega"!!
Cinzia
Impiegata, 35 anni, Gavirate

cisavi@libero.it

..finalmente.. ritrovo l'emozione di ESISTERE constatando che non sono sola in questa ricerca.. ho avuto lacrime di gioia... emozione che finalmente condivido... telepaticamente.
Caterina Bonori
Studentessa...."educatrice", 26 anni, bologna
personaggio preferito: Federico Fellini
quatsch@libero.it

Nel senso che gli html vengono filtrati o ti causano un pathos particolare comunque che cazzo e'??? la domanda che mi sono posto entrando nel marasma della pagina.... spedire chiarimenti alla mail di sopra See ya
Pakkio
studente, 27 anni, Sir one
personaggio preferito: Stefano Benni
cjerk@tin.it

GRANDE! sei la prima persona che trovo che la pensa come me: dopo la morte si torna come prima di nascere! e pensa che io avevo una ragazza che crede tantissimo in Dio e che proprio per queste nostre divergenze di pensiero mi ha lasciato (dopo un anno passato a dirmi che voleva sposarmi) Ciao!
Tepes
studente, 19 anni, Venezia
personaggio preferito: Stephen Hawking
tepes@iol.it

Veramente interessante ma la metafora con il libro o con il film non mi sembra appropriata, perchè il libro non si evolve e neppure il film. Manca il tempo. Il tempo si aggiunge solo quando il film o il libro lo vediamo o lo leggiamo, quindi solo quando "interagisce" con noi che siamo viventi. IL LIBRO E IL FILM SONO DUE OGGETTI STATICI. L'UNIVERSO NON è STATICO. Mentre il libro ed il film hanno un inizio ed una fine ben determinate l'universo... boh.
Cesare
Impiegato, 27 anni, Torino

Molto bene. Io penso che la cosa piu importante è il mio nome! Buongiorno da Irlanda
Patrick Flaherty
Studente

Non mi piace tantissimo come scrivi (ti arzigogoli troppo... ti fai delle seghe mentali?) ma sei meglio di molti altri, e poi mi appassionano i temi da te trattati. Mi rispondi sul mio sito? Grazie! A presto....
Fabiana
32 anni, pisa
personaggio preferito: Stefano Benni

Caro Roberto Quaglia, siccome mi servono alcune puntate del Maurizio Costanzo Show videoregistrate, vorrei sapere se tu le hai. Naturalmente, te le pago e, in caso affermativo, ti dirò quali doppiarmi. Se tu non le hai e conosci qualcuno che le ha, mi potresti fornire l'indirizzo? Grazie.
Giorgia

Seguivo Costanzo perché non riuscivo a capirlo (parla per il collo della camicia); quando lo capii mi resi conto che non mi interessava(capirlo.)
Mikel
Sciucciare, 30 anni, Vigo
personaggio preferito: Gariel Garcia Marquez

Che il delirio sia con te e ti accompagni fino alla fine dell'alba della gloria del tuo ego. Non piangere! Lo sclero che avanza
Domenico
Impiegato, 25 anni, Firenze
personaggio preferito: Stefano Benni
utenti.tripod.it/kleineskind
kleineskind@dada.it

Credi che attirando nel tuo sito la gente con dei trabocchetti, poi qualcuno si fermi a leggere quello che scrivi? Povero illuso io sono finito nel tuo sito cercando Sonia Bergamasco. Dalla bellezza e dalla grazia al letame
Massimiliano Griner
http://www.fabula.it/mgriner
mgriner@tin.it

Ho letto 6 lettere del tuo libro e siccome sono un lettore medio ti spedirò la bellezza di millecentosettantasei lire. Ti invierò due pezzi da mille e mi raccomando: mandami il resto. Dico sul serio. Se dicessi sul falso, allora non ti spedirei nemmeno quelle. Visto che i tuoi libri vengono pubblicati in Romania con un buon successo di pubblico potresti spiegarmi perchè e per come non sei riuscito a sfondare in Italia? Non è una domanda ironica: conosco l'editoria italiana solo per sentito dire e tanto mi basta. Però so che esistono un paio di premi (vedi il premio Urania) in grado di incrementare la visibilità di uno scrittore in funzione della sua abilità. Ho anche sentito dire che ad annate alterne si ritrovano senza romanzi decenti da pubblicare e la scelta ricade sul meno peggio. Sarei curioso di leggere uno dei tuoi libri di fantascienza, ma non mastico il rumeno. Ciao
Alessandro Rubboli
Studente, 21 anni, Ravenna

Non solo la tua lettera mostra una grossolana ignoranza e superficialità dell'argomento, ma ancora peggio denuncia un ridicolo e presuntuoso tentativo di stupire quella gente che come te non riesce ancora a superare tutti quelli scontati luoghi comuni sull'animalismo, sul veganismo ecc. La tua lettera è certamente stravagante e divertente, peccato che riporti argomentazioni poco reali e convincenti. Ti consiglio di leggere qualcosa di più riguardo a queste scelte di vita, magari riesci ad inventare qualche battutina un po' più fondata. baci veGAIAn P.S. Anche molti preservativi contengono sostanze animali. Come mai non hai pensato a qualche spiritoso commento?

Gaia Screpanti
Studentessa, 19 anni, Firenze
pink_moon@inwind.it

La tua lettera n. 9, quella sugli animalisti, mi ha fatto venire un tuffo allo stomaco. Hai tremendamente ragione! Io mi sono sempre sentita animalista dentro, di quelli che non ammazzano nè mosche nè formiche, per intenderci; ma la tua lettera di ha fatto riflettere e ho capito che le mie lotte personali e i miei convincimenti non servono a niente, perchè dietro di me continueranno e esistere industrie di pellami e di rullini per foto...

Grazia
Impiegata, 45 anni, Torino
personaggio preferito: Gariel Garcia Marquez
fusizambo@hotmail.com

Salve. Mi chiamo Rodolfo e vorrei tentare una sorta di chiacchierata elettronica (commento, critica, definiscila tu...) partendo dal tuo articolo apparso su Delos. Ti va? *"La maggior parte degli esseri umani sono stupidi...."* Mi pare di capire che consideri il conformismo una forma di stupidità. Sei proprio sicuro che sia così? Secondo me il conformismo non è altro che l'adattamento all'ambiente nel quale ci si trova a vivere e l'adattamento è una forma di manifestazione dell'intelligenza (qualsiasi cosa sia) e non della stupidità. *"La produzione di quasi tutto si sta rapidamente spostando nei paesi del Terzo Mondo dove la manodopera costa meno..."* Sì e no... In realtà la manodopera del Terzo Mondo sta migrando, i costi di produzione restano bassi e per di più vengono azzerate le spese di trasporto. Il cosiddetto Mondo Civilizzato sta aprendo delle grosse succursali di Terzo Mondo, gli operai a costo zero sono già qui. Come una volta disse Alessandro Testa, il giudizio è la scorreggia del pensiero. E' quindi un gesto da limitare in pubblico, aggiungo io. Sono d'accordo sul limitare in pubblico le scoregge del pensiero (bellissima definizione, si può utilizzare senza pagare i diritti d'autore?), ma scorreggiare "fisicamente" è uno dei grandi piaceri della vita, mi piacerebbe poterlo fare più spesso e soprattutto in pubblico:) *"E allora, non sarà più conveniente eliminare in toto la classe politica dei paesi ricchi, sostituendola con una vasta ed esaustiva schiera di politici completamente virtuali?"* Ma la politica è già virtuale! Un politico viene scelto dai vertici del proprio partito facendo soprattutto attenzione alle sue capacità di comunicazione, al suo aspetto, al suo sorriso, alla sua telegenia! *"Il politico virtuale sarà incorruttibile..."* Non saranno purtroppo incorruttibili coloro che staranno dietro al politico virtuale... *"...un chirurgo che al momento buono si dimenticasse di essere un chirurgo per invece credersi un cantautore, ispirerebbe pochissima fiducia nel paziente sotto i suoi ferri..."* Jannacci? *"I suicidi virtuali saranno invece coloro che si perderanno per sempre nei meandri allucinatori dei videogiochi pansensoriali del futuro..."* Dipendenza da videogame e suicidio virtuale... mmm... Si potrebbe fare lo stesso discorso scrivendo "internet" al posto di videogame, oppure "televisione", "cinema", "romanzo"... E' una banalità, ma credo che il problema della dipendenza non sia quasi mai la "sostanza" dalla quale si dipende ma l'uso che se ne fa. Le parti del tuo articolo che non ho riportato sono quelle sulle quali sono d'accordo con te, ci tengo a dirti che quello che scrivi mi piace, anzi... di più... è stimolante (non nel senso dei famosi profilattici "stimolanti per lui, esilaranti per lei"). La mia potrebbe sembrare una difesa della stupidità, ma non è così. Mi piacerebbe capire un pò meglio cos'è l'intelligenza. E capire un pò meno meglio cos'è la stupidità. Un caro saluto

Rodolfo Ciottoni
rdc8@inwind.it

Che cosa ne pensa dell'etica come freno della scienza?

Rita Antonioli
rita_antonioli@tin.it

Credo che i cosiddetti "filosofi" siano la parte dei prof. sicuramente piu'arrogante, impertinente e perfino deludenti, ma devo ammettere che la loro conoscenza sicuramente lontana dai vari aristotele, locke, giordano bruno (il piu'grande) etc.... sia sempre piu' cosa rara in un mondo fatto soprattutto di infinita ignoranza e superficialita' e di conseguenza ritengo, che benche' siano personaggi sempre piu' lontani dai "sapienti", debbano essere valorizzati in una societa' che non guarda ai valori assoluti della vita e ai problemi colossali che invadono il mondo ma che al contrario tende a salvaguardare gli egoismi e le prepotenze che tutti giorni subiamo senza neanche accorgersene. W i filosofi!!!!!

Silvia
Studentessa, 18 anni, Firenze
personaggio preferito: Adriano Sofri
www.guchibba.it

Uno con una faccia così non può parlare male di Jerry Cala.

Giuseppe

Ciao, passavo di qua e ti lascio il mio saluto. PS Anche a me piace la fantascienza

Roberto Fulghesu
rofulghe@tin.it

Ciao, siamo un gruppo di ragazzi di Bergamo che sta per partire con un programma nuovo su una radio locale, precisamente Radio Clusone. Abbiamo visitato i siti di "stranezze" sulla rete ed abbiamo scelto i migliori x proporre una collaborazione: Attendiamo notizie via e-mail (curiosità e follie varie, visto che il programma sarà basato su quello...) in cambio citeremo i siti che ce le hanno mandate... (una sorta di scambio: news in cambio di pubblicità ai siti!!!) con eventuale possibilità di collegamenti telefonici con gli autori. Il programma si chiama I Tiratardi e va in onda ogni lun. Radio Clusone fm 100.2/99.35/89.60.

Gioiella
Valle Seriana-Cavallina Lago D'iseo
s.gioiella@tiscalinet.it

Le invio questa E-mail per chiederle gentilmente qualsiasi informazione, materiale, indirizzo web su cui poter svolgere ricerche sul tema della clonazione, al fine di stendere tesi di Laurea. Certa di una Sua cortese risposta porgo cordiali saluti.

Natalia
mtchiriaco@tin.it

Non sapendo dove mettere i testi di Roberto Quaglia ho pensato di ficcarmeli direttamente nel... cervello. Ha funzionato. Sento che qualcosa qua dentro succede. Per altro, questo commento è perfettamente inutile, tanto è vero che non lo sta leggendo nessuno, a parte te ovviamente.

Marco
Gorla
personaggio preferito: Italo Calvino
giananet@katamail.com

Che dire ... mi ci hanno mandato!! mai esperienza fu piu' piacevole!! sei fortissimo!!

Sabrina Cecilia Sala
Sabrina.Sala@polimi.it

Hello! Let me introduce myself to you. I am 28 year old man. I live in the capital of my town, Tbilisi. I liked your web site very much. I work as a pro-rector at the University. I wish to make new friends! If you visit my web site, you will view nice pics and read the religious history of Georgia and then you will realize that how ancient Georgia is. Sincerely,

Zura
Lecturer of English, 28 anni, Tbilisi city, Republic of Georgia
personaggio preferito: Adriano Sofri
http://www.geocities.com/zuras_place/
zura7@usa.net

Do you know if there ever was published complete collection of work by Robert Scheckley (Hard Bound). If yes, when and by whom, if it is still possible to purchase it. Thanks, Eric

Eric Johnson
eric_1@ahoo.com

Well, there I was browsing through the homepages for the comune di Barga LU and what did I find? A link which sent me to your home page. Wonderful, but somebody has please has to explain... what has yellow bicycles got to do with 1. roberto quaglio (what DOES this mean?) 2. the comune of Barga LU ? 3. the english? artist Keane ? 4. Finland 5. Joensuu ??

Keane
keane@barganews.com

Seppur... ... non so xchè abbia voluto iniziare la mail con 'sto titolo, comunque devo chiederti una cosa: se i tuoi libri sono scritti come hai scritto il sito, vado a comprare la copia di qualche libro, sperando di trovarlo in Italia ed in italiano! :) un saluto, PS:complimenti

Mirko
Alieno@mail.dex-net.com

Hi... I am trying to write a research paper regarding feminist critiques or perspectives on science fiction films. I will be grateful if you can recommend me some web sites or online articles about the issue. Thank you very much for your concern. Best Regards,

Burcu Sümer
burcus@ihlas.net.tr

A proposito di fanta... Carissimo, ho trovato il suo indirizzo nella rete. Lei che si occupa di fantascienza provi a leggere l'aspetto personale della vicenda raccontata a questo indirizzo: http://www.norisberghen.com/La_Storia Se poi, come mi pare di aver capito, conosce Maurizio Costanzo, la prego, mi aiuti a contattarlo! La saluto, e la ringrazio.

Carlo Filippo Follis
carlo_filippo@norisberghen.com

Dear Robert, Great webpage. The Internet Revolution is creating a huge opportunity for Romanians World Wide to be part of the solution in providing a significant positive impact on the economy of Romania. Romanians are uniting in Romania with Romanians in North America. NO donations NO investments. I am also looking for any Monarchists or friends of the King. Romania needs this result... e-mail me for more information, sincerely,

Dr. Clifford Sorensen
clifford.sorensen@mciworld.com

..PURTROPPO (per gli animali) C'HAI RAGIONE! ...è vero, gli animalisti sono proprio una "razzaccia"! ...poveri animali! Cito tanto per fare due risate MARINA REI, lei è vegetariana, un giorno l'ho vista su MTV(...) a -kitchen- dove gli ospiti presentano i video e intanto fanno una ricetta. Insomma lei faceva tanto la vegetariana, gli animali qua, gli animali là, che il conduttore, che non sembrava troppo stupido, come è norma in questo genere di programmi, gli ha detto:- sì

ho capito, sarai anche vegetariana per questo o quest'altro motivo, però sei sempre a suonare tamburi e bonghetti (che sono di pelle)... e lei cosa ha risposto:- Noooo, non puoi fare cosììììì, così mi smonti... noooo... (poi è partita la pubblicità, forse, perchè non mi ricordo) Ho riletto "Cervello da animalisti" e ho visto come la gente vede gli animalisti, non da animalista... Comunque merda, ipocrisia e contraddizione sono lì come da ogni parte: guarda la politica, i comunisti, i fascisti, i moderati, gli operai, gli imprenditori, lo stesso stato, gli americani... nessuno alla fine riesce a prendere posizione, a portare avanti un discorso, sbagliato o giusto che sia, coerentemente. E non c'è più una filosofia, una corrente, una cultura, un dogma, un pensiero politico in cui credi (o credere) che non sia stato preso, riciclato, utilizzato a comodo e piacimento, ipocritamente e in modo superficiale così che alla fine non significa più niente, nè per noi, nè per tutti. Forse sarà la crisi di fine secolo (..nuoto anch'io nelle banalità.. ormai non c'è più speranza!), ma stiamo annientando, distruggendo e vendento tutto quello che è annientabile e vendibile. La new-age, la moda dei revival, il fatto che ogni volta che dici -ti amo!- alla tua ragazza ti senti un imbecille (...e non perchè non la ami), sono tutti sintomi dello schifo in cui viviamo, che assecondiamo e rispettiamo. ...Oh spiegalo a Alberto Castagna! Sto facendo una "tesina" (per l'esame) che ripercorre la discussione filosofica sulla natura degli animali, i loro diritti e i doveri degli uomini nei loro confronti, a partire da Aristotele, Cartesio fino a Kant, Hume, Shopenhauer e molti altri. In pratica è un riassunto del libro "Diritti Animali, Obblighi Umani", è corta (4 o 5 pagine) ma dà una panoramica abbastanza ampia. Se ti interessa te la mando.
Emanuele
emax@ftbcc.it

Scusa! Caro Roberto Quaglia, ormai molti mesi fa ho importato il tuo libro su M. Costanzo. L'ho letto un po' ma alla lunga ho visto che non mi interessava molto. Mentre le altre tue cose mi sembrano molto interessanti, alcune straordinarie, quello aveva un fondo goliardico-astioso che mi disturbava, anche se davvero Costanzo è tutto meno che simpatico. Ma non è per questo che ti scrivo. Il libro l'ho comunque importato quindi ti devo la tua quota. Te la manderò. Scusa.
Emanuele Vacchetto
ganesh@pelagus.it

Caro Roberto, mi ha colpito il fatto che utilizziamo le stesse immagini: Si mi riferisco all'immagine di Einstein linguamostrante. E' la stessa immagine che accompagna i documenti della nostra poco ortodossa, molto scapestrata società di consulenza. Per presentarmi ti invio uno di questi documenti e il manifesto del nascente CLUB del FRIGORIFERO. Dove, per altro, si usa un episodio accaduto in un costanzo Show di qualche mese fa per esemplificare contro e pro cosa il club del frigorifero intende agire. Nei due documenti viene citata una serata di Management Cabaret. Ti manderò l'invito per la prossima serata che si terrà in settembre. Un complimento per la tua produzione letteraria sulla quel spero di avere maggiori informazioni. Un cordiale saluto
Francesco Zanotti
zanunion@tin.it

I am a big fan of Mr. Quaglia and would appreciate any information on how I could obtain an autographed photo. Thank you in advance. Bryan Schaffer - Air Personality KDET/KCOT Radio P.O. Box 930 Center, Texas 75935
Bryan Schaffer
Texas
cpd327@ktsnet.com

Hi, I am a longtime time Robert Sheckley fan, although I have not been able to keep up with his more current works -- until I saw your web page. Is there a source where I can buy all of his writing from the 1980s until the present? Should I just go to ebay or something like that, or is there a better source? Sheckley is my very favorite writer in the world, in all categories. I would love to meet him and tell him that. He has given me so much pleasure. Nothing ever has beaten "Cordle to Onion to Carrot," a short story that totally changed my life. But there are many more that are so wonderful too. Thanks for your help.
Ron Miskoff
qpn@pipeline.com

Ovviamente, ho visitato il sito... e ne sono rimasto sconvolto. Sei assicurato per la responsabilità civile? Comunque l'ho fatto Il bookmark. Sono entrato nel tunnel del vizio, e adesso dovrò stare collegato per ore e ore solo per scaricare il "pensiero stocastico". Ma forse è meglio così, intanto potrò decidere se leggerlo, anche. PS. in realtà quelo che più mi sconvolge è l'effetto clonazione. Adoro anch'io la fantascienza (in particolare Robert Sheckley) che banalmente ho scritto (ma non pubblicato, tiè) ho fatto il consigliere comunale (ma non a Zena, aritiè) e per di più fotografo

e amatore di vecchie 24/36 . Però il clonato sei tu, che io sono più vecchiotto, damn! Stammi bene.
Giancarlo Riccardi
phlieas@tin.it

Nirvana. La pudica incompiutezza con cui caratterizzi questo film ammirevole... devi essere una persona pacata e gentile, rispetto il tuo garbo. Lascia che da persona veemente e indignata ribadisca la totale orribile repulsione per un film che ha devastato l'illusione della fantascienza... Se Dune il film più brutto fatto su uno dei libri più belli del genere, Nirvana il collage insensato di idee fulminanti aggrovigliate e spremute in un modo inguardabile. Gabbiano.
Diego Rossi
skdr@eurolink.it

Simpatico ! Mi sembri simpatico ! Rispondimi ho 14 anni !
NeoIII
loryb@libero.it

Complimenti
Isabella Cioni
isacioni@tin.it

CIAO ROBERTO! Come stai? Sto studiando Italiano e desidero leggere i sui libri. Sono Enrico, abito à New York City. I am one of that happy tribe who especially loves the early work of Robert Sheckley. I recently bought a copy of Pilgrimage to Earth on the Internet and reread one of my all-time favorite short stories, "The Lifeboat Mutiny," which could be looked at as a precursor to the film "2001, A Space Odyssey." The ship's computer, fully activated, like Hal, wrests authority from the crew. If you haven't read it, I highly recommend it. On weekend mornings I take a walk in the park and read one of his marvelous stories. You will recognize me by the smile of delight his work elicits. Do you have a favorite short story that I could translate into English? What is the best Italian only dictionary that I should have, and how can I get one? CIAO, ENRICO
Henry Sutter
henrys2@prodigy.net

Complimenti, sono nettamente d'accordo sulla linea intrapresa, ma quali iniziative vorresti realizzare o hai realizzato in Romania? Ovviamente chi ti scrive e' un italiano che conosce e frequenta la Romania da 15 anni, si puo' dire che la meta' del tempo l'ho trascorso proprio in Romania svolgendo diverse attivita'. Mi interesserebbe entrare in contatto con te per verificare la possibilita' di sviluppare alcuni progetti importanti o, quantomeno, per scambiare idee con chi pare

che apprezzi come me questo Paese. Grazie, aspetto notizie.
Gaetano Vernarelli
roita@fx.ro

Caro Roberto sono Giorgio da Napoli e ti scrivo per chiederti su come fare a propormi come attore nel modo in cui vivi tu, cioè quello dello spettacolo! Ti prego Roberto non leggere questa lettera come tutte le altre, ma leggila col cuore di chi, come me, nutre dentro di sè una grande passione che non riesce ad andar via: lavorare come attore nel cinema. Chiamami Roberto e mettimi alla prova,permetti che questo mio sogno diventi realtà! Tel.081/740XXX Cell.0339351XXXX GRAZIE!!!
Giorgio Patanella
drjvpa@tin.it

Caro sign. QUAGLIA, siamo due ragazze di 30 anni, io lavoro da quando ne avevo 15, e a 30 anni mi porto dietro un bel bagaglio di vita, io e la mia collega da poco abbiamo aperto una agenzia matrimoniale diciamo un 'organizzazione per facilitare gli incontri tra le persone di tutte le eta'. Analizzando attentamente quale servizio avrebbe avuto utilita' in campo sociale, visti i problemi dovuti all'incomunicabilita' tra le persone, i divorzi sempre in aumento, l'isolamento dei giovani ecc.... Ci sembrava una buona iniziativa unire il lavoro a qualcosa che ci gratificasse. Quale orrore !!!! abbiamo trovato in questo ambito commerciale, lei stesso potrebbe scriverci un libro... ma non ci rubi l'idea!!!!! Abbiamo cominciato con una campagna pubblicitaria diversa in giornali decenti per darci una immagine positiva, risultato? MEGLIO pubblicizzarsi in annunci economici vicino alle donne a pagamento si ottiene un miglior risultato e si spende meno, tutte le agenzie all'interno hanno dei jolly e cioe' persone a pagamento che fingono di fare incontri, molta gente ci chiama perche' scoperto il trucco si vogliono sfogare... Quindi corruzione prostituzione grazie anche alle ragazze straniere che disperate per la situazione nel loro paese sarebbero disposte a tutto. A questo punto ci chiediamo c'e' spazio per le persone oneste? Noi abbiamo creato dal nulla senza aiuti dallo stato per l'imprenditoria giovanile una piccola impresa solida ben organizzata con tariffe modiche, con servizi innovativi, e con attenzione a tutte quelle persone che vogliono aiuto che sognano di trovare l'amore, per le ragazze provenienti da paesi poveri abbiamo lavorato gratuitamente per trovargli una sistemazione adeguata per non togliergli la digni-

ta', non siamo scesi mai a compromessi anche di fronte a somme esose di denaro. Adesso cerchiamo qualcuno che ci finanzi per uscire da questo marasma per emergere per dare il giusto valore a questo tipo di attivita'... cerchiamo sponsor finanziatori ecc... dopo che la nostra banca ci ha negato un prestito visto che l'attivita' esiste da poco come possiamo andare avanti ed essere considerati come tutti gli altri? A gennaio forse riprende agenzia matrimoniale su canale 5 questo per noi e' un bel regalo... la preghiamo di voler consegnare questa lettera al signor Costanzo e ci farebbe piacere sapere cosa ne pensa... un caloroso Saluto
Rudi Tena
info@ruditena.com

Salve sono interessato all'acquisto di "DIO S.R.L" e mi piacerebbe sapere il costo. GRAZIE
Andrea
15 anni
lalombarda@unh.net

Ciao, mi sono imbattuto nel tuo sito sulla fantascienza e l'ho trovato interessante, così ho pensato a mia volta di segnalarti il mio sito. E` necessaria una breve introduzione: ho realizzato questo servizio web convinto che avrebbe immediatamente spopolato, e invece ha trovato una fredda accoglienza da parte di moltissimi... tranne alcuni, che invece sono entusiasti... Allora mi sono detto: evidentemente devo rivolgermi a persone con una certa forma mentis.... Siccome sono anch'io un amante della fantascienza (dei libri, soprattutto) ho pensato che quello potrebbe essere un possibile indicatore... chissà... Comunque ti do' l'indirizzo: http://www.affinities.net L'idea è semplice: ognuno ha i suoi gusti e quindi non è possibile prevedere se una certa cosa (ad es. un libro) ci piacerà. Ma se trovassimo qualcuno che ha i nostri stessi gusti potremmo chiedere a lui un consiglio ed evitare di comprare brutti libri o *peggio* di trascurare quelli eccellenti. Il mio sito serve proprio a scoprire quali cose ti possono piacere e lo fa individuando le persone coi gusti più simili ai tuoi e utilizzando i loro giudizi. A me sembra una cosa molto utile, tu cosa ne pensi? sarò molto lieto di ricevere eventuali critiche o suggerimenti. ciao, in ogni caso ti ringrazio per l'interessamento :-)
Marco Becchio
becchio@affinities.net

Salve! Ho avuto la buona idea di leggere il suo articolo "Il Futuro della fantascienza" che ha avuto l'onore di essere pubblicato nel Souvenir Book ufficiale di Intersection. Un altra buona idea che ho avuto è stata quella di mettere il numero del mio conto corrente in fondo ai messaggi di posta ma questa è un altra storia. Comunque l'articolo mi è piaciuto molto e non ho potuto non notare la forte analogia con il brano "Del Parini ovvero della gloria" presente nelle Operette Morali di Giacomo Leopardi. Credo che lei stesso si sia ispirato proprio a quel libro (e a molti altri ancora forse) che resta un indiscusso capolavoro di fantascienza speculativa italiana. Tanto che alla fine credo di poter concludere senza sbagliare che, la sua maggior qualità, senonchè l'avere buone intuizioni sia in assoluto la grande capacità di sintesi, dote molto rara (giusto giusto mi viene in mente un certo Frank Zappa). Comunque quello che mi interessava è se lei ha davvero letto il libro di Leopardi. Se non l'avesse mai letto ci crede nella reincarnazione? Nonostante lei sia Giacomo Leopardi ha fortuna con le donne?
Marco Masina
c/c 10777522
http://www.slaapkamer.com
lessness@tiscalinet.it

Carissimo Roberto, sono un cultore di letteratura fantascientifica, nonche', un tuo estimatore. Ti scrivo, perche' vorrei che leggessi il mio saggio: ...il tenero amplesso tra l'aleph e l'universo. Si tratta di una raccolta di aforismi e conoscendo il tuo stile espositivo potresti riconoscerti nella seguente massima (anch'essa contenuta nel suddetto lavoro): La follia è una modalità frattale di pensare Rendiamo (quindi) omaggio ai Zarathustra che son riusciti a liberarsi dal demone della linearità. nota) la follia in questo contesto e' in antitesi rispetto al significato della cultura dominante! In attesa di una tua preziosa risposta ti mando cordiali saluti Gaetano Perlongo
perlongo@usa.net

Complimenti per il sito! Salutoni da un navigatore Padano!
Roberto Marini
RMarini@albertinisim.it

Notevole lavoro. Hai un sacco di tempo libero! Il tuo maggiore problema è che sei convinto che l'altro sia comunque un pò stupido, controbilanciato da una pessima opinione di te stesso. Equilibrio difficile. Auguri.
Jac
jaclac@iol.it

Mi piacerebbe avere notizie sulla casa editrice che ha avuto la scelleratezza

di tradurre e pubblicare uno o piu'
testi quaglieschi in lingua bulgara.
Dario Santaniello
39 anni, Sofia, Bulgaria
personaggio preferito: Gariel Garcia Marquez
dariodisastro@yahoo.com

...non l'abbiamo neanche guardato il
sito!! Già dalla foto,come mi viene
suggerito, deve essere "un bel scemo!"
Cecile e Alberto
Liberi professionisti, 20/23 anni, La Spezia
personaggio preferito: Marlon Brando
oppobbacco@yahoo.it

Sono stupita che ci sia vita intelli-
fantasciente in giro. Finora mi sentivo sola e negletta... soprattutto
nella mia regione (Friuli). Conosci
qualche sito per scambiare libri in-
trovabili che non siano Star Trek?
Gina Marquardi
Funzionario, Udine
personaggio preferito: Emiliano Zapata
Gina.Marquardi@uniud.it

Ma, scusa un secondo, quanti anni ci
hai messo per rovinarti così? In parole
povere (io almeno non ho la presunzione di saper scrivere), cosa vorresti
comunicare al mondo? Ed inoltre, chi
è il tuo curatore di immagine? E che
sostanze stupefacenti consuma il tuo
editore? Non sei costretto a rispondere a questo messaggio, voleva essere
soltanto una violenza gratuita!!!
Giuseppe
25 anni, Torino
personaggio preferito: Jean Michel Jarre
simontemplar76@yahoo.it

Sono capitata per caso, ed è stata una
passeggiata piacevole, come camminare tra le nuvole, ho ammirato la tua
splendida cultura on the road e non
solo, arrivo da una brutta esperienza
in rete, vivo in positivo e a volte dimentico che la rete è fatta di persone
anche deliranti, beh, ho letto la maggior parte di ciò che hai scritto nel
sito, ammiro la tua facilità d'espressione e la tua solarità, ti abbraccio
virtualmente.
Siria41
51 anni, Verona
personaggio preferito: Roberto Quaglia
siria41@tin.it

Niente, volevo solo farti i miei inutili complimenti... certo che, come
dice un mio amico "ce n'è di gente
strana..." e, come aggiungo io, "meno
male!" Cmq, ciao, io volevo solo avvi-
sare che HO INSERITO il tuo link nel
mio sito (posso? daiiii) delle LASA-
GNE. Ciao
Jukas
31 anni, Torino
personaggio preferito: Rocco Siffredi
digilander.iol.it/jukas/index.htm
jukas_wizzy@yahoo.it

Mi piace la tua music, cos'e'? Dove
abiti? marta di venezia ma che abita

in Florida. ciao
Marta Saviane
insegno italiano, 60 anni, Englewood Florida
personaggio preferito: Roberto Quaglia
viamestrina@aol.com

Sono cascato nel tuo spazio per caso
sei un simpatico mattacchione anche
a me piacerebbe scrivere romanzi di
fantascienza!!!!! Ma non ne ho il coraggio
Enzo
Insegnante, 35 anni, Latina
personaggio preferito: Isaac Asimov

Ascolta, io dopo tanti inviti da più
parti sono andato a Fanculo ma non ho
quagliato proprio nulla, sig. Quaglia.
Cosa si fà ora?
Gianni
Infermiere, 29 anni, Taranto
personaggio preferito: Claudia Schiffer
ipofisi@tin.it

Lo sai che la vita è senza ombra di
dubbio un film; dove te sei l'attore priciaple il "protagonista". Nei
casi peggiori diventi antagonista e ti
devi accontentare. Comunque un saluto
da Simone, anche se non ci conosciamo
personalmente fà sempre piacere. Ciao
Quaglia P.S: se hai bisogno chiama non
si sa mai!
Simone
Imprenditore, 29 anni, Follonica
Sing.Sing@libero.it

Beh, stasera sono di pessimo umore, e
la prima parola che ho in mente e' vaffanculo, cosi' l'ho cercato pure sul
net, tanto per trasformare l'umoraccio
in gioco, e devo dire che affanculo e'
un luogo accogliente, bravo Roberto !
Cristina
Lavoro con pc, assistenza, 27 anni, Amsterdam
personaggio preferito: Leonardo da Vinci
mela32@hotmail.com

Caro Roberto ho letto in parte il tuo
libro è veramente stupefacente.... io
Sono un giovane di 28 anni (diciamo
giovane) ehheehh sai gli anni passano ...abito in una città siciliana ti
dirò il nome ma non so se subito saprai
individuare la sua collocazione geografica, la città si chiama GELA "sud
profondo sud" se mi affaccio alla finestra nelle nelle giornate non so se
vera o con un po' di fantasia si scorge
l'africa, molto più vicina della nostra bella italia.... a questo punto ti chiederai ma cosa mi vuol dire
(questo rompiscatole) nulla di particolare solo che questa distanza
"relativa" naturalmente e al voglia di
voler colloquiare con il Dott. Costanzo ho pensato, se tu avresti modo di
potermi mettere in contatto con la sua
redazione per poter avere una possibilità almeno nella vita di dire a lui
che si "PREOCCUPA" molto delle situazione oscene che affliggono la sicilia

ciò che di immutato o meglio di tr-scendenziale sta succedendo con questo caro e dolce GOVERNO. Scusa tanto ho dimenticato la consueta presentazione di "Me stesso" Io mi chiamo Nuccio Romano ho 28 anni sono Fisioterapista e magari se arò modo di poter anche parlere direttamente con te ti racconterò la storia della mia vita; sai cosè la cosa che mi affligge tantissimo sia della situazione siciliana ma un po di quella nazionale che abitiamo forse nel più bel posto del globo ma l'insofferenza che si sente tra la gente e tale da non farlo sembrare tale, scusa il gioco di parole, sono stato negli stati uniti dove sto facendo un master sulla riabilitazione riguardante le persone che subiscono dei trapianti dove3 nonostante 1 aglacialità dei rapporti interpersonali la gente non soffre di tali insofferenze sociali come l'italiano, ritornado a ciò che ho detto prima questo mi addolora profondemente. Non so neppure perchè ti sto scrivendo ma da alcune cose che ho letto di te sembri una persona molto sensibile alle probblematiche sociali e anche personali. So che ognuno è padrone del proprio destino me è vero che nella terra abitata dagli uomini solo con l'aiuto di altri uomini un uomo fa un'altro uomo. Adesso chiudo prechè magari ti ho pure annoiato spero di poter avere la possibilità di chiacchierare con te o che la mia richiesta di un possibile contatto con il dott. Costanzo sia esaudita. Colgo l'occasione per porgerti i miei più sentiti auguri per la tua prestigiosa "spero" carriera un saluto affettuoso.

Romano Nuccio
nuccio.r@tau.it

Salve! Vorrei scrivere anch'io una lettera a Maurizio Costanzo Show per conto di un collega che si chiama John Jones. Così ho pensato di chiederle qualche consiglio. Per esempio... cosa gli invio: una lettera o una e-mail? E ancora: quale "trucco" per essere certa che la lettera venga letta? Ma, cosa piu' importante, qual'e' l'indirizzo/e-mail di riferimento? Grazie di cuore. Liliana Murino. PS: il mio amico e' autore di un libro ("Il Signore degli abissi") e la lettera che vorrei inviare a Maurizio Costanzo Show ha per oggetto una storia incredibile accaduta a John mentre si recava a Bari per lavoro da Napoli.

Liliana Murino
murino@olivettiricerca.it

Una mail dall'Australia... Ciao, mentre compilavo il kernel di Linux (ci vuole un bel po' di tempo), mi sono messo a navigare in rete, e mi rino ritrovato sul tuo sito. Mi chiamo Tony Mobily, ho 23 anni e vivo a Perth (Australia). Sono a Sydney per lavoro (Dio com'e' difficile scrivere in italiano in un ufficio di persone che parlano inglese...). Grazie al cielo, riparto lunedi' (sto lavorando 16 ore al giorno, sono al terzo giorno su cinque!!!). Io amo scrivere. Negli ultimi mesi, mi ero "lasciato andare" (vedi: avevo smesso) perche' ero apparentemente troppo preso dal lavoro, e dal "non pensare" (che brutto...). Ho un grosso problema: sono incredibilmente ignorante. Non lo dico per cercare consolazione, o nulla. Ho sempre letto non pochissimo, ma troppo poco, e soltanto ora - ora che ho deciso di dare un grosso taglio alla parola lavoro - sto tornando a leggere con l'occhio di chi impara. Allo stesso momento, sto ricominciando a scrivere. Probabilmente non hai tempo, ma ho un mio diario online (http://www.penguin.net.au/staff/merc), se vuoi facci un giro. Quello che mi ha impressionato, e' il fatto che i tuoi libri non siano pubblicati in Italia. E nella pagina, non ho trovato le spiegazioni. Io non conosco il mercato dell'editoria, e tanto meno quella italiana. Ma devo ammettere che dopo tutto quello che ho sentito, parto decisamente prevenuto. E pubblichero' qualcosa soltanto se avro' la *certezza* che i signori "editori" non mi stanno fregando. Sono consapevole del fatto che questo, probabilmente, non accadra'. Ma non sono particolarmente spaventato da questo... Personalmente, ho lasciato l'Italia perche' non sopportavo di dover pagare *incredibili* quantita' di soldi in tasse, per avere in cambio soltanto grandi quantita' di *nulla*... Beh, sono venuto qui anche perche' volevo imparare l'inglese, e vivere in un paese che funzionava... E' stata dura per gli amici - in Italia abbiamo del rapporti molto piu' stretti con le persone intorno a noi, te ne accorgi quando vedi realta' diverse. Ma ce l'ho fatta, mi sono ambientato, e l'unica cosa che mi manca davvero nella vita di tutti i giorni e' la lingua! (anche per questo, leggere e scrivere e' fondamentale per me ora piu' che mai...) Se vuoi leggere alcuni dei racconti che ho scritto, fammelo sapere. Ok? :-) Non potro' mandarti nulla prima di mercoledi' (dopo essere tornato a Perth, Dio non vedo l'ora...) Ti prego di non sentirti in dovere di rispondere a questa email se questo implica uno "stress dal dare sempre le stesse risposte" (mi capita spesso... e' per questo che ho cominciato il diario!). Ciao dall'Australia!

Tony Mobily

merc@penguin.net.au

Searching My father [deceased] immigrated to the United States in 1920. His place of birth was listed as Szolnok-Doboka, Hungary in 1909. His name was Janos Szekely. I have been trying to get information on the area which he came from and have had no luck. Is there any help you can give me? It would be greatly appreciated. I am told that the village Magardecse in Szolnok-Doboka is now part of Romania. If you have any information of the current name of this village or any other information, it would be greatly appreciated. Thank you.

joann c.
jcowell@buckeyeweb.com

Gentilissimo dottor Quaglia sono uno studente della scuola di giornalismo e comunicazione d'impresa Luiss di Roma. Le scrivo per chiderle di illuminarmi perchè devo scrivere un articolo per il giornale a proposito di Intrenet talk show e Tv. Le sarei grato se potesse offrirmi qualche spunto in merito e suggerirmi dei dati o risultati di ricerche su questo argomento. La saluto cordialmente. Grazie Buon Lavoro, Attendo ansioso sue notizie.

Luigi Daniele
Scuola di Giornalismo Luiss Guido Carli
giornal@luiss.it

Nonostante avessi cercato tutt'altra cosa sono rimasto intrappolato in questo sito dal quale non riesco ad uscire, non capisco l'utilita' del medesimo!?, ma visti i commenti delle altre persone non ho potuto resistere alla tentazione di lasciare un segno indelebile del mio passaggio! "MA PERCHE' NON ANDATE A LAVORARE?"

Peppe (detto"peppe de cello'")
Coltivatore diretto, 55 anni, Bergamo
personaggio preferito: Mister Bean

Ho letto la lettera sugli animalisti, pur non riconoscendomi in nessuna delle due categorie, mi aspettavo un po' più di fantasia. Sono le solite banalità che si sentono rinfacciare agli animalisti dai qualunquisti che cercano un alibi per continuare a fare i cazzi loro. Almeno qualcuno qualcosa fa anche se imperfetto. Non ho invece letto nessuna proposta intelligente. Non guasterebbero. Vivi e lascia vivere deve valere per tutti. Anche per i qualunquinsi come te.

Picus
Sfigato, 48 anni, Padova
personaggio preferito: Stefano Benni
Giacomin@dei.unipd.it

Benchè apprezzi il conduttore, vorrei comunque esporre delle critiche sulla trasmissione "maurizio costanzo show". Io ritengo che la trattazione di problemi che riguardano la sfera giovanile, come ad esempio quei confronti improponibili con i leaders di partito o con i grossi nomi della cultura italiana ed internazionale, portino con se il delirio di onnipotenza e l'illusione di capacità taumaturgiche del mezzo televisivo... Vogliamo illuderci che quei giovani siano lo specchio del disagio giovanile e che i confronti di fronte alle telecamere, siano realmente veritieri, sostenibili e proponibili... La realtà giovanile é profondamente diversa e difficilmente rappresentabile sul palco scenico di un teatro!

Francesco Tricarico
Studente universitario, 24 anni, Rroma
bamba@.tin.it

Ciao sono un po' triste, perche' e' morta una mia amica che ho solo conosciuto tramite internet, una vera donna, una pittrice di Trento si chiamava FRANCY, una donna bella intelligente e giovane, per uno sfortunato incidente in auto in Olanda. Penso ai suoi familiari, a suo fratello Parsifal alias Carlo, al dolore che si prova perdendo un soggetto caro e vicino.

Caterina
Avvocato, 36 anni, Catania
personaggio preferito: Roberto Quaglia
Caterina.1@iol.it

Come ho accennato, stavo cercando qualcosa su Filippo Martinez (autore di bellissimi dipinti) quando il motore di ricerca Altavista ha segnalato il suo sito. Prometto che lo leggerò senz'altro, con più calma, ma vorrebbe essere tanto cortese da spiegarmi che cosa c'entra Martinez dal momento che "qui" non l'ho trovato? E' solo una curiosità... Saluti e a "leggerci" presto sul Web!

Salvatore Damiano
studente, 25 anni, Merone - CO -
sdamiano@tin.it

A parte che non so che domanda idiota sia "Quale di questi personaggi preferisci?".... Non li conosco di persona... e poi preferisco tutti gli scrittori di fantascienza che ci sono dentro... i sognatori... Per l'ultima frase... se togli gli effetti speciali da un racconto di fantascienza, anche se li racconti con parole scritte... beh.. puoi sempre sognare... e certe volte è meglio che sia così... Questo ti fa sentire parte del libro, ti mette in comunione con alcuni grandi sognatori... ti permette forse di capire lo spirito così potentemente attraente di una fantascienza che non è solo UFO o stupidissimi ometti verdi....

Alessandro Zigliani
Studente, 17 anni, Villanuova sul Clisi (BS)
azigliani@tin.it

L'identità. Oppure il suo esatto contrario cioè il vuoto. Vuoto creato spesso dal fallimento nel perseguire falsi miti e molto di più dalla violenza di una cultura che da sempre ci parla dell'essere nati "perversi" e della conseguente impossibilità a recuperare una sanità che è identità e che ci appartiene fin dalla nascita. Da sempre. Ecco, credo che l'assenza di una speranza che (ci dicono) non possa essere, legata alla bellezza dei rapporti interumani ma che necessariamente da sempre, deve passare attraverso l'alienazione (religiosa o di ideologie astratte e masturbatorie), questo è, a mio modesto parere, il cardine del problema. Ed è su questo che la ricerca, quella che ama l'uomo e la vita davvero, deve procedere per restituire la speranza.

Loris Cimini
sociologo, 48 anni, Roma
personaggio preferito: Oliver Stone
loris_cimini@it.ibm.com

Sei vergognosamente verboso. Non denoto alcuna cura grafica, il che significa disprezzo per la comunicazione e insostenibile culto egocentrico attraverso foltissime pagine fittamente riempite solamente di scrittura. Internet è luogo molto più libero di quanto tu non sappia pensare.

Marco Caleri
Libero Pensatore, 33 anni, Firenze
personaggio preferito: Sharon Stone
difi@conmet.it

Io ritengo negativa la morte, solo per il presunto dolore fisico che la precede.

Mauro
Fabbro, 30 anni, Viggiù
wino@working.it

Ciao Mr.Quaglia, sono finita per caso nel tuo sito e, ... devo complimentarmi!!! Volevo notizie su Timperi e sei apparso tu...! Si può fare qualcosa? Grazie.

Lara
30 anni, Pesaro
Lara@wxt.com

Non credo nelle citazioni in genere servono solo a usare manipolazionie massificazzioni sociologiche per confermare idiscorsi dell'interlocutore e raggirarlo credo nello studio delle stesse e nel perche' e da chi sono state scritte, e penso che il vero sapere sia dove pochi possono leggerlo, un tempo pensavo fosse meglio cosi', per gravi fatti accaduti ultimamente penso che sarebbe ora che il mondo conoscesse la sua distruzione e non per mano divina ma per mano dell'uomo che e' il dio in cui molti vogliono credere per demandare a lui o ai loro figli tutto cio' che non hanno avuto le palle di fare nella loro vita, comunque credo dal mio punto di vista sicuramente castrato da conoscenze nello scibile dal tuo genere scelto e da mancaze culturali, corrotte e non, che il vero bello di vivere e' proprio nella paura di morire, e nel poco tempo che si ha, facile a dirsi facile pensare come se non si dovesse mai morire, ma difficile e amaro vivere come se si dovsse morire domani, e la colpa e' del controllo sfuggito ai 2 blocchi contrapposti, hanno sbagliato a lasciare destra e comunismo, perche' ora si ritornera' aalle partite cristianesimo mussulmane di tempo fa, e sapendo quanto male anche i cristiani e sopratutto i cristiani hanno fatto a queste genti, i danari gli ori e gioielli da loro rubati penso che il mondo andra' incontro inevitabilmente ad una guerra fatta da piu' guerriglie che poi si uniranno in una, per poi poter davvero riccominciare, se avra' ancor senso farlo, e se i grandi fratelli decideranno in merito. Spero non averti annoiato, e mi scuso per il tono confidenziale che di solito non do mai anessuno ma non tutti sembrano a quanto pare... Costanzo oltreche' lanciare standard imitativi di basso livello e persone da nulla favorite dal nome, e' solo un giornalista e come tal un falso patentato. non serve aggiungere altro!

Caseto
caseto@geocities.com

Caro Roberto, ieri pomeriggio, non avendo niente da fare, ho riletto con attenzione il tuo pensiero stocastico intitolato "Il futuro del sesso". Mi trova sostanzialmente d'accordo, la tua analisi è fin troppo lucida e ben argomentata, non si può non pensare: "Che mente illuminata!" ed infatti l'ho pensato. Non si può pensare altrettanto invece di alcune pessimistiche conclusioni che trai dalla tua analisi, e non perchè queste non si possano effettivamente avverare (la qual cosa come sappiamo è perfettamente possibile se non addirittura già reale, vedi pornografia, cybersesso e pedofilia) ma perchè nel tuo discorso manca uno sguardo a 360°, è come se tu avessi rilevato una significativa ma, a mio parere, non totalizzante tendenza culturale nelle società attuali e future. Esistono molteplici e differenti modalità di vedere la questione (e d'altra parte alcuni semi di tale varietà li cogli perfettamente anche tu, forse semplicemente non ne sviluppi il discorso preferendo soffermarti sull'apocalittica deriva, in materia sessuale, dell'intera umanità) e potrebbero esistere molteplici e differenti linee di sviluppo delle modalità di rappresentazione dell'oggetto "sessualità". Vorrei riuscire a spiegarmi chiaramente ed in questo tentativo, non ti nego, sto valutando anche la tenuta delle mie idee in proposito. Fermo restando che anch'io vedo quello che vedi tu, talmente tanto visibili sono i fenomeni da te descritti, e fermo restando che mi convincono alcune linee di tendenza da te intraviste, aggiungo semplicemente che le società reagiranno in molti modi a tali cambiamenti culturali. Per esempio non è escluso che delle sub-unità sociali non gradiscano, come te, alcuni aridi e animal-meccanicistici (qualunque cosa questa parola composta voglia significare) risvolti di pratiche sessuali scisse dalla componente affettiva e spirituale (se mi passi il secondo termine). E se una buona fetta delle varie società - queste ultime come sai si stanno complessificando e acculturando progressivamente, per cui non è escluso che più sofisticate possibilità di riflettere e di agire migliorino in generale la sfera dei sentimenti umani - quindi se una buona fetta delle varie società coltiverà e affinerà la propria capacità di amare, probabilmente il futuro del sesso sarà meno triste e deprimente di quanto tu non t'immagini. Che ne sappiamo noi che più colti e ricchi e interessanti modi di concepire e agire la propria dimensione affettiva e sessuale non si affermino molto più facilmente in barba ai messaggi volgarizzanti e mortificanti da cui è continuamente bersagliata la mente dell'Uomo e della Donna? Non dimenticare che quest'ultima (la mente) non è un semplice meccanismo funzionale alla sopravvivenza (se così fosse perchè tanti si suiciderebbero?) è molto molto di più: oserei dire che è essa un mistero persino per gli addetti ai lavori, per gli studiosi della materia. Per cui è facile ammettere che la mente possa contenere in sè incredibili potenzialità di sviluppo, crescita, arricchimento, messa in discussione, ricerca, originalità, novità, perfezionamento, ecc. ecc.. Ammesso ciò, il salto di pensiero è presto fatto: ritengo che i modelli culturali presenti nell'Uomo, nella Donna e nelle società possano essere meno rigidamente determinati di quanto ancora non si osi credere, e che - se così è - anche la semplice presenza e testimonianza di idee critiche e non conformate, e la semplice assunzione di modelli culturali di rottura, in cui siano ben integrati il dubbio, il rinnovamento dialettico e la ricerca continua, potrebbero rappresentare la

chiave di volta di un più entusiasmante futuro del sesso, nonchè - anzi soprattutto - di un più entusiasmante futuro dell'amore umano.

Sabrina
Studentessa Psicologia, 25 anni, Roma
personaggio preferito: Stephen Hawking
sa.tripodiREMOVE@email.telpress.it

Ciao splendido profeta del futuro! Incredibile favoloso inventore di linguaggi e di deliziosi sofisticati nutrimenti per le nostre menti. Sognatore appassionante, scrittore illuminante, ideologo vagante, soggettista deformante, narratore sconcertante, affabulatore promettente, sconosciuto novelliere, organizzato affaccendiere, piroettante barzellettiere, webmaster rigattiere, inesistente cavaliere, della rete musichiere, da vagabondo interspaziale a terrestre niente male, ma ti sfiora l'animale, pronto dentro a galleggiare, concupisci in generale e ti soffermi innaturale su ogni preda sensuale... Ti saluto piccolo-grande Roberto. Ho scoperto che sai essere geniale, e non per niente anche bestiale, un autentico carnevale, un intangibile speziale, vivi dentro l'universale e non ti senti spirituale? La tua mente così speciale che ti parla bicamerale? Resisti!!! nel senso di "continua ad esistere" (intendo sulla rete) chè senza di te come faremmo? o tu senza di noi come faresti? O tutti noi senza tutti noi come faremmo? se la vie... Ciao

Sabrina Tripodi
Studentessa psicologia, 25 anni, Roma
personaggio preferito: Stephen Hawking
sa.tripodiREMOVE@email.telpress.it

Nella lista qui sopra manca Borges ! Piuttosto : chi è quel buffo omino che fa la lingua assieme a Roberto Quaglia ?

Giancarlo
Geometra lib.prof., 41 anni, Ravenna
griccardi@racine.ra.it

Io dico che uno cosi' non lo avevo mai visto, in che senso, sei alquanto geniale e sorprendente e devo dire la verita' alcune delle tue cose sembrano uscita dalla magica penna del grande Bukowski (che io adoro). Per il resto continua cosi' che sei forte davvero, anche se poi io non ho capito veramente chi sei e se veramente hai scritto quei libri (se si',mi piacerebbe leggere quello su dio), ma che importanza ha, sei un po' come babbo natale, tutti ci credono ma nessuno sa' se esiste veramente! Bando alle ciance mi permetti una battuta?: per essere una "quaglia voli veramente in alto!". Ciao....

Dario
Disoccupato, 23 anni, Napoli
personaggio preferito: Jim Morrison

gen@freemail.it

Caro Roberto, spero di farti cosa gradita linkando il tuo sito sul mio!
Luigi Di Tullio
In cerca di prima invenzione, 31 anni, Monte Sant'Angelo
personaggio preferito: Ambra
http://utenti.tripod.it/miacasa
luigiditullio@lycosmail.com

Finalmente una persona sia intelligente sia divertente! Complimenti! il Suo sito è fantastico!!! Sono sicuro che sia lo stesso anche per i suoi libri! Sono stato contento di aver visitato il Suo sito. La saluto. PS: Cobain va con la C, non con la K
Seek Hey
Studente
personaggio preferito: Kurt Kobain
http://go.to/seekhey
ci@o.it

Che su internet c'è veramente di tutto.... e che tutti possono mettersi in mostra facendo vedere le cose più strane, insignificanti e inutili per alcuni o utili per altri..... ma basta per fortuna un clik per allontanarsi da cose che sembrano piovute da altri pianeti... Saluti a tutti!
Luca Lippi
35 anni, Firenze
personaggio preferito: Ambra
lucalippi@usa.net

Perchè non ti droghi, come tutti?
Alessandro
Lavoro x pagare le tasse, 41 anni, Prato (PO)
personaggio preferito: Adolf Hitler
alegori@tin.it

Sito proprio carino, un po' egocentrico (come piacerebbe a me) e interessante. Se dovessi creare un sito, chiederei suggerimenti. Ma è tutto vero quello che c'è scritto???!!!
Don Denis
Sacerdote, 35 anni, Milano
personaggio preferito: Robert Sheckley
dondenis@tin.it

Da dove nasce il tuo pessimismo Leopardiano? forse da una tua infanzia problematica? Spero che il tuo possa riprendere presto; visto che anche Giacomo (e dico il Leopardi) alla fine si rese conto che la natura non e' poi cosi matrigna come appare! Attendo tua risposta.
Marcello Ferrara
Veterinario, 29 anni
marcelloferrara@latinmail.com

Fatti coraggio. Il mondo è pieno di arnesi come te.
Quella MezzaSporcaDozzina
Musicanti, Udine
www.webg.net/msd/
msd@innocent.com

Sei fatto come un copertone!!! Pregasi aggiungere alla lista dei personaggi preferiti anche il grande, supremo, mitico VASKO ROSSI !!!!!! Ti affetto con affetto

Il Berto
Della Scuola, 19 anni, CR
personaggio preferito: Marco Pannella
berto@neurodisney.zzn.com

Più che un commento, la voglia di dirti che finalmente aprendo un sito internet e leggendone il contenuto, ho sussultato. Essendo io in procinto di completare un libello dal titolo "Chi è realmente Bracardi?" in cui analizzo minuziosamente le mille finezze filologico-televisive dello "show", non mi ha sorpreso poco trovare sul web qualcosa di simile, già bell'e finito. Mille grazie. E una domanda, di botto: come fa di nome Bracardi?
Marco
Studente, 26 anni, Statte(ta)
personaggio preferito: Maurizio Costanzo
scamposa@tin.it

E' la pagina più bella , simpatica e divertenete che abbia mai visto.
Aras
Studentessa, 16 anni, Genova
personaggio preferito: Roberto Quaglia
members.tripod.com/araspace
araspace@hotmail.com

Che meraviglia!!!!!!!!!! Sono abbagliata da cotanta beltà!!!!!!! BACI BACI!!!!
Dark Moon
20 anni, Firenze
personaggio preferito: Roberto Quaglia
darkmoon2000@hotmail.com

I am looking for information on concerts for Andrea Bocelli in Italy. Can you help?
Dennis
dfeely@tgroupinc.com

Io non pago.
Sandro Catta
ingegnere, 24 anni, Cagliari
sandrocat@tin.it

Ciao. Mi puoi aiutare? Voglio cercare la mia figlia che era adottata in Sabaudia, Latina. La legge qui' anno aperto i certificati di nascite, in Italia non anno fatto. Aiuto per piacere. Grazie.
Giovanna Brewer-Valeriano
45 anni, Saginaw
personaggio preferito: Roberto Quaglia
deni@cris.com

Un pazzo... ma a volte i pazzi sono geni. complimenti
Daniele
www.darshan.org
piadina@kjws.com

Secondo me hai avuto un'ottima idea. Ho letto solo una delle tue lettere ma è interessante e tornerò a curiosare nel tuo simpaticissimo sito. Intanto sappi che alcuni tuoi spunti sono (in parte) confortati da autorevoli autori (p.es. De Kerchove o Baudrillard). Ciao!
"Il Quèlo"
Qualche volta autore tv, 43 anni, Roma
personaggio preferito: Pippo Baudo

plutone@inbox.ilink.it

Sei un grande. Sei un figo. Ma quanto tempo hai dedicato a costruire il tuo sito? Mi leggerò con calma i 50 articoli che hai scritto, vale la pena di studiarli con attenzione. O sei un pazzo o sei un genio. Forse sei un geniopaz o un pazgenio o un gezpaio. Ciao.
Filippo Pavan Bernacchi
Dirigente, 32 anni, Este (PD)
personaggio preferito: Jean Michel Jarre
filippo@job.pd.it

Dei filosofi siam d'accordo. Ma delle filosofe che dire... Ou pire, aspetto un Suo rilancio. Passi comunque per Verona, là, si dice, di quelle ve ne sono. Non so, se, io, le vidi... ma a dir il vero m'importa na sega, ma fatta bene che non si sa mai... comunque storie di blaa blaa blaa, ovvero l'uomo è colui che parlando gode. Ma la donna, gode e tace. E le filosofe che fanno, dal momento che il becco l'hanno aperto, per altro verso da quello del ventre. Aspetto un Suo gradito e certo chiarimento sulla questione. Distinti saluti.
Il Male Massimo
Dirigente: zerbino, 32 anni, Brescia
personaggio preferito: Vittorio Sgarbi
drmale@mailbox.opencom.it

Bello l'articolo di Quaglia su Genova, ancorchè molto semplificativo (ma non è una crtitica); scrivere di Genova in negativo e' effettivamente difficile come scriverne in positivo, perchè ci sono TROPPE sfumature assurde da capire per chi fa parte (cito il Quaglia) della categoria di quelli che dentro non hanno la necessità mentale di uscire dagli schemi (leggasi vivere da uomini e non da topi).
Marco Zappa
Architetto, 30 anni, Genova
zappa@village.it

Mi sento solo. Difficilmente riesco a essere capito, ma è facilissimo capire e prevenire gli altri. Per questo mi ritrovo alla ricerca di individui speciali che mi capiscano al volo e che si sentano come me dei veri fascisti democratici. Quello che scrivo può non essere compreso perche ci sono diverse evoluzioni nel sistema comunicativo umano. Chi si trova al mio livello forse mi può capire. E soprattutto viviamo in un mondo fatto di luoghi comuni che ai più non sembrano tali. Io invece vedo luoghi comuni dappertutto!!
Simone Corsi
Disoccupato, 28 anni, Romaù
sicors@tin.it

Una Sola Parola: "Mafia"
Fabio
Legale, 26 anni, Varese

famondi@tin.it

Meriteresti la galera per la tua idea del cazzo di riempire le tue pagine HTML con del testo nascosto in modo da essere sempre trovate dai motori di ricerca. Se internet avesse delle regole, sicuramente il tuo sito sarebbe passibile di denuncia! So gia' che non pubblicherai mai questo messaggio (chissa' perche' pubblichi solo i commenti positivi) ma volevo comunque togliermi lo sfizio di scrivertelo...
Stefano Roccati
Impiegato, 30 anni, Torino
Roccati@csi.it

E' molto triste sapere che per molti non c'è la Verità, ma tante e diverse verità! C'è per ogni uomo un messaggio catechetico di vita eterna contenuto nella Parola di Dio! Morte e vita appartengono a Lui! Questo messaggio è per ogni uomo. Auguro anche a voi che possiate accorgervi della necessità di riceverlo e di incontrare Colui che della vita è il Signore! La Pace di Cristo Risorto sia con voi!
Luciano
59 anni, Roma
ldanesi@comm2000.it

A bello.... si scrive Kurt Cobain e non Kurt Kobain..... somaraccio..... Ma si può sapere chi sei????? che razza di pagine sono queste????' (tra i personaggi aggiungi gianluca pessotto e alberto angela che sono i miei personaggi preferiti... va bene...adessso vado...ciao ciao
Silvia
17 anni
personaggio preferito: Kurt Kobain

Se cerco Lilli Carati e la sua filmografia non capisco perche' debba uscire questo libro di cui non mi importa niente.
Max
massimiliano.griner@iol.it

Non ce la si fa più a passare un bordello di tempo mentre girano le pagine, per esempio uno vuole vedere un personaggio e ci sono decine di retourn alle tue lettere (troppe, cavolo!). Fai qualcosa, per favore. Vedi di togliere un po' di parole chiave. Non puoi intasare così la navigazione. Troppo tempo e troppo costo. Saluti
Norman Zoia
Artista, 49 anni, Milano
http://www.contatto.it/zoia
norman.zoia@mail.viva.it

Complimenti caro extraterrestre, devi essere proprio un vero automa asessuato per riconoscere le debolezze della primitiva sessualita' umana... ah a proposito ma voi extraterrestri con che cosa vi torturate il cervello se non con i primitivi stereoptipi sessuali di chi ce l'ha grosso o di chi ce l'ha piccolo? Bella domanda eh?

Jacopo Furlanetto
18 anni, Milano
personaggio preferito: Emiliano Zapata
jacopiu@hotmail.com

Avrei da farti una domanda ma intelligenti si nasce o si diventa?

Simone
Studente, 22 anni, Mondovì
simone.bolassa@isiline.it

Ciao! Un sito benissimo. Mi piace molto. Grazie!!!

Joan Diez
Professore, 38 anni, Amposta
personaggio preferito: Marlon Brando
http://www.geocities.com/SoHo/Opening/9238/
carolusrex10@hotmail.com

....sai fare molto bene dello humor... cerca di sfondare... pero' forse ...un po' troppo esagerato?

Pamela
Studentessa, 18 anni, San Benedetto del Tronto
falcopotente@libero.ti

You are a funny man, my dear Roberto (and you must be a thinker too)! I just wondered about a girl I met five years ago in Aix-en-Provence (France). With this wonderful search engine I ended up on your nice website. Her name was Sandra Jost and found a picture of one Sandra Jost (one of many, I take it) On the picture she is a young girl, so I cannot recognize her. Five years ago she lived and worked in Basel, Switzerland. She had a crush on me then and I happened to think about her now. I did not know much about her past (where she went to primary school) so it's difficult to reconstruct if she's the one. Do you know anything about the Sandra Jost on the picture? Please let me know if you do. Best regards,

Mark Sluis
Information-marketing (publish, 28 anni, Amersfoort, Netherlands
personaggio preferito: Carl Jung
sluis@wishmail.net

Mi ci ha mandato un mio amiko... non credevo di trovare un così bel sito!!!

Katiusha
Fankazzista, 17 anni, CABIATE
personaggio preferito: Roberto Quaglia
http://depechemode.acmecity.com/rush/26
katiusha@tin.it

I like what I have seen, haven´t seen it all though. Couldn´t find what I was looking for, which are your thoughts on the solar eclipse on the August 11th. Love,

Valdis Palsdottir
Summertime Journalist, 31 anni, Akureyri, Iceland
personaggio preferito: Carl Jung
valdis_eyja@hotmail.com

I'm not joking, my real name is Alejandro Quaglia. My grand father came from italy some time ago. I will be very pleased if you could send me a e-mail becouse i want to talk with you about our family. Maybe you are something related with me.

Alejandro Quaglia
Student, 19 anni, Montevideo, Uruguay
quaglia@internet.com.uy

Complimenti per la sua pagina. Ho trovato di estremo interesse la parte riguardante l'Ordine del Giorno per attivare il Comune di Genova contro l'emergente fenomeno della schiavitù in città e nel paese. Vorrei poter discutere con lei via e-mail riguardo questo problema. Spero possa trovarne il tempo..per me (e non solo per me) sarebbe veramente molto importante. Grazie

Max
Studente di Giurisprudenza, 24 anni, Firenze
cucciolin@dada.it

I have to admit... I'm either impressed or scared that I may be related to you by some genetic strain...

Mark Quaglia
Student, 20 anni, Hamilton, Canada
personaggio preferito: Roberto Quaglia
quaglimh@mcmaster.ca

Ue', vecchia sola, come stai? Ho visto la mitica Alessandra Ferrando ieri, che mi ha parlato del tuo sito. Bello scocciato! Divertentissimo, anche se non sono riuscito a vederlo tutto... thanks god we don't change... invece Ale mi aveva parlato anche di materiale sulla Deutsce Schule, sulla quale non ho trovato niente. Strana esperienza, che in qualche modo si tende a rimuovere... perché? Boh, non mi ricordo. Ma solo a sentire alcuni nomi rabbrividisco... Come te la passi? Io dopo 12 anni fuori sto provando a rientrare a Roma, che e' un posto strano. E in piu rientro con moglie, cane e 2 bimbe... mi sono dato da fare... vabbe' torno al lavoro a dopo. PS non sono al mio computer, ma ospite da una collega...

Giancarlo Lodigiani
38 anni, Roma
personaggio preferito: John Holmes
lodi@bloomberg.net

Congratulations !!! You are in my own SF writer top 5 on position 1-2 together with Bernard Werber. You let behind Asimov (love of my childhood), Frank Herbert & William Gibson Keep it going on like before :) Waiting for your new creations.

The Flu
Student, 18 anni, Arad - Romania
personaggio preferito: William Gibson
http://mercury.spaceports.com/~flu
flu@millennium.ro

Poche foto, ma tu sei carino..... solo che stai con la lingua di fuori; cosa ti manca? solo che ti ho trovato dgt su altavista la parola "cazzo". Come mai?

Sto cercando la foto di un bel c...
da mandare a Bruzzi. Lo conosci? Mi
piacerebbe fare una pag. web ma non so
come fare... puoi darmi qualche consiglio? Un bacione, proprio sul......
Nikita
Roma
mesofago@hotmail.com

Non volevo mettere boh nei personaggi
che preferisco. Volevo fare la scuola
del piccolo di Milano ma poi ho letto
le tue considerazioni sul futuro del
teatro e mi sono sconfortato. Anche se
ti conosco da cinque minuti ho già di
te una grande considerazione. Non riesco a scrivere sono bloccato ho sempre
paura di essere troppo egocentrico i
sensi di colpa mi percuotono sono un
inetto non so prendere decisioni non
ho forza di volontà vorrei sempre che
la gente vedesse il mio lato migliore ho paura che le persone mi odino e
questa musichetta mi fa sclerare vorrei che tu avessi qualcosa da dirmi a
volte mi vergogno di essere italiano
giuro.
Federico Ragnoli
19 anni, Brescia
feragnol@tin.it

Ti ho mandato il messaggio 5 volte
perchè è il mio numero preferito quanta venalità. Avrei un futuro solo come
scrittore Dadaista.
Federico Ragnoli
19 anni, Brescia
feragnol@tin.it

Tu sei un pazzo ! Ganzo, ma pazzo....
Nazim
Pistoia
personaggio preferito: Totò Riina
xfabx@tin.it

Le informazioni su Benni siccomé faccio una tesi su di lui, per favore se
mai avete qualsiasi cosa... pensate a
me! Questo sito è fatto bene, si può
"viaggiare" molto veloce. Grazie molto.
Bouchut Séverine
Studentessa, 22 anni, Moulins (francia)
personaggio preferito: Stefano Benni
choubu@yahoo.com

La mia tesi sulla fantascienza passerà
anche da qui?!
Rossella Tufano
22 anni
personaggio preferito: Stanley Kubrick
rtufa@tin.it

Per colpa del tuo giochetto da vero
stronzo sei un pò stronzo? O lo sei
del tutto?
Andrea
abugli@riccione.net

A cosa serve saccheggiare libri inte-
ressantissimi come la Mente Bicamerale
e non citare mai l'autore e il libro
stesso?
Antonio Gesualdi

radionews@vip.it

Incredibile trovare, tra gli indirizzi che trattano argomenti di sesso,
una pagina come questa. L'ho caricata
e la leggerò dopo. Sarai certamente
un fantastico pazzoide. Ti riscrivero'
dopo aver letto tutto. Ciao
Michele
Palermo
personaggio_preferito: Sharon Stone
michele53@iol.it

Se ho ben capito: NO all'animalista
convinto, perchè ossessivo, e perchè nel suo animalismo estremistico
non rispetta le forme di vita vegeta-
le, e talvolta anche umana. NO anche
all'animalista qualunquista, perchè si
intenerisce su un morbido gattino ma
stermina senza pietà formiche, mosche
e tutti gli esseri viventi che per
una ragione o per l'altra, non gli
ricordano il cucciolo umano. Quindi
va punito; se è contrario alla pelliccia, bisogna rimetterlo al suo posto ricordandogli subito lo scarpe,
il portafoglio, le fotografie che ha
scattato in vacanza.. (se è una donna, aggiungo io, ricordiamole anche la
cremine che usa contro le rughe, le
iniezioni di collagene fatte per lo
stesso motivo...). Ricordiamogli anche che esistono dei medicinali che
lo fanno stare meglio quando è malato,
è perchè milioni di animali (anche e
soprattutto quelli che assomigliano ai
cuccioli umani) sono stati catturati,
torturati, vivisezionati e quant'altro). Spieghiamo a questo animalista
qualunquista che si può indignare solo
se la pelliccia è di leopardo, o di ti-
gre, ma non se è di visone, tanto meno
di coniglio. QUESTA SI, CHE E' UNA
POSIZIONE RAZZISTA E QUALUNQUISTA, che
mette l'UOMO al centro dell'Universo,
e ritiene che tutte le altre forme di
vita siano in qualche modo a lui inferiori, e che egli possa e debba as-
soggettarle, sfruttarle, sterminarle o
proteggerle, amarle o odiarle, a suo
solo e insindacabile giudizio. A me
non importa niente che il leopardo sia
in via di estinzione e che invece il
visone venga allevato (anzi il visone
dovrebbe essere grato a chi lo alleva
per farne pellicce, perchè sennò sarebbe estinto da un pezzo). E perchè
poi è importante proteggere le specie
in via di estinzione? Ma naturalmente
per i posteri umani! Non vogliamo mica
che i bambini del 2000, 3000 o più non
possano sapere come era fatto un leopardo? E perchè siamo sconvolti all'i-
dea che gli alberi vadano diminuendo?
Perchè ci preoccupiamo degli alberi, o
piuttosto perchè gli alberi permettono
agli UMANI di vivere e respirare? Certo, molti animalisti discriminano le

razze per così dire da proteggere, cadendo nel razzismo; ma chi, per essere coerente, si impelliccia perchè tanto mangia le bistecche, non si commuove di fronte a un gattino affamato perchè non sarebbe coerente con il topicida di cui ha cosparso la cantina, compra un agnello intero per Pasqua perchè ovviamente non vede differenza tra il tenero, morbido agnellino e, per esempio, lo stupido e grinzoso tacchino.. beh, costoro per non fare discriminazioni fra le razze NON UMANE, affermano di fatto che l'unica forma di vita che bisogna sempre e comunque rispettare è quella umana. Certo che è incoerente non mangiare il coniglio perchè abbiamo visto quanto sono carini i coniglietti, e poi tuffare la brutta aragosta VIVA nell'acqua bollente. Non creda il signor Quaglia che soltanto lui ha colto l'assurdità di certi atteggiamenti... però, quello che vorrei spiegare a tutti quelli che la pensano come lui, è che questa ondata di animalismo, anche se cretina, snob, superficiale e qualunquista, è comunque meglio dell'indifferenza assoluta o peggio. Non credo che l'uomo sia passato in un colpo solo dal divertirsi ad assistere alle lotte fra gladiatori o con i leoni, al Colosseo, a concepire "Il Capitale". Anche se molte donne sono cretine quando bruciano le loro vecchie pellicce in piazza, se però questo sensibilizza anche solo un pochino le giovani generazioni sul problema, non è comunque un gesto da ridicolizzare. Anche se mangiamo la bistecca, sarebbe comunque positivo se la corrida venisse eliminata o se la caccia alla volpe fosse proibita. SAREBBE UN INIZIO, NON MI PARE UN CONCETTO COSI DIFFICILE DA CAPIRE. Un visone, di cui esistono altri milioni di esemplari in tutto il mondo, ha diritto - in quanto individuo e non in quanto appartenente ad una specie - allo stesso rispetto, se non amore, che si porta al leopardo, anche se fosse l'ultimo leopardo esistente sul pianeta. SE IO FACCIO QUALCOSA PER I BAMBINI MALATI DI AIDS DELLA ROMANIA, MAGARI SOLO PERCHE' MI E' SIMPATICO MINO D'AMATO E MI SONO COMMOSSA QUANDO HA PERSO SUA FIGLIA, non mi si può venire a dire: "si, ma allora, i bambini dell'Algeria, o quelli del Bangladesh, o quelli... etc. etc. NON CERCHIAMO SCUSE PER LA NOSTRA INSENSIBILITA' ATTACCANDO E RIDICOLIZZANDO COLORO CHE, magari incoerentemente, magari stupidamente, magari solo perchè va di moda o perchè non hanno più altri mezzi per rendersi interessanti, fanno qualcosa che, in definitiva, non toglie niente all'UOMO e,

senza avere la pretesa di riscattare tutti gli animali del mondo, ne salva però qualcuno o contribuisce a diminuire le sofferenze di qualcun altro. Se mia figlia cresce sentendo dire che la pelliccia è vecchia, che la pelliccia sta bene sul suo legittimo proprietario che è l'animale, e altri "luoghi comuni" del genere, magari prima o poi interiorizza questo concetto, magari perfezionandolo, magari aggiungendovi qualcosa di suo. SUA figlia, darà per scontato che è disgustoso allevare un animale per togliergli la pelliccia, questo sarà per lei un dato di fatto, e magari rifletterà sul fatto che è un po' assurdo proteggere la volpe e mangiare il capretto. Magari, fra qualche generazione, saranno un po' (certo, solo un po') di meno gli animali che soffrono a causa del comportamento umano. E' ovvio che fino alla fine dei secoli l'uomo sarà sempre più propenso ad intenerirsi davanti a CERTI animali piuttosto che altri, probabilmente per il motivo che Lei spiega così bene. E allora? L'importante sarebbe che, pur continuando a privilegiare il gattino o il cagnolino, si possa provare, dapprima magari solo indifferenza invece che schifo, e più tardi forse anche una certa forma di rispetto ANCHE nei confronti del topo, del ragno, del pipistrello e così via. E se ci arriveremo, non sarà grazie a coloro che si divertono a "inchiodare", "mettere il cappio al collo", o - molto facilmente - a trovare i punti deboli e le falle dei ragionamenti degli animalisti, convinti, mezzi convinti o qualunquisti.

Rita Scardigli
Impiegata CEE, 48 anni, Ispra (VA)
personaggio preferito: Jim Morrison
Rita.Scardigli@jrc.org

Cosa dire? Dopo aver letto la lettera di Quaglia direi che ci sono tantissimi modi per affrontare il "problema" droga, è una lettera molto chiara ed esplicita, il problema della droga sembra inscindibile dal fatto di esistere in una società. E' veramente un problema la droga? C'è chi pensa che sia un divertimento, e dopo aver parlato con miei amici capisco che, anche loro come Quaglia hanno un loro punto di vista sull' argomento e penso valga la pena di essere ascoltato.

Mirko
studente, 20 anni
Staxxx@tin.it

Bene oggi il nostro totem, e la data deve essere commemorativa ossia il 7/3/98 è rimasto totalmente attonito assente, in uno stato di totale silenzio. Bene è stata una puntata tutta donne l'avete vista no? Si è parlato di

politica e dato che ne è sorto un pollaio disumano lui anzi LUI ha pensato bene di scavarsene fuori. Ha, il potere delle donne argomento della puntata tanto messo in discussione oggi ebbene è saltato immane grande alla platea e a noi donne a casa. Nonostante mi fossero quasi tutte antipatiche hanno messo a tacere LUI che spesso in defaiance cosa poteva fare se non mandare la pubblicità? Bene caro onnipotente ti sorbiamo tutte le sere pure la domenica ma oggi sei stato silenzio e ti dirò mi sono quasi divertita. Beh caro Roberto non ho visto ancora il tuo sito bene comunque un grande CIAO!!!
Manuela
Artistaimpiegata, 33 anni
personaggio preferito: Roberto Quaglia
manu@dns.net27.it

Chi è lo stronzo frustrato che si è permesso di usare la figura di pareino per esprimere le sue cazzate? Fatemelo sapere.. lo ucciderò al più presto!!!!
PS. laccia stare e datti all'ippica che avrai più fortuna
Andrea Girelli
Medico-Chirurgo, 26 anni, Brescia
doctor_girel@yahoo.com

Perche non scrivete un libro sul tradimento della lingua italiana, sono sicuro che vi fara tanti soldi. ciao
Domenic
42 anni, Perth
personaggio preferito: Leonardo da Vinci
domenic@aceonline.com.au

Il Maurizio Costanzo show, e` una vita che non lo vedo. In Italia, era uno dei miei programmi favoriti; ma da quando sono in Svezia ho sicuramente perso tante ma tante magnifiche, intellettuali, stimolanti serate, guidate da quel magnifico mostro di parole: MAURIZIO. L'Italia mi manca enormemente, mi manca il poter solamente parlare la mia lingua con persone che la capiscono realmente, perché, devi sapere, l'enorme frustazione che si produce in una persona che non riesce a farsi capire o che non riesce a spiegarsi del tutto, in una lingua straniera. Le mie nozioni in svedese sono buone, visto che studio, da tre anni, al liceo. Ma siccome, la parola spiega l'uomo, ogni piccola mancanza puo'anche dare l'impressione di una incompetenza latente. Questa e un impressione che non voglio che altri abbiano su di me. Tanti saluti a tutti, a mia cugina Lara Martelli, a tutta la sua famiglia, che non vedo da diversi anni.
Gigi lo svedese
Studente, 29 anni, Malmö (Svezia)

La prego di voler esaminare, quale estremo rimedio, il suicidio.
Gianni
50 anni

personaggio preferito: Julius Feiffer
tell@geocities.com

Visto che hai intasato l'indice di Altavista con il tuo libro, tenendo conto che Maurizio Costanzo è solo un pretesto per attirare gente come me che cercava lui e non te, e che comunque magari una volta avrai davvero provato a scrivergli, potresti inviarmi l'indirizzo della sua redazione? Per quanto riguarda il sito, lo trovo molto consono al tuo essere, probabilemnte divertente, sicuramente invadente.
Edoardo Dezani
studente, 24 anni, Asti
personaggio preferito: Jean Michel Jarre
http://oasi.asti.it/Homes/Dezani/
duarte@oasi.asti.it

I was searching the Web trying to find someone who could help me getting the information of how to get the film rights to Barbara Alberti's "Povera Bambina" and You were one of the options offered by Alta Vista search engine. Do You think You could help me? Thanks,
Petr Zenkl
film distributor, Prague
personaggio preferito: Peter Sellers
spacefilms@ibm. net

La favola mi è piaciuta. Sono per una visione della TV selettiva. Bisognerebbe educare i bambini alla fruizione dei mezzi di informazione in genere, vedi internet. Saluti
Cesare
Traduttore, Palermo
csa@neomedia

BAGATTO! C'è di più! Cerca ancora! Prima devi sacrificare tutto! Poi troverai! Ti voglio bene!
Mirella Messina
49 anni, Licata (AG)
mira@tau.it

Come ti è venuto in mente questo titolo? Sei quasi più fuori di me, anche perchè il contenuto delle lettere è ancora più folle e geniale del titolo.
Gabriele Temin
Studente, 19 anni, Napoli
personaggio_preferito: Stanley Kubrick
teminga@iol.it

Io, essendo irlandese, sono una vera campione dello sproloquio...comunque tu, Quaglia, ci sei riuscito abbastanza bene (...dico solo abbastanza, non bisogna esagerare qui!). Slan a tutti.
Catherine
Studentessa, 23 anni, Cork, Irlanda
Cathyfr@hotmail.com

Sei un grande, anche se cristo non si riesce a trovare una pagina di costanzo che compare sempre qualcosa di tuo. Hai percaso la sua e-mail? Lode a r.q. baci...
Zibba
Agente immobiliare/cantautore/, 22 anni, Varazze
personaggio preferito: Roberto Quaglia

Trovo scandaloso questo sito praticamente una presa in giro! Come è possibile pagare 5000 lire per un disoccupato, e per di più bisogna pagare in
anticipo ma che razza di shareware è?
Al massimo si fa leggere 1/4 di libro
e il resto lo si paga (questo è lo shareware!!) Inoltre trovo una VERGOGNA
far pagare la lettura di 50 lettere
che non hai neppure scritto te! E se
mi mettessi a fare anche io un libro
ma con 200 lettere inviate al costanzo show? Informati prima di definire
"SHAREWARE". Saluti
Stefano Bianchi
24 anni, Roma
personaggio preferito: Moana Pozzi
bianchi@biz.st

Non riesco a spiegarmi come è stato possibile ritrovarmi a navigare in
questo sito che mi ha riempito di soddisfazione maligna da genovese emigra-
ta. Cosa c'entra Roberto Quaglia con
Carolina di Monaco? Mi stavo infatti dedicando a una ricerca di grande
spessore culturale, cercando cioe' se
e' vero o no che la princesse aspetta
un quinto figlio (...e bastaaaa....).
Impostando come parole chiave Carolina
di Monaco è uscito fuori il libello
autodenigratorio, indirizzato al MC-
Show, che qualunque genovese di buon
senso sottoscriverebbe. Complimenti!
Roberta Rossi
Funzionario al Comune, 32 anni, Milano
skipperouge@iol.it

O ninfa Oralia! O pallidi conigli!
Perchè Saturno divorava i figli?
Mario Sega
28 anni, Genova
personaggio preferito: Stanley Kubrick
mariosega@katamail.com

Non so chi sia Roberto Quaglia; mi imbatto nel suo nome per la prima volta;
l'unica cosa che sò, leggendo questo
articolo sugli animalisti, ipocriti,
convinti o qualunquisti, é che sono
pienamente d'accordo con lui.
Gianluigi Veronesi
Giornalista - editore,Direttore Responsabile della rivista
mensile "STRUZZO e dintorni", 31 anni, Anzola Emilia - BO
www.struzzoedintorni.it
gigivero@tin.it

Mah, questo quaglia dovrebbe, a mio
avviso, mettersi seriamente a legger-
si la fenomenologia dello spirito, la
critica della ragione pura, le meditazioni metafisiche, essere e tempo,il
mondo come volontà e rappresentazione.
Tanto per incominciare, un po' di cultura filosofica non gli farebbe male.
Prima di tutto perchè questo qui parla
di scienze e di progresso tecnologico,
come un veteropositivista di 4 soldi,
incorniciato in un 2000 e in una posizione che gli permette di sparare
le sue cazzate in un contesto pubblico. Perche' il sig. Quaglia, pur col
suo italiano forbito mostra di ignorare: il dibattito intorno alla tec-
nocrazia, che, da Heidegger in poi,
anima una certa scena filosofica e che
informa temi quali l'ecologia, i rapporti tra economia, scienza,ambiente
e società. Secondo: cosa si giudica?
La stragrande maggioranza dei laureati
in filosofia (una delle facoltà umani-
stiche più difficili) sono invischiati
a far cose strane: insegnanti di guida o improponibili concorsi a cattadre
per la scuola italiana in regime di
autonomia. Beh, mr.quaglia, evidentemente per la materia ha sempre avuto
un'antipatia, pari a quella che avevo
io per la matematica. Ma non mi pare
il caso che sputi sentenze su una disciplina che conosce poco e su gente
che non conosce affatto. Mica tutti
ricopriamo le cariche e l'importanza
di Massimo Cacciari.
Filosofa, Milano
personaggio preferito: Peter Sellers

Ti mando la mia lettera indirizzata
alla Commissione lavoro della Camera;
accidenti, dobbiamo pur parlarne al
grande pubblico! che dici, la mando
a Costanzo? E' un mese decisivo per
gli atipici rispondimi subito!!!! ps.
metti Walt Whitman nella lista: viene
prima di te, per me.
Laura
Fiano Romano
personaggio preferito: Roberto Quaglia
0765389125@iol.it

Oggi è l'8 Marzo. Lo stesso giorno di
11 anni fa, sono stata ospite per la
prima e unica volta al Maurizio Costanzo Show. Vorrei avere una copia
della cassetta, per ricordare come, al
tempo, potessi essere così sfacciata
e anche un po' ignorante (chiamai la
grande Pupella Maggio "signora Omaggio"). Ho mandato diversi fax alla redazione, ma non ne ho avuto risposta.
Chi puo' aiutare i miei ricordi?
Irene
Impiegata, 27 anni, Carpi
personaggio preferito: Gesù Cristo
spara72@libero.it

Su di voi, gestori e mentori di questo
sito del cazzo. Ho una gran voglia di
dire le parolacce quest'oggi.... probabilmente è perchè non ho una donna, o
solo perchè il travaglio intellettuale
mi ha portato a visitare un sito del
cazzo come il vostro. Voi siete tutto
ciò che io detesto profondamene: avete
lo squallido senso della merda che mi
riempie il culo ad ogni bruciore.
Elno
Pittore edile, 22 anni, Roma

heilheil@hotmail.com

Leggendo le tue righe riguardo alla tossicomania mi accorgo che neanche te hai colto il senso di miseria psicologica che sottostà una scelta di vita(o di non vita), quell'impercettibile prostrazione alla mania estraniante che è l'uso di eroina: sono tossicodipendente dal'90 anche se perfettamente inserito nel sistema (e proprio nella scala alta!). Non so perchè è così, però è così!! Purtroppo.
Stefano
Studente universitario, 25 anni, Civitavecchia
stefo75@hotmail.com

Bravi, avete ragione. Anche a me questi animalisti e vegetariani mi fanno cacare. Almeno i Jaini dell'india evitano di consumare vegetali freschi... (chissà che avitaminosi). Seguitate ragazzi
Roberto
Pensionato, Strove
personaggio preferito: Gesù Cristo
roberto@tim.it

Effettivamente, come sembra sia successo ad altri, sono capitato in questo casino cercando me stesso nel web. Non male, devo dire, non male. Bella la grafica, bella la pagina AFFANCULO. Non ho ben capito chi sia Roberto Quaglia, ma il fatto che abbia letto Joseph Heller è più che positivo. Auguri! P.S. HTML? Cos'è?
Luciano Guareschi
Libero pensatore, 59 anni, Portogruaro
personaggio preferito: Peter Sellers
camucino@libero.it

La lettera n. 27, con tutto il rispetto per la tua genialità, mi sembra mooolto ispirata al libro di Jaynes "il crollo della mente bicamerale e l'origine della coscienza"... a presto e comunque complimenti.
Barbara
Studentessa, 28 anni, Arezzo
personaggio preferito: Stephen Hawking
thevoice@ats.it

Messaggio breve.... volevo solo dirti BRAVO! E' la prima volta che mi imbatto in una persona che cita disinvoltamente Jean Michel Jarre... io lo seguo dal 1981, e... non c'è verso, non lo conosce nessuno! 3.2.1... fine.
Claudio
Ottico, 32 anni, Profondo sud della Toscana
personaggio preferito: Jean Michel Jarre
cclaud@mail.omnitel.it

Non so cosa scrivere, il fatto e che non so resistere a "lascia un commento" è più forte di me quando leggo questa parole non so resistere e devo lasciare un commento. Quindi che dire mi piace drogarmi credo in dio odio la chiesa, maurizio costanzo per me si è venduto, guardo il suo show per addormentarmi e poi adoro il kaos musicale,

adoro il chares e lo zibbibbo.
Burzum23
26 anni, Palermolandia
personaggio preferito: Emiliano Zapata
burzumello@hotmail.com

Sei veramente fuori di testa, complimenti!!
Stefy
Studente, 26 anni, Arezzo
personaggio preferito: Roberto Quaglia
stefania.brezzi@iol.it

Questa lettera non é servita affatto a farmi passare la paura della morte. Il fatto che la morte venga pensata come qualcosa di positivo dovrebbe servire a questo, no? Ho rlevato inoltre alcuni errori che con un po' di sforzo potremmo definire "categoriali", ad esempio il fatto che nessuno si sia ancora trovato d'accordo su che cosa sia la morte non costituisce un buon motivo per ritenere il concetto di morte qualcosa di insensato. La sensatezza o meno di un concetto non proviene dall' accordo, dal nome che si dà alla cosa in questione o dal parere che ci si costruisce sopra. 'La morte non esiste', frase di grande effetto ma allora mi domando io che cosa esiste? Potrei continuare di certo ancora per molto cercando di mostrare quanto quello che ho letto risulti quantomeno inadeguato, soprattutto nella sua formulazione ma non lo faccio per evitare di commettere lo stesso errore dello "scrittore". Ovviamente io non avrei saputo fare di meglio ma é proprio per questo che non avrei mai fatto niente di simile. Parlare della morte con una tale leggerezza, paragonarla alla vita, chiamare in causa la Santa Sede che con la morte non c'entra proprio niente, al limite ha qualcosa a che fare con la vita o meglio con un certo tipo di vita; mi sembrano elementi sufficienti per chiedere pietà. Non parlatemi più della morte o perlomeno parlatemene in modo un po' più consistente perché di questo nulla che avanza, che é presente, io ne percepisco i contorni anche se non riesco ancora troppo bene a ricalcarne le forme, forse non riuscirò mai a farlo ma lo tengo ben presente, non lo anniento... sol perché non vorrei ritrovarmici proprio al centro. Se la morte non é nulla noi stessi siamo ancora meno. Perdonate la grettezza del mio commento, in fondo sono solo parole, aridi strumenti inadeguati, io più di tutti forse lo comprendo e mi unisco all'autore della lettera con la mia inutilità.
Costanza Giustini
Studente, 21 anni, Firenze
personaggio preferito: Sigmund Freud
cosgiust@tin.it

Sito molto simpatico, aggiungete un

po' di nominativi femminili nella lista dei preferiti, c'è' una vasta scelta solo per le donne, ho scelto Roberto Quaglia in mancanza d'altro e per la realizzazione delle pagine, molto simpatiche. Arrivederci. Il sito web indicato nelle informazioni è in costruzione, sarete graditi ospiti.
Alessandro
Commerciante, 34 anni, Monopoli (Ba)
personaggio preferito: Roberto Quaglia
www.fullservices.com
gdselettronica@mail.arcadiaonline.it

Hi, I'am looking for a picture from Mara Vernier. Do you have a URL for me please? Greetings
Otto Grunbauer
The Netherlands
o.grunbauer@scom.fcj.hvu.nl

Trovo che tutti questi commenti alimentino una trasmissione televisiva mediocre. Pettegolezzi, maghi, gay ecc.ecc. sono divenuti argomenti da salotto... un po' squallido.
Ennio Tesori
Tecnico, 50 anni, Roma
personaggio preferito: Vittorio Sgarbi
ENNIUS@IOL.IT

Ma perchè le tue lettere di merda al Maurizio Costanzo non te le metti su per il culo? La devi smettere di rompere i coglioni con le tue cazzate a tutti quelli che usano un motore di ricerca. Come cazzo fai ad essere dappertutto qualunque richiesta si faccia?
Steve
personaggio preferito: Moana Pozzi
srubbia@tin.it

Come cactus scarico lo .zip? rispondimi Comunque il tuo sito è molto bello!
Mattia Ravizza
Verona
mattia@nettaxi.com

1) "qual è", "un altro", ecc. si scrivono senza apostrofo. Chi critica gli altri per la loro ignoranza potrebbe anche fare attenzione a questi (piccoli?) dettagli. 2) Non riesco a leggere tutta la parte finale del documento, quella appunto che contiene il nome Porcelli.
Gianfranco Porcelli
porcelli@mi.unicatt.it

Leggerò il tuo libro poco per volta, perchè si preannuncia più ricco di note dell'autore che di testo. Sei comunque molto simpatico. Ti lascio una poesia. Celeri, duri, ineluttabili, crudi, sicuri, scorrono ore e minuti e tempo, tempo, su tempo ancora senza respiro posa, fermate. Cerco una via e affanno trovo, cerco la strada, e muoio.
Fabiana
Impiegata-Consigliere Comunale, 32 anni, Pisa
personaggio preferito: Stefano Benni
rpierac@tin.it

Salve, sono un ragazzo di Milano, ho 22 anni e per caso, attraverso un motore di ricerca, sono finito su questa pagina, che devo dire è fatta abbastanza bene, anche se qualche modifichetta io la farei, se non altro per rendere più divertente tutto il discorso. Mi farebbe piacere che qualcuno mi scrivesse per fornirmi informazioni circa l'eventualita' di un sito internet della "FASCINO s.r.l." che come tutti sanno è la prima società di Maurizio Costanzo e moglie acclusa (o conclusa). Vorrei sapere se esiste del materiale ed anche magari una e-mail a cui indirizzare una lettera alla De Filippi. Ringrazio anticipatamente tutti coloro che mi aiuteranno in questa ricerca. In cambio mi posso offrire come guida ai locali notturni di Milano...
Alberto
Studente, 22 anni, Milano
personaggio preferito: Silvio Berlusconi
gadgetmad@hotmail.com

Il sito è indubbiamente fatto molto bene, ma non condivido tutte le cose che dici. Premetto una cosa il personaggio non è la cantante, ma molto di più. Ciao sei comunque simpatico.
LUCA
Impiegato, 22 anni, Milano
personaggio preferito: Madonna
lrognoni@class.it

Non è che ti fai troppe canne? Scusa, ma le menate non vengono mai da sole. Che fai nella vita per stimolarti a tal punto? Buona notte (riposa, ogni tanto...)
Gigio
Roma
nunnusaccio@topo.it

Domanda: come si fa a parlare così tanto di m.costanzo?
Mara
Astronauta, 38 anni, domodossola
personaggio preferito: Tom Cruise
bimbi@gse.it

E' ora di finirla con il vecchio. I giovani hanno il sacrosanto diritto al lavoro. M. Costanzo, bravo-bravissimo, i soldi li ha, dia spazio al nuovo. Considero, il conduttore, "un politico della rete" nella vita quotidiana chi parla (bene o male) lecca sempre qualcuno, (e lui rimane in rete). Il nord è forte dopo il pò ci vorrebbe il "passaporto". Vi ringrazio tutti. F.L.N. forza leoni...
Giancarlo
Bidello, 48 anni, Treviso
mmanuel@pn.itnet.it.

Con grande interesse leggo queste pagine. Vengo al dunque. Da dove si radica la tua fonte del sapere? Da un uomo psicologico razionale, o altro? Grazie per questa opportunità che mi offri e spero in una sua risposta.

Paolo
Cameriere, 25 anni, Roma
joy@maidireweb

...non so se anche nel resto d'Italia si usi dire, ma qui a Genova quando si dice mi e' scappata una "quaglia"... non ci resta nessuno che lo puo udire! Cosa posso dire che non ti abbiano gia scritto gli altri? Forse che quando lo stato dell'affanculo avrà finalmente la sua naturale anarchia... ti faremo presidente PS. mi metto in lista (almeno come consigliere) Best REgards Assue!!!

Sergio Fazio
30 anni, Genova
http://www.fazio.it
sergio@fazio

La calvizie avanza, ma restano gli sforzi per combatterla. By the way, "letto e udito" è pessimo. Tu sei un bravo ragazzo.

Hank
Attorney at law, 32 anni, brxls
personaggio preferito: Sharon Stone
aes@infoboard.be

E' la prima volta che mi collego in internet, e sono abbastanza in difficoltà nel navigare nei siti. La lettera non la ho letta tutta perchè inizia il gran premio di San Marino però quello che ho letto mi ha soddisfatto. C'è un passaggio che avevo netto tempo addietro su di una rivista "Taxi notixie" tra ulcuni aforismi, non ricordo il nome del pensatore ma suo detto corrisponde esattamente a ciò che Lei ha scritto. "la vita è una parentesi tra due eternità" Subito ero rimasto perplesso, non la capivo perche pensavo solamente all'eternità dopo la morte e non alla precedente. La saluto cordialmente.

Alfredo Fabrizi
Ex Taxista in pensione, 60 anni, Sanremo (IM)
personaggio preferito: Leonardo da Vinci
fabrizi@sistel.it

Secondo me e la mia ragazza la tua lettera è una bufalata.

Danilo
Dis. Edile, 22 anni, Lugano - Svizzera
personaggio preferito: Moana Pozzi
Barzaghini@Ticino.com

J.G. Ballard e' assolutamente geniale. Questo lo scrivo alla faccia di chi mi ha detto che i suoi racconti e romanzi sono strani e incomprensibili e poi non sono degni di chiamarsi fantascienza. Vorrei sottolineare che l'ignoranza gioca un ruolo fondamentale nel parto di determinate opinioni.

Alessandra
Studente
personaggio preferito: J. G. Ballard
sheherazade@freemail.it

Mi è piaciuta la tua lettera, complimenti! Però così hai rovinato il mio unico mito di paperino il più sfigato, ma con un grande cuore!!!

Stefania
Studente, 20 anni, Bibione
personaggio preferito: Stanley Kubrick
ag.riviera@bibione.nauta.it

A parte la salute, il rispetto. E non dimenticare mai le origini in tutti i sensi. ciao sei bravo.

Carmelo Trovato
Gestore, 50 anni, Mülheim Ruhr / Germania
personaggio preferito: Sharon Stone
carmelo.trovato@t-online.de

Credo che questo sito sintetizzi perfettamente l'andamento generale della nostra società post-industriale e neocapitalistica. E' decadente, grottesco, inutile, profondamente idiota, vanaglorioso, superbo, saccente, tracotante, falsamente ribelle, ipocrita, retrivo, ottuso, bugiardo, inconsapevole, contraddittorio, ingenuo, paranoide, schifoso, opportunista, commerciale, vile, volgare, di pessimo gusto, disorientante nel suo assoluto conservatorismo, DECISAMENTE CONFORMISTA. Roberto Quaglia è l'antifilosofo che del filosofo non ha né sa nulla. Ma proprio niente. Nemmeno l'ombra. E' colui che, pur non sapendo, si illude di sapere e finge di non sapere per apparire trasgressivo e per piacere, per ottenere uno stupidissimo consenso che viene dalla povera gente sicuramente meno ignorante di lui. Roberto Quaglia, per la sua spregevole hybris, è l'espressione più autentica dei nostri tempi, tempi fatti di oscurantismo e di analfabetismo di ritorno. Roberto Quaglia è l'alter ego di Maurizio Costanzo, il suo clone, il suo riuscitissimo ologramma. E crede ancora di stupirci e crede ancora di essere originale. Roberto Quaglia è il prototipo perfetto del berlusconiano riciclato, l'altra faccia del sistema, quella che sembra ribelle. Quaglia è il sistema. Quaglia è Costanzo. Quaglia CI ANNOIA e CI RATTRISTA. E quanto è brutto!

Antonio
Studente
avalentini@pelagus.it

In realtà il mio non è proprio un commento, ma volevo semplicemente avere notizie della ormai famosissima Rosemary Altea. Se avete siti o appuntamenti da segnalarmi ve ne sarei molto grato.

Antonio
Studente, 24 anni, Caserta
ichlo@tin.it

Non ho nulla da aggiungere alla dichiarazione di Quaglia. Comunque vorrei comtinuare dicendo che maestri di ogni inganno e dell'arte dell'accacamento e della strumentalizzazione di quel scimmiottamento della filosofia che si chiama religione, sono i preti con a capo quelli cattolici. Essi hanno fatto ogni sforzo per sacralizzare il potere sublimandolo con sedicenti deleghe dal logotoma DIO. Per questa cosa si fanno pagare dal miglior offerente. I preti sono l'irrancidimento del vecchiume filosofico.

Mario Ruffin
Primario medico in "pensione", 70 anni, Treviso
personaggio preferito: Stephen Hawking
marruf@iol.it

Ho letto attentamente la lettera di Quaglia su il perchè i giovani si drogano. Beh! secondo il mio parere è sbagliatissimo dare la colpa alla società, siamo nel 2000 l'innognoranza non è ammessa,tutti sapiamo a quali rischi si va incontro nel drogarsi... purtroppo ho parecchi esempi nel mio paese di persone che si sono drogate, senza nessunissimo problema nella società,o nella famiglia,o nella ragazza, o negli amici; qualcuno ne è uscito ma la maggior parte ci sono ricaduti e lo sapete perche'? Beh! Da quello che si dice farsi è più bello che avere un orgasmo. La conclusione è che i giovani si drogano perchè gli piace drogarsi e sono talmente egoisti che non pensano a nessun altro se non a il loro piacere personale.

Valentina
Impiegata, 24 anni, La Spezia
personaggio preferito: Michael Schumacher
flanny@katamail.com

Mi sono ritrovata sul tuo libro in rete facendo una ricerca su me stessa (e mi sono anche presa della scema chi legge). Se ne hai voglia, scrivimi. Ciao!

Claudia Salvatori
cemaxREMOVE@libero.it

Mi fanno schifo questo sito.

Giovanni
Studente, 12 anni, Nola
personaggio preferito: Tom Cruise

Quando ho incocciato le tue pagine una parola di spontanea ammirazione è uscita all'improvviso: "BELIN !"

Andrea Vazio
Studente, 24 anni, Genova
avazio@libero.it

Caro Roberto, stai svasato! Positivamente parlando, e' chiaro! Ti faccio un personale complemento oggetto e sappi che non sei il solo elucubrante errante, magari ne voi... come si dice a Ostia antica! Ti sto' facendo pubblicita' sulla mailing list di Sergio Caputo (te la meriti)!! Se poi ti va' di intervenire, fammi sapere al mio indirizzo!! Sei un grande! Ciao

Maurizio Vona
Impiegatissimo, 40 anni, Roma
personaggio preferito: Rocco Siffredi
web.tiscalinet.it/maurizio_vona
mauvona@tiscalinet.it

EHHila ragazzi, mi e' piaciuta molto la vostra lettera in quanto riscontro in voi una mentalità giovanile, contemporanea alla mia generazione. Sono uno studente del tecnico industriale e malgrado la mia ignoranza credo di aver capito il senso della vostra lettera (aparte quella parte in cui avete usato troppe parole sconosciute al mio bagaglio culturale). Proprio in questo momento guardavo il programma del "vecio" e indignato dal modo in cui ha "smerdato" davanti a milioni di telespettatori alcuni degli ospiti del suo salotto (sottolineo.... non Vips ma persone facente parte nel nostro ceto sociale) . Anche se il suo intento era buono e cioè quello di scoprire le mascherine false e ipocrite che popolano il suo salottino egli non ha il diritto di distruggere moralmente e psicologicamente un essere umano. Erbisiacco lascia questa impronta su internet, piena di errori, (sono bravo nelle materie tecniche, giuro) ma piena anche di vita, se avete sentito la mia vitalità vuol dire che siamo sulla stessa frequenza (((linguaggio tecnico da perito))) se vi va rispondetemi eillallla!!!!

Luca+
Studente, 20 anni, Monfalcone (Go)
personaggio preferito: Elio e le storie tese
erbisiacco@libero.it

Per quanto riguarda i personaggi non vedo l'illustre Albert Einstai. Caro signor Quaglia inbubbiamente lei e', secondo me, una persona intelligente. Vedo pero' che nemmeno lei e' riuscito a risolvere la questione sul "cosa sia la morte".Tuttavia le riconosco il fatto che effettivamente essa rimane un mistero, come la vita. Anche se credo che il suo tentativo non sia stato quello di spiegarla ma semplicemente di porre la questione.

Armando
Studente, 25 anni, Roma
personaggio preferito: Sharon Stone
arm.zamp@inwind.it

Buono, molto buono pure troppo per i miei gusti. BRAVO!!!!!!!!

Claudio
Matelica
personaggio preferito: Gesù Cristo
testosterone30@hotmail.com

Ciao, sei stato una piacevole sorpresa, hai una ironia sorprendente che mi ha colpito molto spingendomi a leggere cio' che hai creato. Anche io sono una aspirante.. CREATIVA mi piace molto scrivere... Col mio socio (un pranoterapeuta ingambissima) ho fondato un'associazione (A.Pro.S.I.R.) che mi sta dando molte soddisfazioni. Abbiamo fatto scritto un libro : ConfusaMente, DolorosaMente, CoraggiosaMente" che

nel nostro piccolo ha avuto un ottimo riscontro.... Non voglio annoiarti:
Complimenti ancora sei in gamba....
P.S. non sono riuscita a trovare il modo di "entrare" per leggere il tuo libro.... ora ci riporovo ciao buon lavoro
Antonella
Psicoterapeuta, Padova
aprosir@tin.it

Dio esiste ed e'il suo silenzio ed il suo silezio e' la tua liberta. I.R. Grassi.
I. Roberto
Artista-artigiano, 55 anni, 20020-Lazzate
personaggio preferito: Jean Michel Jarre
grassi.arte@libero.it

I ragazzi che fanno Tai-chi in studio non mi sembrano TONDICI. I movimenti non hanno energia e sono vuoti. L'energia si perde in ogni movimento spigoloso e che ha attrito con i muscoli. Non è semplice da spiegare in due parole ma vi assicuro che si vede moltissimo. Se riuscite a prendere un po' di tempo al Maestro Franco Mescola (Venezia) potreste aiutare a trovare la via giusta ai praticanti che non riescono a sentire la pienezza dei movimenti. Ciao e grazie
Andrea De Rossi
Artigiano, 30 anni, Venezia
www.lavenexiana.it
yheyhe@flashnet.it

Un po' meccanico come concatenazione, e poi mi pare che i genitori non possano fare una parte così minima. Certo, è l'epoca delle separazioni, della famiglia che non esiste più, del crollo dei valori, ma minchia! non è possibile, neanche come paradosso che una storia vada avanti così, senza nessun intervento. Essendo anch'io genitore, capisco il rischio, colgo la provocazione, ma le conclusioni mi sembrano un po' tirate per i capelli. Grazie per lo spazio concessomi, non avendo ancora E-mail, lascio il mio indirizzo WALTER MUTO - piazza Immacolata xxx 20091 Bresso (MILANO)
Walter Muto
Musicista e altro, 34 anni, Milano
personaggio preferito: Stefania Rocca

Carissimo, colgo l'occasione per ricordarTi che la morte colpisce il corpo ma non l'anima. A proposito, quando riceviamo l'anima In quale preciso momento? Spero che Tu non tenti di convincermi che il nostro ben nascosto Dio - chissà' perche'- segue ogni scopata e relativi spermatozoi. Cari saluti,
Bruno Poli
Consulente, 57 anni, Montalto di Montese (MO)
childabduction@libero.it

Nella bibbia c'è scritto: Giobbe 12 verso 13 e oltre 'Ma in 'Dio'stanno la

saviezza e la potenza , a lui appartengono il consiglio e l'intelligenza.E cco, egli abbatte, e niuno può ricostruire; chiude un uomo in prigione e non v'è chi gli apra. Ecco, egli trattiene le acque, e tutto inaridisce; le lascia andare ed esse sconvolgono la terra. Egli possiede la forza e l'abilità; da lui dipendono chi erra e chi fa errare. Egli manda scalzi i consiglieri, colpisce di demenza i giudici.' Non mi voglio prolungare un altro pensiero su l'intelligenza che si trova nella bibbia c'è scritto che l'intelligenza è il ritirarsi dal fare il male. Non ho letto molto di te ma ti auguro buona fortuna leggere la bibbia aiuta anche ad avere più fiducia in noi e in Dio prima di tutto. Ciao.
Ale...
Studente, 23 anni, Latina
personaggio preferito: Eros Ramazzotti

Caro Gentil Quaglia! Posso darti del TUlle o vuoi la solita Lei? (purtroppo Racchia!) Sono, fui, etc., Antonio Filiberto (sic!) Valerio Cirinnà di celebre stirpe di Draghi. T'avessi conosciuto quindici anni fa quando declamai con Donne, Vergini, Pazze la stupenda marinettiana: TRENO TRENO TRENO ME NE INFIIIIIIIIISCHIO! sulla banchina della stazione di Firenze in una assolata giornata d'agosto. TU, mio adorato iconoclasta sei come me: ODI LA BRODOSA POESIA E AMI LA PASTA!!! HASTA LOS STRUFFOLOS SIEMPRE! BACI CASTI E ADMIRATI.
Antonio Cirinnà
Speranziello Specializzato, 45 anni, Casatenovo lc
personaggio preferito: Tracy Lords
ancirinn@tin.it

Ho letto solo le lettere sulla mente bicamerale e sui filosofi e concordo su molti punti, a meno di non aver frainteso... Mi sembra che tu affermi che oggi, piu' che essere filosofi, si puo' "fare filosofia", a patto di avere una certa apertura mentale, certe conoscenze scientifiche di base, molti interessi, molta curiosita' e nessun tabu' intellettuale; bisogna avere uno "spirito", sotto certi aspetti, simile agli eruditi rinascimentali. E' pero' anche vero che ad una persona con tali caratteristiche potrebbe giovare la conoscenza della storia della filosofia; personalmente, non escluderei la possibilita' che filosofi "patentati" possano anche fare filosofia. Sono lieto di leggere sempre piu' spesso approcci all'esistenza simili ai tuoi e questo fa ben sperare sul progresso dell'umanita'. Come si possono leggere in italiano i tuoi libri, ad es. "God Ltd."? Se per caso dovessi scrivermi, potrei tardare a rispondere poiche' da sabato prossimo dovrei andare in ferie per 15 giorni. Complimenti e un saluto cordiale.

Enzo Iacobellis
Ex ingegnere, 55 anni, Roma
md3643@mclink.it

Heavy metal is the law!!!!!!

Astro Robot
disoccupato, 45 anni, Milano
personaggio preferito: Tom Cruise
diegoemauro@tiscalinet.it

Non ti conosco, però mi sei cascato bene. La gente come te dovrebbe essere eterna. Sei uno dei salvatori della umanità, il buon umore è la migliore medicina antistress. Ti dirò che ci assomigliamo, mantengo allegro tutto il mondo, meno gli amareggiati professionali. ciao

Laura Santamaria
Impresaria, Caracas
personaggio preferito: Roberto Quaglia

Be, effettivamente mi è stato utile cercare Andrea De Carlo per poi trovare Roberto Quaglia... cercare qualcosa implica trovarne un'altra è un bel concetto... come quello dello stream of consciousness che è sempre stato il mio motto di scrittura... conservo questo URL perchè mi interessa tutto quello che c'è dentro... perchè sono una dei tanti che vorrebbe scrivere... magari un libro. Perchè Roberto Quaglia mi piace... sono contenta di averlo conosciuto, scrive cose sensate e non il che secondo me, è un mix esplosivo! E poi, ti volevo chiedere perchè Stephen Hawking è citato due volte nella lista? Per vedere se chi legge è attento? O solo perchè ti piace... o semplicemente non te ne eri accorto... sono curiosa. Be, spero di poterti scrivere presto ancora Raffa

Raffaella Rizzi
Interprete, 28 anni
personaggio preferito: Jovanotti
rizzi@fides.it

Ma perche' il becero e antiquato ACCADEMISMO di Hegel, di Heidegger e delle "insondabili profondita' dell'animo tedesco" si deve scontrare con qualcosa di ben peggiore, il GIOVANILISMO? Tra i personaggi preferiti, avrei messo Otto Weininger, ma non c'era, e, ahime!, tutti pensano che sia solo un misogino. Viva Carl Philipp Emanuel Bach! W il Pulp, il Trash, il giovanilismo e chi più ne ha più ne metta!

Giovanni
Studente di filosofia, 24 anni
0cide@tin.it

"Nascendo, già col nascere noi moriamo, e la morte è conseguenza del principio" cito un vecchio epitaffio latino, scritto su una tomba. Mi fa piacere sapere che le persone non pensino solo a cavolate. Anch'io mi faccio seghe mentali con questi discorsi, amo tantissimo Socrate, perchè ti porta al problema ma non ti da la soluzione. Complimenti per le tue disquisizioni. Spero di ricevere una tua e-mail, potremmo scambiare delle belle idee. Ciao a presto.

Alex
Programmatore Informatico, 25 anni, Catania
personaggio preferito: Stephen Hawking
alexmaker@iol.it

Mi ricordo nel 91 la sera in cui le puttenze alliate iniziarono a bombardare l'iraq, e il buon saddam emetteva flebili scud contro israele... venivo da una merenda + aperitivo + cena = ciucca della Madonna e entrai in Panteca con tre amici con in testa l'elmetto della Snam: un mitico individuo ipnotizzato dai traccianti alla cnn ci guardo' strano mentre noi guardavamo stupiti che cazzo accadeva, e disse: 'belin, voi si' che ciavete l'elmetto antiatomico... e io come cazzo faccio?!'

Enrico Cafiero
Ingegnere aspirante rockstar, 28 anni, Genova
personaggio preferito: Stefano Benni
e_caf@hotmail.com

Io non amo scrivere, per me e` una vera sofferenza il solo cercare le parole per una cartolina di auguri. Quando ho letto la lettera al Maurizio Costanzo Show, ho visto trascritto il mio pensiero, come se l'avessi scritta di mio pugno. Sono stato estremamente soddisfatto nel vedere che anche altre persone dicono cio` che anch'io penso e cerco, quasi sempre inutilmente, di spiegare agli "animalisti". Grazie Roberto

Roberto Bertagni
Impiegato Tecnico, 34 anni, Melegnano
personaggio preferito: Moana Pozzi
rbertag@tin.it

Pechè fai tutto questo?

Murray
Operaio, 23 anni, Orvieto
personaggio preferito: Francesco de Gregori
Murray@libero.it

Caro Quaglia, perché prendersela con l'accademismo, se poi il proprio antiaccademismo sfocia in qualcosa di ben peggiore, il GIOVANILISMO! E' il giovanilismo delle domande fatte con centomila punti di domanda ed esclamativi, del tipo: ???!!!??!!! Oppure, quello della "K" al posto della "C", dell'urlo al posto della riflessione: questo, secondo me, sei tu, e i tuoi lettori lo sono ancora di più. La filosofia non si fa sbattendo come sfondo la propria faccia, anche deformata, su una pagina web! E' meglio un vecchio professore tedesco di fede hegeliana che i nuovi giovani di adesso!

Giovanni
Studente, 24 anni, Venezia
ocide@tin.it

Ascolta io cercavo su internet suggerimenti su come diventare famosa o come fare provini in rai o in mediaset poi non so come mi e' apparso in nome di M. Costanzo sullo schermo e mi si e' accesa la lampadina e ho pensato fosse il sito di Costanzo dove chiedere suggerimenti quando mi sono trovata il tuo faccino e mi sono chiesta "e mo questo mi dira' qualcosa sul da farsi?" invece no aiutoooooo non voglio....... boh anzi vogliio diventare famosaaaaaaaaaaaaa anche se lo sono gia' baci
Sabrina
AnimatriceE, 21 anni, Napoli
personaggio preferito: Jim Morrison
SABRYMAX@YAHOO.IT

Ciao mi dici dove hai comprato la roba che ti sei fumato prima di scrivere 'ste cazzate?
Bissio
Studente, 19 anni, Milano
personaggio preferito: Moana Pozzi
kimko666@hotmail.com

Beh, cheddire? Logorio infracerebro peccaminoso o spudorato nonché subdolo intento di sfogo e reticenza 'Immarité'? Legàme? Pirofila? No! Midollo spinale e tessuto emopoietico, piuttosto!
Francesco
27 anni, Sesto San Giovanni - MI
personaggio preferito: Italo Calvino
http://space.tin.it/io/gvbov
franzok@tin.it

Sono cattolico praticante ma desideravo a proposito del tema relativo alla morte lasciare traccia di un mio piccolissimo dubbio... Esiste l'inferno? Perché stando ad alcuni studiosi biblici esisterebbe solo la vita eterna e felice per i buoni e la morte eterna per i cattivi... Morte eterna nel senso di annullamento totale dell'essere... Per mè è semplicemente atroce... L'argomento meriterebbe molto più spazio ed io mi fermo quì... forse avremo modo di approfondire e forse nò... Intanto io ho già compiuto 50 anni e sono terrorizzato... Perché non mi riesce di trovare una risposta certa alla domanda del dove sarò e del cosa farò fra diciamo 100 anni, per essere ottimisti oltre ogni limite di ragionevolezza ovviamente... Saluti a tutti e complimenti per il sito... da Gaetano, Lodi, Spyke, Jagger e Teresa
Gaetano Fasulo
Impiegato Regione Lombardia, 50 anni, Roma
personaggio preferito: Sharon Stone
jagger@uol.it

Mi sembra che tu rompa un po' il cazzo con l'invadere i motori di ricerca con le tue lettere a Maurizio Costanzo. Fatti furbo. Se le lettere le scrivi a lui, invece che a tutta la rete, e' meglio. Saluti pieni di speranza.
David Toschi

Giornalista, 35 anni, Siena
toschi@linus.media.unisi.it

Che dire... se la follia avesse un nome, esso sarebbe ROBERTO. E il cognome? Mmmah il cognome fate vobis... QUAGLIA, for example... guarda che poi il libro lo compro... fatti tuoi eh robè?! E scrivi ai tuoi fanzees!:) cia'
Mesentomàl
stud.ssa, 18 anni, Vasto
personaggio preferito: Stanley Kubrick
elisa@agata.clio.it

Chi la fa l'aspetti Pizzio d'un Sarzo, mo vado in England.
Zigo
personaggio preferito: Syd Vicious
www.uomoinvis.it
zago@mail.it

"Quaglione" sei forte. Particolarmente apprezzata la pagina Affanculo. Continua così. Ciao
Michele Amato
maengineering@yahoo.com

Mi dovroto spiegare come mai cercando in Alta Vista "Monica Vitti" vengono fuori decine e decine di lettere vostre che non c'entrano una beneamata fava con quello che si cerca. Va bene pubblicizzare il proprio sito, ma oltre che cadere nello spamming siete scivolati nel ridicolo! Scusate se a dirvelo è un provider (che di solito ne combinano di cotte e di crude) ma... vedete un po' voi. Già alta vista è lento come una paciana, se come voi ci mettessimo ad inserire il vocabolario nell'intestazione non si troverebbe più un cazzo! Una domanda (non polemica) a cosa serve il vostro sito?? Ciao
Corrado
33 anni, Reggio Emilia
corrado@citynet.re.it

Questa storia di paperino è una vera cazzata e quello che la ha scritta è un vero coglione e a me sta sul cazzo. Anche la musichetta fa schifo e mi sta sul pene. Quelli che hanno fatto questo sito hanno la figa onta e sono dei cammelli stupidi. Distinti saluti dal re del pollo.
Danko
Pompiere
personaggio preferito: Gesù Cristo
cofra@abc.it

Siamo due artisti del Mehndi Project di New York. Leigh Brown e stata intervistata la scorsa estate dalla RAI circa questa antica e magica forma d'arte. Nell'edizione di Luglio di AMICA c'e un intervista a Loretta Roome fondatrice del Mehndi Project. Noi saremo prossimamente in Italia; ci interesserebbe avere un colloquio o un indirizzo al quale spedire il nostro catalogo con tutte le informazioni inerenti questa transculturale forma d'arte. Attendiamo una vostra risposta e vi inviamo cordiali saluti.

Leigh Brown, Andrea Formica
Mehndi Artist (henna), 30 anni , 25 anni, New York, NY USA
www.mehndiproject.com
jaybrown@mindspring.com

L'idea del libro è grandiosa, il sito web è molto interessante, ma il "Maurizio Costanzo Show" è una decrepita istituzione Italiana che l'accanimento terapeutico dei "dottori" di Canale 5 non lascia morire in pace. Annoia e confonde le menti dei cittadini, molti dei quali credono che il mondo sia quello che è descritto nello show (senza volere? non ci credo). Mi auguro che presto lasci lo spazio di seconda serata a programmi più vivi e contemporanei.

Marco
smanettatore, 39 anni, Pietrasanta
personaggio preferito: Roberto Quaglia
http://www.versilia.toscana.it/~marcodp/
marcodp@versilia.net

Stavo lavorando su un libro (note ai margini, commenti, ricerche varie), quando questo evoca la figura di Bettino Craxi, allora mi sono detta "ma chi è costui?" ne ho sentito parlare così tante volte che non so chi sia... Vado su Internet per avere informazioni e ci trovo Roberto Quaglia! Sei strano bene Quaglia ma non ho ancora capito cosa centri con Craxi...

Moira
Studentessa, 17 anni, Pietrasanta
personaggio preferito: Stefano Benni
moira97@versilia.it

Non s'era!! Scusa ma... ti sei fumato l'impossibile? Tirati una rivorverata!

Luisa
Studentessa, 19 anni, Cecina
personaggio preferito: Elio e le storie tese
lucloren@luda.livorno.it

Preferisco Francis Ford Coppola perchè è un gallo ruspante o come si suol dire un ragazzaccio... proprio come piacciono a me!!! Caro Quaglia, dai fuoco alla mia paglia, investimi di calore!! Sei un mito!!! Scherzi a parte!! Mi piacciono i tuoi libri, ma sul sesso non ne hai mica fatti? Io potrei aiutarti! Chiedimi pure aiuto se vuoi. Ciao la tua lolita!!!!

Lolita
Pornostar multimediale, 27 anni, Torino
personaggio preferito: Francis Ford Coppola
Lolita_polpetta@hotmail.com

A)Caro Quaglia, io non ci credo che poi li leggi tutti sti commenti... ma che lavoro fai?? B)Ho sempre odiato (si, questo e' l'aggettivo giusto) chi fa della matematica con le parole, dimostri una tale mancanza di talento nelle tue esternazioni che sconfini nel ridicolo. C)Sei il prodotto della cultura di massa a fine consumistico, infarcito di mnemoniche nozioni letterarie che castrano il valore effettivo di ogni letteratura. D)Tu sei tale e quale a quelli che ti ostini a rinnegare e giurerei che un giorno, prima o poi, vedremo il tuo bel faccione peloso al Maurizio Costanzo Show tutto calato nella parte dello scrittore autoindulgente e autocompiacente quale tu sei!! E)Ho scritto una lettera a Baldini & Castoldi pregandoli nella maniera piu' assoluta di NON PUBBLICARTI, le grandi guerre nascono sempre dagli aborti della cultura o dalla mancanza di Conoscenza... e tu, povero eroe da mercato di piazza, la Conoscenza non sai assolutamente cosa sia!! F)Hai una tale comicità che sconfina nel banale... a leggere le tue righe mi sono ricordato quando da piccolo ero costretto da mia sorella, davanti alla TV a sorbirmi BIM BUM BAM. G) Quaglia complimenti per l'impegno, apprezzo lo sforzo nel costruirti la tua immagine, ma ricorda... Scrittori si nasce... (Busianamente parlando!), H) Quaglia, per finire, sinceramente, sei vuoi fare un gesto veramente "a rebours" elimina queste pagine dal WEB. I)Anzi no... lasciala... voglio vedere come fa un italiano medio ad evolversi e ad arrivare in cima... perche' tu Quaglia... fidati... mio malgrado... ce la farai!! L)Distinti saluti, chissà' se pubblicherai mai questo mio immondo libello!!!

Awake
Impiegato, 29 anni, Bologna
personaggio preferito: Carl Jung
bol096k1@bo.nettuno.it

Ma quando ti decidi a togliere dai maroni le tue cazzate? Ogni volta ce le troviamo tra i coglioni; fossero almeno interessanti. Se qualcuno ti ha detto che frantumare le palle alla gente è un buon modo per farsi notare evidentemente era in errore.

Luca
36 anni, Trento
luca@trento.com

Pensa un po': il mio primo viaggio in internet e mi mandano Affanculo. Certo che non ti passava niente... comunque meglio così, il risultato è grandioso. Ciao Ciao.

Sabi
Studentessa, 19 anni, Pordenone
personaggio preferito: Leonardo da Vinci
gorne@tin.it

Egregio signore, io non vivo le pagine della gloria e della attualità, e mi congratulo vivamente con chi riesce a diffondere il proprio pensiero agli altri attraverso qualsiasi forma di comunicazione. Anche io ho tentato di diffondere il mio pensiero e quello di una categoria di amanti del Pleinair. Fallimento totale: ho scritto a gennaio del corrente anno una lettera alla redazione del Maurizio Costanzo Show, non mi hanno neanche risposto, voglio sperare per mancanza di tempo. Ho rinviato la stessa lettera in data 10 marzo; oggi 2 aprile non ho avuto un minimo accenno di riscontro. Forse ho sbagliato l'indirizzo? Piazza martiri 10 00192 Roma. Forse l'argomento che vorrei trattare é frivolo? Bene, ditemelo! Forse devo attendere ancora? Lei ritiene di potermi aiutare ad ottenere una qualsiasi risposta? Gliene sarei grato. Cordialmente.

Alaqua Giuseppe
Roma
giuseppe.alacqua@mem.it

Ebbravo roberto quaglia: mi sono connesso in rete un paio di mesi fa, pensando di dovere fare il sito risolutivo, il sito esaustivo di tutto ciò che ci si aspetta dalla rete. Invece l'hai fatto tu e io ne sono molto lieto così mi sento sollevato da questo compito. Ti allego la foto dell'attrice protagonista di freaks di t. browning. io sono fabio mazzetto e ti saluto.

Adriano Mazzetto
mazzetto@frael.it

Non so se sei grande dentro o fuori. Nel caso o ti comperi una casa piu' spaziosa o una taglia maggiore di pantaloni!!! Lo so, lo so, non sono divertente; sono comunque felice di averti incontrato. Ciao. P.S. Come mai sulla lista dei personaggi preferiti non compaiono i PINK FLOYD?????

Graziano Gregori
Tecnico del suono, 38 anni, Foligno
Http://www.bcsnet.it/xgrafix
xgrafix@bcsnet.it

Ciao Roberto, levami una curiosità, ma tutta questa iniziativa nella rete ti è stata concertamente utile a qualcosa? Con simpatica amicizia

Enzo
Associazione Italiana Autori Scrittori Artisti L'ARCHIVIO
http://www.mkplus.com/archivio
l.archivio@agora.stm.it

E' davvero interessantissima questa pagina, soprattutto molto simpatica, ci sono capitata per caso e sono contenta che almeno quacuno pensa a fare ridere noi utenti, mi piacerebbe sapere qualcosa di piu' su Roberto Quaglia. Ora mi accingero' a leggere un po' di cosucce su di lui....

Marika Arena
Studentessa, 22 anni, Crotone
personaggio preferito: Gariel Garcia Marquez

Credo di essermi tirato su di morale leggendo questa amabile letterina anche se ci vorra` qualche ora per metabolizzarla, vivo attualmente a Dublino sono tre settimane che sono qui

e preferibilmente giro da solo - scusa questa intro, ma serve a me per spiegarti la situazione ambientale in cui mi trovo, dicevo sto cercando in qualche modo di comunicare con questi protobarbari, ma non trovo il giusto canale d'accesso, e gironzolavo sentendomi "inutile", per caso ho trovato il tuo sito mentre cercavo quello di rocco tanica, e ti rngrazio perche` in questo caso sei stato "utile", adesso posso avere un lungo periodo di riflessione senza dovermi occupare, per forza, di comunicare ma posso godermi il mio sano silenzio.

Massimiliano Bertini
25 anni, Milano
sicor.spa@galactica.it

Caro Roberto Quaglia, proprio una bella storiella. Ti propongo di scrivere una storiella per tutti quei bambini che stanno ore ed ore davanti al PC a giocare a "Tomb Raider". Conosco un "bambino" che ha iniziato il gioco 25 anni e lo ha finito a 45. Il suo nome era Stefano Gasperini.

Mengucci Federica
Dirigente, 33 anni, Roma
personaggio preferito: Roberto Quaglia
dag@itstaff.it

Delle lettere indirizzate a Costanzo (scusami), non me ne frega un cazzo... pero' tu devi essere pazzo e i pazzi mi piacciono. COMPLIMENTI!!!

Daniele
Import Vini italiani, 35 anni, New York
personaggio preferito: Vittorio Sgarbi
dan19763@aol.com

E che non ci stessimo perdendo nella difficile retorica dei commenti?

Marco Sarà
Medico Neurofisiopatologo, 35 anni, Crotone
personaggio preferito: Stanley Kubrick
sara@krol.it

Sono una giovane scrittrice di racconti e poesie, credo che il pensare sia la sola azione nobile dell'uomo... Ho letto delle lettere sul tuo sito, -non so bene se l'ho esplorato tutto-ma ho trovato visceralmente interessanti le riflessioni sulla definizione di preconcetto, nonchè la lettera che parla della morte. Ho appena scoperto che ci sono delle altre lettere sulla fantascienza e non esiterò un solo istante a leggerle. Io sono omosessuale, ma di un uomo che pensa queste cose e sa scriverle così bene, potrei anche perdutamente innamorarmi (e dire che io sostengo che l'amore non esiste). Ho letto molte critiche circa il tuo stile un po' arzigogolato, ma anche io scrivo così e dunque voglio difendere la complessità stilistica perchè è sempre stata per me l'unico modo di gridare la mia essenza. Mi piacerebbe molto capire cosa fai nella vita e come mai sei così profondo spiritualmente, io ho solo 19 anni ma me ne sento addosso già 40. Se vuoi scrivermi, ma non credo che sarai così sfaccendato... P.S. Credo che la follia e il paradosso siano una delle poche strade battibili per arrivare alla realtà tangibile. Per questo apprezzo smodatamente l'impostazione un po' sbroccata-o fumata, come la definisce qualche lettore-dei tuoi tsti, che tuttavia non mancano affatto di coerenza e linearità. Sono rimasta affascinata dall'impeto e dalla creatività con cui tratti argomenti di cui ormai si è detto tutto. Non mi resta che il silenzio: le mie emozioni non conoscono parole adatte a ripeterle o raffigurarle. Ancora complimenti per la purezza disincantata dei tuoi neuroni.

Manuela Cartizza
Studentessa universitaria, 19 anni, Firenze
personaggio preferito: Roberto Quaglia
cartizza79@hotmail.com

Ciao Roberto, la tua epistula a Costanzo era molto interessante, anche se non sono d'accordo con la tua teoria sui motivi che spingono alla tossicodipendenza. Io ho 17 anni e frequento un liceo di Milano. Qui ho potuto conoscere molte persone che fanno uso di droghe, soprattutto leggere, ma anche pesanti. Anche io ho fumato qualche spinello, ma quello non si può considerare una vera droga o, perlomeno, non piu' della nicotina. Alcuni ragazzi di mia conoscenza stretta fanno uso piu' o meno regolare di coca e di acidi vari. Ragazzi che non hanno alcun problema comunicativo e sociale. Il loro problema e' iniziato quando cominciarono a pigliare quelle schifezze. Gran parte dei tossicodipendenti, iniziano nel periodo che va' dai 17-18 ai 25 anni. Il problema dell'inutilita' individuale che tu, evidentemente, denunci non esiste quasi piu'. Se fai caso alle ultime statistiche, su 100 tossicodipendenti 4 hanno iniziato per i problemi di cui parli tu. La gente inizia a drogarsi per curiosita', per noia e per stupidita'. Le droghe (e bada che lo sanno tutti) non possono risolvere alcun problema sociale, ma anzi ne creano. Ti sembrera' banale, ma non lo e'. Il tossico non spera di risolvere alcun problema di quel tipo: vuole solo provare qualcosa, che senza l'aiuto di alcune sostanze, non puo' provare. La societa' e' quello da cui vogliono fuggire, non entrare. E' la noia e la curiosita' di sapere cosa si provi che li spinge a farlo. Grazie per lo spazio. Ciao.

Michele Trasi
Studente, 17 anni, Milano
personaggio preferito: Emiliano Zapata

Sui vegetariani ne ho sentita una ancora più assurda: ho cono sciuto una ragazza inglese che non mangiava carne ("perchè trovo ingiusto che si allevi un animale solo per ucciderlo e poi mangiarlo") mentre poi mangiava tranquillamente il pesce ("perchè tanto quello è libero, mica lo allevi apposta...") questa posizione è quanto di più antiecologico si possa immaginare!!! comunque approvo il manifesto filovegetale ma soprattutto perchè io sono un antianimale, nel senso che mi stanno sui cagnolini, ii gattini e tutte quelle brutte bestiole che ti leccano, ti graffiano, etc. etc. (molto più simpatici i rettili, tipo i varani, gli iguana, le bisce e altri serpenti...) E poi, uno dei piaceri della vita è mangiare, quindi, come si può rinunciare alla pancetta, alle salsicce, al capriolo con polenta, all'anatra arrosto, a tutto ciò che di buono gli ani mali fanno per noi? Il cavallo per esempio: il suo destino migliore è come spezzatino, o al più come bistecca ai ferri; e perchè non mangiare un piatto a base di carne di cane? ce ne sono tanti! in Cina, mi risulta, li mangiano. Pensiamo al fatto che le piante sono esseri viventi come gli animali: ogni volta che mangiamo l'insalata, per consentircelo hanno ucciso un essere vivente e ogni volta che mangiamo un pomodoro con tutti i semi o un fagiolo per farlo dobbiamo compiere un aborto. Detto per inciso, anch'io coltivo l'orto e mangio le verdurine tenere, ma poi mangio anche le quaglie le anguille e il vitello tonné. Saluti

Mauro
Botanico, 33 anni, Ferrara
personaggio preferito: Gesù Cristo
stu4677@student.unife.it

Carissimo Roberto, dopo la piccola leccatina alla voce "personaggio preferito" volevo solo dirti che ti dai davvero da fare, il tuo sito mi piace molto, e chiederti un consiglio. Se hai tempo mi mandi qualche indirizzo che riguarda il cinema "noir" americano. Sempre se ne conosci qualcuno Grazie ciao

Mattia
Fancazzo, 27 anni, Lugano
personaggio preferito: Roberto Quaglia
mattiad@hotmail.com

Caro Roberto, mi scuso se ti chiamo per nome ma per noi potresti essere uno di noi. Per caso e per divertimento stavamo sfoglioando internet. E sei arrivato tu. All'inizio (forse anche per inesperienza) non abbiamo capito di cosa stessi trattando ma poi hai, come dire, folgorato i nostri pensieri. Condividiamo a pieno il tuo pen-

siero, quello che hai scritto è quello che viviamo costantemente nella nostra realtà. Forse perchè, come il 90% dei ragazzi che popolano questo mondo ci droghiamo (spinelli, extasy cocaina ecc.) limitatamente con coscienza senza esagerare giudiziosamente dosiamo i nostri vizi. Pensiamo che nessun cazzo di omino in televisione possa spgiegare ad altre persono i cazzo di problemi che mi inducono a me di farmi una canna in un giorno di sole su una spiaggia con la mia ragazza e i miei amici. Ti vogliamo bene per averci capito un attimo, per aver (almeno per una volta) scritto di una realtà sociale giovanile che esiste e che nessuno a mai cazzo fatto modo di migliorare. Comprerò un tuo libro!!!!!! Saluti, giaco jessica chicco
Giacomo-Jessica e Chicco
Rappresentante-studentessa-, 25 anni-23 anni-25 anni, La Spezia
personaggio preferito: Roberto Quaglia
giacomolesto@my-deyanews.com

Commento a stento e memento il mento tremando di sgomento ma di certo mi pento!
Laura Bagliani & Guido De Vecchi
30 anni+40 anni=70 anni, Genova
personaggio preferito: Julius Feiffer

Non lo so, mi fai un po' pena... ti ha almeno invitato in trasmissione? Andare a lavorare no, eh?
Fabio
Programmatore, 35 anni
personaggio preferito: Mara Vernier
pippo@pippo.it

Sinceramente non sono stata molto attenta al sito anche perchè non l'ho visitato tuttotutto
Vale
Studentessa, 15 anni, Genova
personaggio preferito: Emiliano Zapata
aldocav@split.it

Mah.
Rolando
rolandot@freemail.it

Who is Raffaella Zardo?
Jon
fivstrng@idt.net

Il nostro carissimo Roberto Quaglia fa tanto il ganzo ad aver sparato una lista cosi' lunga di cretinate in fondo alle sue pagine... Cosi' crede di attirare l'attenzione di qualcuno... certo! Questo e` vero! E presumibilmente ricevera` solo insulti per il suo comportamento scorretto! Cosa stai cercando di fare? Di fare soldi? Bene, spero tanto che uno piu' bisognoso di te un giorno ti incontri e te li rubi. Lui se li sara` guadagnati piu' onestamente, almeno assumendosene il rischio... O cerchi solo la notorieta`? Se e` per quello fai piu' in fretta a fare l'esibizionista per le strade chiamando qualche giornalista, magari becchi anche qualche femminista convinta che dopo aver commentato la tua evidente piccolezza ti ci dara` un bel calcio... Sei proprio ridicolo.
Elena
Studente, 25 anni, Pisa
Torcelli@hotmail.com

Vedo che molti ti danno del pazzo. E' normale per uno che abbia delle idee. Bravo!!!!
Roberto Bocelli
62 anni, FIRENZE
personaggio preferito: Emiliano Zapata
delta7@dada.it

Sono un po' stufo di trovare ovunque lettere a M. Costanzo. Non si potrebbero limitare le parole a concetti nuovi, perchè nella marea di internet c'è già troppa porcheria e se qualcuno vuol dire la sua va bene, ma questa logorrea di parole già dette stufa e intasa le ricerche.
Alberto Pirola
Operaio, 45 anni, Brescia
personaggio preferito: Jim Morrison
alberto154@numerica.it

Travolgente. Ho richiesto il MC, ti manderò 10.000. Se ritrovo la pagina col tuo indirizzo (questo coso l'ho da poco). I tuoi scritti sono di una lucidità straordinaria, parlo degli articoli. Il libro a MC, per i due capitoli che ho letto on line, sa di meditazioni (splendide) private trasformate in genere diverso (libro). Ma ora ne so troppo poco. Mi rifarò vivo dopo la lettura. Comunque potresti essere un Purna Avatar. A presto.
Emanuele Vacchetto
50 anni, Roma
personaggio preferito: Roberto Quaglia
ganesh@pelagus.it

Veramente non ho letto molto di questa pagina, sono finita qui per caso mentre cercavo altre cose piu attinenti al mio lavoro. Perché scrivere allora? E un anno che sono assente dall'Italia e ame sembra passato un secolo. Tante cose sono cambiate apparentemente, infatti facendo passare i fatti di attualità i nomi che vi appaiono mi sono sconosciuti. Un nome su tutti mi è famigliare ed e quello del Maurizio Costanzo Show. Non credo nemmeno che sia Maurizio Costanzo in persona a gestire questo sito quindi probabilmente ogni mia considerazione e superflua. Comunque questo nome mi ricorda tante serate passate con mia madre a guardare le iunterminabili discussioni senza una vera conclusione. Tanti personaggi che diventano famosi quasi per caso e che poi scompaiono o rimangono. Quando sei in Italia, tutto ciò che e italiano viene assolutizzato e hai l'impressione che le persone che vedi alla televisione siano così conosciute. In realtà basta uscire per un po' dal nido per rendersi conto che tante persone non sono altro che nuvole di polvere. Nascono dal nulla e spesso finiscono nel nulla. D'altra parte ogni essere umano e importante per quello che è quindi se un artista e una persona che sa dare qualche cosa. Allora tutti possiamo essere artisti perche tutti abbiamo qualcosa da dare. In questo Costanzo ha avuto ragione con il suo programma. Tra meno di un mese torno in Italia dopo una lunga assenza, enormi sacrifici e sofferenze anche. Non c'è che dire torno con qualcosa in piu dentro di me comparando l'oggi al tempo in cui sono partita. Non lo so se questo più mi sarà utile o se mi penalizzerà. Gli Italiani non amano scrivere quindi non ho molte notizie da parte loro, non so quasi niente a parte che la mia città: Piacenza ha cambiato sindaco e che l'Italia e nei quarti di finale. Quando sei all'estero e dici che sei italiana tutti ti chiedono di calcio e di cucina. In realtà non ho mai avuto alcun interesse per il calcio e meno di questo per la cucina, non amo la pizza e neppure la pasta. Quello che amo dell'Italia sono i bei ricordi di quando ero piccola, mia madre che adesso non e piu. Anche mio padre e mio fratello che da lonmtano vorrei sentire piu vicini di un tempo. Amo la mia casa immersa nella campagna e le passeggiate autunnali quando il paesaggio e un'esplosione di colori e un lieve vento ti ricorda che l'estate e finita. Per questo amo egualmente la Nuova Zelanda, cosi rurale e la Bretagna, in Francia dove ho vissuto per 8 mesi. Credo di avere vinto molte delle mie paure venendo qui tutta sola, con un inglese un po sciancato all'aricerca... Non lo so di che cosa, non credo nemmeno di averlo trovato. Quello che cerco e la crescita ed essa avanza ogni giorno. Non si e mai arrivati al punto perche non c'e punto. tutto e continua evoluzione. Comunque il 15 tornero in Italia. Forse questa prova e piu dura delle precedenti. E difficile salire su un treno quando i binari non sono piu paralleli ed ognuno ha preso vie diverse. Buona fortuna a me per un buon futuro. E a te per il tuo lavoro. Cresi bene.

Maria Elena Ligutti
Studente, ora in stage, 25 anni, Hawera-New Zealand
mligutti@kiwidairies.co.nz

La mia mente spazia nell'infinito del tempo, non conosco ostacoli di nessun genere: amo l'estremo in tutto, così spero di te quaglia. Chissà se il tuo essere genio, qual penso che tu sia, potrebbe riuscire a mandare in tilt la mia furba genialità schizofrenica da psico-pazzoide, mi piacerebbe davvero confrontarti a parole dal vivo su argomenti del pensiero! saluti.

Graziano
Sciamano, 41 anni, Rep. S. Marino
gmenghi@omniwai.sm

Non ho ancora letto più di poche righe del libro, ma già per colpa del sito ho passato quindici minuti a ridere come un pirla, da solo di fronte allo schermo del mio PC. (Naturalmente l'ho votato come miglior sito) Spero di poter leggere presto tutte le tue opere su carta... Dopo averle comprate in una libreria, magari. Daltronde ci vuole una faccia nuova nel mondo ormai un po' stagnate degli autori italiani: Sono pochi e per quanto validi... sono sempre gli stessi! E inoltre basta ristampare romanzetti Stantii e Noiosi come "I promessi Sposi" Per ora ti ho lasciato l'indirizzo, e spero di avere al più presto il link per scaricarlo... Sei forte, non puoi non avere fortuna! Ci sentiamo dopo che lo avrò letto per intero, ok???

Simone Ruggeri
Studente di ingegneria, 22 anni, Quartu (CA)
Stefanru@tin.it

Eh caro la quaglia è dura essere sempre spiritosi , ci vuole talento ,follia vera seppur controllata . Voto ? 5-

Giacomo
personaggio preferito: Stefania Rocca
edkbi@tin.it

Anche se non ho ancora approfondito, sicuramente mi hai incuriosito, e questo oggi è già una cosa eccezionale... in riferimento ai concetti fatti, etc.. la frase: 'Se la vita fosse un attimo, ti brucerei in un'eternità' secondo te e una frase fatta, una sciocchezza, ha un significato.... insomma nelle tue locubrazioni ha un significato??? Grazie per la tua attenzione e per l'eventuale risposta Ciao

Andrea
Sognatore, chitarrista, 24 anni, Roma
andrea.diblasi@mediacom-web.com

Se questo e' un uomo di Primo Levi ... Nel Capitolo Ottobre 1944 , dopo un inizio molto bello (lacrimevole e straziante), si arriva alla parola-chiave: Selekcja! Senza retorica, e' sufficiente leggere il libro (anche a sprazzi, 174517 , I sommersi e i salvati , morgen frueh , l' ultimo) per capire un po' meglio anche la nostra societa' di oggi (oclocrazia? v. Polibio). Poi c'e' anche Il sistema periodico, sempre di P.Levi ,ecc. ecc. Nota a margine: nella lista dei personaggi, Gesù Cristo mi sembra fuori luogo.

Claudio Benassi
28 anni, Toano , Reggio Emilia
personaggio preferito: Marco Pannella

252

Ho letto solo la lettera sull'abbandono dei "perchè" in età adulta e condivido tutto. Mi prendo il tempo di leggere le altre e mi riservo di commentarle.. Ciao!
Recardo
Impiegato, 28 anni, Roma
proto@altavista.net

Ma tanto l'unico essere vivente reale a questo mondo sono io!
Samuele Vecchi
Studente, 25 anni, Carpi
personaggio preferito: Tracy Lords
druido58@hotmail.com

Sono Americano. Vorrei sapere dove posso spedire una lettera con problemi di lavoro e famiglie italo/americane in Italia.
Wylie Miller
Pensionato, 59 anni, Napoli
wmiller@na.cybernet.it

La musica di sottofondo è molto rilassante. Scrivimi.
Brunella
Studente, 23 anni, Matera
personaggio preferito: Leonardo da Vinci
bruneleonor@hotmail.com

Più che un commento, una richiesta d'informazione: Qual'è l'indirizzo e-mail per scrivere al Maurizio Costanzo Show ? Ti sarei infinitamente grato se me lo comunicassi. A presto e complimenti !!
Carlo
Musicista, 34 anni, Latina
personaggio preferito: Maurizio Costanzo
monti.car@flashnet.it

Onestamente, come hai previsto, ho fuso le pupille, quindi ho solo sfogliato e leggiucchiato qua e là la tua opera, l'unico commento che mi sento di fare è che hai avuto un'idea geniale!!!
Laura
Studentessa, 28 anni, Varese
personaggio preferito: Elio e le storie tese
almarras@mail1.tread.net

Caro Quaglia, ho apprezzato la tua iniziativa. Mi piacciono le persone determinate. Mi sembri uno che non aspetta che gli altri lo tirino in ballo. Mi pare evidente però una contraddizione. Il tuo intento è quello di essere pubblicato! Giustamente un po' di soldi... Sembra infatti che te ne freghi della pubblicazione e poi vorresti muovere le folle a tuo favore per trovare un editore. Sia ben inteso però che non ti biasimo. Ogni mezzo è lecito per raggiungere i propri scopi (o quasi). Il tuo mi pare abbastanza originale. Una domanda: perche' facendo una ricerca su Altavista per trovare alcuni articoli di Pino Arlacchi ho incrociato le tue pagine? Quale stratagemma informatico hai usato? Se mi

pubblicherai sulle tua pagine, fammelo sapere. Ciao.
Maurizio Gamberucci
Europrogettista, 27 anni, Firenze
gamber@kiosco.org

....senza parole.....!!!!
Francesco & Giulia
Matelica
babbogio@indi.it

Tu sei pazzo, ma in una gara di pazzi vincerei io.
Siegfried
Commercialista, 32 anni, Milano
personaggio preferito: Sharon Stone
junkers@softhome.net

Trenta ore per la vita, prima che sia troppo tardi. ADESSO!! HASTA SIEMPRE
Denis
26 anni, Vercelli
http://giovani.digiland.it/1485
corrain@iol.it

Neil Diamond impersonator Tom Sadge... the best in the world for both look and SOUND. Book Tom today!
Tom Sadge
http://pages.prodigy.com/tomsadge
zircon@usnetway.com

Ottime le lettere che hai scritto ed anche le citazioni (in particolare G.Picetti, salutalo) varrebbe la pena di farne un sunto e pubblicarlo sulla stampa locale, credo che diventeresti un maitre a penser. Un bacio
Matteo Acquarone
Consulente, 36 anni, Genova
personaggio preferito: Sergio Leone
acquarone@topsystem

Sei apoteotico... il che sarebbe d'esubero, ma riesci a prevaricarti, le tue pagine sono un'orgia umorale di deja-vue, il tuo ego ti ha preso a calci in culo e ti ha cacciato di casa, tanto la fa da padrone, il che non guasta, in questa landa di lacchè. Non mi appaio a quelli che, con ingenuità adolescenziale, ti appuntano la spilla del più fantasioso, si vede che questi non hanno ancora letto pennac, e Benni prima che se li comprassero. La dodecafonia delle tue inesattezze, probabilissime peraltro, ti inchioda al ruolo che ricoprirai per tutta la tua qualgliesca esistenza. Sei quello che sei, e non quello che scrivi... grazie a Dio. Il sasso nel vetro ti darebbe troppo lustro, l'aver osato queste impotenti pagine, ha allarmato coloro che avevano fiducia in una intellettualità del nuovo millennio... e invece ciccia. Dio mio, perchè ti sei preso la briga di farci arretrare, con il tuo savoir faire, sino al mesozoico. Poveri talent-scout editoriali che debbono e si dovranno sorbire, i tuoi libri ridondanti, e subliminali, fatti riassunti farciti di rastaggini, di cose che ti sono piaciute, nei tuoi

brevi viaggi all'interno della società italiana. La cosa che più mette tristezza, è che tu aneli alla ribalta, ma lì ovviamente non ti ci fanno entrare nemmeno in maschera (solarmente approvo), e così pensi e vuoi far pensare, di aver inventato l'acqua calda, il problema, è che qui fa un caldo boia, la tua invenzione oltre che scontata è anche inutile e opprimente, proprio come la tua faccia, che da bravo Universal Ego Centric, in the world, fai, appagante, scimitarrare in qualsiasi punto vacante di questo sito, che anche come musiche, lascia il tempo che trova. Un abbraccio, e spero di un aver offeso, la tua mente stratificante che sempre ci soverchia e ci guida. So di averti fatto cosa gradita, il portare alla tua attenzione alcuni dettagli di cui sicuramente tu "o detentor del brevetto dell'acqua calda" eri già a conoscenza. Il cognome ti fa onore... PS: pensa che persino mio figlio di 7 anni leggendo al volo alle mie spalle un tua pagina, in cui spiluccavi una tua sordida opinione sul "Nome della Rosa", dicevo persino lui si è accorto, che il libro in fin dei conti non solo non lo hai mai letto, ma che ti sei fatto raccontare il film, da un tuo semi-conoscente in un baretto di Genova davanti a un Campari e salatini. Il che è tutto un dire. Leggitelo e poi può darsi abbia la voglia di leggerti. Addio vena letteraria desertica.
Fabio
Impiegato, 31 anni, Bologna
personaggio preferito: Isaac Asimov
knulp7@hotmail.com

In questo mondo c'è la putredine. Che poi m'ha detto Giulio Cammarata che vuol dire la sozzimma. Ecco, questo mondo è 'na sozzimma ed io ci sto malino. Ma tu ci parli con Costanzo?? che allora cambia tutto... l'unica cosa che deve fare il Dot. Costanzo è dare + retta a Berlusconi, che tanto lui poi ci toglie dai guai. Sennò per quanto ci ha rotto dei vari anni, merita la spernacchia.. ma tanto cià i soldi e ci salva. Sicuro. ciao da Gennaro Cammarata. Mantenetevi 'bbuon
Gennarino
Operatore ecologico, 59 anni, Bolzano ammare
personaggio preferito: Moana Pozzi
naro@postaweb.com

Devo dirti che tutto è pazzesco specialmente scaricare il libro che non ho trovato ancora come si fà? la telecom è felice per leggerlo on line ci mettero 2 ore poi mi addormento perchè è notte, la connessione resta accesa morale fra un mese mi chiudono il telefono ciao sei forte ps: come scarico il libroooooo?
Tiziana

Cybernauta, 34 anni, Trieste
personaggio preferito: Roberto Quaglia
http://utenti.tripod.it/zulima
zulima@iol.it

Volevo segnalarVi che mi appresto a concludere quello che reputo il primo "romanzo virtuale interattivo". In pratica si tratta di un romanzo nato su internet e scritto da centinaia di persone che non si conoscono tra loro (italiani e stranieri), nato da un'idea di un "attacco-traccia" per iniziare si e' poi formato piano piano dai vari "navigatori" che leggendo la fine dei vari inserimenti hanno poi continuato loro stessi la storia. Dopo dieci mesi di piccoli e grandi inserimenti si e' formato un romanzo molto particolare che racchiude le storie piu' incredibili delle persone piu' strane che navigano su internet. Il titolo provvisorio e' "DESTINO" per quanto concerne la parte "cartacea" selezionata dagli elaborati piu' meritevoli e maggiormente integrabili tra essi. L'idea piu' pazza o particolare che ho avuto e' stata quella di creare un cd-rom interattivo dove il romanzo cambia aspetto a secondo del lettore. In pratica si adatta tramite la tecnica di ipertesto alle richieste di chi legge, consentendogli di modificare oltre ai personaggi, sia gli scenari che le avventure, disponendo di tutti gli "inserimenti" giunti dopo circa un anno dalla messa on-line dell'idea. Mi piacerebbe avere una Vs. impressione sul tutto ed eventualmente sulla disponibilita' a poter pubblicare il tutto (magari con il cd-rom allegato) considerando che non richiedo nessun tipo di compenso, considerando l'idea no-profit, eventualmente sarebbe molto bello si potesse utilizzare eventuale percentuale per opere di beneficenza.
Roberto Giovannetti
Web Master, 33 anni, Empoli (FI)
www.creare.it
creare@creare.it

Mi dovete spiegare xché uno che cerca un sito porno si deve ritrovare occupata la memoria già abbastanza esigua rimastami, dal vostro libro che a questo punto sarò costretto a leggermi, (non bisogna mai sprecare niente)!
Luca
Operaio, 29 anni, Bologna
personaggio preferito: Rocco Siffredi
aiouncazcatamaz@iol.it

Caro signor Quaglia, non riesco proprio a capire quale perversa ragione l'abbia spinta a realizzare quanto ho avuto il "piacere" di leggere, ovvero, quale oscura motivazione si nasconda dietro questo cumulo di inutili e vacue parole. In ogni caso, la questione non mi interessa più di

254

tanto. Vorrei fare semplicemente alcune considerazioni, soprattutto in riferimento all'articolo indirizzato a Maurizio Costanzo e relativo ai "filosofi" veri o presunti che siano. Le sue argomentazioni, che, spesso, sembrano sfiorare il puro delirio, rivelano senza dubbio una scarsissima conoscenza dell'oggetto trattato e, quindi, una sostanziale tracotanza e presunzione. Lei disprezza in modo esasperato l'intera civiltà occidentale, il pensiero in quanto tale, la totalità del nostro patrimonio culturale. La filosofia è vita, nient'altro. Non si tratta di aride sovrastrutture, di elucubrazioni vane, di "masturbazioni cerebrali", tutt'altro! Masturbatorio è precisamente l'intento che anima il suo sito e, dall'inizio alla fine, malamente, lo sostiene. Non saprei come definire, altrimenti, un pensiero che, tra errori sintattico-grammaticali inquietanti, crisi paranoidi più o meno accese, espressioni insensate, si sviluppa con modalità e forme a dir poco inadeguate. La sua analisi sul nesso filosofia-modernità è, a mio modesto avviso, profondamente errata e, fra l'altro, scientificamente assurda. Così, anche la ricostruzione storica del passato mostra la stessa inconsistenza e la stessa irragionevolezza. Il filosofo da Platone in poi, sino ad oggi, tranne casi "patologici", non ha mai avuto la pretesa folle di ergersi a "cuspide" di nulla, di innalzarsi a divinità onnicomprensiva e onnivora. Se pensiamo all'orientamento socratico, la cosa si manifesta in modo nitido e decisivo. Il filosofo, nel senso autentico del termine, è proprio colui che, sapendo di non sapere, è pienamente consapevole dei suoi limiti, della finitezza ineludibile del suo sforzo conoscitivo e della sua ricerca chiarificatrice. Anche nei suoi esiti più marcatamente "prometeici" (mi riferisco al sistema idealistico hegeliano), la filosofia non è mai "hybris", non è mai arroganza. La filosofia hegeliana, infatti, non propone affatto, ad un attento esame, un inglobamento totalizzante dello scibile tout court, una illegittima sovrapposizione di Sein e Denken, ma indica l'esigenza insopprimibile e primaria di una "mediazione", che è, appunto, coscienza del limite. In questo senso e solo in questo c'è sintesi (fra l'altro Hegel non usa mai questo termine nel senso che spesso, indebitamente, gli si attribuisce). Ogni momento, nella sua specificità e nella peculiare configurazione della sua identità, è, in quanto tale e NON PUO' NON ESSERE assoluto, proprio perchè è parte di un tutto e così via... Dunque

le sue parole non colgono affatto il significato ultimo del pensiero occidentale e non hanno alcuna validità se non, hegelianamente, quella che si assegna al mero "delirio", che è perdita di contatto con il reale. Non so con quali mezzi e in che fantasioso modo lei abbia potuto scrivere tanto. Credo che la cosa si spieghi riflettendo sul meccanismo ancora una volta schizoide e schifoso che regola la nostra editoria e in genere il nostro mondo. Non mi stupisce che lei venga ignorato dai più, se non da tutti, eccezion fatta per i malcapitati che arrivano sul suo sito. Ritengo criminale identificare la filosofia passata (cioè la nostra ricchezza spirituale di oggi e di sempre) con un ammasso di ignoranza e di stupidità. Ahimé, stupido è chi crede di sapere molto, laddove si alimenta di nulla, vive nel nulla e sul nulla crea, costruisce, elabora. Lei, caro Quaglia, parte e arriva nel nulla. Il nulla, per così dire, è il suo "principium individuationis". Insomma, con un sofisma straordinariamente calzante, lei NON ESISTE. Comunque, sarei lieto di dialogare con lei e sarei contento se, con uno sforzo di umiltà, lei volesse scrivermi. La mia e-mail è avalentini@pelagus.it A presto.

Antonio
Studente, 21 anni, Roma
personaggio preferito: Sigmund Freud
avalentini@pelagus.it

Ma bravo! Certo non potevo aspettarmi di meglio. Fammi capire, qual è il tuo "sottile messaggio"? Forse volevi dimostrare quale sia la forza della tua sintesi? Oppure evidenziare la tua superiorità inattaccabile rispetto ai poveri profani che tentano di comunicare con te (Sono passato al "tu", spero che la cosa non ti offenda...). ECCO FATTO. CONTENTO? No, affatto. Certo, sono contento di avere tirato fuori qualcosa dal puro nulla! Come inizio non c'è male. La tua chiusura al dialogo rivela molto ed è davvero deprimente e triste vedere lo spazio telematico e non solo contaminato da tanta idiozia. Prima accusi gli altri, offendi tutto e tutti, te la prendi con la civiltà intera e poi non hai altro da dire che "Ecco fatto". Prova a sforzarti di più, la prossima volta. So che puoi riuscire. A poco a poco, vedrai che le idee ti verranno così, del resto a te capita tutto con estrema facilità. Ti basta appiccicare la tua sgradevole faccia sul teleschermo, fare strane smorfie piuttosto cretine e infantili, godere onanisticamente della spazzatura che crei e offri agli altri quasi fosse oro. Ecco, questo ti riesce perfettamente. Mi chiedo se

255

davvero il tuo logos sia così povero e misero. Non c'è che cristiana compassione per tale miseria etica. Il SENSO CRITICO NON TI HA MAI INTACCATO! Bravo! Buon divertimento! Dalle tue "parole" poi emerge chiaramente che non hai capito niente della bella frase di Schlegel che poni nell'incipit della tua squallida aggressione ai "filosofi". Schlegel allude al concetto di Streben e questo non va a vantaggio della tua tesi, ma ne è esattamente l'opposto. La coscienza dell'inadeguatezza, il tentativo asintotico di approssimazione del focus imaginarius presuppone già da sempre la pensabilità di un tutto, di una sintesi e tu tale sintesi dici di rifiutare, di respingere. Comunque non c'è alcun problema, tu odi tanto i filosofi, perchè non sei uno di loro, già, è così, l'AMORE PER LA SAPIENZA ti è quanto mai estraneo, non sai seppure dove sia di casa. E, come un bimbo spaventato di fronte all'ignoto, guardando queste imponenti figure che a te sembrano mostri cattivi, non puoi fare altro che scacciarle, respingerle, negarle o, più semplicemente, nasconderti sotto le coperte del tuo compiaciuto delirio. Ma non devi temere! I filosofi non ti considerano minimamente

Antonio
Studente, 21 anni, Roma
personaggio preferito: Sigmund Freud
avalentini@pelagus.it

Nemmeno la vita e' quello che pensiamo che sia.

Sergio
Palm Beach
Django96@aol.com

Prima una domanda: se io scrivessi un testo con dentro le mie idee sulla vita, la morte ecc. tu lo leggeresti? Comunque grazie ho capito che non sono pazzo.(forse?!?) Ed inoltre anche se non la penso come te e non sei neppure bello mi hai fatto pensare. Cosa che non facevo da un po' perche' insegno a pensare alle macchine! Un'ultima cosa queste tue esternazioni ti vengono subito o ci pensi un po'? (O le hai sempre sapute?)

Goddam
lupinca@tin.it

Beh... io non voglio commentare, mi aggiravo alla ricerca di personaggi - colleghi per curiosita' e mi sarebbe piaciuto scrivere a Maurizio raccontandogli la mia storia in due righe: transessuale, bellissima, conduttrice televisiva, molti giornali, mi hanno paragonato ad una sirena bellissima, ad un sex simbol, lavoro in tv da 5 anni e nessuno, dico nessuno, si è mai accorto della mia condizione. Mi piacerebbe per una mia vanità (ma non lo faccio), dire tutto a tutti e far rimanere tutti con un pugno di mosche, compresi tutti i giornali, che non hanno mai potuto, con me, giocare sulla mia ambiguità ciao. fra'

Francesca
Conduttrice tv, 30 anni, Roma
franfede@tin.it

Sei un tipo davvero molto strano ma nello stesso tempo in gamba. Ora non ho tempo ma ci ritornero' sopra. bacini

Manuela
Segretaria, 22 anni, Roma
personaggio preferito: Eros Ramazzotti
vdc@priminet.com

Mi e' sembrato che oggi il sesso non e' piu' un valore fondamentale ma bensi' attrazione reciproca tra due persone senza sentimento. l'amore e' la cosa piu' bella che ci sia e specialmente se sai amare come me.

Luana
Impiegata, 25 anni, Reggio Emilia
personaggio preferito: Tom Cruise
LUANA@AMORE.COM

Se deve proprio farneticare, fallo davanti allo specchio, è l'unico posto in cui troverai un pubblico ad ascoltarti. La tua presenza nella rete è del tutto inutile, come del resto quella nel mondo. per cui, evita di rompere i coglioni con la tua merda che invade ogni pagina di Altavista.

Stefano Paolo
22 anni, Brescia
personaggio preferito: Jim Morrison
arpindo@tin.net

E' grazie a "furboni" come te che usano questi squallidi trabocchetti, se prima o poi, i motori di ricerca saranno inutilizzabili. E se non ci si puo' rivolgere ai motori di ricerca, chi ci aiutera' a navigare bene in Internet? Almeno avessi usato parole che hanno una qualche attinenza con il tuo sito...

Martina Casale
casale@geocities.com

Sei la prima "Quaglia" che leggo, di solito le vedo confezionate nel supermercato vicino casa mia e mi fanno una pena, tutte spiumate ed inerti. Ti ringrazio per avermi dato la possibilità di vedere il mondo sotto un altro aspetto. Continua sei un mito!

Simona Giordani
Pilota, 27 anni, Roma
personaggio preferito: Stefano Benni
sandrog@csi.roma.it

Penso che a scrivere sei molto bravo. Te lo sei chiesto il perché? Te lo dico io! Perchè sei sentimentalmente e sessualmente represso e di conseguenza non hai niente di meglio da fare che sfogarti su queste pagine.

William Cancian
Mangiapane a ufo, 24 anni, Conegliano (tv)

personaggio preferito: Gesù Cristo
w.cancian@nline.it

Cercavo tutt'altra cosa... ma compari sempre tu: "caro Maurizio Costanzo..." sempre... un incubo!!" Ma è interessante l'idea: un libro on line!!! Forse è vero che perdi qualche potenziale lettore, però se internet fosse tutto così potrebbe diventare davvero utile. Ti confesso, però, che di lettere ne ho lette pochine; ho letto invece i commenti altrui e il più divertente era quello di Maria Grazia Cucinotta, arrabbiatissima, ma con garbo. Ciao.

Giovanna
Studentessa, 23 anni, Padova
personaggio preferito: Mister Bean
http://www.geocities.com/Vienna/Strasse/7377
mery@nettaxi.com

Salve sig. Quaglia, le scrivo a proposito di quello che ha scritto riguardo agli animalisti. Lei ha dimenticato un piccolo particolare: in una società come la nostra, dove la quasi totalità del prodotti di uso comune viene ricavata dagli animali, non è facile riuscire a vivere senza causare la morte di qualche animale. Mi spiego meglio, io amo gli animali, sono contro la caccia, la pesca, le pellicce eccetera eccetera, sono vegetariano da un paio di anni, ma non sono estremista, sì ha capito bene non sono un estremista, sono diventato vegetariano perchè avevo la possibilità di scegliere, se fossi disperso nella giungla o in mezzo al mare io caccerei o pescherei per nutrirmi, o ucciderei un animale per coprirmi, la legge della sopravvivenza mi imporrebbe di fare questo. Quando dico che sono contro la caccia intendo dire che sono contro l'inutilità della caccia o della pesca (sopratutto quando dopo aver preso un luccio di un paio di chili, lo fai vedere agli amici e poi lo butti in pattumiera, tanto a te il pesce non piace). E' gia in atto uno scempio con gli animali da allevamento, quale scopo ha il voler ammazzare anche quelli che (in pochi) sono rimasti in libertà??? Prendiamo ad esempio le balene, la gente non si rende conto che questi splendidi animali rischiano l'estinzione per via della cacciagione (vedi NORVEGIA o GIAPPONE), per l'inquinamento o per altri motivi sempre e comunque causati dall'uomo. La NORVEGIA caccia le balene per motivi "cosmetici", non perchè altrimenti muoiono di fame, il GIAPPONE le caccia ufficialmente per motivi "SCIENTIFICI", non certo per cibarsene, mentre esistono alcune tribù del nord che hanno fatto richiesta di cacciare le balene per motivi alimentari in quanto dove vivono loro, gli unici mezzi di sostentamento sono le balene, le foche eccetera dalle quali ricavano cibo, olii per lampade, pelli per vestirsi eccetera eccetera. Loro non hanno scelta, il GIAPPONE e la NORVEGIA possono farne veramente a meno. Per quanto riguarda il vegetarianesimo invece ho una cosa da dire: Lei dice che tanto tra un centinaio di anni non esisteranno più foreste ma tante mucche, ciò che lei forse non sa è che la maggior parte della deforestazione avviene non perche noi vegetariani mangiamo le piante, ma perchè servono sempre piu pascoli per le mucche dei nostri cari MC'DONALDS, provi a cercare su internet o su qualche libro cosa è la piramide alimentare e scopra quanto ci viene a costare un chilogrammo di carne di manzo, litri di gasolio bruciati per il riscaldamento, kilowatt di corrente elettrica per l'illuminazione, quintali di cereali per l'alimentazione, è stato calcolato che un chilo di carne nutre circa due o tre persone per un pasto, mentre con la stessa quantità di cereali consumata per produrlo potrebbero mangiare almeno dieci persone. Per non parlare dei liquami inquinanti scaricati nei fiumi, che vanno nel mare, (da dove provengono gli stessi pesci che probabilmente Lei mangia). La gente che dice che odia le ipocrisie animaliste, spesso lo fa per trovare una giustificazione al proprio comportamento, senza rendersi conto che la sua è un ipocrisia identica a quella animalista, solo che ragiona al contrario. La saluto signor Quaglia e la ringrazio di avermi letto con pazienza (gira voce che sia logorroico).
Long Live and Prosper

DANIELE
Programmatore, 32 anni, Milano
morosini@logikos.it

Why do I keep coming up with your show when I search for "Edda Ciano"? Is she still alive? Where can I write to her or her children? Thank You.

Katherine Ciano Maminakis
Melbourne
skam@palmnet.net

Dopo tre ore di navigazione capito in questo sito e leggo per un po', l'italiano e' perfetto, la lettura scorre che è una bellezza peccato che qualche volta il cervello non sia collegato durante la scrittura non si capisce il nesso.

Gozer
Professionista, 30 anni,
personaggio preferito: Tracy Lords
gozer@freemail.it

Solo una cosa: non so cosa abbiano a che vedere i due soggetti. Ho cercato pippi calzelunghe su altavista e mi è uscito un elenco infinito riguardo al vostro libro. Che palle! Una, due,

cinque volte va bene, ma INONDARE la
rete per UN soggetto mi pare davvero
fuori luogo, noioso e, alla fine, anche
controproducente. Probabilmente avrei
letto qualcosa, così mi avete infasti-
dito e basta.
Massimo
Impiegato, 34 anni, Padova
oriano@intercity.it

Ho trovato inquetante il "mostro" che
dallo sfondo ci guarda da ogni posizione, con quegli occhi allucinati. Ma
chi e'? Nightmare senza trucco? Senza
guanto? (guanto? Condom? Boh!) Carina
la musichetta di sottofondo. Dopo un
po' mi fa sentire come Freddy. Carino
l'affanculo now... almeno ho scoperto
che esiste un sito italiano dedicato
alla sf. Beh, io vado a mangiare.
Fabrizio
34 anni, Bologna
bowlingSPAMMATUAMAMMA@posta.alinet.it

Egregio sig. Quaglia o dovrei chiamarlo dott. o avv.? Ho letto ed apprezzato
molto la sua invettiva contro Genova:
aggiungerei "Genova è una bellissima e
tranquilla città di merda". Il risen-
timento è l'affetto si riserva per le
cose più care. Anche la squadra cittadina il Genoa si sintonizza sull'umore
della città; ci fa solo incazzare ed
illudere. comunque Genova la apprezzo
e la riconosco fin dalla partenza del
mattino di lunedi alle 6:50 di mattina
con arrivo a Rogoredo Milano (Padania
del Nord) e il ritorno delle 17:21 da
Rogoredo per Genova con treno super-
raffollato e in ritardo cronico. le
ferrovie meriterebbero un commento a
parte. In caso di ritardo vi consiglio di fare sempre reclamo: ogni tanto a casa mi arriva qualche rimborso
di Lire 4000 che mi bevo alla salute
del genovese ministro Burlando. Ancora
a proposito: Genova è l'unica città al
mondo ad avere almeno due ministri di
governo a non avere avuto favoritismi:
anche in questa castrazione si eccel-
le. Infine tornare a Genova a un non so
che di bello, rincontrare gli amici ma
soprattutto tornare per baciare e...
la mia fidanzata futura sposa per tutto
il sabato e la domenica, quindi vi saluto. A presto.
Giorgio Urbano
ingegnere biotecnologico, 28 anni, Genova e S.Donato
Mil.se
personaggio preferito: Gesù Cristo
giorgiourbano@lycosmail.com

Beh, a dire la verità non saprei cosa
dire... in effetti potrei dire una
stronzata come un'altra oppure una
cosa intelligente e sottile, ma preferisco dire solo: HO VINTO QUALCOSA?!
Silvia Baiguera
Insegnante, 34 anni, Brescia
personaggio preferito: Stephen Spielberg
franbonf@tin.it

La vogliamo smettere con ste' stronzate? Ciao.
Domenico
Studente, 17 anni, Bari
seattle@mythnet.it

Mi fa schifo la tua homepage!!!
Pablo
Weiss streicher, 65 anni, Köln
PabloC@cocos.de

Lungo l'incommensurabile distesa del
Nulla "pollano" della anomalie stoca-
stiche, di natura quantica, che turbano
la quieta superficie della NON-ESISTEN-
ZA. Questa NON-DIMENSIONE reagisce e
interagisce, definendo attorno a questi
"porri" un'area di spazio-tempo circo-
scritta alla loro estensione. All'interno dei "porri" c'è la VITA e tutto
ciò che definiamo "quadri-dimensional-
mente" come vivente (Universo inclu-
so). Le "stringhe" risultanti (ovvero
le onde d'urto di questi infiniti Big
Bang) generano un TEMPO vettorialmen-
te orientato entro il quale cogiaciamo
e che ci rende impossibile vedere il
"fuori" o il "di là"...Un po' come
esseri unidimensionali che tentassero
di descrivere l'alto, il largo o il
basso. La MORTE è quindi a mio parere il ritorno alla NON-VITA, allo
stato entropico primevo, con il quale
si sana l'anomalia iniziale che ci ha
generato. Riportando il nostro "pezzetto" di universo privato nello stato
di equilibrio che gli è proprio. La
COSCIENZA (che si oppone al concetto
di MORTE)è il disperato (e vano) tentativo della materia organica evoluta
di impedire alla bolla stocastica di
annullarsi del tutto, provvedendo alla
rappresentazione di un suo "continuum"
teofisico, esorcizzando il concetto di
NULLA con il più tranquillizzante nome
di INFINITO. Ma ignorando delibera-
tamente che i termini apparentemente
opposti definiscono gli estremi dello
stesso limite matematico. Potremmo disquisire se esiste l'Aldilà in questo
scenario ? SI', esiste... ma la sua
ETERNITA' varia dai 3 ai 5 minuti.
Il tempo necessario al nostro cervello per morire. Altro estremo tentativo dell'Evoluzione di non cedere fino
all'ultimo la porzione di spaziotempo
sin lì occupata.
Carlo
52 anni, ROMA
personaggio preferito: Stephen Hawking
space.tin.it/io/cdelba
cdelbalz@tin.it

Io non so perche scrivete queste cazzate punto primo non si capisce un
cazzo di quello che c'é scritto secondo non ha senso quello che alcuni
stronzi vogliono comunicare tramite le
loro parole difficili e il loro sar-
casmo primitivo. Tanti saluti al mio

idolo VITTORIO SGARBI
Tinti
Studente, 20 anni, Brescia
personaggio preferito: Vittorio Sgarbi

La vacca dice al mulo:<> Il mulo dice
alla vacca:<>
Fortunato Emilio
54 anni, Brindisi
personaggio preferito: Karl Marx
jamming@libero.it

Cercavo un sito a cui chiedere perchè il cantautore Don Backy è stato
OSCURATO dalle televisioni. E' molto
tempo che quando posso scrivo o telefono alle varie trasmissioni (cercavo
gli indirizzi ed ho incontrato questo spazio). Desidero riascoltare Don
Backy sia nella produzione passata che
recente, perchè non ci riesco? Perchè
lo hanno chiuso in un cassetto? Mi
sembra una grande ingiustizia. Qualcuno mi aiuti!
Renata
Roma
personaggio preferito: Alberto Bevilacqua
marenata@tiscalinet.it

Bisogna lottare con loro. gli zapati-
sti hanno bisogno anche di noi. basta
con le differenze etniche ne abbiamo
pieni i coglioni. siamo nel duemila
e ancora ci parlano di lega lombar-
da e di padania. basta con l'ignoranza. dobbiamo tirare fuori i coglioni
e cercare un mondo migliore da dare
ai nostri figli. non li voglio lasciare nella merda la sto già vivendo io.
ciao
Silvia Longaretti
Rivoluzionaria, 25 anni, Bergamo
personaggio preferito: Emiliano Zapata
www.silvialongaretti.it

Le cose che dici non sono del tuto
prive di senso. Anzi rapresentano il
prodotto inevitabile della cultura della superficie: dove tuto è facile e si
può dire, come comprare una cosa. In
fondo i filosofi posono soportare anche
le tue imprecazioni, dal momento che
oggi sono i soli, insieme ai poeti
non famosi, che vivono nel regno del
gratis. Soportare però significa anche
disprezare.
Andrea Varagnolo
Chioggia (Ve)
personaggio preferito: Sigmund Freud
varagnoa@astori.it

Chi di CARRA' colpisce di CARRA' peri-
sce. Attento!
Lucio Tassi e Raffaella Carrà
Roma
raffabr@hotmail.com

Carissimo e SCHIFOSO "Roberto Quaglia", TSZ!!!! MA CHI TI CREDI DI ESSE-
RE???? Sei solo un CRETINO, ecco cosa
sei!!! Come ti permetti di FARTI PAS-
SARE PER PAPERINO????!! E come se non
bastasse SPARLARNE A QUEL MODO!!! E

fare l'innocente poi dicendo qualcosa
come: "Dicendo questo però non vorrei
far circolare brutte cose su di "me",
e far pensar male di "me" ai "MIEI"
fans"!! Ora, secondo me, chi legge va
in fondo al commento a vedere quanti
anni ho: ebbene sì, ne ho 13, e al-
lora??? Ah!!! AVETE PURE IL CORAGGIO
DI DIRE CHE SONO PICCOLA, O ADDIRIT-
TURA UNA POPPANTE????? VI ODIO!!! VI
ODIO TUTTI!!!! E sapete un'altra cosa?
SECONDO ME QUI "MISTER QUAGLIA COM-
MENTI COSì NEGATIVI NON LI INSERISCE
NEANCHE!!!!! ECCO PERCHè CI SONO SOLO
COMMENTI POSITIVI IN "leggi i commen-
ti degli altri"!!!! E UN'ULTIMA COSA
(PERCHè POI DEVO ANDARE A FARE I COM-
PITI) SE PAPERINO è SFORTUNATO NON è
COLPA SUA!!!! CIAO.
Greta Silverberg
Scolara, 13 anni, Milano

---

ehhhhhmmmm non è che potresti ripeter-
melo un attimo??
bunny
18 anni

Very Interesting and certainly very
different.
Chet Beans
Aviaion, Computer ans Student, 46 anni, Raleigh, NC USA
personaggio preferito: Jesus Christ
acura02@earthlink.net

Gli artisti sono insopportabilmente
noiosi. E miopi. Se sfondano credono
alla loro grandezza anche se valgono
poco. Se non sfondano credono nella
loro grandezza anche se valgono poco.
Se non sfondano, la colpa è di qualcun altro, e non perchè non hanno talento: per merdosi che siano credono
tutti nel loro genio. Possono sempre
tirar fuori Van Gogh o Mozart o altre
due dozzine di artisti che sono sotto
terra prima che la fama gli leccas-
se il sederino. Ma per un Mozart ci
sono 50.000 idioti insopportabili che
continuano a vomitare opere schifose.
Soltanto quelli in gamba mollano, come
Rimbaud o Rossini.
Carletto Ravaglia
Insegnante universitario, 35 anni, Bologna
personaggio preferito: Stephen Hawking
rava@inrete.it

Attualmente non definibile, work in
progress... saluti
Ciro
Impiegato, 45 anni, Milano
personaggio preferito: Stephen Hawking
anonymous@noname.org

Funziona?
Marina
Studente, 25 anni, Firenze
marinavercelloni@hotmail.com

Prima di giudicare una persona cammina
x 3 giorni nei suoi mocassini.
Andrew
27 anni, Forza Roma
personaggio preferito: Vittorio Sgarbi
http://www.ofotografo.cjb.net

andreolo@tin.it

Considerazione spiacevole: Gli scrittori di fantascienza hanno fallito tutti quanti perchè la realtà è più forte.

Massimo Givonetti
magi@bielnet.it

Hi there, I want to tell u from the first place that i'm not a good agent... but i'm romanian! And i'm a romanian who would like to read "Vagabondul interspatial". Now,how could i do that, knowing that i can't find this book to buy it or at least to read it (i searched in every library around)? I must admit i was kinda dumb asking to myself "who the hell is this Roberto Quaglia anyway ?" when "Vagabondul..." appeared in Romania. I'm asking myself the same question today though, but at least i read some of your books and i know i want to read more. Regards P.S. There is a Sheckley page u should see,i haven't seen it on your website links. http://members.tripod.com/~sheckley/index.htm

Stanca Adrian
adrian.stanca@mailcity.com

Chiedo scusa se approfitto dello spazio, ma, per una caccia al tesoro dobbiamo raccogliere alcune informazioni relative a personaggi più o meno famosi. A me è capitata una domanda su Maurizio Costanzo: come si chiama la sua attuale moglie (ok, Maria de Filippi) e come si chiamavano le sue ex mogli (Simona Izzo, Marta Flavi, e un'altra di cui non riesco a ricordare né il nome né il cognome). Potreste aiutarmi (vi prego !!!)?

Andre
andy.elf@cyberjunkie.com

Roberto Quaglia!!! Che cosa e??? Certainly - you the non-standard man... Whether you Want to have also non-standard dialogue? Answer to me: who you, mysterious Italian? - Passionate visionary or spiritual leader? I think, it will be interesting to us to get acquainted. Do not refuse me in luxury of your letter... Yours faithfully

Margarita
Krasnoyarsk, Siberia
avtorREMOVE@vsptus.ru

Egregio Signor Quaglia. Le potrà sembrare sicuramente strano come io sia finito sul suo sito... Se devo essere sincero non so neanch'io che giro ho fatto stanotte mentre navigavo fra pompini e peli di figa... Però so da dove sono partito. Avendo io realizzato da poco le musiche (il mio lavoro è quello del musicista) ad un cortometraggio che vedeva come attrice EVA ROBIN'S, e non avendola mai conosciuta, mi sono detto: "chissà se la

signora ha una sua pagina web"? Così, gira e rigira, mi sono imbattuto a casa sua... Devo dire però che solitamente sono più discreto, cioè il più delle volte mi limito a guardare le stranezze che si presentano davanti al mio naso senza interferire... ma stavolta è stato più forte di me!!! Ho dovuto scriverle perché ero troppo curioso di sapere con chi avevo a che fare..!! Ma lei cosa fa nella vita? Di cosa si occupa? Da quello che ho potuto vedere lei fa tutto e niente.. Dal Cabaret al sociale.... Comunque il mio nome è Giorgio Buttazzo e come le ho già detto faccio il musicista. Ho anch'io una pagina web tutta mia, o meglio mia e del mio gruppo... L'indirizzo è www.freeweb.org/musica/bermuda Così se anche lei vuol sapere qualcosa in più su di me può informarsi . Aspetto notizie . Ah... un' ultima cosa.. Tutto quello che ho letto su di lei è (almeno per quello che riguarda la mia impressione) estremamente efficace. La mia attenzione l'ha attirata subito. A risentirci.

Buttazzo Giorgio
Bermuda Acoustic trio
http://www.freeweb.org/musica/bermuda
bermudatrio@libero.it

Sei avvertito. Guarda, ora hai skassato veramente il kazzo. Vai a farti psicanalizzare, ne hai bisogno. Hai passato realmente il segno.

WarezSan[*Mar*]
warezsan@ngi.it

Ciaoooooo mi chiamo bruno. Ciaooooo-ooooooooooooooooo. Brunooooooooooooooooo. visita la mia home page http://members.tripod.it/brunoPierantoni57

Pierantoni Bruno
speed1@inwind.it
http://members.tripod.it/brunoPierantoni57

In un'era in cui i bambini sono al centro di continue violenze mentali e sessuali, di continui tentativi di distruggere il loro poter essere bambini, la tua favola mi da la conferma che qualcuno pensa ancora a loro ed ai loro sogni.

Giancarlo
Impiegato, 26 anni, Cuneo
personaggio preferito: Roberto Quaglia
cagigi@iol.it

Conversare molto anche se poi non si conclude, ma l'importante é comunicare con tutti i sistemi disponibili e possibili.

Agostino
38 anni, Zurigo
personaggio preferito: Maurizio Costanzo
a.b.h.n@swix.ch

Complimenti innazitutto per la trasmissione (il sito). Ti scrivo due brevissime righe per sapere se hai voglia di scrivere qualcosa su berlusco-

ni perche io sto facendo una ricerca (in negativo) su di lui. Ciao.
Alessandro
Promotore Finanziario, 32 anni, Genova
personaggio preferito: Mister Bean
`lkmaz@tin.it`

Non ho assolutamente nessuna di queste lettere anche se credo, leggendo i titoli, esse siano di mio interesse: ora non ho tempo! Stavo pero' cercando un indirizzo e-mail del maurizio costanzo show per commentare la puntata trasmessa pochi giorni fa sul tema "droga" penso che il programma in questione faccia solamente salotto su certe questioni che andrebbero invece approfondite, lasciando cosi' lo spettatore medio abbisognevole di ulteriori input per poter farsi un' idea personale e non condizionata dallo show-man. Le sarei grato se potesse inviarmi un indirizzo della redazione dello show affinche' possa esprimere le mie critiche ed apprezzamenti che ho maturato nel corso degli anni di visione del programma. Le faccio inoltre i mie complimenti per la realizzazione del suo sito e per aver inserito Stephen Hawking tra i personaggi dell' elenco (devo dire che anche Oliver Stone non mi dispiace!) I piu' cordiali saluti.
Mazzariol Marco
Impiegato, 24 anni, Montebelluna -TV-
personaggio preferito: Stephen Hawking
`mazzait@yahoo.com`

Io non ho niente di significativo da dire. Ho però una speranza: che qualcuno si decida a mettere in discussione l'onnipotenza di Maurizio Costanzo e gentile consorte. Sono proprio stufa di subire la sua preziosa guida morale. Un'altra cosa: come si permette di invitare quei tipi assurdi e poi sfotterli per fare spettacolo con quell'aria compassionevole? Insomma, spero proprio che tu sia riuscito a minare in qualche modo la sua "modesta" ma che dico, inconsapevole figura di vate televisivo.
Chiara
Studentessa, 24 anni, Prato
personaggio preferito: Simone de Beauvoir
`heartstrings@iol.it`

Cos'è un HTML? Io non ci capisco un cazzo co' sto' aggeggio però è figo cerchi le streghe e ti mandano affanculo ma succede sempre così? Comunque è una cifra figo sto coso che hai creato, bel cervello magari ce lo avesse pure mio padre va bhe cervello bordello psicologico, c'ho messo tre ore per scrivere sta cazzata e mi sembra più che sufficiente. Bella a tutti !!!!
Judith
studentessa, 17 anni, Roma
personaggio preferito: Syd Vicious
`italopip@tin.it`

Senti(a), non riesco a leggere a video; non ci sarebbe (pagando, s'intende) una edizione cartacea?
Cyberfest
Bondeno
personaggio preferito: Julius Feiffer
`www.cyberfest.org`
`cyber@global.it`

Chi è Michele Guard?
Harold Guard
Biologist, 56 anni, Annandale, Virginia
personaggio preferito: Emiliano Zapata
`guardh@aol.com`

How! Veramente fico pero' cosi' non si rischia l'estinzione del genere umano??
Valeria
16 anni, Roma
personaggio preferito: Syd Vicious
`mscaval@uni.net`

Prima di tutto sono contento che tu ti sia interessato del problema. Per la verità, però, la tua analisi mi pare un pò sbrigativa. Secondo me, il male di vivere è sentito, in misura variabile, da chiunque, dunque chiunque potrebba trovare beneficio (certo illusorio ed effimero) nell'assumere droghe come estasi, coca ed ero. Il fatto che qualcuno finisca per farne uso dipende perciò dai 'casi della vita', da circostanze in cui ci si viene a trovare solo di là della propria volontà, e solo se si ha una prevenzione (che è poi una forma di pregiudizio) molto forte al riguardo si può resistere a queste tentazioni. Ti invito a consultare i siti web antiproibizionisti (sia chiaro, solo perchè tu possa acquisire una coscienza maggiore e non prevenuta del problema), in particolare: www.druglibrary.org che affronta l'argomento in modo intelligente e con toni pacati. Spero che tu mi scriva, per approfondire il discorso insieme.
Manuel
Studente in filosofia, 24 anni, Cervia (RA)
`manuel@mbox.queen.it`

Ma e' possibile che quando utilizzo altavista come motore di ricerca, tra le pagine trovate, 2 sono quelle che a me interessano, 10 contengono questo c... di Roberto Quaglia. Già è difficile navigare, se poi qualcuno si diverte ad "intasare" i database di motori di ricerca piu' utilizzati, allora imparate a usare i servizi internet in modo piu' intelligente!!! Grazie.
Jameskirk
Tecnico di telefonia cellulare, 30 anni, Milano
personaggio preferito: Roberto Quaglia
`kirk68@freemail.it`

Hello! How are you? Your home page is very cool, but I need your help! Do you know how can I find Nino Merola and Concheta Vitale??? I am from Brazil and I need to find them! It is very important! Thank you!

André Chicarone Pereira
São Paulo
personaggio preferito: Sharon Stone
http://sites.uol.com.br/andrecp
andrecp@uol.com.br

I am looking for information about "teatro del sole" in Milan, it is very important for me. Do you know where I have to go in the weB? It is imposible for me to find something in relation to my study about "animazione teatrale" and about teatro del sole. Please answer me this e-mail as soon as possible. thank You very much, Your

Ainhoa
Student, Vienna
101614.1022@compuserve.com

Ecco finalmente un esperto vero! Siamo un gruppo di fans del Mago Mimmo e percorriamo da mesi la Rete in cerca di Sue notizie. Sembra incredibile, ma tutti i sedicenti esperti di "trash" non ne sanno nulla. Il tuo eccezionale libro è per noi la prova di esserci imbattuti nella persona giusta. Il Maurizio Costanzo show è oggi sovrappopolato di maghi, ma di Lui nessuna traccia. Perché? Ti preghiamo, se sai qualcosa, diccelo. Te ne saremo grati per saecula e divulgheremo il tuo Verbo. Ciao I fanns de i' Maco più Maco che c'è

Orazio e C.
curiazio@hotmail.com

Ok ok... io ancora non ho letto il libro. L'idea mi sembra grandiosa. E hai ragione, se un libro a me piace io me lo compro comunque. Posso chiederti un'informazione? Come faccio a scrivere a Maurizio Costanzo by e-mail? Sono proprio curioso di contattarlo. Grazie e ...scrivi!

Bruno
Programmatore, 31 anni, San Francisco (CA-USA)
masked_avenger@rocketmail.com

Come vorrei non sentir più parlare di Maurizio Costanzo... e invece... anche qui.

Andrea
22 anni, Roma
personaggio preferito: Peter Sellers
www.geocities.com/Paris/Metro/1548
porkchop.express@usa.net

Alcuni miei amici mi hanno introdotto alla profonda concettualistica del Quaglia ed ho scoperto una cosa interessantissima: Leggendo Quaglia quasi tutto, senon tutto si squaglia!!! Non so se ho reso l'idea, vero? ciao

Nino
Copywriter, 35 anni, Milano
personaggio preferito: Roberto Quaglia
www.maranio/users.iol.it
maranino@iol.it

Finalmente qualcuno... in questa "landa deserta". Allora non sono l'unica folle a credere che i vegetali siano dotati di sensibilita' almeno quanto gli animali, ed a combattere ferocemente contro la stupidita' vegetariana ed animalista. Se e' vero ciò che scrivi mi sentirò meno sola, se questo è solo un sistema per sparare cazzate su internet, bhe vorrà dire che la mia ricerca continuerà!! ciao e fammi sapere.

RAE
Biologa, 30 anni, Napoli
personaggio preferito: Gesù Cristo
raenina@hotmail.com

Ho passato un'ora su questo sito e ancora non me ne sono andata. Mi piace l'ironia di queste pagine. Penso che andrò a cercare il libro per leggerlo.

Claudia
Studentessa, 17 anni
personaggio preferito: Stephen Spielberg
consi82@hotmail.com

Ho letto le prime tre lettere e se devo proprio essere sincero non c'ho capito nulla. Comunque ti prometto che li rileggero' anche 10 volte e ti spediro' un ulteriore commento se ti puo' interessare. Ma tu in queste prime lettere adori costanzo o lo consideri un tipo snob? Un tipo che é diventato famoso solo per aver fatto della televisione e nient'altro. La pensi cosi'?

Manlius
Studente, 25 anni, Asti
piegiatt@tin.it

Non ho risposto alla domanda su come sia finito su queste pagine in quanto è contenuta nelle prossime frasi di questo commento che sto scrivendo, specifico, dopo aver letto solo "La premessa dell'autore". Ho fatto questa precisazione per due motivi: il primo è che non ho trovato queste pagine cercando sui motori di ricerca "Il Maurizio Costanzo Show" come invece nella premessa ipotizzi valido (perrmetti che ti do del tu?) per la totalità dei cybernauti. Io infatti stavo cercando Omar Camporese (l' ex tennista) e adesso sono proprio curioso di leggere le successive pagine per capire se è il motore di ricerca ad essere impazzito oppure quale ne sia il riferimento nel tuo libro. Il secondo motivo, il più importante, è che voglio esprimere il mio più completo accordo su quanto da te scritto nell' "illuminata" (ed è un aggettivo pienamente meritato credimi) premessa. Evito di ripetere qui le giustissime ragioni da te addotte per completare invece il discorso citando (in ordine sparso) degli esempi di precedenti "tabù" che non anno avuto le conseguenze catastrofiche che venivano preventivate e che erano altrettanto avversati in passato più dalla paura del cambiamento e di "perdere la pagnotta" che da veri motivi razional-

li: la TV avrebbe ucciso la radio e il cinema, il software shareware quello commerciale e poi se stesso perchè non lo avrebbe pagato nessuno, l'aborto sarebbe diventato un mezzo normale di contaccezione, le partite di calcio (e addirittura anche i grand premi di Formula 1!) trasmesse in TV avrebbero svuotato gli stadi (o i ciruiti), i registratori di audiocassette prima e i masterizzatori di cd poi avrebbero fatto morire il mercato degli LP e dei CD, le videocassette quello del cinema, il videotel il mercato "non virtuale" di tutti i servizi offerti da questo media, le cineprese super 8 quello delle macchine fotografiche, l'automazione industriale avrebbe moltiplicato a dismisura la disoccupazione, i libri sull'illusionismo avrebbero mandato sul lastrico tutti i prestigiatori ecc. Adesso per esempio sento di ipotizzate chiusure di negozi, per via della liberalizzazione delle licenze (che per altro nessuno pare essersi accorto che è già in vigore da più di un anno), e di edicole a causa della vendita dei giornali nelle tabaccherie ecc. Sono tante altre le cose che potrei citare, per non parlare poi di internet, ma non voglio tediarti oltre. Chiudo scusandomi del non perfetto italiano di questo mio commento ma l'ho scritto come si dice "di getto". Di nuovo complimenti e adesso mi andrò a leggere il tuo libro sia per cercare il riferimento sopracitato sia perché un libro scritto da una persona intelligente ben difficilmente potrà deludermi. Cordiali saluti (finale di ogni lettera commerciale che si rispetti anche se questa non lo è!).
Mauro
Milano
asdam@freemail.it

Ho letto la lettera di Roberto Quaglia ed aggiungo il mio punto di vista: è vero che l'uomo non è come la pietra e deve avere una funzione nella società e che finché è giovane le prova tutte pur di riuscirci e se fallisce in tutto, amore, lavoro, amici, si ritrova in fondo e trova persone nella sua situazione e una funzione per lo spacciatore. Però io credo che si debba aprire ancora più gli occhi per vedere che oggi per arrivare a bucarsi non serve una motivazione cosi alta, basta pensare che sempre più scuole medie inferiori anche nelle più piccole cittadine sono costrette a chiudere i cancelli. Quindi i ragazzi che si bucano sono sempre più anche quelli che così giovani non hanno ancora neppure provato a trovare la loro funzione nella società: si drogano eppure non hanno provato ancora a cercare un lavoro e neppure una vita sentimentale.
Alessandra
Studente, 20 anni, Pieve S. Stefano
personaggio preferito: Roberto Quaglia
gianni@technet.it

Caro Sig.Quaglia, parto dalla premessa al libro. "La trasmissione più amata dagli italiani". Non confondiamo gli italiani con gli italioti (qualità e difetti della stirpe non mediati dalla cultura) che seguono Costanzo. Il personaggio a cui Lei si rivolge è uno degli esseri più abbietti tra i tanti che imperversano nelle TV (vedi: Sgarbi, Ferrara & C). Un emerito figlio di puttana, con precedenti 'storici' infami e dall'attualità altrettanto oscena, propugnatore, per interessi dei gruppi di potere, di una falsa rappresentazione del villaggio globale ad uso e profit dei suddetti. Cordiali saluti, vdc
Vito di Cagno
Imprenditore, 60 anni, Milano
personaggio preferito: Sigmund Freud
http://www.mirabilis.com/18886184
vidicagn@tin.it

Come posso mettermi in contatto con Michel Pergolani?
John Flores
San Francisco
personaggio preferito: Federico Fellini
www.sirius.com/~jfgrafx
jfgrafx@sirius.com

Raggazi, (and that's it for my italian) i was looking for info on Umberto Eco and i clicked into your homepage do you have an english version of it? thanks Molto graccia (i think)
George Marselis
Student
gam9478@mhz.njit.edu

E'... inesistente! Sembra che questo brano non parli di nulla ma "in realtà" parla di tutto! Non significa niente, perchè niente vuol significare, è irreale... IRREALI.. non lo siamo tutti? P.S. la voglio scrivere anch'io una roba simile!!!
Joanne
Studentessa, 20 anni, Reggio Calabri
personaggio preferito: Maurizio Costanzo
www.aurely.it

Indubbiamente l'estro è una tua valenza interiore, forse unita ad un po' di strategia pubblicitaria; ma che importa! Gente allegra il ciel l'aiuta. Renato ti saluta alla latina : "....si vales, bene est; ego valeo"
Picasso Renato
Infermiere Professionale, 35 anni, Genova
personaggio preferito: Vittorio Sgarbi
annapbo@tin.it

Tutto vero!!!! Genova è bella(?) ma sono i genovesi il vero guaio. Per non parlare delle genovesi... sembrano tutte loro...

Pildege
A Spasso, 50 anni, Genova
personaggio preferito: Leonardo da Vinci
PILDEGE@HOTMAIL.COM

Ehi sono 10 anni che non metto piede in Panteca, e forse è perciò che non ti conosco; non conosco più un cazzo di nessuno in questa città. In Panteca ci andavo all'incirca tra il 1978-79 e il 1985-86, ed effettivamente allora c'era abbastanza casino. Nel 1988 già c'era un ambientino di universitari fighetti (giusto di tisane e bocce di vinaccio a 10 sacchi l'uno: dieci sacchi DI ALLORA!) e così non ci sono più andato, poi sono andato a lavorare in mare, poi in un'altra città (come tanti genovesi) e ora che tutti i vecchi amici sono o morti o sposati, come me (cioè sono sposato, non morto) la Panteca me l'ero completamente scordata fino a che non sono capitato per caso su questo sito che ho inserito tra i preferiti per tornarci con calma. Un consiglio: per avere più audience inserisci a caso nel testo parole come fica, lussuria, bestialità e pornografia sui minori; avrai un grande successo grazie ai porci che fanno ricerche sul Net cercando proprio questa robba. Io naturalmente non c'entro con questa gentaglia. Continuerò a leggere (PS esiste ancora la Panteca?) Dasvidania

Paolo Clerici
Geologo, 35 anni, Genova
personaggio preferito: J. G. Ballard
noto@iol.it

Cosa c'entra tutto questo con alberto lupo? Forse perchè è morto? (io cercavo notizie su alberto lupo... e cosa ho trovato?) Comunque cia e buon natale!

Roberto
A Stipendio, Milano
personaggio preferito: Leonardo da Vinci
r.pietrobelli@iol.it

Vorrei raccontarvi la storiella di una madre e un figlio che si incontrano a casa per cena. Il figlio seduto sulla sedia della cucina dice alla madre la seguente frase: mamma ho fame. La madre attende un po' prima di rispondere e poi controbatte nel modo seguente: figliuolo, prendi il cucchiaio. Udendo le seguenti parole, il ragazzo controbatte, dicendo: mamma... non ho più fame. A questo punto rimangono da fare alcune considerazioni: 1-Il figlio è un pigro e piuttosto che andare a prendere il cucchiaio preferisce non mangiare per non fare fatica 2-Il figlio pensa che la madre gli ha risposto di prendere il cucchiaio per mangiarselo. Penso esistano diverse altre chiavi di lettura in una storiella così banale, ma dato che il vostro dilemma è tanto complicato è un modo di sdrammatizzare e far capire che nelle cose ognuno ci vede quello che ci vuole.

Davide
Perditempo
bubimiao@iol.it

Mi dispiace irrompere in questo sito per fini diversi da quelli che lo animano ma è molto tempo che cerco l'indirizzo INTERNET del Maurizio Costanzo Show (per motivi di tempo). Io vorrei mettermi in contatto con un ospite ricorrente di tale programma, il Sig Valentino Compassi facente parte "dell'Accademia delle Scienze Perdute". Vi sarei molto grato se poteste fornirmi notizie utili al riguardo oppure segnalarmi indirizzi INTERNET e non affinchè possa trovare questa persona. Vi ringrazio moltissimo.

Avi Mauro
Studente, 28 anni, Trento
14780so@student.soc.unitn.it

E' morta un'attrice famosa in Italia, mi domando come mai la R.A.I. non ha trasmesso nessuno dei suoi films. Per gli altri attori lo fà.

Paolo Giannecchini
Studente, 33 anni, Camaiore
personaggio preferito: Moana Pozzi

Ciao, mito e spasso di un Quaglia! leggendo la tua lettera antianimalista ho pensato molto e mi sono pure divertita. Mi è sembrato di tornare all'Università, là dove combattevo l'illogicità di certi compagni i quali, in nome di una superiore etica animalista, rifiutavano di uccidere qualche insetto necessario per mettere insieme l'insettario per superare l'esame di entomologia, ma non si peritavano affatto di disturbare continuamente le lezioni chiacchierando, entrando rumorosamente in ritardo o uscendo in anticipo (probabilmente gli esseri umani erano meno degni di rispetto degli insetti, chissà!). Chi combatterà per i diritti degli asparagi o dei peperoni che, poveretti, non possiedono sistema nervoso? Ah, il senso della misura! Forse non sarò proprio del tutto d'accordo su quello che hai scritto, però mi è piaciuto lo stesso. E sono tornata a sentirmi un pochino più giovane.

Lorenza Colletti
Ufficiale forestale, 31 anni, Roma
personaggio preferito: Stefania Rocca
div3@corpoforestale.it

Scusate la spudoratezza, ma vorrei gentilmente avere il numero di Fax del maurizio costanzo Show. Se riuscite a farmi questa cortese gentilezza Ve ne sarei grato. Cordiali saluti.

Dario Raugna
Imprenditore, 27 anni, Udine
personaggio preferito: Marco Pannella
http://www.alterego.it
alterego@alterego.it

Non mandate la gente afanculo!!!! Vaffanculo!
Giuseppe Borz
Elettrauto, 49 anni, Bari
Axel@tin.it

Sei forte.
Marinella Ozzano
Sensitiva, 37 anni, Novara
personaggio preferito: Roberto Quaglia
lullowwp@uol.iunet.it

E' proprio vero che il confine tra pazzia e genialità è molto labile... Sei
stato uno squarcio di sereno in questa
giornata grigia
M. Elisa
Felicemente Casalinga, 34 anni, Parma
personaggio preferito: Leonardo da Vinci
marielis@tin.it

Considerando la risultanza sincronica degli agglomerati delle cazzate che
ho letto rimane il problema della disambiguità della discretizzazione del
termine genio.
Lamberto
Impegnato,, 41 anni, Roma
personaggio preferito: Gesu Cristo
lamberto57@networld.it

Abbastanza geniale da risultare interessante. Un po' troppo lungo da leggere completamente in ogni sua parte
per uno come me che basa la sua cultura
sui bignami.
Marco Giunco
Consulente , 37 anni, Usmate
personaggio preferito: Robert Heinlein
www.marcogiunco.com
info@marcogiunco.com

Mi sembra interessante, intelligente,
presumo e spero divertente, ma ci vuole troppo tempo... sai a Milano si
va di fretta, intanto scarico qualche
pagina delle tue, chissà' che trovi un
momento magico in cui leggerle.
Luisa
Portalettere e Letterata, 42 anni, Milano
personaggio preferito: Roberto Quaglia
saxina@tiscalinet.it

È da 50 minuti che sto cercando del
materiale per una tesi sui mass media
italiani, e in qualsiasi mecanismo di
ricerca io entri, trovo sempre queste ridicole lettere a Maurizio castanzo Show... Non vedi in questa
maniera (monopolizzando questi sites)
finisci soltanto per farti odiare da
gente che, come me, non ha del tempo
da perdere con un idiota egocentrico
come te!!! Perchè non usi l'intelligenza che credi di avere per cancellarti dalla rete??!!
Claudia Astorino
clauast@uol.com.br

Sei grande!
Luca Garattoni
Studente, 28 anni, Bologna
personaggio preferito: Roberto Quaglia
lgaratto@yin.iy

ECCEZIONALE!!!!

Fabio
Impiegato, 36 anni, Roma
personaggio preferito: Gesù Cristo
http://utenti.tripod.it/CLUB_DEI_300
protos@tiscalinet.it

Ma perchè proprio io? Fatemi uscire!!!!
P.Pir
Studentessa, 27 anni, Alessandria
piru@libero.it

Straordinario. commuovente. ho letto
poco. cè moltissimo ottimo "materiale". ci ritornerò presto e lo consiglierò ad amici. ciao.
Massimo
Infelice, 28 anni, Brescia
mschiva@tin.it

Ehy la sai una cosa???? ho scoperto
che hai il nome come quello di mio padre e il cogno me come quello di mia
madre e dove l'ho scoperto??? andando
a fanculo!!!!!! oh mio dioooooo !!!!
Marox
21 anni, Terni
personaggio preferito: Stanley Kubrick
cvlma@tin.it

Caro Roberto saresti anche una persona interessante, ma lascia stare il
discorso sulla droga, è una battaglia
persa in partenza e sbagliata!!!!
Stefano
Studente, 23 anni, Padova
hihi@yahoo.com

...caro Quaglia, per favore, almeno tu puoi riuscire a farmi sapere
dove, come, quando e in quale campo
Berlusconi si è laureato in Ingegneria (come riportato dalla sua scheda
di parlamentare e dalla Guida Monaci?
Grazie per la collaborazione.
Gis
personaggio preferito: Silvio Berlusconi
phili@freemail.it

Sei veramente un pazzooooo! In senso
buono però! Siamo un'equipe di pazzi
che si è molto divertita a guardare
il tuo sito! Ti vogliamo semplicemente
fare i complimenti per tutto!!!
Dario & Roberto
ovvero Barabba's Team
Studente, 21 anni, Palermo
personaggio preferito: Roberto Quaglia
dariomartino@hotmail.com

Ma ti sembra una cazzata da fare??
Per giunta avrai anche perso tempo con
tutte quelle coglionate che hai scritto... Comunque... tu ci hai provato !!
Con affettato un tuo ammiratore!
Sberry
Studente, 22 anni, Monteprato di Nimis (Udine)
personaggio preferito: Stanley Kubrick
member.xoom.it/sberry
sberry@libero/.it

Ho idea che ogni passo faccia il suo
rumore, forse tu cammini troppo quando non corri addirittura. Non voglio
esprimere piacere o dissenso; son certo che fai talmente casino che giaci

incastrato in qualche tuo pensiero.
Appena ti liberi liberati di te stesso!!!

Piero
Agente di commercio, 35 anni, Napoli
personaggio preferito: Sergio Leone
doppiap@yahoo.it

Sei un grande.

Enrico
Elettricista, 25 anni, Torino
personaggio preferito: Gesù Cristo
enrizava@libero.it

Sig. Quaglia, dato il suo impegno sulla
piaga della schiavitu' ancora esistente nel nostro paese abbiamo pensato di
contattarla. Siamo tre-quattro persone
(di cui tre operanti gia' nell' assistenza sociale) fortemente motivati a
far nascere una struttura mirata all'
accoglienza di minori e madri in dif-
ficolta' in un area ancora da definirsi
della Liguria, con particolare riguardo all' utenza di soggetti stranieri.
L' idea prevede l'acquisto di locali
nell'entroterra da adibire a comunità alloggio. Gradiremmo avere qualche vostro suggerimento in merito alle
possibilita' di tale progetto e quali
possono essere i "primi" passi da fare
(contatti, ricerca di sponsor etc..).
Grazie in anticipo

Michele Terenzoni e Lina
Michele.Lina@ntt.it

Roberto I think I'm in love with you,
and thank you for the Franz Liszt too.

Cody Cole
codycole@ix.netcom.com

Carissimo ho da chiederti una cortesia. Sto cercando l'indirizzo E_Mail
in modo da poter scrivere ad una vecchia Amica: Marisa Laurito. Io e lei
abbiamo trascorso sei mesi bellissimi
insieme. Mi sapresti indicare l'indirizzo? Te ne sono grato sin d'ora
Cordiali saluti e Buon Lavoro. Ps: Le
pagine sono molto belle con un po di
tempo le approfondirò...

Claudio
Meneger, 36 anni, Melzo
personaggio preferito: Silvio Berlusconi
www.fruitshop.it
numerouno@fruitshop.it

A dire il vero yahoo si scrive con la
y... e poi io preferisco la mia ragazza... non per qualcosa... per tutto...
per niente... per amore... non divago,
che già l'ho disturbata fin troppo...
lei, non la mia ragazza.. lei mi piace proprio... ho letto qualche pensiero... ho letto la sua biografia...
ho visto il suo bookmark... è proprio
una gran bella persona... che dire, se
non che l'ammiro molto e spero che mi
scriverà prima o poi? le ho mandato
un messaggio al mailbox su fantascienza... vedrà... ciao signor quaglia...
lei è proprio un grande...

Giovanni Conti
Studente, 18 anni, Pontedera-Pisa
spaceboy.sp@mailcity.com

This is the worst I`ve seen in my who-
le life!!! How can you be so proud of
yourself when you look like this? I
was ok when I surfed in this page, but
now I feel like puking (throwing up).
Have a nice day. Greetings two wacos.

Pluto
Norway, Svinesund
personaggio preferito: Mister Bean
arialvik@online.no

I enjoyed your pages. I've put a bookmark in my computer so I'll be back. I
especially liked the music.

Carol Page
Customs Broker, 55 anni, Seattle, Washington U.S.A.
carolpage@email.msn.com

I love the setup of your page. It's
very original and interesting!!! Great job!

Wendy Cass
College Student, 19 anni, Minot North Dakota--USA
personaggio preferito: Tom Cruise
**http://members.wbs.net/homepages/w/e/n/wendycass.
html**
wendy-cass@mailexcite.com

La tua pagina fa veramente schifo al
cazzo! Datti fuoco!

Andrea Patanè
27 anni, Rieti
anpata@tin.it

Are you asking me for my opinion on Jim
Morrison. Then I shall begin by saying
WHAT A MAN he is the classic embodi-
ment of all that is lade back relaxed
and under a drug enduced influence. In
a word cool!

G N Gallichan
Baker, 21 anni
personaggio preferito: Jim Morrison
ggallichan@hotmail.com

My opinion on what? Of your home page?
I wonder why didn't you put up that
comics to be seen. But otherwise it's
interesting, full of black humor. And
you definitely cherish the opinions
most. It's just that people usually
don't think their opinion is relevant
and rely on others. So I have a question in this regard: Did you have in
mind that people will take yours as a
marker where to go and what to do? Or
are you trying to make them think on
their own? Because I think, from my
previous experience, that it is very
hard to snap them from that kind of
slumber, that easy going wherever mass
takes you, into aware and consciouss
beings. That's too much of hard work!
And as much as I know there's one in a
thousand that's not affraid to do for
oneself that much. But I apprechiate
every attempt to try to snap as much
individuals as possible out into ones
own consiousness. And that's my opi-

nion.

Adaleta
graphical designer, 26 anni, Zagreb/Croatia
personaggio preferito: Gariel Garcia Marquez
http://www.geocities.com/SoHo/Coffeehouse/1609
adaletaREMOVA@grf.hr

Caro Roberto, mi hai mandato qui da "affanculo". Devo dire che il tuo sito dissacrante mi ha fatto sbellicare dalle risate, al punto che ho inserito il tuo logo con link nella mia pagina web. Mi leggerò con calma anche questo, ci puoi contare, la fantascienza, se di questo si tratta, mi attira molto. Un cordiale saluto

Franco Mazzotta
Dirigente, 52 anni, Catanzaro Lido - MAY BE ITALY
personaggio preferito: Isaac Asimov
http://space.tin.it/io/fmazzott
fmazzot@tin.it

Carissimo Roberto Quaglia. Sono genovese, nato il 13/8/1948. Partecipo delle discussioni dei studenti dell' AEGEE. Ho ricevuto richiesta di appogio: "send the Appeal for a European Constitution" Di Paolo Vacca, Vià A. Maiocchi 17, I-20129 Milano, Italia, email: paolovac@TIN.IT. Vi conosco dalle pagine di Livia Turco. Vedi bene, sera casuale la mia data di nascita essere anche il 13, come quella di Livia Turco? Sera casuale nostri nomi essere uguali? Sono sicuro che la schiavitù in Genova ed in Italia ed anche in Europa sera combattuta con eficienza se una "European Constitution" fosse approvata e acetta. (You can visit the website of the campaign on http://euraction.org) Vi auguro molto sucesso. La battaglia continua. Siamo fratelli. "There is only one unique JUSTICE." Abbracci carissimi.

Roberto Andrea Mueller
Professor at "UFV", 50 anni, Vicosa, Minas Gerais, Brazil
rmueller@mail.ufv.br

Dreams are often anticipatory and would lose their specific meaning on a purely causalistic view. They afford unmistakable information about the analytical situation, the correct understanding of which is of the greatest therapeutic importance. But seriously... I enjoyed my visit. You're a brilliant man. I especially like your egomanical graphics... ciao

Princess Natalie
Princess, Planet EgoMania USA
personaggio preferito: Carl Jung
http://egomania.nu
natalie@ded.com

Gentile signor quaglia , (toto' avrebbe scritto "cara quaglia"... ma lasciamo perdere) le lascio un commento in quanto sono disperato. Sono disperato a causa della sua onnipresenza sui piu' disparati motori di ricerca. Apparentemente lei ha registrato il suo libro "caro maurizio..." sotto il 50% dei vocaboli della lingua italiana. Codesto fatto risulta un po' irritante (traduco: rompe abbondantemente i coglioni) non e' possibile che io scriva su Altavista "lavatrice" oppure "lino banfi" o "resurrezione" per poi ritrovarmi 5 o 6 rimandi al suo libro. Se lei sostituisse le sue registrazioni multiple presso i vari motori di ricerca con qualcosa di piu' appropriato la comunita' informatica le sarebbe grata (soprattutto quella italofona) ... saluti e baci . P.S. il suo libro non mi pare un capolavoro

Marco Santa
personaggio preferito: Elio e le storie tese
msanta@usa.net

Adoro Costanzo... Vorrei avere la possibilità di conoscerlo personalmente. Mi piacerebbe organizzare una puntata del Maurizio Costanzo show con alcune donne che come me lo amano, per poter scambiare alcune opinioni... Cosa ne pensi?!!!!! Bella idea, no!!!!!!!! ciao, ciao

Patrizia
Imprenditrice, 29 anni, Ascoli Piceno
personaggio preferito: Maurizio Costanzo
pubblic@tin.it

Ciò che hai scritto è in parte vero . Mi son sempre chiesta perchè si è soliti difendere solamente gli animali domestici . Personalmente quando passo davanti ad un mattatoio soffro al pensiero che agnelli, maiali, cavalli e via dicendo , vengano uccisi per soddisfare un nostro piacere. E quando mi reco al mare penso anche ai poveri pesci che vengono pescati o massacrati (come ad esempio nella pesca del tonno). Insomma non provo piacere all'idea che gli animali debbano soffrire. Lo stesso discorso lo vorrei fare per i condannati a morte. Tutte le volte che apprendo dalla stampa che un uomo o una donna stanno per essere uccisi in nome del popolo io rabbrividisco. Come avrai capito rabbrividisco di fronte a a qualsiasi forma di violenza. ciao, mavi

Maria Vittoria
Formatore, 34 anni, Sassari
personaggio preferito: Jim Morrison
maviconconi@virgilio.it

Mmassantoddio, iniziative idioti queste, per cyberonanisti arguti, per piacevolati del vaffanculo col salto della quaglia però poi lo sono un pò contento che di avercelo (poi) come ospite il quaglia chè almeno m'ammazza un pò i proverbi: chè come ospite lui non mi è come il pesce che puzza poi dopo tre giorni mi ci puzza già dal primo giorno quindi stateci in 'sti siti ma per favore amici no che gli amici poi mi cistanno un pò pesanti, telefonano, finiscono le birre, non centrano la tazza con amici come il quaglia poi non c'è bisogno dei nemici amatevi tutti, odoratevi toccatevi penetratevi & strusciatevi ma perlamodiddio non votate mai più emmabonino (diobonino) e non sposatevi, semmai sponsorizzatevi viva il comunismo morte alla proprietà privata per sempre nella sovversione dell'inconscio

Andrea Masala
Truffatore, 26 anni, Roma
personaggio preferito: Totò Riina
misili@tiscalinet.it

Non ho letto niente del tuo sito ma ho letto i commenti. Alle volte si capisce più di una persona da quello che ne dicono gli altri di quello che ne dice lui stesso.

Mico
Professore, 25 anni, Alessandria
micoale@iol.it

Ciao, io sono + pazzo di te!! Almeno credo.

Jacopo
Studente, 20 anni, Savona
signoj@libero.it

Complimenti. Un ottimo saggio di qualunquismo. Una volta si sentiva il dovere di combattere i "comunisti" (qualcuno pensa si debba farlo ancora), oggi, che quelli non sono più di moda, è doveroso prendersela con gli animalisti. In entrambi i casi si assiste ad eccellenti saggi di lotta ai mulini a vento. Fare di tutta un'erba un fascio è comodo. Ma non è informazione. E non migliora certo il livello delle riflessionio che si intende fare. Riflessioni che non hai fatto comunque. Perché quello che hai scritto è la quintessenza delle banalità che ogni animalista si sente ripetere ogni giorno. Non pensare che chi difende gli animali sia così sprovveduto. Quelle idiozie l'animalista le ha sentite milioni di volte e probabilmente le pensava anche lui prima di capire come vanno effettivamente le cose. Ovvero che non si possano scattare fotografie senza uccidere una vita. A te questo sembra una cosa normale. A me no. Non è sempre stato così, e può non esserlo. Ma a te interessa di più riempire quete pagine con la tua faccia, lo capisco. Che ci sia dell'ottusità anche fra gli animalisti (e quanto!) non mi sembra una cosa tanto straordinaria. Non si può richiedere un attestato di intelligenza a tutti quelli che vogliono difendere gli animali. Anche perché quelli che non li difendono, o li trucidano direttamente, non dimostrano maggiore competenza né voglia di riflettere seriamente sui problemi. Devo comunque avvertirti che non fai una grande figura a strombazzare titoli come "critica del fondamentalismo animalista" proponendo luoghi comuni e "semplici riflessioni", in quella maniera un po' ingenua, fra il serio e il faceto che hai usato nell'articolo. Forse ti faccio torto. Forse sei un estimatore del "buon senso". Nel qual caso lascia perdere queste parole e continua la tua (presumibilmente felice) ingenua vita. Ma, allora, lascia stare quei "grossi" problemi che danno tanto da pensare a quelle persone (un po' strane) che parlano di etica, di diritti, di vita, di violenza, di consumismo, di (brrr... che paura!) catalismo, di alienazione, di (questa è tosta) reificazione, di (un po' demodé) differenze ontologiche, di ... ma forse non ascolti più. Hai ragione. Che c'entra tutto questo con l'animalismo? Per te nulla. Ma forse ti sbagli. Auguri. P.s. Se vuoi informarti veramente sulla questione (se in qualche modo di interessa, ma ne dubito, per te è stato solo uno sfogo, immagino) ti consiglio di leggere qualcosa (Regan, Singer, posso darti qualche mio articolo; puoi leggere l'articolo su Civiltà Cattolica, è orrendo e antianimalista, ma almeno affronta le questioni essenziali). Se è troppo faticoso visita qualche sito animalista. Ma non è la stessa cosa. Ciao.

Marco Maurizi
Studente di filosofia, 25 anni, Roma
amnesiavivace@tiscalinet.it

Ottima risposta. Premetto che sono un appassionato di animali, e, solo apparentemente in paradosso, sono pure un appassionato di caccia grossa. Ho una wilderness in Africa, gestita molto bene, con criteri di caccia di selezione, e questo è il modo migliore di conservare la fauna, anche se concetto piuttosto indigesto ai più. Rispetto le idee degli altri e cerco sempre il dialogo, ma non sopporto il genere di persone così ben descritto nella lettera che ho letto, tanto più che, chi, solitamente si riempie la bocca di frasi fatte, non ha la minima nozione di zoologia, nè di ecologia. Il leopardo, tanto per fare un esempio, è un animale tutt'altro che in via di estinzione. E' molto più comune e ampiamente distribuito del leone, estremamente astuto ed adattabile, e presente anche in zone ad alta densità di popolazione umana, solo che è molto più "discreto" e difficilmente visibile. E' protetto dfalla convenzione di Washington, ma solo limitatamente al commercio delle pellicce, e la caccia ne è permessa, in maniera regolamentata, in molti paesi, proprio perchè animale piuttosto comune, purchè la pelle non venga venduta. Altro esempio è il rinoceronte bianco, quasi estinto nei

vari paesi Africani,dove ne è assolutamente vietata la caccia, e presente, invece, in molte migliaia di esemplari in Sud Africa, proprio grazie ad una intelligente politica di salvaguardia della specie, coinvolgendo land owners e cacciatori, e permettendone la caccia, cosicchè possiamo dire che proprio la caccia(controllata) lo ha salvato. Voglio aggiungere un'osservazione, proprio a riguardo delle accuse volte spesso al mondo della caccia(premesso che anche tra i cacciatori vi sono i maleducati). E0' opinione comune che il cacciatore sia ua specie di sadico che gode nell'uccidere. In realtà l'uccisione dell'animale è l'ultimo atto (che non sempre si verifica) di tutta una serie di ben altre soddisfazioni(la cerca, il riconoscere le tracce ecc.)e anhe quella di mangiare un capo che ci si è procurato da soli, è come la soddisfazione del cecatore di funghi che si mangia quattro garitole, anzichè comprarsi i porcini al mercato. A gennaio è mancato mio suocero, Medico condotto di Casalborgtone per tanti anni. Era una persona che, senza pretendere mai un compenso, ha curato tutta una popolazione, anche fuori orario, con la neve o con il bel tempo, ed al suo funerale ho visto duemila persone piangere. Era un uomo buono, ed era un cacciatore appassionato, amava anche gli animali che cacciava, si, ma soprattutto amava le persone, aveva una scala di valori tutto sommato ben più equilibrata di un animalista.Ebbene, alla faccia di tutti i benpensanti che ritengono più buona la vecchia malvissuta che lascia i suoi beni ad un canile,(con tanti bimbi che muoiono di fame),sono orgoglioso di essere un cacciatore. Come dicevo ho sempre cercato il dialogo, e talvolta, ho trovato persone aperte, in grado di sentire anche l'altra campana. Ritengo che, una collaborazione tra cacciatori, pescatori ed ogni persona seriamente interessata alla conservazione della natura, anzichè le solite sterili ripicche ed accuse, sarebbe molto più utile. Cordialmente
Gianni Olivo
Medico, 49 anni, Torino
ingwefar@tin.it

Altro che pubblicarti, dovrebbero ricoverarti! Fatti curare, sei malato. Pazzo megalomane frustrato... spendili bene i tuoi soldi, ogni tanto fatti un giro sotto il viale di casa tua e scegliti una nera. Può darsi che ti faccia bene e magari se ti prendi qualche malattia, fai del bene anche a noi! ...vai a lavorare per piacere.
Stefano
Agente immobiliare, 22 anni, Biella

personaggio preferito: Sergio Leone
sfn1@libero.it

Il cagotto é "lacrime di un culo appassionato".
Roberto Francechini
Studente, 35 anni, Verona
personaggio preferito: Moana Pozzi
uselon@hotmail.com

Ho provato a cercare la lettera che io stesso ho spedito al Mauriziocostanzo Show ma non l'ho trovata. Pazienza. Comunque le lettere che ho letto dicono cose piu' interessanti delle mie. Saluti sei forte. P.S. Statisticamente disoccupato vuol dire che per quelli dell'ISTAT sono uno che dorme fino a mezzogiorno. Invece mi faccio un mazzo così per otto ore al giorno. Boh ! C'è qualcosa che non quadra ! Abbasso l'ISTAT e le statistiche.
Marco
Statisticamente Disoccupato, 28 anni, Palermo
marcomessi@hotmail.com

Quanta ignoranza riversata in poche pagine web. Ti ho già scritto un commento (che tu, ovviamente, non hai pubblicato... forse stai ancora cercando di capirlo). Ti riscrivo perché sono capitato qui un'altra volta a far leggere il tuo tronfio qualunquismo ad un amico e, per mia disgrazia, ho letto i commenti lasciati dagli altri (l'altra volta non li avevo letti). E' veramente difficile credere che l'essere umano possa raggiungere tali livelli di demenza... è assurdo! La gente che ti scrive è quasi peggio di te! C'è anche chi ti ammira (ma c'è anche chi ammira Sgarbi e Covatta...tu potresti essere la sintesi mal riuscita di entrambi). Per fortuna le cose umane non sono eterne. Mi rincuora sapere che la tua idiozia (e quella che ti circonda) verrà spazzata via prima o poi (per essere sostituita da altre forme di deiezione, questo è certo). Buon divertimento. Non leggere troppo, mi raccomando.
Marco Maurizi
amnesiavivace@tiscalinet.it

Salve, come personaggio mi piace Maria De filippi. Sfortunatamente e' piu' che impossibile per avere qualche informazione su di lei qui a' Malta. Vorrei scrivere un aticolo su Maria. Preferebbilmente mi piacerebbe incontrarla per farle un'intervista, ma per adesso questo mi sembra impossibile. Crede che mi potrebbe aiutare? tanti saluti
Sabrina
Studente/giornalista, 19 anni, Malta
sabrina@units.net

Forse quella bambina ora é libera
Ludovico

Ci si droga perchè drogarsi provoca un piacere intenso. Drogarsi è in altre

parole bello. Avere un flash di eroina è una delle esperienze più intense che un uomo possa mai provare. Se abbiamo il coraggio di dirci questo facciamo una bella opera di pulizia. Ma drogarsi significa ammazzarsi. E dunque? Se sei in grado di capire questo rinunci al piacere per poter vivere. Tutto qui. (forse).
Amedeo
34 anni, Napoli
amedeopaolucci@usa.net

Caro Quaglia, Le scrivo riguardo alla lettera sulla realtà. Dunque. Vorrei proporle di lasciare la filosofia errata e contradditoria di Parmenide e prendere maggiormente in considerazione l'unico vero sapiente: ERACLITO. P.S = Mi faccia avere sue notizie !... E si ricordi che la realtà possiamo dire che c'è quanto che non c'è, poichè è tutto un incessante divenire.
Marco Tinti
Studente, 16 anni, Castelfiorentino (FI)
personaggio preferito: Leonardo da Vinci
platone@logo.it

Sei un megalomane, che visto da vicino ci fa cadere le palle... anzi inviterei chi abita a Genova a cercarti per rendersi conto del flop che ti sei (basterebbe comunque leggere i tuoi articoli con un minimo di attenzione... ti meriteresti giustappunto Costanzo a cena ogni sera! ciao
Cristiano Ghirlanda
Impiegato, 29 anni, Genova
personaggio preferito: Helmut Kohl
crghirla@tin.it

Quale sottile filo lega Roberto Quaglia, Raffaella Carrà (Qarrà?) e una povera cretina (PC, leggi [pi:si:]) alla disperata ricerca della base MIDI di "Tanti auguri"? E perché la PC sta cercando proprio quella base? Alla seconda domanda è facile rispondere. La mentecatta è una delle orribili Gemelle Cessler (Doris, Teresa e Alsazia). Le Gemelle Cessler stanno preparandosi per una clamorosa partecipazione fissa a "Carramba, che ciofeca!" ed hanno deciso di inaugurare la proficua collaborazione con "Tanti auguri/A chi tante pompe fa (etc.)" ma si sono _già_ arenate sulla materia prima. Come diceva Nonnina Cessler, chi ben comincia è a metà dell'operata. Alla prima, invece, si troverà (forse) una risposta spulciando la vastità della home page di RQ. Prometto che comincerò a studiare molto presto, compatibilmente con gli impegni di lavoro... il tour si prospetta molto spassoso. Ulteriori commenti a più avanti, per ora vivissimi pomplimenti.
Teresa Cessler, Roberto Herold
37 anni, Milano
personaggio preferito: Moana Pozzi
her@codd-date.it

E' la pagina piu piacevole che io abbia letto negli ultimi 6 mesi!
Lombardi Gabriella
Educatrice, 35 anni, Avola
gabri@sistemia.it

La fantasia è la cosa più bella!! Complimenti: sei davvero grande!
Alberto Balestri
Avvocato, 48 anni, Pavullo nel Frignano -Mo-
personaggio preferito: Peter Sellers
balestri@cimone.it

Mio caro Roberto Quaglia, hai già scritto tanto tu che è davvero difficile aggiungere qualcosa. Stacci bene e continua così!
Laura Bagliani, Federico Rolla
architetti, Genova
personaggio preferito: Moana Pozzi
lbaglian@mbox.ulisse.it

Complimenti sei un grande!! Ti ho messo tra le bookmark nella cartella 'follia' (-; Creata per l'occasione! Anche graficamente mi piace il tuo lavoro. Vi così.
Paolo Anghileri
Sciamannat, 31 anni, Malgrate (lc)
personaggio preferito: Carl Jung
http://www.enet.it/paoloanghileri/pagineaids/index.htm
slegami@tin.it

Ma ke droghe ti sparakki??? Mandami la miscela....
SkiZZo
personaggio preferito: Leonardo da Vinci
guru@swissonline.ch

Ma scusa ... cazzo sei di Genova come me e la sputtani in questa maniera in tutto il mondo? Lo so che quello che hai detto è vero, ma almeno bossatela. Visto che sei con le mani in pasta in comune potresti anche fare qualcosa per migliorare la stupenda, ma incompresa Genova... Per esempio: hai mai fatto un giro di sera DURANTE LA SETTIMANA per le strade di Genova? Sembra che ci sia il coprifuoco... non c'è un'anima viva... non si può andare avanti così, o no?? Ora ti saluto che devo andare a lezione, mi raccomando rispondimi, OK? CIAO
Marco
Studente, 21 anni, Genova
personaggio preferito: Michael Schumacher
Marcoro76@hotmail.com

Respirare! When is Maurizio Costanzo going to do a show in the US? enchantingly
Tatyana Chiocchetti
Lyricist, 36 anni, Key Biscayne, Florida USA
personaggio preferito: Oliver Stone
ctatyana@bellsouth.net

Che fine ha fatto il progetto INTERNET per la citta'? Non so se ho perso qualche puntata ma la trama si dipana cosi' lungamente... Saluti e auguri. PS Chi ti fa le pagine? E' bravino.
Giorgio Belmessieri
Consulenza, 40 anni, Genova
personaggio preferito: Robert Sheckley

gbelme@assicomitalia.it

Sei un inguaribile fooolleeeee! Ti voglio conoscere perche' vorrei sfruttare la tua creativita' per farti diventare un personaggio radiofonico su Radio Punto Zero emittente su base regionale Campana . www.rpz.it fammi avere tue notizie
Max Giannini
SPEAKER radiofonico/animatore, 30 anni, Pompei
personaggio preferito: Stefano Benni
GIANNINI@UNISERV.UNIPLAN.IT
http://www.rpz.it

Le pagine sono interessanti, ma poterbbero essere più incisive e approfondite. Per esempio perchè ci dicono che non c'è lavoro, quando ciò è solo un modo per far diventare ancora più disperati i non lavoranti e i loro cari? Perchè non insegnare a trovarlo invece di dire che non c'è? Non sarà mica una mossa di voi politici? Un saluto
Massimo Belloni
39 anni, Siena
personaggio preferito: Stephen Hawking
robbins@unisi.it

Hai letto "Non temerò alcun male"? - a leggerti, sembra di no.
Gian
personaggio preferito: Robert Heinlein
gianca@tin.it

Quaglia sei un cazzone è peccato che non ti abbiano gia inquagliato! P.S. la musica der sito tuo fa rate
Jakov Goliadkin
Cazzeggiatore, 14 anni, roma
personaggio preferito: Lilli Gruber
pel3@iol.it

Sono Paperina e sono umiliata da ciò che ha detto quel porco! Paperino: VAFFANCULO!!! By Paperina & co.
Christopher Pike & Minnie (non quella dei fumetti!)
PMSAD, 34 anni & 26 anni
mroberti@tinet.ch

Egregio signore, non sono riuscito a leggere fino in fondo il suo testo perché ho raggiunto il massimo della nausea a causa delle grossolane stupidaggini che vi sono contenute. Tuttavia, poiché sono un "animalista estremista" e quindi un combattente per i diritti civili delle altre specie, la rispetto in quanto mio avversario e non disdegnerei di intavolare con lei una leale corrispondenza allo scopo, se possibile, di lavarle via tutto il pattume che ha nel cervello, benché ritenga che tale operazione sia piuttosto difficoltosa. DISTINTI SALUTI Udine, 31.1.99
Roberto Duria
Udine
SSara99@iol.it

Fatti una doccia calda
Renato V. Gorni

Mantova
softail@iol.it

Caro quaglia sono capitata in questa pagina perche' sto cercando la registrazione della puntata del costanzo show con carmelo bene "solo contro tutti" del 96, mi pare, e ogni tipo di materiale su di lui. Se hai notizie scrivimi
Anna
Torino
personaggio preferito: Roberto Quaglia
atlante@csi.it

Molto umano da parte tua il non aver messo in rete il mio commento. Grazie, fantasma della rete....
Daniela Cartia
pastara79@hotmail.com

Maurizio Costanzo ha rotto i coglioni a fare il santone che capisce tutto, è ora che cominci a lavorare seriamente lui e la troia della moglie, deve anda a fatica in siberia. sete rotto li coglioni
Manuel
Disoccupato, 35 anni, Ancona
personaggio preferito: Roberto Quaglia
manuel@hotmail.com

Una cagata paurosa. Banale e scontata. Ma vai a lavorare!!! Fannullone!
Pieru Stondis
Cazzeggiatore, 15 anni, Bochum
personaggio preferito: Tracy Lords
stondispieru@hotmail.com

Caro Quaglia, le consiglio vivamente di plogosticare con rimprovero in maniera fimale. La prossima volta, magari!
Adriano
Studente, 21 anni, Bologna
personaggio preferito: Jim Morrison

Potresti mettere come sottofondo "c'era una volta una gatta", per favore.
Arturina
Gatta, 13 anni, Milano
personaggio preferito: Sergio Leone
tendencias@planet.it

Perspicace!
Valter
Collaboratore soc. Telecomun. , 33 anni, Roma
personaggio preferito: Sigmund Freud
vamana@iol.it

Non si riusciva a leggere niente, perchè il fondo disturba troppo. Pensateci
Monica e Federica
sto aprendo un negozio, 29 anni, Venezia
fedpreto@stud.iuav.unive.it

ciao, Roberto! ancora una volta la Sorte mi fa imbattere nella tua faccia digitale. Caspita che fortuna! Forse ti ricordi - sono un russo (pero' non russo mai di notte !!!) di Ucraina, che ti digito' un anno fa. Allora mi sono stato molto divertito da 'ste cazzate, orgoglosamente chiamate da te "lettere", specialmente quella di "metti che miti matti non siano muti e immoti". He-he. Malgrado che il mio italiano sia un po' di cazzo - a dirla schietta l'ho usato non piu' di due volte in vita mia (intendo italiano), ti posso regalare una altra del sorte. Eccotela - "Ammazzi i cazzi pazzi con razzi e mazzi". Tanti saluti a te, spero che riuscirai' di restare anche in futuro abbastanza matto per essere tanto interessante come sei ora.

Alex
Programmatore, 21 anni, Nikolaev
realpik@yahoo.com

La scelta del personaggio che preferisco, precisamente Maurizio Costanzo, non è stato casuale. Ritengo che Maurizio Costanzo sia una persona estremamente intelligente ma sopratutto colta. Però c'è una cosa che alcuni anni (circa 8-10 anni) fa, disse in merito al mio paese, che è la Svizzera. Sosteneva che in Svizzera, ma sopratutto gli svizzeri fossero delle persone disoneste, cattive ecc... (non rammento esattamente le parole, ma andò sul pesante). Non credo che Maurizio Costanza,in questo istante nel 1999, abbia cambiato parere. Forse, lui non sa o più probabile ignora di sapere, che migliaia di italiani, abbiano avuto lavoro o una vita decente grazie alla Svizzera, e che attualmente migliaia di figli di quei poveri emigranti, abbiano, attualmente, una posizione chiave nella società del mio paese. Allora, invito il signor Costanza di venire in Svizzera a vedere come si vive qui (sicuramente sarà già venuto). Cordiali saluti.

Giuseppe
Impiegato di ufficio, 34 anni, Ticino-Svizzera
personaggio preferito: Maurizio Costanzo
100401@ticino.com

Profondo.
Roberto
Torino
personaggio preferito: Tom Cruise
rcurreri73@yahoo.it

Bullo.
Fede
Studente, 18 anni, Verona
personaggio preferito: Kurt Kobain
http://members.it.tripod.de/TFindex.html
freddy_b@iol.it

Cercare di vivere la mia vita secondo il desiderio di Cristo: fare della mia esistenza un dono per coloro che soffrono! Ecco perché il cristiano, pur consapevole che la morte è promozione ad una vita migliore, non cerca la morte il più presto possibile!

Federico
34 anni, Pavia
personaggio preferito: Gesù Cristo
phranze@hotmail.com

Quello che dici nella prefazione quanto all'uso editoriale di Internet è giustissimo! Però santoddio è devastante il fatto che qualunque argomento si cerchi in rete -se si dimentica di escludere la parola Costanzo- fa incocciare i link a tutte le tue lettere e ciò è 'imbarazzante' rende faticosa la normale procedura di acquisizione dati. Non credi che se appena in cento -pur con le stesse sacrosante ragioni che poni tu- facessero altrettanto, sarebbe davvero un gran casino! Comunque condivido e mi sei simpatico.

Enzo
Vagabondo, 43 anni, Roma
personaggio preferito: Leonardo da Vinci
http://www.mkplus.com/archivio
l.archivio@agora.stm.it

E' terribile! da quando ho visto la tua home page gli altri siti mi sembrano tutti o quasi scialbi, scontati, noiosi, meccanici, disperatamente lineari. veramente mi sembravano tali anche prima, ma non conoscevo l'alternativa! ciao

Maria Dolores Perriello
mperriello@sogei.it

Ciao. scusa, eh, lo so che probabilmente ti rompo le scatole con queste mie continue mail, ma il fatto è che quello che scrivi mi ispira troppo! ...e poi se no a chi le dico queste cose? ho letto "il futuro del sesso".... ma lo sai che ci avevo pensato anch'io che la pornografia potrebbe diventare normalissima in un futuro prossimo?! e quello che dici della pedofilia... che ridere! a questo proposito ti invito a guardare e ad ascoltare (perchè anche certi testi non scherzano!) criticamente le pubblicità dei pannolini (Pampers, Lines ecc.). secondo me da un pò di tempo, stranamente coincidente con quello della "moda" della pedofilia, queste pubblicità giocano su evidenti messaggi sessuali. sarò io la perversa, però.... ciao! la rompiscatole

Maria Dolores Perriello
mperriello@sogei.it

Allora, probabilmente è il posto sbagliato per scrivere quello che penso...pero' visto che sei in contatto con Maurizio Costanzo spero che questa email non cada nel vuoto... vorrei solo sapere come faccio ad essere sicuro che quello che scrivo Il Maurizio lo legge? Avrei/avremo da proporgli delle belle cosine... Se puoi forwardagli questo: Caro Maurizio: 1) Abitiamo a 50 metri dal tuo ufficio in Via Silvio Pellico. Perche' non ci ridai i parcheggi? Pensi che togliendo una fila di parcheggi impedisci alla mafia di farti saltare... (sai se volessero quanto ci metterebbero... lo sai no?)... non siamo stupidi... hai fatto togliere anche le strisce blu del parcometro... perchè ormai la strada è tua... Hai messo un divieto di sosta che rende inutilizzati 40-50 parcheggi e noi le macchine dove le mettiamo... fai tanto lo splendido nel tuo salotto a ergerti a paladino per gli altri... si... ma perchè non cominci tu ad essere piu' serio?... mica siamo bembini e non te la prendere se poi ce l'hanno con te... Sicuramente questa lettera non la leggerai ma almeno siamo tranquilli con la coscienza che l'ennesimo tentativo l'abbiamo fatto... RIDACCI I PARCHEGGI... PER FAVORE.... Ciao Ps.. e se tutti facessero come te?

Cesare
Ingegnere, 28 anni, Roma
personaggio preferito: Sharon Stone
www.clio.it
sly@mail3.clio.it

Che cos'è HTLM? Ma poi ti serve tutto questo casino? E' cercando me che ho trovato te, per questo ti scrivo. Se cerchi Stefano Marcelli si aprono le tue lettere al MCShow. Ho cercato e nei fogli che hai utilizzato, nella filigrana, c'è il mio nome? Come mai? Sarò proprio io? Sei veramente commovente (soprattutto perché nemo propheta in patria sua). Con affetto Stefano Marcelli
Medico-narratore, 40 anni, Darfo Boario Terme (BS)
personaggio preferito: Roberto Quaglia
stefanomarcelli@globalnet.it

Come fa il tuo, - permetti il tutoyement, n'est-ce pas? - megalattico eppur simpatico narciso a entrare in questi pochi bits? Entrando ero ignara, me tapina, di cio che mi aspettava. Son anni che non vedo il Maurizio Costanzo show e mi hanno detto che é dimagrito, e vero? Fammi sapere, tante care cose a te e ai tuoi. Scusa se sembro una stronzetta testa di cazzo, non é l'intenzione. Schiaffo zen, per finire: "Quando vedi un elefante, lascialo passare" Peace and love and sorry
Lucia Carmela Alessandra Calamaro Marchi Boeri
Dottoranda in teatro, 29 anni, Parigi; e Montevideo. e Roma, un tempo.
personaggio preferito: Stanislav Lem
lucia.calamaro@hol.fr

Trovo che il mettere centinaia di parole nascoste per essere indicizzato dai motori di ricerca sia una cosa a dir poco spregevole. Spero che eliminerà al più presto questo sotterfugio contrario ad un minimo buon comportamento in rete. Distinti Saluti
Martino Fornasa
ppvvpp@usa.net

Cosa significa che hai scritto tre libri abbondanti? Ne hai forse scritti 3.16 periodico? 8-) Comunque, come dicono a Milano, la tua homepage è 'fuori come un balcone' (a cominciare

dalla foto con la lingua fuori in accoppiata con Einstein). Saluti
Alessandro "Nisc" Nisco
Proletaria, 33 anni, Preganziol (TREVISO)
personaggio preferito: Aldous Huxley
nis_q@yahoo.com

Perché per registrarsi ai fini di un aggiornamento puntuale di questa pagina, si incontra - in NetMind - un testo UNICAMENTE in lingua inglese? Che il servizio "sia tutto gratis" è in un italiano comprensibile. Ma poi le condizioni sono anglofone. E' l' "inglesorum" di Don Abbondio? Commenti??? Commentare è un lusso che ci si può permettere solo dopo la caduta di certi interrogativi!
Eugenio Bicocchi
Dipendente, 52 anni, Reggio nell'Emilia
personaggio preferito: Leonardo da Vinci
eb@matilde.rcs.re.it

Sei un buffone in cerca di pubblicita'. Non puoi scassare i coglioni con le tue stringhe di HTML e far sbattere i poveri cristi nelle tue pagine! Cose come queste non si fanno.
Mat21
Intellettuale, 23 anni
Mat21@usa.ne

Bella, ma non so chi sei?
Celeste Cozzi
Impiegato, 42 anni, Parabiago (mi)
personaggio preferito: Elio e le storie vere
Celeste.Cozzi@italtel.it

Ciao!! Non male la tua homepage , ma la musica la potevi risparmiare !! :)) mi sai dire se conosci Alessandro Zabini quello che ha scritto "wilhelm reich e il segreto di dischi volanti" un libro molto interessante, magari ne ha scritti altri!? ciao e grazie se mi rispondi !!!!! poi ti prometto di visitare meglio la tua homepage
Franz
Operatore polivalente, 31 anni, Ferrara
personaggio preferito: Stanley Kubrick
Franzit@tin.it

Continua così alla glande!
Wil
Mangfiapane a ufo, 25 anni, Conegliano
personaggio preferito: Richard O'Brian
w.cancian@nline.it

Forse deluderò le aspettative di ciò che dovrebbe essere presente in questo spazio, ma io vorrei sapere qual è l'indirizzo e-mail di Stefania Rocca, sempre che sia possibile conoscerlo. Ho girato un po' di siti, ma non sono riuscita a trovarlo: sa dove posso trovarlo pre caso? Sto facendo una tesi sulla multimedialità e mi occorrerebbe farle un'intervista. Please help!:-) Grazie della collaborazione
Valentina Maciariello
Studentessa di Scienze della C, 23 anni, Trieste
personaggio preferito: Stefania Rocca
valentinam@yahoo.com

Cerco disperatamente video girato

273

negli Stati Uniti e in Inghilterra sull'isola dei senza colore tratto dal libro di Oliver Sacks Spero che voi possiate aiutarmi. Grazie
Elisabetta Luchetta
Casalinga, 38 anni, Cavedine
giluche@tin.it

I love this homepage!!! Roberto sei grande... e basta!
Diana Dragoi
Economist, 24 anni, Resita, Romania
personaggio preferito: Roberto Quaglia
dianadragoiREMOVE@hotmail.com

Salve, sinceramente non so proprio come cazzo sono finita qui. E` la prima volta che metto mano a un computer e non ne capisco proprio un cazzo. Mi stavo guardando le cazzate degli stronzos e sono finita a leggere delle cose che non ho capito,forse sarà perchè sto perdendo l'uso dell'italiano (sono qui in Canada da due mesi) o forse perché sei tu che sei fuori come un terrazzino (e sei fortunato di esserlo in Italia,qua ti si congelerebbe anche il "liquido spermale"). Il commento é che non ho capito un cazzo e penso che tu l'abbia capito. Non ti posso promettere di ritornarci anche se é carino. Ciao
Giulia
Studio, 18 anni, Padova, ma adesso in Canada
personaggio preferito: Kurt Kobain
tboudrea@globetrotter.qc.ca

Ti scrivo riguardo al fatto delle "droghe leggere" secondo me la legalizzazione è la cosa migliore da fare perchè bene o male oggi come oggi fumano maryuana o haschisc la maggior parte dei ragazzi e non solo! ma ben si anche chi a modo suo dovrebbe portare l´esempio, per qualche grammo ti sbattono in prigione, e quindi diventi etichettato dalla società. Io suono con un gruppo e quindi puoi pensare (per i carabinieri del posto chi suona fuma, anche se poi è vero) abito in un paesino di provincia, devi pensare che i carabinieri hanno setacciato tutte le case delle persone, non che spacciavano, ma semplicemente persone che loro pensavano che erano possibili fumatori!! pensa un po' sono venuti anche a casa mia ma senza successo!!!!! con questo voglio dire che con tutti questi processi inutili lo stato quanti cazzo di soldi spende per uno spinello? non è meglio fare qualche legge nuova? tanto cosi non combattono proprio niente. grazie e ciao
Marcello
piastrellista (per ora) scultor, 23 anni, giardini naxos
personaggio preferito: Leonardo da Vinci
marcello_75@hotmail.com

Non so cosa commentare! Sono alla prima spedizione in questo sito, sto ascoltando in sottofondo "In Blood"

dei Cure, però i NIRVANA non me li cava nessuno dalla testa: ho provato a fondare un fan-club in proposito ma non ce l'ho fatta,sto navigando disperato per questa insulsa ragnatela web cercando chi la pensa VERAMENTE come me (avrò modo di approfondire via posta e.) forse mi dispero anzitempo,ma se proprio non trovo nessuno vorrà dire che sarò orgoglioso di essere unico! (sto scherzando). Se vorrete farmi sapere qualcosa.
Alessandro
Barista+Volontariato, 26 anni, Forli
personaggio preferito: Kurt Kobain
inutero@iol.it

Mi sono davvero divertito e riconosco che mi hai fatto anche pensare... cosa che a noi professori non succede spesso, un cordiale saluto dal Peru.
Giori Ferrazzi
professore, 43 anni, Lima
personaggio preferito: Mister Bean
gferraz@pucp.edu.pe

Caro Quaglia, lei e' un vero genio, e dicendole cosi' mi do del genio anch'io visto che era da un po' che mi domandavo "Ma chi l'ha detto che il PIL deve crescere per forza?". Vedere che anche lei si e' posto il problema mi fa sentire molto intelligente. Infatti e' arcinoto che le idee altrui sono eccellenti solo quando coincidono con le proprie. Contrariamente alle sue abitudini, lei fa dato anche una risposta a questa domanda: il PIL deve crescere per raggiungere piu' in fretta la catastrofe finale che portera' a un salto evolutivo (magari a vantaggio degli insetti, che anche a me sembrano davvero indistruttibili). Non so se come lei sono impaziente di vedere la catastrofe. Mi piacerebbe invece che TV e giornali cominciassero una campagna per la riduzione dei consumi e che il governo andasse in crisi se si verificasse una crescita del PIL. Chissa' che succederebbe. Vista l'impossibilita' di una tale evenienza, consoliamoci intanto con la grandiosita' dello scenario che si va sviluppando. Alla prossima e con molti auguri
Marco Pievatolo
marco@iami.mi.cnr.it

Richiesta di informazioni farcita di complimenti. Caro Roberto Quaglia, Innanzitutto complimenti per la tua pagina, affanculo compresa, l'ho visitata molto spesso, e l'ho fatta conoscere ai miei migliori nemici telematici. In realtà, non ti sto scrivendo per riempirti di complimenti, ma, aité, con un per uno squallido secondo fine: sto per cimentarmi in una paginetta da inserire nel web...ma alcune cose non mi quagliano e vorre porti alcune domande: -la prima: cosa centra

Roberto Quaglia con la Fantascenza? (In sostanza mi chiedo come fai avere uno spazio in quel sito) -la seconda: Affanculo é ospitato da Geocities? (ho visto un link). -la terza: sono profondamente ed intimamente attratto dalla tua idea di arricchirmi con internet, con Pyramid e quantaltro e mi chiedevo quindi se Geocities accetta il fatto di inserire banner o link a Pyramid. Infine accetto qualsiasi tuo consiglio... Cosa sono disposto a darti in cambio di queste informazioni: 1) Una somma di denaro fino a Lit. 1.000 (crepi l'avarizia) che posso darti anche in rubli. 2) L'url del mio sito che é molto simpatico...e di alcuni altri... 3) Diventerò un affanculo provider... 4) Mi iscriverò a Pyramid tramite la tua pagina (arricchendoti un pochino di più) In realtà so di non offrire molto... per cui mi appello alla tua generosità. Chiaramente puoi anche non rispondere, in questo caso manterrò fedo solo al punto numero tre.... Ora non mi resta che svelare la mia identità: Il mio nome é Giovanni Sesso, per cui puoi intuire l'interesse che può destare una mia personal home page. Ed ora mi stanno chiamando per fare le pappe.... ti ricomplimentizzo per le tue pagine e ti saluto.... Ciao

Giovanni Sesso
gio.mill@iol.it

Mi chiedevo se saresti in grado di dirmi come faccio a scrivere a Costanzo... saro' sprovveduta, ma sul veb, a parte le tue pagine e una di mediaset che richiede la pass... non ho trovato altro... Chiedere e' lecito. Rispondere e' cortese. Ciao e grazie!:)

OnDy~
ondina@sophia.nettuno.it

Ti scrivo dalla Germania dove sono ospitato a casa di mio fratello che qui vive. Ho trovato il tuo sito interessante ed è strano dato che l'ho trovato nel sito di BRUZZI lo spregevole. Ti saluto.

Chiara Billarelli
budiulik@yahoo.com

Ehehehehe.... Assessore Comunale, sei simpatico, un po' "pop", ma mi piace ridirti che mi piacciono le tue musichette (sperando che i soliti originaloni non vadano a chiamarla "Rap 3") ed altre cosette, e siccome sono tentato dalla dicitura "on line" spero di imparare qualcosa da te e di beneficiare dipoi del tuo giudizio. Saluti e attento a dove reply, eh...

Odnu
Laboratorio DSE
inf.dse@uniroma3.it

Ciao Roberto mi chiamo Quelo e anche

io ho scritto tante lettere a molti programmi televisivi per presentare un progetto e delle idee che sicuramente cambierebbero le cose e le sorti dell'Italia e dell'Italiano (vedi pagina: www.yepa.com/c4/LETTERA.htm) ma nessuno mi ha ancora risposto ne tantomeno invitato (vedi pagina: www.yepa.com/c4/FATTIgiudica.htm). Il mio intento è anche quello di risvegliare, dal torpore dell'ignoranza ecc. l'elettore e il contribuente onesto italiano (vedi pagina personale: www.yepa.com/c4/QUELOpag.htm); con l'obiettivo di avere alla guida del paese i veri rappresentati del popolo elettore. L'unica mia speranza è quella di avere l'indirizzo privato del Dr. Maurizio Costanzo al fine di inviargli la documentazione, perchè della redazione non ho più fiducia (oltre che essere molto maleducati). Una richiesta strana visto che se l'avessi avuta tu non avresti messo una pagina internet, comunque nessuno può capirti meglio di me !!! In bocca al lupo per il tuo libro, con la speranza di riuscire entrambi ad essere invitati alla trasmissione.

Quelo
quelo@edisons.it

Consultando il Suo sito mi e' parso di capire che Lei e' consigliere del Comune di Genova. Non me ne voglia, ma penso che i Suoi elettori avranno di che dolersi considerando che, visto la precisione e il raziocinio con cui aggiorna il suo sito, dedica la maggior parte del Suo tempo al computer piuttosto che alle faccende municipali... ironicamente suo

Andrea Pietro Borgonovo
anborgo@logic.it

Hola Signore: Il mio nome Cecilia Cavaglia e, vivo a Santa Fe in Argentina e da 6 anni studio la lingua della bella Italia. Quest'anno per laurearmi devo fare un lavoro d'investigazione per il quale ho scelto un tema che mi ha attirato molto l'atenzione, i gemellaggi che si fanno tra le città Italiane e Argentine. Per questo voglio sapere; La sua città è gemellatta con qualche altra? Quale sono le caratteristiche riferite a economia, cultura e densità di popolazione di Genoa? Mi sentirebbe contentissima di recivere la sua risposta. La saluto cordialmente.

Cecilia Cavaglia in Beltramino
Santa Fe, Argentina
cavaglia@mail.satlink.com

Sei un pazzo Ma tu non ci hai proprio un cazzo da fare dalla mattina alla sera... comunque sei un grande!!! Posso chiederti se ti pagano anche per fare queste cazzate su internet?

Aspetto fiducioso un tua risposta. P.S.
Vaffanculo
Daniele Bolletta
Daniele.Bolletta@us.semagroup.com

Salve, sto cercando l'indirizzo di Michel Pergolani..... potete aiutarmi?
Grazie
Giancarlo J. Flores
jfgrafx@sirius.com

Signor Quaglia, visto il suo interessamento a Carmelo Bene, mi permetto di chiederle una cortesia. Sto cercando una copia VHS dell'intervento al MC-Show il 27 giugno 1994, per verificare alcuni passaggio in riferimento a un mio studio sulla teologia negativa. Se le posse possibile, sarei felice. suo
Giampaolo Guerini
http://www.alinet.it/guerini-puleo
guerini-puleo@alinet.it

Hi! I'm George, 22, romanian, I'm writing to you becouse I believe you would be interested in my discovery, my page is at http://theory-of-everything.com
Craciun George
http://theory-of-everything.com
sama0@yahoo.com

Ma sei troppo esaurito. Ma davvero ti hanno votato? Ma che testa c'ha la gente... Dico io: vabene, non fermiamoci alle apparenze, valutiamo prima i contenuti... D'accordo, anche io ho detto basta ad una repubblica amministrata dai ladri, ma navigando nel tuo sito mi sembra di sentire... "Fate uscire i ladri, ora è il turno dei cabarettisti". Spero che un giorno in parlamento ci vadano i politici, quelli veri, quelli degli ideali... mah... Ossequi Onorevole (?)
Thunder
thunder@neomedia.it

Solo una domanda: perche' quando cerco con altavista "gaia de laurentis" (apposta con l'errore) trovo tutte le Sue pagine? A presto P.S.: Non c'entra niente, ma io vorrei incontrare Gaia a Roma dopo ferragosto (lei mi conosce). Mi puo' magari aiutare?
Vicki Rezzonico
rezzoniv@trevano.ch.toglimi

Egregio Sig. Quaglia Mi chiamo Walter De lucia e sono il responsabile del laboratorio di informatica della Fondazione Exodus di don Antonio Mazzi. Le scrivo per chiederle di togliere da tutte le sue pagine il nome del nostro presidente (don Antonio Mazzi) Infatti facendo una ricerca su qualsiasi motore (Altavista, Yahoo ecc..) inserendo le parole Don Mazzi come risposta si hanno parecchie decine di pagine riferite al suo sito che no ha niente a che fare con Don mazzi. Sicuro di un suo riscontro positivo colgo l' occasione

per porgerle distinti saluti
Walter De Lucia
http://www.exodus.it
webmaster@exodus.it

Roberto Quaglia, I'm Daria Dumitrescu, journalist in Romania (Cluj-Napoca) at "Monitorul de Cluj". I was very impressed when I saw your page about "LA ROMANIA E IL POPOLO RUMENO" and, because I've already started to work for a newspaper page about "romanian culture on Internet", I want to ask you some questions. I'll be very pleased if you can answer me today (or tomorrow morning)... 1) What made you think of creating a page about Romania? What kind of experience has determined you to study the romanian culture and traditions? 2) Which is the importance of such a page, in your opinion, of course. 3) What do you think about romanian culture (generally speaking) and especially about romanian culture on Internet? I thank you very much and I hope that you are prepared to answer me as soon as possible.
Daria Dumitrescu
redactiaREMOVE@monitorulcluj.ro

Ciao, sono Laura e mi sto laureando in lingue con una tesi sul talk show, per questo ho trovato il tuo sito, dunque ti faccio ancora i complimenti per l'idea che hai avuto, ne hai parlato con Maurizio?
Alessandro Marras
almarras@mail1.tread.net

Buscando en Internet a gente con mi mismo apellido, encontré que usted no sólo tiene mi apellido, sino también el nombre de un tio z un primo mio, ambos son también Roberto Quaglia, claro que no es demasiado raro en Italia, sin embargo, aquí en Argentina, no somos demasiado. Mi familia es originaria del Piamonte, mi abuelo, José Quaglia, vino a Argentina cuando tenía 14 años y aquí seguimos, Bueno, estoy contenta de poder saludar a un posible lejano pariente, y ya que estamos, como vivieron el mundial pobres nosotros los argentinos e italianos no? Bueno, para la próxima hay una nueva esperanza, viva Jap'n 2002.
Irene Quaglia de Gigena
Santa Fe, Argentina
cicr@datamarkets.com.ar

Niente niente, non volevo niente, non vorrei essere banale , tanto banale da voler qualcosa per scrivere a qualcuno. Dunque niente di niente. Prego
Roberto Gandolfo
npgan@tin.it

GRAZIE PER GLI STIMOLI Stavo girando un angolo ed ho sbattuto il naso nelle tue pagine.. anche se andavo di fretta non ho potuto fare a meno di fermar-

mi un pò ed è stato tempo ben speso.
Grazie per il divertimento e per gli
stimoli... Devi avere una bella testa. Quando avrò tempo scaricherò e
leggerò volentieri il libro. Circa i
pro ed i contro di averlo messo su Internet, sono d'accordo con te: se ti
piace un libro lo devi proprio tenere
fisicamente in mano. Una lettura interessante è una faccenda che dà piacere
e coinvolge un pò tutti i sensi, anche
quello tattile. E poi, un libro che ti
piace lo senti, ad un certo punto, più
che dell'autore, quindi lo vuoi lì,
sul tuo scaffale. Ora non ti pavoneg-
giare, non ho detto che il TUO sarà
sicuramente un LIBRO INTERESSANTE.. ma
di certo mi hai stimolato a leggerlo.
Continua così. ..E auguri per l'attività politica. Non sò di che partito
sei, spero solo tu sia riuscito ad
essere altrettanto innovativo e stimolante anche in Consiglio Comunale.
NiceTo MeetYou.

Alessandra Rossi
Maremma Toscana
alerossi@ouverture.it

Maremma! Ciao. ...E così anche tu hai
mollato la politica, eh? Sono sempre i
migliori quelli che se ne vanno. Peccato lasciare faccende tanto serie in
mano a gente tanto vuota, però conosco
il sistema ed immagino.... Venendo a
me, sono della Maremma toscana. Mi ci
sono appena reinsediata dopo 18 anni
di assenza. E' una terra bellissima,
se si accettano i limiti della provincia. Ma anche le grandi città hanno i
loro effetti collaterali, ora come ora
preferisco prenderle a piccole dosi e
non abusarne, devo ancora disintos-
sicarmi della lunga permanenza a Catania, dove ho vissuto 13 anni. (La
Sicilia è una donna stupenda, soffe-
rente ma sempre rigogliosa: le auguro
maggiore fortuna nel prossimo secolo,
anche se ci credo poco, ci sono ancora
troppi Gattopardi). La cosa che più mi
manca sono i tanti scambi culturali
ed umani che solevo avere prima, però
Internet sopperisce almeno in parte.
No, non chatto mai: ci ho provato una
volta e mi sono sentita così cretina,
ma così cretina... I rapporti episto-
lari, invece, mi sono sempre graditi.
Del resto, adoro leggere.

Alessandra Rossi
Maremma Toscana
alerossi@ouverture.it

Per un motivo o per l'altro Genova me
la trovo sempre "tra i piedi"; comunque complimenti davvero per le pagine elettroniche che le competono: la
strada e' quella giusta, secondo me.
Se ho scelto come indirizzo E-mail Se-
lekcja@crazydog.it il motivo lo si
trova leggendo Se questo e' un uomo di

Primo Levi (capit. Ottobre 1944)
Siamo in o c l o c r a z i a ? Polibio docet !!

Claudio Benassi
Selekcja@crazydog.it

Importanza Vitale Non c'è bisogno
di dire come siamo finiti sul questo
sito, qualcosa ci dice che lo sa già,
e poiché non riusciamo ad andarcene
ci stiamo organizzando per una fuga
clandestina L'unica cosa che ci manca
è una via d'uscita Abbiamo bisogno di
un sito da Affanculo e già ne abbiamo adocchiato uno piuttosto allettante. Il problema è che non riusciamo a
raggiungerlo... si da il caso che non
sia in rete. Oltre tutto è anche momentaneamente sprovvisto di sponsor,
normale, anche loro non riescono a
raggiungerlo ! Prima di partire,
ci vengono in mente un paio di domande... Come caz... si fa a metterlo in
rete in modo indipendente? E già che
ci siamo: come si ottengono i copyright? Aspettiamo fiduciosi una risposta
dagli oscuri luoghi di Affanculo, dove
siamo sicuri di poter tornare.

Sullivan & Silvia
ED231@mail.dex-net.com

Lo so che non serve penso che farsi
le pippe nudi davanti allo specchio
sia molto piu' produttivo che intasare
internet con la tua merda. Di solito
si cerca di lasciare qualche cosa di
buono sulla rete ma fortunatamente ce
chi come te ci ricorda che gli stronzi si informatizzano come gli altri..
grazie di tutto!

Alessandra
alex@ascu.unian.it

Sei davvero Roberto, che lo leggi?
Ciao, Roberto! Ma scherzi infatti,
quando vuoi per il libro almeno L.5000!
Sono uno studente russo dall'Ucraina e
questa tonda bellezza di denaro e' la
mia borsa di studio a mese! Ecco come
si chiudono le porte dell'illuminazione! Vanitas vanitatum et omnia vanitas, Robby!

Evgeny Rudenko
evgeny@abc-plus.aip.mk.ua

Ciao Roberto... per prima cosa volevo
dirti che ho votato per te! ...no, non
sono di Genova, parlo del sito Internet. Navigo su Internet da parecchio,
ma raramente avevo trovato un sito
cosi' divertente, simpatico ed intelligente! bhe', basta con le smielatu-
re! Ti scrivo per un motivo preciso:
Sono un giornalista (o almeno tento di
esserlo) ed ho messo su un newsmaga-
zine telematico (la struttura tecnica
me la paga un provider, il resto lo
metto io!): On The Net. La rivista
e' mensile ...tra qualche giorno esce
il secondo numero e, contando sulla

"sponsorizzazione" del mio provider, riceve gia' alcune centinaia di visite al giorno. Naturalmente l'argomento e' Internet, cybercultura e via dicendo... Mi chiedevo se ti andrebbe di scrivere un contributo per la mia rivista... in caso contrario ...bhe', il mio voto continui ad averlo! bye!

Stefano Epifani
stefano@info.it

Le tue pagine sono davvero interessanti, in modo particolare quelle che si occupano del problema del proibizionismo, anche noi con la nostra associazione ci battiamo per questo da anni, in modo particolare per le cure e per l'efficenza dei Ser.T, non sempre ci riusciamo. Ti volevo invitare a scrivere qualcosa per il nostro DDT NEWS Difesa Diritti dei Tossicodipendenti, cosa ne pensi;-) Saluti

Nando Melillo
nando@zuzzurello.com

Dio è tra noi. Bella!!! Grandissimo!!! Davvero molteplici complimenti per l'autore del sito Internet più devastante del Web!! Vogliamo divenire discepoli della tua dottrina! Adottaci! Compraci!! Adesso la nostra vita non ha più senso se non ci annoveri tra i tuoi seguaci! Ti prego in ginocchio, benedici la mia e-mail con una tua risposta. Pace e fertilità,

Marco Mino
tuamadre@yahoo.com

Caro Roberto, ho visto la tua pagina Web che parla della schiavitu' in Italia. Ho anche notato come sul Web non vi siano molte informazioni riguardo al fenomeno in Italia e praticamente nessuna in inglese. Sarebbe possibile aggiungere la versione inglese cosicche' persone interessate (ed anche organizzazioni internazionali) di altri paesi possano farsi un'idea della situazione? Secondo me potrebbe andare bene anche un riassunto delle cose piu' importanti. O semmai almeno una suddivisione della pagina in piu' pagine in modo tale da poter usare ad esempio il traduttore di AltaVista "http://babelfish.altavista.digital. com/cgi-bin/translate?" che e' un po' approssimativo ma probabilmente permette di capire qualcosa Se pero' tu conosci un traduttore che funzioni su quella pagina ti sarei grato di farmelo sapere. Per la traduzione, se non hai tempo e ti interessa forse potrei contribuire. Ringrazio per l'attenzione. Saluti

Marco Pieri
Marco.Pieri@cern.ch

Scusa Roberto... ... sono arrivato nella tua home page per caso, cercando riferimenti di Beppe Grillo. Non ho ancora capito se tu sai come riuscire ad arrivare a Lui oppure a chi lo rappresenta. Se hai queste informazioni ti pregherei di rendermi partecipe, in quanto ho da chiedere una cosa ben specifica: TELE+ ha trasmesso gli ultimi 3 spettacoli di Beppe in chiaro sulle sue reti. Un particoplare che è balzato agli occhi e che mi ha inferocito è che nel suo ultimo spettacolo "Apocalisse Morbida" è scomparsa una scena di circa 3 minuti, mezz'ora prima del finale, in cui lui attaccava ferocemente la COOP. TELE+ non vuole dire nulla in merito... a questo punto vorrei sapere se è possibile avere informazioni in merito direttamente da lui o da chi se ne occupa. La sua mail non funziona, il suo sito neanche. Se puoi fare qualcosa te ne sarei grato. Grazie.

Riccardo Barbazza
djfk@metropolis.it

Dear Mr Quaglia My name is Alfredo Votta Jr, I live in Brazil, my age is 17. Do you know anybody who has the same surname as mine, Votta? I thought you could help because I was lead to your page on a search on http://www. looksmart.com and your page came up - I don't know why. Nevertheless, maybe you may have some information about this family. Maybe you know who I can talk to in order to make this kind of question. Thank you,

Alfredo Votta Jr.
alfredo@dglnet.com.br

Il tuo libro e' pure carino, pero'... Caro Roberto Quaglia, facciamo che ti do del Tu come vuole la cultura anglofona del cyberspazio. Il tuo libro e' pure carino, in particolare le citazioni sono geniali. E te ne do atto. Cio' che da anni mi da noia e' che ogni volta io browso altavista per cercare qualche sito italiano di cultura pop mi appaiono TUTTE le tue lettere al Maurizio Costanzo Show. Ma si puo' mettere una lista di keywords cosi'? Io me lo sono pure letto qualche brano e ripeto qualcosa l' ho trovata anche divertente (anche se la tua prosa la trovo poco scorrevole, ma io scrivo peggio e lodo il vulcano di idee che sei) ma ti ripeto ogni volta che faccio ricerca zum, 50 lettere al Mauriziocostanzo Show. E lo so che se io digito -"Roberto Quaglia" tu scompari dal mio Browser, ma dopo va a finire che le tue pagine non me le leggo neanche se sto cercando qualcosa che invece c'entra. Almeno metti le keyword solo nelle pagine che c' entrano qualcosa cioe', cosa c'entrano Sacchi e Weah con il fumo? E Luchino Visconti? Hai speso mesi a fare il tuo sito, ora per favore spendici un pomeriggio in piu'

e rendilo un pochino meno invadente.
Ciao e Grazie,
Eddy Anselmi
fortuna@fuoritarget.com

IMPORTANTISSIMO: sua discussione sul problema della schiavitu' in Italia, 9 Giugno 1997 Ho letto con interesse il suo discorso del 9 Giugno 97 al Consiglio Comunale di Genova e le relative conclusioni operative e impegnative di Sindaco e Giunta. Essendo particolarmente interessato a questo problema sociale e volendo operare fattivamente desidererei da lei un aggiornamento di quanto fino ad ora svolto presso il Comune di Genova o altri Comuni in Italia e suggerimenti relativi alle eventuali strutture o persone da contattare con fine operativo. A causa della delicatezza della cosa le chiedo cortese sollecitudine. Ringraziandola per la sua collaborazione porgo distinti saluti
Luca Guidi
Scarporia (FIRENZE)
GUIDI_LUCA@lilly.com

Ti è possibile di finirla di rompere i coglioni con quella cazzo di pagina AFFANCULO? Ti è possibile di finirla di impestare i NG con le tue cazzate? Perchè non ti dedichi a qualcosa di più costruttivo?
Mauro
macom@tin.it

Ciao, sono sara connors. Volevo avvertirti che nel mondo reale c'è uno che si fa chiamare come te. E' stato avvistato al Salone del Libro (era in carne ed ossa ed evidentemente questa è la prova finale che non eri tu, dato che tutti sanno che il Quaglia è un'entità dotata di volontà, che ha consapevolezza di se stessa, e che si aggira nei contorti meandri virtuali.) Era terribilmente umano e cercava di convincere gli astanti di essere LUI il vero Quaglia del Reame!!! Non so che fine abbia fatto ma mi è sembrato che due noti esponenti della Cyberpatrol l'avessero individuato. Mi auguro che i tuoi meandri vitali siano spiraleggianti e lampeggianti.
Bonavoglia Annamaria
abonavo@onw.net

Tuo pensiero Stocastico su delos39. Condivido pienamente la rabbia verso tutti coloro che non si rendono conto o non vogliono rendersi conto di dove si stia dirigendo il nostro pianeta. Anche se nel tuo articolo è ironicamente nascosta. Bravo. PS. (Chiamami pure egoista, ma io, piuttosto che perdermi la fine del mondo, preferirei che non ci fosse affatto in modo tale che nessun'altro potrà godersela dopo di me).
Maurizio Bresciani

mbrescia@iol.it

Ciao demenziale, divertente, geniale, palloso, originale, prolisso, colorato, gradevole, patetico, malinconico. ... Stati d'animo. A proposito: "affanculo" ci vado spesso, se mi ci mandi anche tu non mi sconvolgo. Ciao
Graziella
faviani@freemail.it

Esiste? Salve! Sono un tipo che si è appena imbattuto casualmente nel sito di vossignoria, e precisamente nella pagina dove si parlava del sig.costanzo Maurizio del libro rumeno, di cui già mi è sfuggito il titolo... ma codesto libro realmente esiste?!?! In caso di una (o due, o +) risposte positiva/e/i/o/u il sottoscritto sarebbe foartemente interessato all'acquisto, dato anche il modico prezzo di 2800 lirette. Mi ha fatto piacere scrivere questa email, spero di ottener risposta. Max serietà. No scherzo. Toate cele bune!
rappa
rappa@mail.karmanet.it

Fortissimo! Ciao Roberto ho girato qua e la tra le Tue pagine e mi hai molto incuriosito. Ho selezionato alcune pagine come preferite per poterci ritornare ed approfondire il "quagliapensiero" che mi sembra molto stimolante. Ciao a presto
Pison Giorgio
Trieste
pison@spin.it

Spett.le Robero Quaglia, Devo dire che la pagina di Affanculo mi ha diverito moltissimo, e volevo chiedere se posso utilizzare i testi traducendoli in portoghese per fare una pagina uguale anche quì, visto che servirebbe molto... Nel caso la risposta sia affermativa, naturalmente ti invierei anche la traduzione per permettere l'utilizzo senza limitazione alcuna. Grazie
Filippo Citati
http://space.tin.it/scienza/fcitati/index.html
cinf@mail.teleweb.pt

Carissimo Quaglia, approfondendo la lettura del suo sito mi sono reso conto di quante lettere lei possa ricevere al giorno, e che cosa questa rappresenti... mi sento come se fossi uscito da un vortice di prospettiva totale e come se al suo interno vi fosse una e-mail piuttosto che un pezzetto di torta. Sono rimasto colpito dalle fotografie del patchwork rqcolla3.jpg. Lei ha una faccia straordinaria! Ha mai fatto cinema? Lei è bellissimo mi creda, e mi affascina fortemente. Posso essere d'accordo con lei sul fatto del fanouting, ma vi è pur sempre bisogno di persone come lei. Lei per me rappresenta la dimostra-

279

zione dell'esistenza di un Dio: trovo nei suoi scritti scintillanti bagliori di divinità. Insomma Quaglia, inutile farla lunga: LEI HA LA RIVOLUZIONE IN SE'. MI HA CONVINTO A RISORGERE! Per questo le sono infinatamente grato. Con tutto il mio affetto e la mia stima:
Felice Pesavento
otrotroc@tin.it

Elogio Carissimo Qualgia, ho trovato il link alla sua ompeig sulle pagine del benemerito Bruzzichelli, e le faccio i miei complimenti. Lei è un vero genio. Sa scrivere maledettamente bene. La invidio profondamente. Quando mi sono collegato alla rete pensavo che pullulasse di gente come lei: ebbene mi sbagliavo. Finora ho trovato una ristrettissima cerchia di persone che ritengo siano migliori di me! Congratulazioni.
Casiotone
otrotroc@tin.it

Carissimo Quaglia, la prego, non mi bolli frettolosamente come suo fan. Il mio è solamente un tentativo di approfondire la sua conoscenza per una migliore weltenschag. Potrebbe raccontarmi in breve la storia della sua vita? Che studi ha condotto? In che paesi ha vissuto? Quando ha conosciuto la rete? E' possibile acquisire i suoi libri sotto un qualunque modello di forma fisica o stato di aggregazione? Le rinnovo i complimenti ed i saluti.
Casiotone
otrotroc@tin.it

Bhe che dire?.... in due anni di cyber spazio...... non ho trovato mai niente del genere..... e sono uno dei dipendenti da "rete"....... MITICO!!!!!!!!!!!!!!!!!!!!!!!!!!!! umanizante, personoficante, reale, utilissimo e soprattutto veramente umano!!!!! grazie
Giallo
giallo@dns.struinfo.it

Molta confusione quaglia saluti
Mario Arena
marena@happyware.it

Vediamo.. Caro Roberto ero a spasso nel web.. lo ammetto.. in orario di lavoro, quando, cercando notizie su Walter Veltroni, AltaVista ti ha condotto nella mia giornata. Ti confesserò una cosa.. Non avendo la possibilità, al momento ho "spulciato" un po' di roba, non tutto purtroppo e non nei dettagli. Ma ho sorriso molto. Mi è piaciuto il tuo modo di porti di fronte agli altri. Mi rendo conto, leggendo di te, che tu avessi in mente, nel momento della creazione del sito, di rivolgerti ad un pubblico di giovani. Vi ho trovato delle "chicche" che spero vivamente entrino nel cervello di piu'

---

di qualcuno! Io sono Mirna, 26 anni, di Matera (o quasi). Sono consapevole che avrai anche troppa roba da leggere qui.. e che io apparirei comunque come una delle tante.. Per carita'! Almeno non una fan!!!! Quello lo sono gia', ma di me stessa! :) Se tu avessi voglia, cmq, magari di scoprire che esiste una ragazza che mentre leggi ti ha gia' dimenticato.. una ragazza magari anomala.. Ecco.. Io ci sono.. nel web, nella vita normale e.. nelle chat! @Moccioso (o similari) in IRC, canale #Italia, mi raccomando! Se tu volessi.. A presto e... Complimenti! In un mondo di morti viventi fa sempre bene all'anima trovare qualcuno che ha fantasia per sistaccarsi dalle masse!
Mirna
Borgo San Basilio
borgo.san.basilio@sifor.it

Domanda: Siamo tre ragazzi di Genova. Vorremmo sapere se fosti tu il mitico gestore della vecia Panteca? Rendici felici. Ciao. AA AM SA
Alessandro Amicone
Genova
bigfriend@mbox.ulisse.it

VA A DE VIA E CUL!!! T' CE UN DEFICENT!!!
Ambra e Sonia
Drill Geosystem
drill@interoffice.it

Clapclapclapclapclap... Di certo ci devono essere poche ragazze dalle tue parti... Di certo hai almeno otto criceti da accudire... Di certo spero che tu aggiunga presto novità alla tua hp. Di certo non mi capita spesso di ridere in modo così intelligente navigando... Secondo me sei pazzo.. Ma è un complimento sincero... Esistono tanti imbecilli che si credono pazzi, ma la pazzia è ben altra cosa... è genio, è fantasia sconfinata, è saper uscire dal greggismo, dalla omologazione... Mi auguro tu faccia proseliti e per questo sarò apostolo del tuo verbo (e della tua hp) in ogni ml a me nota (all'altezza del tuo genio, ovviamente...) Ciao.
Garfield (Eraldo)
garfield@quarna.com

Salve! Ti dico la verità, non avevo mai sentito parlare di te e la fantascienza non è il mio genere preferito, ma, "passeggiando" in Internet, sono finita nel tuo brano sull'intelligenza e quindi nel tuo sito: mi hai fatto ridere fino alle lacrime! grazie ciao ciao
Maria Dolores Perriello
mperriello@sogei.it

Ciao! Lo so che a quest'ora sei in chissà quale parte del mondo e non leggi i miei messaggi, ma ti scrivo lo stesso, sperando in settembre. Ho dato

uno sguardo alle home page degli altri autori di fantascienza: dico, ma tu sei sicuro di essere uno di loro? ma li hai guardati? con le facce da ingegnere e quel tipico umorismo deprimente... ...no no, tu menti, scrivi altra roba oppure hai rinnovato il genere... attendo fiduciosa illuminazioni ciao
Dolores Perriello
mperriello@sogei.it

Continuazione ....comunque sei un po' famoso, perchè una mia amica mi ha detto di averti sentito a roma, al colle oppio, e qualcun altro mi ha detto di averti visto al maurizio costanzo show. Ma eri tu? c'è una cosa che non mi è chiara: perchè i tuoi libri non si trovano in italia? Va bene la miopia degli editori ecc. ecc., ma non è possibile che nessuno sia disposto a pubblicarti!! No, davvero, io sarei curiosa di leggere un tuo libro, ma non so dove posso trovarlo. Mi va bene anche l'inglese. fammi sapere. Elettronicamente tua
Maria Dolores Perriello
mperriello@sogei.it

Complimenti per il tuo sito! Veramente originale.
Giorgio Lonardi
lonardig@giulia.globalway.it

Ho letto sul mirror intranet Italtel di Delos l'opera omnia del 'Pensiero Stocastico', apprezzandolo molto (specie quando prescinde dai temi del fandom sf (mah.). Non credi che ponendosi problemi (come ogni persona intelligente e' condannata a fare) spesso si continui ad inventare l'acqua calda? Mi spiego: forse e' una deformazione professionale ma se la logica informatica va aggregandosi sempre di piu' sia come linguaggi che come oggetti anche quel genere di problemi non dovrebbe partire sempre dal grado zero. Se si passa il tempo a costruire scarpe e strade si cammina poco. Ho l'impressione che questo fosse il motivo che al liceo mentre ascoltavo rock e seguivo inutilmente la bionda della classe c'era una che spiegava filosofia. Purtroppo non ne aveva spiegato il motivo. Mi sono comprato tre bei libri di testo (che prendono polvere) e prima o poi riuscirò a dare un nome ed un autore a quei 30 (ma penso siano anche di meno) concetti cui una persona intelligente di secoli fa era arrivara a mettere per iscritto e che molti all'oscuro di tutto, prima e dopo si sono sforzati di ricostruire in pensose (ed inutili) serate. Poi da quei concetti sarò sicuro di costruire ragionamenti che partono da dove siamo arrivati a pensare e non da dove ho cominciato io. Saluti. P.S.

Passati 30 anni di vacanze a Chiavari ed apprezzando molto liguria e liguri (anche se gli ultimi dei milanesi se ne strafottono ma va bene lo stesso) sono convinto che tra Fossati, Fede dei Cavalli Marci e te avete una bella concentrazione di intelletti. 1) Identita' Marco Ferrari Milano Ingegnere Elettronico vera passione musica (secondo la teoria di F.Zappa secondo cui fare musica consiste in a) fare accadere qualcosa b) fare concludere qualcosa c) cercare un lavoro part-time per continuare a fare roba simile.)
Marco Ferrari
Lavoro part time: impiegato Italtel , Milano, Italia
marco.ferrari@italtel.it

Caro Roberto... Non mi permetterei mai di dare giudizi su cio' che scrivi, anche perche' non ho mai letto nulla. Sinceramente mi girano parecchio le palle, tutte le volte che faccio una ricerca ad es. su altavista, dover frugare tra 62 documenti e scoprire che 60 sono i tuoi. Gia' il telefono costa (belin) e poi mi irrita alquanto perdere tempo. Ma non basterano uno o due riferimenti? No! Tutte le lettere una per una... sinceramente, anche avessi avuto voglia di leggere le tue cose mi e' passata dopo due mesi di navigazione. In ogni caso, complimenti per la tua homepage e per il sito "affanculo". Saluti
Marvin Menini
aragorn@genova.newnetworks.it

Salve ancora... thanx to be there... salve signor quaglia... forse signorino, ma non sarebbe adatto... quindi la chiamo signore anche se non so... le scrivo le mie osservazioni sul pensiero "i vantaggi della clonazione umana"... il titolo dice IL vantaggio... il che è ambiguo... che sia uno lo escluderei... quindi vuol dire che è la L ad essere di troppo... sottigliezze e stupidaggini inutili... ancora non ho avuto modo di leggere la posta, ma non penso mi abbia scritto... io insisto... chissà... bella la cosa "tutto fa parte della natura, quindi anche io sono la natura" ... e quindi la natura non esiste, aggiungerei... mi ricorda spinoza... panteista... spinoza ancora devo studiarlo per bene, ma per adesso non mi convince molto... lei è forse filosofo? nel senso laureato in... non saprei... forse si, forse no... continuo... il discorso fila ed è quasi del tutto convincente... solo che alla fine mi sono chiesto... a parte la moralità... ma dove si troveranno delle donne che prestino la loro "pancia" per far crescere figli di un altro? I mean, alla luce del sole e legalmente... illegalmente tutto si trova e tutto si può fare... e inoltre... il corredo genetico della madre non inciderà sui tratti fisici del clonetto? forse no, penso ci sia anche una motivazione scientifica, ma la biologia insegnata al liceo scientifico è poca o nulla... e poi... le royalties saranno riscosse solo finchè il DNA non giungerà nel mercato parallelo... "chiunque, a propria insaputa, semplicemente muovendosi lascia costantemente in giro un sacco di proprie cellule"... e già questo... poi forse basterà la prima generazione perchè i diritti d'autore cadano... perchè un individuo clonato avrà lo stesso codice genetico del modello... ed il clone potrà fungere da donatore di DNA... magari qualcuno escogiterà un trucco... "Questi discorsi potrebbero forse suonare come vagamente nazisti, se a decidere chi debba clonare chi dovesse essere un governo o comunque un'autorità centrale, e magari lo facesse per allevare una particolare razza a scapito delle altre. Ma dato che ognuno sceglierà in piena libertà di avere un figlio clone di qualcuno a sua volta consenziente" la piena liberta può durare finchè il governo non impone con la violenza... è un pò come la questione dell'eutanasia... finchè tutto va bene si può stare tranquilli... ma il prevedere che qualcosa di negativo possa accadere non è fuori luogo... probabilmente c'era qualcos'altro... ma questi erano i punti che mi premeva maggiormente mettere in evidenza... sperando di non risultare antipatico... spero siano critiche costruttive... e mi rendo conto che forse non è nelle sue intenzioni il creare situazioni maniacalmente aderenti alla realtà... anzi, penso proprio di no, visto che è interessato in fantascienza... comunque, può darsi che queste mie parole servano a migliorare quello che è già grande... gran belle cose queste sue riflessioni... la saluto ancora, con tanta ammirazione e simpatia, giovanni...

Giovanni Conti
spaceboy.sp@mailcity.com

Ohhhhhhhhhh. E bravo La Quaglia !! direbbe il mitico Toto'; mi compiaccio di esprimerLe la mia soddisfazione per le sue pagine veramente notevoli. Fncl e a rileggerLa.

P.Moranti
Burb@grunt.sob

A te! Ciao Roberto, Che dire! Ti han già detto tutto gli altri! Dovevo puntare dritta dritta a te invece di imbattermi in msg altrui! Non so' piu' che dirti! Facciamo così, ti rileggi tutti gli msg, fingi che siano tutti miei e poi mi scrivi 3 pagine a piacere, congratulandoti con me per tanta devozione. Non ridurmi a scriverti 50 lettere monologate... Ma almeno ti ha mai risposto il Maurizio Costanzo Show??? Se poi tutti i superlativi msg che tante personcine deliziose son state così carine da mandarti da parte mia, non ti spingono a rispondere, resta l'unico motivo valido e sacrosanto nonchè antibacciniano per il quale non dovresti mollare la presa: SONO UNA GRAZIOSA FEMMINUCCIA! Un Bacio

Deborah Taliani
deborah@ssp.co.uk

Che belle idee... Complimenti per l'idea di mettere on-line gli atti pubblici dell'attivita' comunale di Genova, ma non le pare che senza scomodare la divina tecnologia internettiana peraltro non universalmente diffusa (anzi, a dati odierni ancora piuttosto elitaria?) si potrebbe utilizzare quella stupefacente invenzione di 500 anni fa nota come stampa di Gutenberg? La realta' e' che tutte le amministrazioni pubbliche di questo mondo e di ogni epoca hanno avuto a disposizione tutti gli strumenti per arrivare a portata di cittadino, anche prima di Internet e anche prima della televisione e della radio, ma finche' non esiste la volonta' di essere trasparenti e aperti agli elettori non c'e' tecnologia di comunicazione di massa o di elite che funzioni. Auguri di buon lavoro.

Roberto Van Heugten
cima@dsmnet.it

Mio caro roberto quaglia, io non ho letto le tue lettere (cazzo) te lo dico sinceramente perchè io stavo cercando donne nude e mi sono ritrovato qui (sito è una parola che detesto). Allora tu mi chiederai: ma perchè mi stai scrivendo (cazzo ne so, magari starai pensando che sia il solito rottoinculo pedofilo alla ricerca di fighetta spelata), ebbene, io ti scrivo perchè credo nel destino e anche un po' perchè sono ubriaco. Mio caro stefano quaglia [detesto le magliuscole (o le maiuscole), come anche la grammatica] io ti scrivo perchè è il destino che lo vuole... puoi crederci o no... ma io ci credo. Se vuoi rispondimi..."msdiana@ticino.com"...se non vuoi, cazzi tuoi.

Sandro&Marco
100515@ticino.com

I cloni sono gia tra noi. Egregio signor Quaglia, mi ero recato, come ogni settimana, al laboratorio di Dolores Manioca a comprare i topi vivi per il mio pitone da appartamento, quando rimasi insospettito da un rantolo proveniente dal retrobottega. Alla mia richiesta di spiegazioni, la dottoressa Manioca rispondeva evasivamente e cambiava discorso. A me non la si fa, signor direttore, e con un rapido movimento aprii la porta del retro-bottega. La Manioca si lanciò allora su di me, colpendomi con le unghie e con i denti, ma non mi fu difficile immobilizzarla, legandola con alcuni guinzagli ad una sedia. In un angolo, incatenata al muro, coperta di stracci e incrostata di sporco, giaceva una poveretta. Mi avvicinai a lei e con uno straccio le pulii la faccia. Immaginerà, signor direttore, il mio stupore quando riconobbi il viso di Maria Grazia Cucinotta. - Come ti chiami, ragazza? - MG.Cu.081, signore. - rispose tremando, ma senz'ombra di accento messinese. Avrà capito, signor direttore, quale fu il mio terribile sospetto. Scatenai la ragazza e la portai alla doccia per scrostarsi, la giovane si liberò dei miseri stracci e si mise sotto l'acqua. - Che clona! - non potei fare a meno di pensare: anche il suo corpo era uguale a quello della Cucinotta, era evidente che la poveretta era frutto di un disgraziato esperimento. La canna di una pistola sul collo mi gelò la spina dorsale. Che stupido! Mi ero dimenticato di Bernard Tapioca. Quei due, Manioca e Tapioca, se ce n'è una c'è anche l'altro. Poco male, con uno scatto semirotatorio gli feci volare via la pistola e lo immobilizzai (sono cintura nera di Tecuandocuandocuando). Legai anche lui a una sedia e gli infilai due dita nel naso tirando verso l'alto. - Che avete fatto a questa poveretta! - gli urlai. - Lascialo, ti prego, non fargli male - intervenne la Manioca, - ti dirò tutto io! - Parla, allora! - Da anni avevo notato che il nostro rapporto si stava affievolendo, Bernard non mostrava più l'interesse di una volta verso di me. Fu allora che ebbi la malsana idea: avevo conosciuto dal parrucchiere la manicure della Cucinotta; fu facile per me convincerla a raccogliere le spuntature di unghie dell'attrice e vendermele. - E' quello il barattolo con le unghie? - Sì. Presi il barattolo e lo misi nella mia borsa. - Continua, Dolores! - Ebbene, da un pezzo di unghia riuscimmo a clonare l'intera attrice, il dottor Bernard l'avrebbe usata per farmi diventare più attraente. Domani doveva cominciare a trapiantarmi le sue cosce. Ero arrivato appena in tempo. Tolsi le dita dal naso di Bernard. - Perdonaci, abbiamo agito così solo per salvare il nostro amore! - implorò Dolores. Mi commossi, in fondo era vero. - OK, per stavolta passi, ma MG.Cu.081 la porto via io. Voi dovete accettarvi e amarvi per quello che siete! - E' vero, come possiamo aver commesso un simile errore! - dissero all'unisono. Li slegai,

erano ormai redenti. Signor Quaglia, ho visto che lei è un esperto del settore, e quindi le scrivo questa lettera perché, anche se il caso è finito felicemente, non si può escludere che esperimenti simili possano avvenire di nuovo nel nostro paese ed è bene che la vigilanza di Rosi Bindi non venga meno. Colgo l'occasione per proporLe le spuntature di unghie a un milione l'una. La clonazza la tengo io in osservanza Se.Co.007
Massimo Rapisarda
rapisarda@frascati.enea.it

Caro quaglia, nel tuo cognome la tua essenza.
Cristiano Ghirlanda
crghirla@tin.it

Caro Quaglia, mi decido a scriverle mentre le sue astruse musichette intossicano la mia scheda audio. Non è un'esperienza da poco imbattersi nella sua home page. Io prima di oggi non l'avevo mai neppure sentito nominare, sto nome. "Quaglia". Ma è un nome d'arte, vero? In realtà questo messaggio ha ambizioni serie, poi ci arriviamo. Prima mi complimento per il sito. (Ma si vede che dietro c'è tutta la lucidità di una mente forse folle). Tra l'altro, sto scrivendo il messaggio mentre aspetto di aprire la prima pagina del suo libro Maurizio Costanzo, ecc. Ma si rende conto che per arrivare ad aprire il libro lei ci ha messo settecentomila preamboli? (tra cui un Affanculo che mi sono beccato). Insomma, si decida: è gratis o no il libro? C'è una continua ambiguità tra l'ipotesi di un libro "shareware" e il fintamente ironico "imperativo etico". In effetti neanche io saprei come fare, al suo posto. E' molto interessante ciò che lei dice sul tema letteratura in rete e rapporto con la letteratura cartacea e i suoi meccanismi tradizionali. Mi riferisco alla parte introduttiva che precede il libro M. Costanzo Show. Penso che fondamentalmente lei abbia ragione, nel senso che comunque resta pur sempre una bella differenza tra una manciata di byte (o di fogli stampati) e un libro vero e proprio. Ma secondo me il punto è un altro. Qui non si tratta del paragone tra supporti per la parola (scritta), cioè carta o monitor, inchiostro o byte. E' un problema di distribuzione dei prodotti e delle idee, un problema di libera società e di mercato. Ad esempio: le librerie vendono già molti CD-Rom. Chi lo sa, tra un po' (visto il prezzo della carta) magari cominceranno a distribuire i romanzi in versione elettronica, su CD o floppy. A quel punto la distinzione va fatta tra prodotto che sta sul

283

mercato, da una parte (ossia il libro o il cd della libreria), e l'"oggetto" indistinto liberamente fruibile via rete. E a questo punto il conflitto c'è, altro che. Andiamo oltre. La cito: l'editoria "online" favorirà il lavoro di selezione degli editori. Ciò inoltre comporterà il superamento dell'odierno, rituale, postulante e umiliante pellegrinaggio degli aspiranti autori alla corte dei grandi editori che comunque nel 99% dei casi mai leggeranno i loro manoscritti. Saranno infatti gli editori ad avere tutto l'interesse di cercare su Internet i libri online che abbiano riscosso nel ciberspazio un tale successo da rendere con certezza conveniente e remunerativa anche la loro pubblicazione su carta e in libreria. Devo dire che lei ha fiducia nella gente italica, certo più di me. Io nella attuale situazione della letteratura in rete vedo, invece, l'infausta opportunità che gli eserciti di grafomani italiani attendevano da tempo per ammorbare il prossimo a costo zero e senza l'odioso filtro dei beceri "editor" delle case editrici. Una pur seria collocazione di un libro (magari in versione DEMO, qualche pagina per invogliare all'acquisto) in rete finirebbe risucchiata nel mare indistinto. Quindi i casi sono due: o vai in libreria dove trovi il "prodotto" letterario accuratamente confezionato e garantito da un'esperta equipe di cialtroni professionisti del mestiere (editori, curatori, talent scout, ecc.), oppure ti affidi alla clandestinità della rete, dove nulla è filtrato e tutto è equivalente. Insomma, difficile esprimere giudizi. L'unica cosa certa è che il pietoso otto volante delle tv e giornali starà sempre dalla parte del prodotto confezionato e prezzato e non mai dalla parte dei gratuiti e clandestini. Ma non voglio mitizzare questi ultimi, troppo spesso pretenziosi e inconsistenti. Per quanto riguarda gli editori che indagano i gusti su Internet: bah, può anche darsi, ma non sono gli internauti che fanno il grande numero delle vendite. Se io, per dire, che sono sconosciuto, pubblico un primo libro, sarà più facile impormi, da parte dell'editore, di imitare uno degli stili in voga e già affermati (stile-pulp, stile-Tamaro, stile-giovane scrittore, stile-alternativo, etc.) piuttosto che lanciarsi in una distribuzione on-line di qualche pagina; tanto più che l'internauta è il classico soggetto che non sborserà mai una lira solo perché invogliato durante le navigazioni: se è diventato, a fatica (perché ancora

non è da tutti) un internauta, lo ha fatto proprio per smetterla di subire i condizionamenti tipo pubblicità della tv, e per ottenere quanto più può (dalle foto porno alle notizie, a qualsiasi informazione) al costo di pochi scatti - non a caso il 90 % degli internauti e appassionati di pc è avvezzo allo scaricamento selvaggio di qualsiasi tipo di software dalla rete ma non ha mai acquistato un programma originale in un negozio. E' una abitudine che ha radici profonde: si può spendere 3 milioni per il pc ma nessuno entra in un negozio, tira fuori 700.000 lire e se ne torna a casa col suo bel Microsoft Word originale. Diverrebbe lo zimbello del quartiere. La cito per l'ultima volta: Inoltre, la pubblicazione di un libro su Internet può già in sé comportare dei ritorni economici. Vige già per il software la formula dello "shareware". Essa può applicarsi anche alla letteratura online. Il pubblico che legge è in buona parte composto da persone onorevoli, mediamente in grado di rispettare un'etica condivisa.. Bubbole. I casi sono due, o Internet è uno sfizio o è una cosa come un'altra. Se è uno sfizio, non ne parliamo nemmeno. Se è una cosa seria, la "onorevolezza" dei partecipanti non può affatto essere garantita o ipotizzata a priori. Internet è come l'autobus. Lo si prende per una via razionale, onesto, ma poi sopra c'è di tutto, il bello, il brutto, l'onorevole e il disonorevole. E proprio lei che pubblica in Romania, ecc.: sarebbe facile, che so, per un editore senza scrupoli di un paese lontano, scaricare le ignote opere di un (per il suo paese) ignoto scrittore on line italiano, farle tradurre da un traduttore e poi pubblicarle nel suo paese e farci i quattrini. Lei capirebbe che si tratta di un suo libro, di fronte a un'edizione coreana o giapponese di cui non riuscirebbe neppure a capire i numeri delle pagine o la quale sia il verso giusto? (non perché sia deficiente ma perché non conosce quegli alfabeti). Temi interessanti ma ora vado a dormire, grazie di avermi ascoltato G.M. PS: La finestrella di dialogo per innervosire l'utente è un qualcosa di galattico.
Giovanni Mascia
masciag@unive.it

Egr. Sig. Roberto Quaglia, ho visitato alcuni dei suoi siti in internet relativamente alle lettere al Maurizio Costanzo Show. Problemino: siamo un'Associazione di beneficenza che si occupa da settembre del 1986 di bambini con gravi problemi economici e/o sociali. Abbiamo scritto più' volte al Maurizio

C.S. per farci ospitare nella speranza di farci maggiormente conoscere ed aiutare, ma non abbiamo mai ricevuto risposta (siamo invece riusciti a partecipare ad altre trasmissioni: Cuori d'oro con la bonaccorti, Milleunadonna con la Villorese, Unomattina alla Rai e molte altre su canali privati toscani. Segno che un minimo di credibilita' la offriamo - siamo iscritti all'albo regionale del volontariato presso la Regione Toscana con D.P.G.R n° 308 del 10.5.1994). Mi sembra strano che alcune persone, spesso con interessi privati ed egoistici, siano stati chiamati piu' volte e noi mai. Le chiediamo un consiglio o, se conoscesse qualche canale preferenziale, se ce lo potesse indicare.

Ass.ne Amici della Zizzi
Livorno
azizzi@iol.it

Voglio il mio libro! Ciao [Quaglia] pagine interessanti... mi son piaciute (mi piacettero) ma lo ZIP non mi e' giunto, [SOB] ...non mi ha neppure dato il ling, solo "Grazie" ...che mi dici di spedirmelo via e-mail?? Grazie, spero che per allora saro' diventato un lettore benestante. Me lo auguro di cuore, come ti auguro pace e prosperita'. bye bye .\/. --pb

Paolo Bernardi
synthetica@mail.tinet.it

Hello Roberto. First of all Happy New Year! I don't know if this is something you can help me with, but I would appreciate it very much. I am trying to help my mother to find her friends that she lost during the Second World War. All I know is that they were from Rumanian city of Dorohoy (don't know if spelled it properly). I also know there names. Do you know if there some places in Romania that I can search for names? Any suggestions would be appreciated very much. Thank you in advance. Sincerely,

Vitaly Rubinshteyn
vitalyr@mail.asuc.berkekely.edu

Nessun oggetto, ma parole: Roberto Quaglia, interessante. Le mirabolanti avventure di Roberto Quaglia, erudito nel secolo dei consumi. A presto (un intervista? - un Net News dedicato? - quant'altro?) E che ne so io? Vorrei saperlo da te.

Carlo Adolfo Martigli
Navigator del La Repubblica - Il Lavoro
martigli@Omninet.it

No comment!!

Antonio
Tecnico elettronico, 31 anni, London
personaggio preferito: Aldous Huxley
z8001471@zoo.co.uk

A qualcuno Quaglia potrebbe sembrare realmente impazzito, ma in verità è riuscito a dare una versione di tutto ciò che noi vediamo ogni giorno con l'ottica di ognuno di noi, interpretanto al meglio la realtà di tutti. Ritengo che la realtà sia qualcosa di realmente esistente ma virtuale, nel senso che ognuno di noi immagina di vedere ciò che vede l'altro o di sentire ciò che sente l'altro; ma così non è per cui si creano varie realtà soggettive che a confronto con le altre possono anche creare difficili dialettiche o nei peggiori dei casi guerre! L'unica realtà che si può ritenere valida è che ognuno di noi dovrebbe sforzarsi di immaginare la realtà altrui, dovremmo farci gli affari degli altri e gli altri ovviamente fare gli affari nostri, con la possibilità che poi qualcuno se la prenda o si offenda, quindi non si può fare. In conclusione posso dire e affermare con certezza che ai giorni nostri non c'è più dialogo anche per questo motivo: "ognuno di noi è convinto che tutto ciò che lo circonda e che recepisce in realtà è così come lo vede lui". Quindi non dite ad una persona che è daltonico se il colore verde del semaforo dice essere marrone, magari ha ragione lui! O Noi!? Mah. Auguri!

Giorgio
Professionista, 35 anni, Milano
personaggio preferito: Vittorio Sgarbi
sgpp64@libero.it

Volevo fare i miei più vivi complimenti per questa favola! Anche se ho sedici anni, riesco a capire che nella società in cui stiamo vivendo conta più l'apparire che l'essere mentre dovrebbe eesere il contrario. Grazie

Matteo
Studente, 16 anni, Bassano del Grappa
deloskate@libero.it

A'Robbbe ma che te credi che er Sor Costanzo se mette a legge le cosette tue?

Alessandro
Sessuologo, 35 anni, Milano
personaggio preferito: Roberto Quaglia
Alebook@hotmail.com

Beh complimenti devo dire. Mi piace come hai frullato le parole... visto che da costanzo già questo accade da tempo. Alberto Bevilacqua ne è l'esempio lampante. Ma a parte la mia antipatia per albertone devo dire che costanzo in sè non mi dispiace.

Chiara
Giornalista aspirante insegnante, 25 anni, Ragusa
personaggio preferito: Stefano Benni
chiaranda@virgilio.it

Perché ti devi preoccupare della morte, sei gia morto.

Michelangelo
23 anni, Trento
michi@tin .it

Caro Quaglia, la mia angoscia è una sola. Dopo la morte potrò ancora dire io?. Io nel senso puro dell'identità. Il resto sono menate. Vorrei solo capire se esiste al mondo la possibilità di avvicinarsi alla risposta. Cioè si continua ad esistere o no?. Si continua ad essere io o no?. Della pubblicazione non mi interessa, di una tua risposta sì. Ciao
Achille
Impiegato, 33 anni, Roma
acnicas@tin.it

Very interesting site. The Artist (formerly Prince) is so cute, I just love him.
Robert J. Bambury
Executive Director, 59 anni, Davie, Florida
personaggio preferito: Prince
vmpc6@aol.com

Hi Roberto Hmmm, interesting page you have here on the vast superhighway. I don't know how I got here :) I like science fiction but I haven't read any science fiction stories as of yet but it would be interesting to see what you've written. But alas I cannot read Italian. Anyway, you seem like a very interesting, intelligent and humorous person. All the things needed in the world :) Continue doing what you love :) and stop by my site.
Azizah Qahhaar
Student, 22 anni, Chicago,IL
http://www.ameritech.net/users/daystar/Realm.html
daystar1@lycosmail.com

¡¡¡¡¡¡¡¡¡¡¡¡¡¡¡¡¡JA!!!!!!!!!!!!!!!!!! !!!!!!!!!!!
Gabriela Quaglia
Agronoma, 28 anni, Mar del Plata. Argentina
personaggio preferito: Prince
quaglia@fava

Hi! I am Norihiro Oono. We met in St.Petersburg. Do you remember me? Thank you very much for your kind!!! I begin to read your book! Sincerely yours,
Norihiro Oono
Translator, 34 anni, Tokyo Japan
personaggio preferito: Stanislav Lem
yx6n-oon@azz.com

Eccezionale: pazzescamente eccezionale !!! Sono capitato sul tuo sito per caso mentre cercavo degli artisti per organizzare una fiera con apporto di artisti musicali e di cabaret; mi piacerebbe leggere ancora di te, ma ho fretta, poco tempo per l'organizzazione, ...siamo già in ritardo..... comunque se mi puoi dare qualche apporto per quello che stò facendo, scrivimi; mi farebbe molto piacere.
Max
maxfuturo@libero.it

Buongiorno o ciao, (vedi te), sono una ragazza che ha seguito delle scuole ad indirizzo grafico/illustrativo, cioè ho un attestato per illustratore per libri bimbi, ho seguito i corsi di comics, ho eseguito disegni sulle pareti per dei negozi, sto collaborando da esterna per uno studio che esegue disegni su caschi. A questo punto te ti chiederai cosa caspita voglio? bene! te lo dico. Tutto ciò non serve a nulla ho mandato un mare di curriculum, dato che con il mio lavoro posso illustrare oltre ai libri qualsiasi area disegnabile in qualsiasi campo, ho pensato di muovermi e contattare le persone più fortunate di me che in qualche modo stanno facendo il lavoro per il quale hanno studiato e fatto dei sacrifici. Vuoi aiutarmi con dei semplici consigli ad orientarmi ed eventualmente qualche suggerimento dove posso inviare il mio curriculum. Ho veramente voglia di mettermi in un angolo a disegnare, se puoi aiutami. GRAZIE
Simona
discobolandia@libero.it

Sei grande...
Chiara Silvia Trotti
chiara-silvia@libero.it

Cercavo il sito della Franca Lai cantante genovese. Cavolacci!! Se avessi la tua testa con un pizzico del mio cervello a quest'ora ero in vacanza oltroceano con i guadagni delle connessioni nel tuo sito. Apparte la mia invidia complimenti verro' a trovarti x vedere gli aggiornamenti, diciamo che stanotte invece di cazzeggiare tra una chatt e l'altra a spostarmi da un sito idiota e uno porno ho trovato qualcosa di bello e interessante bravo, si bravo, e' non ho detto cavoli a cena ma bravo.
Marco
Trasportatore, 36 anni, Genova
personaggio preferito: Mister Bean

Ciao narciso! me ne rallegro delle tue lettere non capisci? è una poesia... ah un'altra cosa nei personaggi che preferisci non c'era sophia loren perchè? stefano benni o gesu cristo? non saprei, tu quaglia che kkosa dici? MA tu non rispondi ai ns commenti?? ciao eh!
Margherita
Studentessa, 18 anni, Lugano
personaggio preferito: Stefano Benni
maggynaREMOVE@hotmail.com
marcobarracuda@libero.it

Caro Quaglia, Innanzitutto ti scrivo! Il contenuto lo produrrò IN FIERI!! Sai: il tuo libro mi è piaciuto (mi è piaciuto, bada bene, non ho detto "lo condivido"!!), ma mi ha terrorizzato! Perché ? TE lo dico! Insomma, sei chiaramente da PUBBLICARE. Non è possibile che tu non trovi sbocchi nell'editoria nazionale tanto da emigrare all'estero! È miserevole e avvi-

lente sapere che per PUBBLICARE bisogna imparare l'arte dell'eunuco (leggi KAMASUTRA) o avere dietro un ammasso di potere che ti sospinga nella setta dei pubblicati (e ti allontani dalle innumerevoli sette dei pubblicandi illusi). Io ho venti anni e, vorrei sapere da te, come caspita è possibile che tu non sia pubblicato? Che ti rispondono gli editori? Cosa caspita fare per rendersi visibile se neanche la propria bravura può permetterlo! Sto scrivendo un romanzo... a me basta scriverlo e non ho necessità di pubblicarlo ma..., se devo essere onesto, pubblicarlo sarebbe comunque un momento di enorme felicità! Io ti ho scritto perché tu lo hai chiesto! E adesso devi,per correttezza,leggere e rispondere!! TI FARO' PUBBLICITA'! E TORTURERO' GLI EDITORI!! Complimenti a chi ha creato il sito!!!
Piero Armenti
piero27@tin.it

Ho fatto un giro sul sito di un signore che si chiama Quaglia. Un po' egocentrico, forse troppo, o forse un gran desiderio di poter apparire reso possibile dalla diabolica rete. Io mi domando: ma che c'e' di interessante ad apparire su Internet? Ho fatto molte cose anch'io... ho scritto, suono, dipingo, scrivo fumetti, ho fatto politica... ma mai mi e' venuto in mente di farmi un sito del quale probabilmente, puo' importare solamente agli amici. Non capisco... e, bada, non voglio essere polemico ma solamente capire! Spero di trovare risposta.
Antonio Anaclerio
colelang@tin.it

So brazen, so unapologetic!
Mattie
Human Resources, 27 anni, Minnesota, USA
personaggio preferito: Rocco Siffredi
MoMattie@aol.com

Hitler is a stupid dick head who needed to be treated. he had a severe problem in his head and everyone who liked him was in denial. He killed 6 million+ innocent children and adults that could be alive today. I just think that it is really sad that people could have looked up to him because of the things he did. HE IS AN ASSHOLE!!!!!
Katherine
STUDENT, 14 anni
kool_bart@hotmail.com

Demographic Sciences inform us that there are roughly 2,000 times as many humans alive today are there was 2000 years ago. 2 to the 12th power is 2048, so we've doubled our species population roughly 12 times in the last 2000 years, or 2000/12. This explosive growth rate is not even an issue in

the politics of most nations, yet is causes most of our grief. In the USA, the current doubling rate is 52 years. World wide, it's even faster at roughly 40 years. All other issues are either subset reflections of this horrible situation, or are much less important. That is what drives the diverse noise you get in response to your question. Be well and live in grace,
John
Inventor, 55 anni, North Sioux City, SD
personaggio preferito: Stephen Hawking

Ossequi Egregierrimo Roberto, la tua pagina Web e' estremamente tosta. Se il libro sul Maurizio Costanzo Show voleva essere una presa per il culo, e' riuscita perfettamente. Se invece esiste davvero non c'e' verso di leggerlo nel ciberspazio e c'e' probilmente un baco. In genere comunque, mi complimento per la tua web page. Sei sicuramente un grande. Ciao,
Luigi Paraboschi
luigi_paraboschi@hp.com

Aia la miseria! A Roberto, la tua homepage è un filino poco triste, perché?
Marco Sarà
sara@krol.it

Le quaglie sono anche degli uccelli bellissimi. Stimatissimo signor Quaglia, Abbiamo visto il suo sito meraviglisissimo e incredibilissimo, ma come fa a scrivere a Maurizio Costanzo? Approposito, lei lo conosce personalmente il grande Maurizio Costanzo Show in persona? Bene! Ed ora veniamo a noi, le proponiamo di stare estremamente bello, perchè è il nostro, lo guardi e ci faccia sapere come lo trova, ma soprattutto, la preghiamo, lo dica anche al suo amico Maurizio Costanzo Show. http://www.geocities.com/hollywood/studio/7639 Grazie, siamo lieti di aver come lettore anche lei, perchè la nostra pagina è un giornale mensile di ogni cosa. Arrivederla, e a risentirci a prestissimo.
VRS
http://www.geocities.com/hollywood/studio/7639
vrsclub@tin.it

Caro quaglia ardentemente ti auguro un atroce destino ci hai scassato la scimmitarra con le tue stupidissime lettere al costanzo sciò qualsiasi argomento si cerchi in rete spuntano le tue missive da subnormale basta! crepa lurida carogna nauseabonda
Marco Moro
marco.mo@lunigiana.ms.it

Che roba fumi? Dopo aver visto il tuo sito mi sono chiesto: ma che roba fumi? Roba forte immagino. Oppure ti fai delle pere di plutonio?
dott. Alessandro Merolli
" Lord Vader"
a.merolli@flashnet.it

287

Impara l'italiano.
Antonio Lupoli
runciter@iol.it

Sei uno stronzo cazzone sconosciuto.
Suma
suma@pass.dada.it

Ciao Roberto. Sono uno di quei vermi che stufo di essere necrofilo antropofago e alla disperata "ricerca" di cambiare anzi oserei dire mutare questa abitudine alimentare, o se voi un dottor Frankistin che cerca con tutta la sua conoscenza di teatrante di animare anche per un attimo di secondi questo cadavere in putrefazione, o se voi ancora uno zombie che cerca di riesumare, questo cadavere praticando la respirazione bocca a bocca. Insomma spero che basti cosi, anche perché la mia vena di scrittura si esaurisce subito purtroppo. Scritta questa premessa a rompighiaccio, vengo al sodo al perché ti scrivo questa e mail. Ti do del tu se non ti dispiace mi viene piu naturale dopo aver letto un paio di saggi nel tuo sito in internet, anche perché essendo nato sull'isola di Malta (ex colonia inglese) e perciò ci si da del you. Ti confesso subito che sia di internet e di SF sono proprio un ignorantone. E da poco che navigo con una barchetta a remi e vengo sbattuto di qua di la, non ti dico quante volte sono naufragato in tutti i sensi, ma ecco che mi dileguo ancora ma quando arrivo al nocciolo, sono lento come una lumaca sto pensando ogni parola per non fare la figura del cioccolataio. Lavoro con il teatro della Ribalta di Antonio Viganò di Merate (Lecco), non spaventarti allacciati bene le cinture facciamo teatro per ragazzi, che fatica credimi, e in questo momento io con Antonio e un'altra teatrante stiamo lavorando su un nuovo spettacolo, al via, c'era un racconto "THE TEST" di Richard Matheson preso dall'antologia delle fantascienza (primo indizio che a che fare con te) di Sergio Solmi e Carlo Fruttero edizione Einaudi. Ti risparmio i vari processi evolutivi della storia ecco un riassunto veloce del risultato ultimo (spero, nella tua pazienza e continui a leggere). In una società dove esistono persone nate con il nuovo metodo manipolazione genetica (secondo indizio saggio vantaggi della clonazione che condivido in molti punti meno in altri.) e addirittura nati senza ventre di donna (evoluzione delle mente umana ..terzo indizio saggio Il futuro della fantascienza molto interessante) finalmente tutto deve essere efficiente perfetto ma ahimè esistono quelli nati con il vecchio metodo quello sessuale e questi ultimi sono pieni di acciacchi nevrotici e si ammalano facilmente, soffrono, invecchiano presto e continuano a sperare, aggrappati alla vita, appiccicati alla vita, inefficienti insomma perciò devono sottoporsi ad un esame fisico e intellettivo stabilito da una legge votata unanimemente, se riescono a superarlo possono vivere per altri cinque anni se no lo superano vengono eliminati. Scritto cosi sembra facile ma come trasportarlo sulla scena e un gratta capo naturalmente abbiamo delle idee che con molta fatica stiamo traducendo in gesti, testo ect. ect. Non so se tutto ciò ti abbia stimolato. Ma mi sento molto vicino alle tue idee di un futuro prossimo a venire, non sono certo un attore LITUANO quelli che ti hanno dato l'ebbrezza, (quarto indizio saggio il futuro del teatro) ma sono un essere umano maltese volgarmente chiamato extracomunitario che cerca di mangiare teatro, in questa vecchia Europa, questo cadavere! Desidererei tanto un tuo parere sulla storia se puo reggere, come esperto nella SF, magari un confronto delle nostre idee sarebbe un inizio cosa dici. Spero che questa e mail giunga alla sua meta e che venga letta con estrema pazienza. Grazie di cuore. P.S. Joseph Scicluna: Nasce sull'isola di Malta l'11/02/1956 i primi ad avere in casa la televisione in bianco e nero e ha sintonizzarci sulla RAI radiottelevisioneitaliana mio primo maestro cibernetico e di teatro, miei primi maestri Alberto Lupo, Umberto Orsini, Romolo Valli , Albertazzi, Gassman e altri e altri, quei sceneggiati che divoravo primi sintomi da verme forse, rimasto illeso dal 68, non va per mare, si innamora degli animali e vuole prendere le loro difese e cosi la sorte o il caso lo mandano a studiare in Libia da Gheddafi a studiare zootecnia dove ebbi la mia prima esperienza su un palcoscenico cantai "BLOWIN IN THE WIND" del grande BOB come backing vocalist davanti a studenti libici. Fu un successo clamoroso che diede una svolta alla mia vita, e di teatrante errante, fino ad arrivare hai giorni nostri in piena lucidità e consapevolezza che la mia formazione attorale non finirà mai.

Joseph Scicluna Sgerini
sgerini@tin.it

Mozione anti-prostituzione: Ho visitato piu' volte il tuo QUAGLIASPACE... ma non avevo mai letto la MOZIONE di cui parla il subject... Sapevo che sei un genio... ora so che sei davvero un grande! M'hai commosso fino alle lacrime...! Enzo
Enzo e basta
Sovrappensiero

Gentile Roberto, le scrivo appunto per chiederle se lei conosce la chiave di uno dei più misteriosi misteri dell'universo: perchè le ragazze siedono sugli scooter in punta al sellino? Le sarò incredibilmente grato se lei saprà delucidare i miei dubbi. Cordialmente, Marco "Pangolino" Masina Manis Pentadactyla.

Marco Masina
otrotroc@tin.it

Desidero sapere se il contenuto del sito lo posso stampare e affiggere anche in sala da pranzo o (come da istruzioni) solo in cameretta. Inoltre vorrei sapere se Roberto Quaglia esiste davvero perchè non scrive un libro (secondo me il risultato sarebbe garantito). Sito stupendo era tanto che non mi divertivo così... dovresti richiedere il biglietto a meno che non vivi di banner. saluti

Fabiolap
fabiolap@iol.it tmail.com

Sheckley vuol dire Quaglia? Gentile RQ, sfortunatamente mi sono reso conto di non essere più in grado di vivere senza fantascienza. Mi sono innamorato della collana della Sellerio e sento un assoluto bisogno di "collane di fantascienza". Secondo lei, oggi come oggi, al di là delle copertine pacchiane, vale ancora la pena seguire le uscite di Urania? Esistono collane valide? Credo che personalmente non leggerò mai nessun libro della Nord... Infine ho letto con consueto grande interesse un suo articolo in cui tesseva le lodi della autobiografia del sommo Asimov. Questo indubbiamente prezioso volume, come si intitola? "Autobiografia di Isaac Asimov" o come? La ringrazio anticipatamente. Cordialmente, Marco Masina Masina o lo ami o lo odi.

Marco Masina
otrotroc@tin.it

Sr. Quaglia me he permitido molestarle para preguntarle si usted es pariente de una persona llamada Marina Quaglia, si fuera así le pediría de favor que le dijera que se comunicara conmigo pues la he buscado por todas partes y usted es mi última esperanza, mi dirección es bookart@df1.telmex.mx. de antemano le agradesco su atención. Lic.

Germán Moreno Lonngi
bookart@df1.telmex.net.mx

Esimio Sig. Quaglia, il mio nome è Alessandro Intropido, vivo a Camisano, un piccolo paese in provincia di Cremona e studio informatica. Avendo constatato il suo attento interesse per la Romania desidero chiederle un'informazione: esiste in rete un corso di lingua rumena? In alternativa potrebbe consigliarmi dei buoni libri per lo studio di questa lingua romanza? Grazie e Cordiali Saluti.

Alessandro Intropido
aintropido@hotmail.com

Lasciatelo dire e non ti offendere, sei addirittura più egocentrico di me "Think like a man of action, act like a man of thought "

Davide Patti

Hi, are you from Romania? PLease let me know. I'm going there this summer to work at an orphanage. My name is Jessica and I'm from Canada. Please email me back.

Jessica Dyck
jessicadyck@redeemer.ab.ca

Perche' sei cosi' volgare? E' assolutamente necessario per te usare profanita' per introdurti nel mondo degli scrittori? Non tutti gli Italiani in America sono dei cafoni: ci sono anche quelli nati ed educati in Italia.

AlinaM@aol.com

Caro Roberto, ho contattato Gigi Picetti all'indirizzo picetti@hotmail.com Devo convenire che si tratta di un grande personaggio! A proposito, ho visto con grande interesse i tuoi ritratti. Ti piacerebbe fare un cameo nel cortometraggio che sto girando? Saluti!

Alessio Montagnini
ribbera@hotmail.com

Ciao quaglia, ehm scusa, Caro signor Quaglia, ho aspettato le 00,00 in punto per spedirti il mio saluto perchè questo mi è sembrato essere il minimo tributo d'ora in poi le parole che mi si incroceranno già rimate le metterò in versi, pseudo-poeticamente incolonnate. Ti spedisco il messaggio in un'ora che non è ora vera, è un'assenza d'ora: è il principio e la fine, l'alfa e l'omega, il tutto e il niente (lo zero assoluto di ogni giorno). E' la prima volta che scrivo a uno trovato su Internet, e ti scrivo perchè, non so perchè, cioè lo so ma non saprei precisartelo (tu mi dovresti capire, nelle imprecisazioni sei un maestro!). E' anche la prima volta che ti do del tu senza problemi ad un attempato signore che per di più non conosco. Forse ti dai troppe arie perchè io ne aggiunga di superflue. Ho scaricato al 30% (penso) il tuo sito sul mio computer (ora oltre che dentro di me sei pure visibilmente fuori, dove però prima non eri) sei contento? ma forse non t'importa lo hai ribadito più volte. Penso che tu mi sia simpatico, anche se non tutte le tue pagine web le leggerei più di una volta, infatti non so perchè le abbia scaricate: forse implicitamente ritenevo fosse l'unico sistema per liberarmene, tanto so che non le rileggo! Comunque sia, sono contenta di averti incontrato: mi hai fatto ridere a sufficienza, per oggi. A te che ti mangi il mondo a morsi e a risate, chiedo la ragione di tanta allegria. Ti faccio una domanda da 6 miliardi di ... persone che abitano su questa terra! (ti aspettavi che ti dicessi da sei miliardi di dollari vero? ammettilo). La domanda è: forse è meglio se la formulo domani.. Anzi no, la domanda è : qual'è il senso della tua vita, anzi che Significato dai alla Vita? Se ti sembra troppo oneroso rispondere puoi pure non farlo, non saresti il primo né l'unico a non rispondere al mio quesito. Pensa, mio fratello ha destituito di significato la parola significato! Che poi mi dovrebbe pure spiegare come fa a non vedere il controsenso: come può togliere qualcosa che pensa non esista a qualcosa che è la cosa che non dovrebbe esistere? Misteri della mente umana. Se questo interrogativo ti dovesse infastidire, se quest'email tardivo ti facesse impallidire, puoi cestinare, eliminare ma ti venga naturale cliccare sull'ipertesto precisamente questo soltanto un bel pretesto per consegnarti il resto. Sabrina P.S.: il tuo sito è magnifico! (e non è *Captatio benevolentiae*) Adesso ti aspetti che io formuli un giudizio pure sul tuo libro, vero? Scordatelo! Forse a fine lettura, ciao.

Sabrina Tripodi
sa.tripodiREMOVE@email.telpress.it

...GET A FUCK OUT OF THE INTERNET... I've finished invuluntarily in your "suck web site" named Affancuol... Hey man, it really sucks!!!!!

Geddes
Geddes@bu.edu

Quaglia! Bondì, è un Bove che ti scrive, di nome e di fatto. Mi scuso innanzitutto per l'irruzione emailica, ma volevo farti i complimenti per il sito e, soprattutto, per il famigerato pulsante . . . Non te l'ho scritto nella sezione 'commenti' poiché mi sembrava alquanto scontato inserire frasi del tipo "Bel sito, ottima la grafica e profondi i contenuti", soprattutto in un'area preposta a tale scopo. Trovo che il suddetto telematico bottoncino rappresenti l'apoteosi dell'essenza umana in ogni sua forma e mi sono di conseguenza permesso di inserirlo in alcuni punti della mia homepage. Questo è quanto ed è tutto rigorosamente fine a sé stesso, ovviamente! Distratti, ma convinti, saluti.

Francesco Bove
http://space.tin.it/io/gvbov

E fammelo leggere.... complimenti... sei riuscito a farmi ridere.... e visto l'attività svolta e il periodo... era impresa ardua... torno alle mirabolanti imprese che mi richiede Visco...(questa si che è fantascienza) un bacio

Monica
Studio Rossi & Fabbri
fabbross@tin.it

Gentile Roberto Quaglia siamo un gruppo di artisti che hanno dato vita, in quel di Trieste, a una nuova proposta culturale denominata Arte Intuitiva '97. Vorremmo far conoscere la nostra creatura intelligente... crediamo possa essere importante in questi tempi. Non trovi? Aiutaci... se puoi Ti alleghiamo il "manifesto programmatico". Rispondici. Grazie. Ci scusiamo... e di nuovo ci scusiamo se la composizione del presente documento è ancora incompleta, poiché soggetta, nel tempo, a continue integrazioni. L'iniziativa prevede , a lavoro ultimato, una parte teorica di gruppo ed una sezione dedicata ad ogni singolo artista, con un curriculum personale e fotografie di repertorio..., oltre a tutta quella documentazione pertinente l'attività svolta Ci scusiamo e... ancora grazie! I componenti del gruppo.

Fedele Boffoli
fedeleb@tin.it

Un mio collega mi ha raccomandato di leggere il tuo sito, ma ora devo andare in fotocopisteria. A presto,

Cristina Cacciaguerra
http://www.csr.unibo.it/~cacciagu
cacciagu@CsR.UniBo.IT

A robbe'.. ma che cazzarola te sei calato ???? diccelo pure a noi dove la compri sta' robba... ciao

Vi
adrit@uni.net

HELLO YOU ARE THE BEST

Caterina Farina
Caterina.Farina@amm.uniud.it

Saluti Caro Quaglia Roberto, Stai monopolizzando la rete! Non è possibile che qualunque soggetto scelga in Altavista mi appaiano tremila siti con denominazione "Caro Maurizio Costanzo Show"!!!!!! Falla finita!!!!! Con Affetto

Matteo Galletti
gallett@hotmail.com

Salve, non credo che tu mi conosca, ma sono un appassionato di fantascienza. Vorrei dei chiarimenti su una cosa. Ho visto all'Universita' di Cagliari degli annunci per una conferenza sui buchi neri che avresti dovuto tenere il 31 marzo alle 16.45 marzo presso l'auditorium del CIS a Cagliari. Io sono andato e ho dovuto assistere a una conferenza di un archeologo sulla conservazione di reperti antichi (non era poi tanto male). Come mai non c'eri? Ci sono altre possibilita' di assitere a tue conferenze o ad altre conferenze riguardanti la fantascienza? Saluti.

Pibiri Nicola
pibiri@labinf2.unica.it

COSA C'ENTRI CON FRANCESCO... BACCINI ? Ho cercato in lungo e in largo un indirizzo di posta elettronica per mettermi in contatto con Francesco Baccini ma il search result è invaso dalle tue lettere a Maurizio... non ci sono rimasta male, sono contenta!!! Sei troppo fuori... ce ne vorrebbero di tipi come te, il mondo andrebbe senz'altro meglio !! Ho passato davvero un paio d'ore in ottima compagnia (la tua), meglio della tv (ci vuole molto ?)... BACIONISSIMI

Stefania Giordano
stegiord@tin.it

Your web page I stumbled upon your web page today and I have to tell you that I LOVE it!!!!!! I am a Scirnce Fiction fan, and I love your sense of humor! VERY GOOD! :-D Great page! Sincerely, BiWitchy

Bi Witchy
http://www.geocities.com/Wellesley/3763
msdruid@hotmail.com

Il buon senso è tra tutte le cose quella meglio distribuita
Descart

(Dopo aver letto quaglia ho qualche dubbio... cartesiano) Caro quaglia, ho scoperto, senza cercarlo, il tuo sito e ho avuto modo di leggere alcune tue "lettere". Vengo al punto: il contenuto della lettera n.6 è risibile sotto molti aspetti. Affermi cose che hanno almeno quarantanni (40) nella storia dello studio della comunicazione di massa e che tu spacci per cose tue ed originalissime: *"Proprio perché non sono un sociologo, mi sono imbattuto in alcune mie riflessioni che da nessun sociologo – ahimè – mi è mai sinora accaduto di udire"*. Ma procediamo con ordine. 1. Anche tu, quaglia, come Benedetto Croce, il regime fascista e più recentemente i professionisti dell'antiterrorismo (parafrasando Sciascia) ti senti autorizzato a sputtanare la sociologia. Ti faccio notare che grazie a queste culture (che evidetemente condividi) la sociologia è pochissimo sviluppata in Italia (con rare eccezioni) così come storicamente si è verificato nei paesi totalitari o di tradizione non democratica; 2. Se a te non è mai accaduto di "udire" considerazioni di sociologia ritengo che la falla che devi colmare sia nella tua preparazione culturale non nella

sociologia. Deduco dall'uso che fai del verbo "udire" che la tua cultura (sociologica e non) sia soprattutto ascoltata: dunque fatta di voci, di chiacchere da bar, di cose rubate in qualche talkshow televisivo (oralità secondaria direbbe qualcuno: e proprio tu parli della religione televisiva?!). A guisa di introduzione alla sociologia ti consiglio Jurgen Habermas, Teoria dell'agire comunicativo, Il Mulino e Niklas Luhmann, I sistemi sociali, Il mulino la cui lettura è "operazione tutt'altro che problematica per una persona di intelligenza normale", dunque alla tua portata; 3."Il succo è semplice e d'apparenza banale assai, e si riassume in una frase che dice tutto e non dice niente: *"LA TELEVISIONE E' LA RELIGIONE MODERNA"* La tua chiosa alla tua lettera è insuperabile per sintetizzare l'inconsistenza delle tue tesi; 4."*Molte e troppe somiglianze si ritrovano nei comportamenti di chi sia devoto ad una religione tradizionale e di chi sia devoto alla Televisione, per liquidarle come coincidenze"*. I modelli di comportamento, i dogmi, l'autorità sacerdotale, la trance, l'eresia da te indicati come elementi essenziali di ogni religione sono metaforicamente attribuibili anche a molte altre organizzazioni sociali: pensa alla Burocrazia, al Mercato, ai Mondi Vitali (Lebenswelt). Ciò che invece ogni religione deve elaborare per fondarsi in quanto tale è la domanda: che cos'è la morte e che cosa c'è dopo la morte?; 5. *"La religione è indispensabile per l'organizzazione sociale, e chi pensa il contrario è un allocco e lo dimostrerò fra poco"*. Già detto da E.Durkheim (un sociologo), Le forma elementari della vita religiosa, (1912) ma senza la tua iattanza: complimenti hai riscoperto l'acqua calda; 6."*La più grossa forza della religione Televisiva è che tutti i suoi fedeli – che pure più o meno sanno cosa sia una religione – non hanno coscienza che si tratti di una religione, e ne sono quindi devoti come di più non potrebbero"*: sostituisci "della religione televisiva" con " di quaglia" e l'affermazione resta in piedi in egual modo. Sull'invisibilità delle istituzioni leggi Mary Douglas, Come pensano le istituzioni, Il mulino. 7."*Ciò che sto scrivendo, come già detto, non vuole essere (come infatti non è) un saggio sociologico"* e poi "*Sarà in un'altra lettera, forse, che mi sbizzarrirò a speculare su come sarà la società futura, quando la Televisione regnerà sovrana tra le religioni del mondo"*. Caro quaglia hai tutti i peggiori difetti dei peg-

291

giori sociologi televisivi (gli unici che dici di conoscere): prosopopea , arroganza, qualunquismo, demagogia. Te la sei presa con i sociologi perché è l'unica categoria professionale che si può insultare e calunniare senza rischiare nulla. Ti sei subdolamente voluto far passare per sociologo, pur negandolo, senza neppure *"avere assimilato le nozioni contenute in un certo numero di libri prestabiliti ed avere passato gli esami relativi ad essi"*. Ti sei fatto carico di tesi raffazzonate, buone per tutti gli usi e per tutte le situazioni (ti consiglio di scrivere la stessa lettera sostituendo televisione con ad esempio "internet", "mamma", "quaglia", ecc.) al solo scopo di ottenere facili consensi. Parlare in toni apocalittici della televisione è sport diffusissimo soprattutto in televisione (di cosa dovrebbe parlare la televisione se non di se stessa?) anzi direi che è elemento distintivo di chi è imbevuto di cultura di massa televisiva, chi è completamente asservito, senza saperlo bada bene (un po' di psicoanalisi fa sempre trendy, quaglia docet), alla religione televisiva. Come te, no?! un cordiale saluto (odio i sociologi e i qualunquisti)
Michele Intorcia

Ciao Sono capitato nella homepage per caso e voglio farti avere un commento: dopo tutto quello che ho visto, letto, cybersfogliato ti voglio dire SEI UN MITO! Ciao
Fulvio
furenzi@tin.it

Ciao Ma chi sei?
Giulia
giulia.bruni@iol.it

Sei un genio Fantastico long life and prosper
Mario Cianflone
cianflo@iol.it

Complimenti per i racconti e per il Sito. Sull'attività in Consiglio Comunale.. qualche riserva, saluti
Stefano Fasoli
Genova
steve@ulisse.it

Giacchè sto componendo una tesi universitaria sulla clonazione ed ho utilizzato un vostro articolo sul medesimo argomento, gradirei conoscere vostra qualifica professionale al fine di ottenere referenze per l'inserimento in nota bibliografica. Grazie per la disponibilità e collaborazione.
Vittorio Carlei
paolofa@tin.it

Sono uno studente di medicina. Ho 22 anni Ho letto qualcosa dei tuoi scritti, ma proprio qualcosina Vorrei sapere come la pensi a proposito di certe cose, per esempio risponderesti ad una persona che come me ti dice di avere 22 anni ed essere studente di medicina, mentre ti manda questa lettera da un'anonima freemail ? Forse leggerò dell'altro dei tuoi scritti, ma lo farò senz'altro se tu mi risponderai semplicemente che hai ricevuto questa lettera Per me leggere è anche un pò capire, entrare in sintonia. Mi alletta di più l'idea di leggere un autore con cui ogni tanto posso pure scambiare qualche e-mail.
Domenico Loizzi
xxx_d@freemail.it

Caro Quaglia, il tuo sito è molto divertente; però devo farti un piccolo appunto sul significato del vaffanculo. Vaffanculo, nell'originale etimologia napoletana, ha significato attivo (!?!) e di solito la parola veniva fatta seguire dalla parente dell'insultato che l'insultato stesso doveva inc... (eh?). Ad esempio, "vaffanculo a soreta" significava vai a fare in culo a tua sorella, ossia vai ad incularla tua sorella, non a prenderlo in culo, come in seguito, come giustamente dici tu, è passato a significare. Questo, per la precisione. Sperando di aver dato un contributo al tuo sito passo a salutarti (non te ne avere a male, ma quando si parla di queste cose ci si da del tu anche se non ci si conosce).
Donati - Paoletti
grt1-05@torvalds-05.ccd.utovrm.it

Egregio signor Quaglia, mi chiamo Catto Alberto. Alcuni giorni fa mi sono casualmente imbattuto in un suo scritto intitolato "Cervello da animalisti". Devo dire di esserne rimasto piuttosto deluso per la superficialità con cui ha trattato l'argomento. Io rispetto le sue opinioni, però mi sembra molto di cattivo gusto, oltre che poco rispettoso verso il lettore, emettere certe sentenze dimostrando però di avere pochissima cognizione di causa sull'argomento. Se permette, vorrei mostrarle tutte le contraddizioni e gli errori dovuti ad una certa ignoranza sull'argomento. Non sto cercando di farle cambiare opinione in quanto, come le ho già detto, io rispetto le sue idee; Lo faccio solo per renderle più chiare alcune cose. Riporto qui sotto la sua lettera commentata. L'egoismo non consiste nel vivere secondo i propri desideri, ma nel pretendere che gli altri vivano a quel modo che noi vogliamo. *"L'altruismo consiste nel vivere e lasciar vivere. Oscar Wilde."*
Già qui si incontra la prima contraddizione. Non riesco a capire come possa utilizzare questa frase che, esplicitamente, dice "L'altruismo consiste nel vivere e lasciar

vivere" (le ricordo che nella grammatica italiana il pronome "altri" non viene utilizzato solo in riferimento agli esseri umani). E sinceramente non mi sembra sia proprio l'atteggiamento tenuto da cacciatori, pescatori, pellicciai, ecc., che lei difende. Se potesse spiegarmelo.

"I perfetti animalisti estremisti si identificano visceralmente con tutti gli animali, dal visone al gatto, dalla foca monaca alla zanzara, dall'orso grizzly al totano..."
Cominciamo a fare chiarezza. Intanto gli animalisti estremisti non si identificano con altre specie animali. Sanno perfettamente di essere esseri umani e sono a conoscenza delle diversa vita mentale tra le varie specie. Lei dice che gli animalisti estremisti pensano, sbagliando, che dato che gli esseri umani provano avversione per il dolore e la morte lo devono provare anche le altre specie animali. Le ricordo, se non si fida consulti un libro di fisiologia, che la parte più primitiva del nostro cervello, presente pure nei pesci, è la sede delle emozioni, compresa paura e dolore. Quindi, tali emozioni, non si sono sviluppate solo nell'uomo, come la razionalità ed il pensiero astratto, ma sono la base comune di ogni animale, ed hanno la funzione di preservare l'organismo dai pericoli dell'ambiente. Inoltre, non beviamo il latte non per evitare di sottrarlo al vitello, ma per evitare lo sfruttamento delle mucche, evitiamo di mangiare uova non perché non vogliamo uccidere il futuro pulcino, ma per evitare lo sfruttamento delle galline (provi a farsi un giretto in un allevamento intensivo di galline, e poi mi sappia dire). Accusa gli animalisti di nutrirsi di vegetali senza rimorsi. I motivi per cui questo accade sono due. Innanzitutto i vegetali non hanno il sistema nervoso, quindi si presume che non siano senzienti. E lei mi dirà: E chi ce lo assicura? Ovviamente nessuno può sapere con certezza cosa sia senziente e cosa no (Per la cronaca, questo è il famoso problema delle altre menti, argomento molto caro ai filosofi della mente). Se supponiamo che anche i vegetali siano dotati di coscienza allora, con semplici deduzioni si ottiene che anche i sassi, le nuvole, ecc. possono essere senzienti (Questa visione prende il nome di panpsichismo). Allora lei potrà nuovamente obbiettare: Ma le piante sono vive. Certo, ma non confondiamo vita con coscienza. Nessuna delle due, a quanto ne sappiamo, è necessaria all'altra. Tutto ciò che sappiamo è che gli organismi viventi dotati di sistema nervoso sono coscienti.

"L'animalista qualunquista, invece, si identifica visceralmente con tutti gli animali di aspetto conforme ai propri archetipi interiori. In altre parole: si identifica in un gatto, un visone, un coniglio, un cane, ma non in un ratto, una mosca, un serpente, un verme..."
A prescindere dal fatto che condivido la condanna dell'ipocrisia degli "animalisti qualunquisti", il discorso mi è sembrato molto pretenzioso. Se lei vuole demolire una particolare filosofia, il discorso va fatto nei riguardi delle idee che questa contiene, non nel modo in cui viene applicata. Mi spiego con un esempio. Una cosa è discutere sul comunismo, ma ben altra cosa è discutere su come questo viene applicato. Non si può dire che il comunismo è sbagliato solo perché, quando si è tentato di applicarlo, ha fallito. Se è stato applicato male, la colpa è

di chi lo ha applicato, non del comunismo in se. Le dico questo, perché lei tenta di giustificare pellicce, alimentazione animale, ecc. utilizzando le contraddizioni degli "animalisti qualunquisti" (questo emerge in maniera lampante nell'ultimo capoverso, quando parla della discriminazione degli animalisti. Difatti tale idea non appartiene alla filosofia animalista). Provi, invece, a farlo con le idee vere dell'animalismo. Inoltre, le faccio notare, che lei confonde coloro che si preoccupano della salvaguardia delle specie, con coloro che si preoccupano della salvaguardia dei ogni singolo individuo. E non è un errore da poco, perché tra queste due visioni c'è una differenza abissale. Ad esempio, i cacciatori, tralasciando i bracconieri, sono molto attenti a non creare squilibri nella fauna, ma questa posizione è più una posizione ambientalista. Invece, il vero animalista, guarda ad ogni singolo individuo, indipendentemente dal pericolo di estinzione della sua specie. Infine mi permetta una piccola riflessione personale. Se proprio dovessi scegliere, preferirei un contraddittorio "animalista qualunquista" ad un coerente menefreghista che non tiene in alcun conto il dolore altri. Il dolore viene prima della coerenza. Lei non crede? Piccola nota. Il termine "razzismo" è sbagliato. Infatti si riferisce alla diversità di razza all'interno della stessa specie. In questo caso va usato il termine "specismo" (come si usa "sessismo" per la differenza tra i sessi).

"Una delle discriminazioni: NON TUTTE LE SPECIE VIVENTI MERITANO LO STESSO RISPETTO. Gli animalisti estremisti "eleggono" le specie viventi appartenenti al solo mondo animale. I Vegetali vadano a farsi friggere, come infatti avviene nella cucina cinese..."
Il discorso sui vegetali l'ho già affrontato, quindi non mi ripeto. Ora, non si offenda, ma qui tocca veramente il fondo. Ha mai sentito parlare di catena alimentare? Ha mai pensato che se c'è una sovrappopolazione di animali, tali da far scarseggiare il cibo, questi moriranno di fame permettendo alla vegetazione di rinascere e quindi di nutrire nuovamente gli animali. E' un sistema che si compensa automaticamente. E non c'è bisogno che l'uomo mantenga in vita i visoni (se poi si può chiamare vita un esistenza passata in una gabbia da allevamento. Provi a farsi un giro in un allevamento di visoni, e poi mi sappia dire) basterebbe che gli lasciasse l'ambiente dove vivere, libero. Inoltre, non riesco proprio a capire il nesso tra lo spreco di carta e le idee animaliste. Nessun animalista ha mai detto che la carta si può sprecare tranquillamente. Senza contare che praticamente tutti gli animalisti sono anche ambientalisti, benché il contrario non è necessariamente vero. In ultimo, le volevo far notare che, se gli esseri umani smettessero di nutrirsi di carne e derivati animali, la produzione di vegetali destinati alla alimentazione del bestiame, unita alla produzione di vegetali per l'uomo, sarebbe più che sufficiente per sfamare in maniera adeguata l'intera popolazione mondiale. Ma il gusto di una bistecca fa dimenticare in fretta le migliaia di morti giornalieri per denutrizione.

"Altra discriminazione: NON TUTTI GLI ANIMALI VANNO PRESERVATI: Gli insetti, per esempio, morissero tutti non sarebbe poi male..."
Qui continua con il discorso pretenzioso di

prima. Utilizza le incoerenze degli "animalisti qualunquisti" per demolire l'animalismo. Ma questo non è il vero animalismo. Quindi le ripeto l'invito a confrontarsi con il vero animalismo. A fine lettera le inserisco una lista di testi animalisti, fra i più importanti, su cui potrà notevolmente schiarirsi le idee.

"Ma tutti i valori che assegniamo sono proiezioni dei nostri archetipi, dei nostri preconcetti, del nostro pensare per categorie. E tutti i limiti della coscienza che abbiamo di ciò che esiste e di ciò che vive, sono proporzionali allo spazio mentale di cui disponiamo. I valori assoluti sono chimere, e chi li professa inganna sé e gli altri..."

Roberto Quaglia, concordo pienamente con lei sul fatto che i valori assoluti siano chimere. Ma gli animalisti non vogliono imporre valori assolute, si limitano a cercare di ridurre al minimo la sofferenza di chiunque possa provarla (utilitarismo). Ed inoltre non vogliono umanizzare la natura, semplicemente la vogliono rispettare, nella diversità di ogni specie. Le riporto due importanti testi che la potranno illuminare su cosa sia il vero animalismo:
-Peter Singer, Liberazione animale
-Tom Regan, Diritti animali
Inoltre le riporto anche un breve saggio che offre una interessante panoramica sull'argomento: -Silvana Castignone, Povere bestie
Ringraziandola per la cortese attenzione prestatami e rimanendo in attesa di una risposta, le porgo cordiali saluti.
Catto Alberto
cattoalberto@hotmail.com

Caro Roberto Quaglia Show... ieri o letto per caso la lettera n*9 "Cervello da animalisti" e ho deciso di scriverti. Premetto che non so niente di te, non so chi sei, non ho mai letto un tuo libro, ma solo la suddetta lettera e qualche commento. Ho visto che la gente ti stima molto e forse ha tutte le ragioni per farlo. Approvo la critica che muovi contro gli "animalisti qualunquisti" ma credo che dovresti riflettere meglio sul fenomeno dell'animalismo. Io nell'esercizio della mia libertà di scelta "ho scelto" di escludere dalla mia vita qualsiasi prodotto, alimentare o non, che provenga dallo sfruttamento degli animali. Ma questa mia libertà è limitata, per esempio, dal fatto che non ci sia una sola marca o qualità di emulsionate per pellicole che non contenga quella sostanza (di cui parli ma che già conoscevo) che in pratica è solo uno dei tanti sottoprodotti della macellazione. Mi dispiace che invece di prendertela con le ultrapotenti multinazionali te la rifai con noi animalisti. Quello che però mi rammarica di più, soprattutto perchè ho visto che in molti leggono quello che scrivi, è il fatto che anche tu abbia peccato di quel qualunquismo e di quella superficialità che attribuisci agli "animalisti qualunquisti", ma di sicuro con più danno. In parti-

colare quando dici, riferendoti agli "animalisti estremisti", *"NON TUTTE LE SPECIE VIVENTI MERITANO LO STESSO RISPETTO"*. Ti spiego perchè: -1) L'ammontare delle materie prime utilizzate dagli USA per la produzione di bestiame, compresi i carburanti fossili, raggiunge il 33%. Se tutti gli americani seguissero una dieta vegetaliana o vegetariana, l'ammontare di risorse utilizzate nella produzione della loro alimentazione sarebbe ridotto al 2%. -2) Servono 2500 galloni (1gl=3.781 litri) di acqua per produrre una libbra (453gr) di carne. Servono 25 galloni di acqua per produrre una libbra di grano. -3)Gli USA hanno perso il 75% della loro superficie. L'85% di questa perdita è attribuibile alle industrie dell'agricoltura animale. Ogni 5 secondi in USA sparisce un acro di alberi per creare campi di fieno da destinare agli allevamenti. Per produrre una dieta basata su carne, uova e prodotti caseari, sono stati rasi al suolo 260 MILIONI di acri. -4) 2 MILIARDI DI PERSONE MALNUTRITE vivono in condizioni di estrema povertà e 7 MILIONI E MEZZO DI UOMINI ogni anno muoiono di fame ! Tutto ciò è legato al fatto che i paesi industrializzati sfruttano 2/3 della loro produzione cerealicola per allevare bestiame e comprano (a basso costo) le terre più fertili de TERZO MONDO per coltivare cereali destinati agli ANIMALI degli allevamenti, che a loro volta sono destinati a finire nelle tavole di noi EUROPEI o comunque nei paesi SVILUPPATI ! Se i terreni esistenti venissero utilizzati per produrre cibo vegetaliano, non solo si risolverebbe il problema della deforestazione, ma si potrebbe sfamare una popolazione 5 volte superiore a quella attuale, risolvendo il problema della fame nel mondo ! Spero che tutto ciò possa esserti di aiuto. Se ti interessa approfondire la questione ti consiglio alcune letture fondamentali:
-Peter Singer "Liberazione Animale"
-Tom Regan, Peter Singer "Diritti animali, obblighi umani"
-Jhon Robbins "Diet for a new America"
Emanuele

Sei un gran........ (lo sai anche tu).
Neus
cuttlas@iol.it

Commenti su Genova azzeccatissimi! Dilemma: come spiegarlo ai mangiacrauti che si guardano bene dal mettere piede a Genova, ma che tuttavia si chiedono insistentemente come sia possibile abbandonarla????! saluti da Silvana ex-genovese
Silvana Brusati
silvana.brusati@langenscheidt.de

Hola Roberto!!!!!! Yo soy prima de Ga-

briela, y fui yo en realidad la que te encontró en la net. Me jo Gaby que vas a venir a Buenos Aires. Is that correct?? That would be interesting. Are you a writer? I am a journalist and i live in Buenos Aires. So if you are planning to come here send an e mail to be in contact. Where do you live? Un beso grande,
Mercedes Quaglia
mquagliaREMOVE@psi.uba.ar

Scusami, sono un giornalista di Pavia in tasca, sto curiosando su Internet per vedere se ci sono dei siti interessanti e ho trovato il tuo nella Provincia di Pavia; volevo solo chiederti quando sei nato e soprattutto se operi in Provincia di Pavia la tua professione, perchè se ci sono delle attinenze tra la tua vita e la provincia pavese sarei molto interessato a scrivere un articolo su di te. Per favore, se ti va contattami, grazie per aver letto questo messaggio e scusami se ti ho disturbato. CIAO
Simone Delù

Carissimo Sig. Quaglia mi scusi se la importuno. Mi chiamo Walter Diociaiuti, sono un musicista ed aspirante scrittore di romanzi (genere horror). E' proprio in relazione a quest'ultimo aspetto che navigando su Internet, ho trovato il suo sito. Ho scoperto che lei conosce bene la cultura della Romania. Stò scrivendo un libro e, se possibile, vorrei che mi chiarisse un aspetto a tal proposito. Volevo sapere se nella zona della Transilvania nel 1400/1500 i documenti venivano ancora redatti in lingua latina e quale era tra il popolo la conoscenza di questa lingua. Confidando in una sua risposta, la ringrazio anticipatamente.
Walter Diociaiuti
walterdiociaiuti@tin.it

Ma chi cavolo sei? Ci hai un po' la faccia da pirla.
Falcone Heger
falcone.heger@tiscalinet.it

Breve.
Claudionsky
prestinc@tin.it

Sei grande. Davvero. Ma un po mi spaventa leggere i tuoi interventi, perchè la tua genialità mi contamina e si mescola ai miei pensieri generando altri pensieri che non mi appartengono completamente e che sfuggono al mio controllo razionale. Sei un mostro. Ma... (questo "ma" non avrà un seguito, scordatelo) Ciao (forse...)
Nicola Bertoglio
n.bertoglio@pn.itnet.it

Sei.... simpaticissimo per te non e' una novita' esserlo??? non e' vero? potresti contattarmi avrei | qualcosa

da darti da scivere lo devi valutare tu sono delle novelle non posso cosi' dirti vanno guardate e poi si decide se publicarle o no. ciao
Crestani Marcella
m.crestani@dido.net

Gentilissimo Sig. Quaglia sono una studentessa liceale che sta svolgendo una ricerca sulla stregoneria. Ho visitato il suo sito su Internet e ho letto la lettera n°20 del "Maurizio Costanzo Show" con molto interesse anche se devo dire che la trovo un po' bizzarra come lettera. Ma mi ha incuriosito parecchio come ha trattato l'argomento 'streghe' ed è per questo motivo che ho deciso di chiedere a lei informazioni sulla stregoneria. Certo potrei visitare altri siti che trattano il suddetto argomento ma nessuno mi paragonerebbe mai delle suore abili a essere possedute a Cicciolina & Company. Non so se avrà il tempo e/o la voglia di aiutarmi però volevo comunque esprimerle la mia gratitudine perchè lei mi ha aiutato ad apprezzare un argomento che consideravo solo un compito scolastico e per aver stimolato la mia curiosita'. Grazie e spero di ricevere una sua risposta anche negativa.
Emanuela Bertello
stardust@isiline.it

A few questions for you Mister Roberto Quaglia, My name is Flavius Boncea, and I'm a journalist from Timisoara, the city were you will come on the 10'th of August. I don't speak very well English, so I just hope that you'll understand me. I have a few questions for you, and I'll be glad if you could answer me. 1). You were in Timisoara at the EuroCon in 1994, and last year, with your book, DIO S.R.L. What can you tell me about this city and the friends you have made here? 2). What can you tell about the book you will present here? 3). Please tell me a few words about your friend Robert Sheckley, who will be in Timisoara in with you! This is all... See you in Timisoara. Thank you
Flavius Boncea
tim@inter.banat.ro

"Homepage di Roberto Quaglia" has changed? Carissimo Roberto Quaglia, io non so chi tu sia ma so benissimo che la tua homepage e' cambiata. E sai perche'? Perche' da sei mesi a questa parte (o giu' di li, forse anche di piu') TUTTI I GIORNI, a volte due o tre volte al giorno, mi arriva una mail che mi comunica dai signori di cui sotto (allego il testo). Allora, da buon internettaro paziente le prime volte ho cancellato la mail, poi sono andato a vedere cosa diceva e ho scritto all'indirizzo specificato dicendo che lo sapevo, che avevo capito, che ero felice per te e che non me ne fregava piu' niente di sentirmelo ripetere tutti i giorni, mi sono dis-iscritto, mi sono prostituito, ora sono pieno di debiti, la mia vita e' distrutta, ma niente da fare, quelli li' della MINDIT mi ricordano che la tua homepage e' cambiata con la flemma del sistema di autodistruzione dell'Enterpise. Continuano ad arrivarmi miliardi di mail che mi informano che la tua homepage e' cambiata. Quintali, tonnellate, metri cubi di mail, le stampo tutte, la stampante parte da sola e ne fa dieci copie l'una, le sogno di notte, mi hanno messo una camicia bianca con le maniche legate dietro perche' mordevo il computer. Allego il testo per curiosita?... Ciao e complimenti per la home page. Dai non fare cosi'.... GCL Ah, la mia home page non e' mai cambiata ma se ti interessa (e' noiosissima comunque...)

Lasagna Giancarlo
http://www.lama.it/gcl/gcl.html
Giancarlo.Lasagna@CSELT.IT

Mi interesserebbe che fossero lette le mie poesie da Lei e da Maurizio Costanzo.

Massy
badiali@technet.it

Banalmente Inglese. Il mio sogno è fare la scrittrice (chissà come la interpreterebbe Alessandro Bergonzoni questa frase...) comunque sei davvero forte. Be, te lo hanno detto in tanti... In ogni caso ho inserito l'URL del tuo sito nei miei preferiti ... ho intenzione di visitarti spesso e scoprire ogni angolo delle tue pagine... Non mi dilungo... Bacissimi

Fides - Rizzi
rizzi@fides.it

Caro Quaglia, Complimenti ! TI scrivo da lettore accanito del NOSTRO, l'introduzione al tuo libro è un colpo gobbo. Sono contento che il MAESTRO sappia quanta attenzione c'è in Italia per la sua opera. Non ho ancora esaurito una prima visione del materiale che diffondi nella rete ma sono gia attanagliato dalle domande e ti scrivo subito. Come fare a leggere il libro in questione: esiste gia? lo butti giu al momento di inviarlo a chi lo richiede? è un romanzo, un racconto? Lo hai trovato in un uovo di Ganz in vacanza ad Ischia? Se gentilmente puoi darmi qualche informazione al riguardo sarò Lieto. Sono webmaster alla 3dmedia srl. Abbiamo (tra le altre feature) un bel server audio video , tra i siti ospitati http://www.radioluna.it Puoi tenerlo presente se avete intenzione di pompare audio e video a supporto delle elucubrazioni sulla fantascienza. La lettura dell'amatissimo NOSTRO ritengo sia da consigliare ai giovani tutti, massime a chi si diletta del genere fantascientifico. A mio avviso i racconti del MAESTRO sarebbero da inserire anche nelle antologie scolastiche (almeno in quelle degli autori in lingua) per la loro capacità di stimolare il lettore. Un cordiale saluto.

Cataldo Valle
Webmaster
http://www.3dmedia.it
cvalleREMOVE@3dmedia.it

Ecco finalmente un esperto vero! Siamo un gruppo di fans del Mago Mimmo e percorriamo da mesi la Rete in cerca di Sue notizie. Sembra incredibile, ma tutti i sedicenti esperti di "trash" non ne sanno nulla. Il tuo eccezionale libro è per noi la prova di esserci imbattuti nella persona giusta. Il Maurizio Costanzo show è oggi sovrappopolato di maghi, ma di Lui nessuna traccia. Perché? Ti preghiamo, se sai qualcosa, diccelo. Te ne saremo grati per saecula e divulgheremo il tuo Verbo. Ciao I fanns de i' Maco più Maco che c'è.

Orazio Parenti
curiazio@hotmail.com

Carissimo Roberto, non dico che il mio parere sia molto importante, perchè tu quando hai scritto questo avrai già avuto gente più colta di me con cui hai potuto scambiare pareri e godere appieno degli apprezzamenti a te rivolti, ma alle volte anche un piccolo e insignificante parere, che stimola quella enorme voglia di conoscere, anche quello ha il suo valore. La cosa piu' bella, quella che ammiro di più di te è il modo in cui tratti l'argomento "Le Streghe". Per esempio quando dici che "nei conventi le suore imperversavano le estasi mistiche quasi quanto le possessioni diaboliche, e gli esorcismi erano quotidiani spettacoli pubblici intorno ai quali si accalcava la gente, che faceva il tifo o per l'esorcista o per l'indemoniata, non essendo allora di moda il campionato di calcio." Infatti se prima parlare di queste cose non solo non mi piaceva ma facevo di tutto per evitarlo ora sento che il modo in cui lo tratti tu è tanto diverso da spingermi a saperne di piu' sull'argomento ma anche e soprattutto su di te, su cosa ne pensi della curiosità che l'uomo ha e in che modo va stimolata. E sulla filosofia che ne pensi? Qual'é il filosofo che ti appassiona di piu', quello con cui ti senti piu' affine? E che libri consiglieresti ad una studentessa che vuole imparare a conoscere meglio se stessa e il mondo che la circonda? La curiosità permette all'uomo di conoscersi ma l'eccessività può rovinare i rapporti vero? Grazie per la risposta alla lettera perchè so che questa volta lo farà! Con affetto e ammirazione.

Emanuela Bertello
stardust@isiline.it

*** COMPLETAMENTE FUORI TEMA ***

C'è gente incredibile al mondo, e con Internet prima o poi te li ritrovi tutti in casa. Ogni tanto qualcuno allucina in me qualcun'altro, ed ecco le lettere inappropriate che io mi vedo arrivare. Quelle che non ho cestinato subito le ho raccolte da qui in poi.

Dottor Costanzo sono un Autore e compositore, ho scritto dei brani riguardante la "SOLIDARIETÀ" ed altri brani pure inedite. Grazie alla sua trasmissione mi venne l'ispirazione di scrivere questi brani. Tre brani parlano di Solidarietà, e di quello che sta succedendo nel mondo. Sarei tanto felice se Spet.le S,V. accetterebbe un nostro provino. Sarei lieto di essere assieme al Cantante ospite alla sua Trasmissione. Fiducioso di ricevere un vostro riscontro porgo distinti saluti.
Caruso Salvatore
Autore, 36 anni, Cusano Milanino (MI)
personaggio preferito: Michael Jackson
useb0730@punto.it

Não sei porque sua HP aparece na lista dos FERRACINI. Gostaria de saber se temos algo em comum. Familia.
Diógenes Augusto Ferracini
Psicologo, Campo Grande - Mato Grosso do Sul
personaggio preferito: Eros Ramazzotti
ferracini@alanet.com.br

Il personaggio che preferisco è mio marito Enrico Tedesco. Perchè sconvolse il mondo ecclesiastico nel Luglio 1997 (vedi "La Repubblica" 27/07/97), e lo sconvolgerà ancora.... Qualcuno avrà mai il coraggio di parlare in televisione degli ex Preti? Io Enza Gagliotta SI. ciao
Enza Gagliotta
Tutor corsi di formazione, 28 anni, Napoli, Via Degli Oleandri 2

Desideravo sapere l'indirizzo dove spedire una lettera al maurizio costanzo schow molto importante riguardante i giovani e la disoccupazione su delle notizie pubblicate su riviste relative a delle aziende che cercano personale e che non corrispondono a verità, denigrando i giovani del sud sulla non preoccupazione ad una potenziale occupazione Grazie Nunzio Romano

viale Fontanarossa, 51 93012 Gela (CL) Italy
Nuccio Romano
Fisioterapista, 29 anni, Gela
personaggio preferito: Silvio Berlusconi
nuccio_romano@hotmail.com

Sarebbe bello che x una volta conducesse il maurizio costanzo show maria de filippi!!!!!
Valentina
Studentessa, 16 anni, Venezia
personaggio preferito: Ambra
emmemme@libero.it

Mi piacerebbe sapere perche`la gente dice che il mio amico Enrico Papi se la intende con Maurizio Costanzo, chi, li ha visti insieme mi dica perche`tutto questo baccano per un showmen che si guadagna da vivere onestamente?
Silvestro
Imbianchino, 28 anni, Gioiosa marea
personaggio preferito: Vittorio Sgarbi
silvestro@freedomland.it

Cari amici, vorrei sapere come adottare un bambino a distanza. Vi ringrazio sin d'ora e vi auguro buona giornata.
Cristiano
Impiegato, 30 anni, Viadana (MN)
personaggio preferito: Leonardo da Vinci
c.gozzi@sadepanchimica.com

Caro Costanzo o chi per esso leggerà questo commento o richiesta. la mia richiesta è particolare, in quanto vorrei scrivere una email ad una frequentatrice pazza ma simpaticissima del Maurizio Costanzo, in quanto la ritengo, una ragazza, Antonella D'elia dolcissima e sensibile. lo so forse per voi è impossibile ma ci ho provato, sarei contento di scriverle un po', per ridere e scherzarci. la mia email è biasiol@virgilio.it lo sò è da pazzi scatenati ma la vita è bella anche così, ciao a tutti e buon lavoro da davide che non vi conosce, ora me ne vado a bere una bella birra, spero sia anche per voi una bella giornata.

Davide
arc., 30 anni, torino
personaggio preferito: Lilli Gruber
biasiol@virgilio.it

Per il Maurizio Costanzo Show. Vorrei tanto partecipare con il cane di famiglia alla puntata sugli animali. E' un bellissimo basset hound di nome Tobia Lo voglio far vedere a tutta l 'Italia. Come posso contattare la redazione del progamma? Il mio nome e' Roberta Colombo. TEL 0331/77XXXX(ora cena) Grazie comunque

Roberta Colombo
colrobst@tin.it

Cerco immagini di Carmen Llera Moravia. Dove trovare?

Raffaelo Giorno
medico, Denver
personaggio preferito: Federico Fellini
dujour@pdj.com

Salve; IO SONO RICCARDO e chiedo il suo aiuto, in quanto alla scuola "Giacomo Leopardi" di Roma sono state immesse dell'antenne televisive publiche e private che citerò più tardi. Dato che la scuola è frequentata da bambini inferiori ai 12 anni, io chiedo a lei di darmi una mano a vincere questa battaglia perchè delle antenne sono pericolose in quanto emanano radiazioni eletromagnetiche e quindi se un banbimo passando gran parte della giornata a scuola assorbe in una quantità massiccia queste radiazioni che a lungo andare provocano tumori. IO ho già spedito varie mail alla mediaset in cui riferivo queste lamentele e esponeva gil eventuali disastri che finalmente sono stati messi in luce grazie alla RAI, non mi hanno risposto, poi ho contattato il WWF è sto aspettando una risposta,per me questa battaglia è troppo GRANDE E CHIEDO UN AIUTO, signor COSTANZO mi dia una mano e aiuti questi banbini a non avere eventuali danni permanenti enormi. Quindi basta pensare alle conseguenze e hai problemi, mi dia una mano. riko

RICCARDO TUTTOLOMONDO
Studente, 14 anni, Roma
personaggio preferito: Sharon Stone
riko.tlm@flashnet.it

Egr. sig. Roberto Quaglia, il vostro sito e' molto interessante. Posso farvi una breve domanda? Sarebbe possibile ricevere un e-mail di Maurizio Costanzo o, se non proprio suo, della sua trasmissione? Nel caso fosse possibile vi prego di inviarla a: "nameless97@rocketmail.com"

Nameless97
personaggio preferito: Roberto Quaglia
nameless97@rocketmail.com

Vorrei conoscere l'indirizzo E-mail del compagno Sandro Curzi. Ringraziandovi anticipatamente vi Invio cordiali saluti.

Rodolfo Bargnesi
Studente, 23 anni, Pavia
bargnesi@ghislieri.telnetwork.it

Chiedo AIUTO spero che non sia illegale per la mia attività, le Banche non danno fido, io non ce la faccio più, ho 150.000.000 di debiti, sono sull'orlo del baratro. Ho 2 figli un'attività che per crearla ho messo tutto me stesso, adesso devo chiudere. Non è giusto, se si puo' aiutatemi facendo un'offerta sul ccp 18437897 intestato a Rita PRATICO' forse cosi' riusciro' a salvarmi. Vi prego di passare parola di questo mio scritto e di prendere in considerazione questo annuncio, per ogni eventualita' chiamate allo 0368.73.999.XX rispondero' io stesso. Buone Feste a tutti. GRAZIE

Giuseppe TRIOLO
AMBULANZE e SERVIZI FUNEBRI, 28 anni, REGGIO CALABRIA
personaggio preferito: Marlon Brando
www.paginegialle.it/triolo

Universi Paralleli. Cara Redazione del "Costanzo Show" Il tema del titolo è quello sul quale vorrei trovare uno spazietto per esporre la mia teoria, già esposta su internet all'URL sotto indicata, e per la quale sono cercato dalle più svariate parti del mondo per dibatterne il tema, solo grazie all'ausilio dei motori di ricerca ai quali sono registrato, non quindi che io mi pubblicizzi. Andiamo al punto. Lo scrittore-giornalista (ormai scienziato) Graham Hanckock da 10 anni studia chi abbia edificato (ma soprattutto quando) i siti di Giza (le 3 piramidi e la Sfinge), Hancor (in Cambogia), Easter Island (Isola di Pasqua) e altro ancora (tracce di Nacza etc...). Egli conclude (e lo prova) che queste costruzioni sono datate 10.500 A.C. epoca in cui, come noto, si parlava di uomo delle caverne e non certo di "antiche civiltà". Lui (così come i geologi John Anthony West e Schoch, il giapponese Kimura, l'ingegnere belga Robert Bauvall, il suo amico e co-scrittore del "Mistero di Orione" Gilbert ed altri ancora) ha ipotizzato che le succitate costruzioni rispecchino alcune costellazioni (Cintura di Orione e Drago rispettivamente per Giza e Hancor Huat), così come apparivano perlappunto 12.500 anni fa. Essi ipotizzano che all'epoca una antica civiltà poi estinta (la mitica Atlantite?), successivamente al cataclisma (diluvio universale di biblica memoria, questo realmente accaduto circa 13.000 anni fa: scioglimento delle calotte glaciali in seguito presumibilmente all'impatto con una cometa) abbia edificato con estrema precisione questi siti rispecchiando in terra le costellazioni dell'epoca. In una puntata di "Misteri" Lorenza Foschini chiede a Graham Hanckock: "Ma lei pensa davvero questo o ci nasconde qualcosa di più incredibile?" Ebbene qui entra la mia teoria: la meccanica quantistica ci dice che talune particelle atomiche viaggino nel tempo, ma l'uomo potrebbe farlo? Per ora no, la fessura spazio-temporale che si riesce ad aprire non è abbastanza stabile. Ma se un giorno l'uomo ci riuscirà, potrebbe tornare indietro nel tempo (io sostengo non andare avanti, ma è da discutere). Ad esempio potrebbe, nel 5000 D.C., una volta deciso di affrontare il viaggio a ritroso scegliere un epoca nella quale non alterare il "Continuum temporale" (citazione da Emmett Brown il doc di "Ritorno al Futuro" del premio Oscar Bob Zemeckis), cioè proprio poco prima del "diluvio universale". Ecco quindi che si decide di costruire i siti sopra descritti. Poi egli, secondo me, non torna (chi era Virocha santone venerato dai Maya?). Obiezioni: Bravo allora chissà quante volte si può modificare il passato? Ovvero fermiamo Hitler, vinciamo al SuperEnalotto e via discorrendo. Risposta: solo una e comunque non si modifica l'universo da cui si proviene. A sostegno ecco la famosa teoria degli universi paralleli (non mia, è quella del nipote che uccide il nonno, non nascerà nell'universo in cui è andato ma è nato in quello da cui proviene), mia è invece l'ipotesi che noi viviamo in un Universo che non è quello originale ma modificato una ed una sola volta nel 10.500 A.C. dallo stesso uomo proveniente dall'Universo originale (chiamiamolo Universo 0), nel quale nel 10.500 A.C. viveva sì l'uomo delle caverne ed in Egitto vi era il deserto. Infatti è chiaro che non c'erano neanche le piramidi dei faraoni del V dinastia che non avrebbero potuto copiarle da quelle di Cheope, Chefran e Micerino, faraoni della IV dinastia, che secondo me (ma soprattutto secondo Hanckock, West, Bauvalle C.) se ne sono in una parola APPROPRIATI (e qui gli egittologi rabbrividiscono), lo stesso nell'isola di Pasqua ed Hancor Huat. Ricordo a tal uopo che Hanckock ci ha dimostrato che L'isola di Pasqua dista 144° di latitudine da entrambi gli altri due siti (distanti 72° tra loro) e ciò, comunque, non può essere casuale (checché ne dicano Castellani e Ferluca). Ecco io potrei, se se ne trova l'occasione, esporre questa teoria (che per quanto ne so è ancora unica), che i siti succitati siano

stati costruiti dallo stesso uomo tornato a ritroso nel tempo. Ricordo che se se si da credito alla data 10.500 A.C. (ed ormai in molti lo fanno), altre due teorie oltre a quella della "antica civiltà" sono state formulate su chi fossero i costruttori. Gli extraterrestri o peggio ancora gli stessi atlantidesi che poco prima del cataclisma ci indicassero in cielo il luogo di trasferimento. Dimenticavo di dire se è vera la teoria di Atlantite, chi ci dice che sia stata la prima civiltà esistita (noi la seconda) e non soltanto la penultima, infondo la Terra ha 4,5 Eoni (4,5 miliardi di anni), il Sole 5, l'Universo 15. L'origine della vita sulla Terra è datata 456 milioni di anni fa (il primo organismo vivente era una specie di medusa), ma sappiamo bene che essa fu disabitata per gli altri 4 miliardi di anni?

Giuseppe Palamara
http://www.geocities.com/RainForest/6313/misteri.htm
gipal@geocities.com

Caro Maurizio Costanzo Show Salve, mi chiamo Yetvart Muratyan, come potete vedere dal mio cognome sono di origine armena. Vivo in Italia dal 1972 sono cittadino Mi sento più italiano di tanti italiani veri. Ho frequentato il liceo armeno di Venezia poi ho cominciato a lavorare. Sono nato a Istanbul dove vivono i miei genitori entrambi in pensione. Sono sposato con una padovana e ho due figlie di 7 e 16 anni, ai miei genitori fa piacere venire in Italia ogni tanto e stare un pò con le nipoti, mio padre ha avuto due ictus ed è molto emotivo Vi chiederete perché sto scrivendo tutto questo a Voi. Perché Vi ritengo il più valido tra le trasmissioni televisive per smuovere qualcosa. La questione è la seguente: I miei genitori pur risultando residenti con noi da diversi anni e risultando a mio carico anche dalla dichiarazione dei redditi ogni volta che fanno richiesta per un visto d'ingresso in Italia vivono un dramma, ho tentato di chiedere il ricongiungimento famigliare ma la legge non permette ai cittadini italiani di ricongiungersi con i propri famigliari mentre la cosa risulta di estrema facilità per gli extracomunitari. Ho scritto al Ministero dell'interno a quello estero, sono andato a parlare con i funzionari del consolato italiano ad Istanbul, la cosa eè andata al Consiglio Dello Stato, risultato nulla. Cosa dovrei fare? cambio cittadinanza io? i miei genitori glieli faccio entrare in Italia come i profughi albanesi o curdi? oppure si può trovare una soluzione? Non vorrei annoiarVi con i miei problemi ma Voi mi rimanete l'ultima spiaggia. Scusate dello sfogo. Se ritenete di poter fare qualcosa Vi prego di farmi sapere Vi ringrazio anticipatamente e Vi saluto cordialmente. Yetvart Muratyan

Edoardo Muratyan
astra@public.iunet.it

Caro Maurizio Costanzo, oggi ho letto un articolo di un giornale della mia città, riguardante le occupazioni che si sono svolte nelle varie scuole superiori di Siena. Nel liceo da me frequentato, si è svolta un'occupazione di 8 ore, una della più brevi della storia credo. Questo perchè la polizia è intervenuta e i ragazzi non hanno avuto tanto coraggio nelle loro azioni e hanno disoccupato. L'occupazione è vero, stà diventando una moda, un periodo di "vacanze autunnali". Molti ragazzi si rendono conto di questo problema, compresa me. Così infatti sarà sempre meno un mezzo di protesta FORTE, e sempre di più un mezzo per far casino. Le istituzioni non ricevono più un messaggio di protesta. La maggior parte degli studenti si rende conto di tutto questo e preferirebbe agire attraverso vie alterne. Purtroppo ho letto una frase in quell'articolo di cui parlavo, che mi ha un po' delusa. Secondo il giornalista Andrea Bianchi questa occupazione sarebbe stata così debole perchè i ragazzi non credevano fino in fondo nella loro protesta. Cioe' i motivi di quest'ultima sarebbero in fondo deboli perchè Riforma Ruffino ecc. non piacerebbero alla maggior parte degli studenti. Quello che è veramente successo, è che ai ragazzi non andava bene il METODO di protesta. Ma noi tutti crediamo che questa riforma sia per alcuni punti sbagliata. Purtroppo tutte le persone che hanno letto quell'articolo adesso crederanno che abbiamo disoccupato la nostra scuola perchè la riforma di Zecchino ci va a genio, beh non è così. non so perchè ho scritto questo mio sfogo qui. Ma spero che diate ascolto anche al commento di una sedicenne.

Sara Lazzeroni
Studente, 16 anni, Siena
personaggio preferito: Jim Morrison
http://utenti.tripod.it/Saretta83/
saralzz@ntt.it

Penso che maurizio costanzo sia un panzone, la de filippi lecca la fregna alla barale e io pippo 5grammi di cocaina al giorno... in finale me frega! berlusconi bonzo.

Francesco
Studente universitario, 19 anni, Roma
GVASER@LIBERO.IT

Costanzo!!!! Sparisci! Sei arrivato.

Sfracasso da Velletri
personaggio preferito: Stanley Kubrick
esplodi@hotmail.com

Hi, what is the connection of Eva Mikula to the Caro Maurizio Costanzo show? Is she a regular hostess? How long has she been with the show? Is she also the author of "L'inferno? Thanks

FiveString
fivstrng@idt.net

Non so se è il sito adatto per sfogarmi, ma comunque ormai ci sono quindi mi sfogo. Dunque, sono padre di 4 figli di 12, 10, 3 e 1 anno, mia moglie è disoccupata ed io mi trovo in mobilità lavorativa fino al 12/99. Il punto è questo: ho iscritto la bambina più piccola al nido comunale, ma visto che non ha problemi psico-fisici, non ha genitori separati o stranieri, e sopratutto entrambi i genitori sono disoccupati, non esistono i criteri per poterla inserire nelle liste del nico comunale di ROMA. Ho scritto al sindaco Rutelli, ed oggi è arrivata la risposta dell'assessore alle politiche per la città delle bambine e dei bambini, dove precisa che mia figlia non verrà inserita, perchè vengono privilegiati i bambini portatori di handicap (e questo è sacrosanto), poi i bambini che vivono in famiglie disagiate, poi chi ha i genitori che lavorano entrambi, poi il nucleo familiare ed infine il reddito. Ora io Le chiedo, viviamo dell'assegno di mobilità da far ridere, ho 4 figli, posso considerarmi una famiglia disagiata o no? E perchè il reddito è all'ultimo posto? Ed il nucleo familiare al penultimo? Mah! E poi, per quanto riguarda la SCUOLA DELL'OBBLIGO, il settembre scorso la primogenita ha iniziato la scuola media, io con una lettera in mano della Soc. presso cui lavoravavo dove precisa che erano mesi che non percepivamo lo stipendio, pur continuando a lavorare (ho lavorato fino al 11/98, sono stato pagato fino al 07/98 e la Soc. ha chiuso senza pagare ne gli arretrati dei passati stipendi, ne i stipendi mai corrisposti e tantomeno la liquidazione) ho chiesto se esisteva un rimborso per i libri di testo, ma purtroppo non esistono leggi in proposito, quindi arrangiati. Le sembra giusto? Evviva ROMA, perchè una mia amica che vive a Labico, tra l'altro vicinissimo alla capitale, che vive la mia stessa situazione ed ha due figlie a carico, le sono stati rimborsati i soldi dei libri dal comune. Ma dove sono gli aiuti che tanto decantano tutti per televisione o nei giornali destinati alle famiglie con almeno 3 figli a carico e con situazioni di particolare gravità? Se vai ad informarti al comune ti ridono in faccia, perchè? E' tutta una presa in giro? Bè, comunque mi sono sfogato, e scusatemi, La

saluto cordialmente.
MOBY DICK
mauruspi@tin.it

Ho provato un'altra volta a chiedere informazioni, ma senza risultato.- Spero che oggi, qualche incaricato mi legga per comunicarmi il nome e l'indirizzo del medico di Erba che ha partecipato alla trasmissione del 21/7/98.- Loggetto della futura discussone è la F.I.G.E., Fondazione Internazionale Gnassingbé Eyadéma di cui io sono membro.- Ringrazio anticipatamente.- Tel. +39 376 3255XX Fax +39 376 3568XX cell.+39 348 33478XX
Giuseppe Brusini
Consulente, 52 anni, Mantova
personaggio preferito: Ezio Greggio
brusini@ptsc.net

Allora ti saluto e vorei avere il piacere di parlare con costanzo del immigrato che sempre vieni discritto o rapresentato da persone black ci sono pure i molati i cinesi i biondi ... e le donne delle quale non se neparla mai delle loro sofferenze all interno delle famiglie per bene e del loro contrbuto nell educazione del bambino italino.... tel 0863 4292xx lavoro tel 0863 4159xx casa grazie
Maarouf lala
co-ordinatrice tv araba, 30 anni, avezzano (aq)
lala@art-tv.net

La lettera non l'ho letta. Pero' volevo farmi conoscere perche' mi piacerebbe avere la possibilita' di incontrare Il signor Costanzo e di fare quattro chiacchere in generale o magari piu' specificatamente sui problemi della cardiochirurgia (pediatrica in particolare) visti con l'occhio di un italiano che e' Primario di cardiochirurgia pediatrica all'ospedale pediatrico di Liverpool (Royal Liverpool Children's Hospital). Cordiali saluti
Marco Pozzi
Cardiochirurgo Pediatrico, 42 anni, Liverpool - UK
personaggio preferito: Stephen Spielberg
mpozzi@liverpedcard.u-net.com

Caro Maurizio, ti adoro, mi sei molto simpatico e ti trovo alquanto ironico. Dovresti per cortesia dare qualche lezione di BUONE MANIERE al mio compagno che ne e' sprovvisto.
Silvia
Arredatrice, 32 anni, Schio (VI)
personaggio preferito: Tom Cruise
sesarch@tin.it

E' nota l'interferenza del dolore sulla produzione di endorfine, in studi in vitro ed in vivo ho dimostrato che l'aumento generale ma soprattutto localizzato di endorfine blocca gli scambi di calcio ed i conseguenti processi riparativi naturali. Ritengo che Dalila Di Lazzaro potrebbe avvantaggiarsi di un trattamento a base di calcio e naloxone (antagonista delle beta-endorfine). Sono a disposizione , ma non ho la possibilità di comunicare con la Di Lazzaro. Sono il prof. Minoia della facoltà di Veterinaria dell'Università di Bari. Ho ottenuto brevetto europeo sull'associazione farmacologica indicata. E' imminente il riconoscimento dalla Food and Drug Americana. Sarei grato se vorrete far pervenire questo messaggio alla Sig.ra Dalila Di Lazzaro. Distinti saluti
Paolo Minoia
Docente Universitario, Valenzano (BA)
p.minoia@veterinaria.uniba.it

Sono un cantautore di 20 anni. scrivo musica leggera e rock, tra le altre cose ho inventato un nuovo ballo in inglese,con il quale sto partecipando con ottimi risultati alla festa degli sconosciuti, organizzata da rita pavone e teddy reno se vi puo' interessare ascoltare il mio brano per una eventuale collaborazione rispondetemi
Otelmarc
otelmarc@pesaro.com

Buon Giorno, mi chiamo Franca Borin, ho 28 anni, vivo in provincia di Vicenza. Da circa 2 anni sono paraplegica, e come tutti i paraplegici come me per fare pipì ho bisogno di cateterismi estemporanei in quanto l'incidente mi ha causato la vescica neurogena. Ora il punto è che l'ULS n. 5 a cui io appartengo, in vigore di una legge che tutela questo, passa n. 4 cateteri al giorno per urinare. Partendo dal presupposto che una persona normale non va al bagno solo 4 volte al giorno, la cosa potrebbe essere anche sopportabile(in caso di ulterioore necessità dobbiamo andare a comprarceli e costano 5.000 cad.). Da circa 4 mesi, però sono in gravidanza, e come tutte le donne in gravidanza ho bisogno di urinare molto di più rispetto a prima. Per cui mi tocca affrontare una spesa di £ 20.000 al giorno che moltiplicato per 30gg e per 9 mesi fanno una bella cifra. La domanda potrebbe essere, e l'assegno di accompagnamento? Non è ancora arrivato, sono in ritardo di circa 1 anno e mezzo, comunque fosse percepirei solo 700.000 mensili che non bastano neanche a pagare una signora che mi venga a fare i lavori in casa. Ora, tempo fa un'altra mia compagna di "sventura" scrisse una lettera a Ciampi, dicendogli che la vita era insopportabile, e Ciampi per tutta risposta le disse che il diritto alla dignità della vita era sacrosanto(!?). Si è forse informato di questo Ciampi? Che cosa ne sa lui di diritto alla vita che tutti" i suoi amici e colleghi" prendono un sacco di soldi al mese senza fare praticamente niente se non leggi che tutelino SOLO E SOLAMENTE i loro interessi? Vorrei fare arrivare questa lettera e Ciampi, o quanto meno divulgarla, non tanto per me in particolare, quanto per per tutti gli altri disabili che non hanno il coraggio di alzare la testa perchè vergognosi del loro stato o perchè non hanno le capacità fisiche o intellettive. Vi pregherei di inoltrare questo mio scritto o di farmi sapere come posso farmi ascoltare da tutti. Grazie e a presto

Franca Borin
bimbomix@interplanet.it

Schumacher sei un grande! Il migliore! Senza di te la F1 non ha senso! TI ADORO! GRAZIE D`ESISTERE...

Schumacherina
STUDENTE, 17 anni, SVIZZERA
personaggio preferito: Michael Schumacher
free600@hotmail.com

IO VITTIMA DELLA 1 REPPUBLICA LA SCRIVO TUTTO I GIORNI SIG. MINISTRO FINO ALLA NOIA. "SONO UN CITTADINO DI QUESTA REPUBBLICA, HO DIRITTO AD UNA SUA RISPOSTA. LEI E' UN MINISTRO DELLA MIA REPUBBLICA ED HA IL DOVERE DI RISPONDERE." Egregio Sig. Ministro, eccomi per l'ennesima volta (credo ultima) e per la consueta presentazione: LUIGI D'ONOFRIO, 39 ANNI, DIPLOMATO ISEF DAL 1985, ABILITAZIONE ALL'INSEGNAMENTO PER LE SCUOLE MEDIE DI 1 GRADO, ABILITAZIONE ALL'INSEGNAMENTO ISTITUTI DI 2 GRADO, ABILITATO ISTRUTTORE SCUOLA CALCIO, ABILITATO ALLENATORE DI CALCIO, TECNICO CSEN, ABILITATO CENTRI OLIMPIA; SPOSATO, DUE FIGLI ANNO SCOLASTICO 1996-97 SUPPPLENZE GG. 30 ANNO SCOLASTICO 1997-98 SUPPLENZE GG. 0 Questa è la realtà, ma lasciamo perdere, voglio fare solo alcune osservazioni. Sig. Ministro, le ho scritta in tantissime occasioni, come pure a diversi suoi collaboratori (Rocchi, Masini ecc.), a diversi parlamentari, sempre lo stesso risultato: mai una risposta. Siate davvero tanto distanti dalla gente comune. Eppure lei è stato un comunista come me: per lunghi anni ha sofferto tanto, come il sottoscritto, nell'osservare lo scempio della riconosciuta prima repubblica, ma soprattutto ha subito offese ed umiliazioni. Lei può immaginare quanto mi è costato (sono della provincia di Avelino) essere compagno nel feudo della democrazia cristiana della prima repubblica, dei vari De Mita, Gargano, Mastella, ecc. Lasciamo stare.Quello che voglio farle notare in questa lettera è che si sta consumando, ancora una volta, un rilevante e grave danno , un grosso imbroglio, nei confronti di noi insegnanti di educazione fisica. La mia impressione è che lei abbia una scarsissima considerazione, in genere, di noi insegnanti di ed. fisica, la qual cosa, dopo tanti sacrifici, mi rende sconcertato e sfiduciato. Non capisco la ragione per cui lei sottoscriva, circolare 466, un protocollo d'intesa con il CONI, tendente ad una reciproca collaborazione, in merito alle attività motorie e sportive nelle scuole, pur sapendo della precaria situazione in cui versa la nostra disciplina in riferimento all'esubero del personale, ai sovrannumerari, ecc. E' questa l'ennesima sottomissione del suo ministero, prima al Vaticano (riguardo l'ora di Religione) , poi alle scuole private e parificate (Diplomifici legalizzati con delega governativa all'attestazione di certificati di servizi falsi, assegnazione di incarichi a docenti privi di alcuna abilitazione e senza il rispetto di alcuna graduatoria) ora al CONI e di concerto alle federazioni affiliate. Lei avverte, indubbiamente, la scarsa diffusione e pratica delle attività motorie e sportive nell'ambito scolastico, in particolare (cosa gravissima) nelle scuole primarie; tenta di fare qualcosa, ma comunque cercando collaborazione al CONI, e di concerto alle leghe affiliate, pur sapendo che esso mira ben ad altri obbiettivi che sono in netto contrasto con quelli che l'educazione fisica e le attività motorie e sportive debbono tendere nell'ambito scolastico. E' infatti risaputo, che il CONI, o meglio le leghe ad esso affiliate, mira alla specializzazione precoce, al risultato, al fattore agonistico, di conseguenza al più dotato, trascurando i più deboli, i meno capaci, cosa questa assolutamente da rifiutare nell'ambito scolastico, come del resto evidenziato nei programmi di ed. fisica nella scuola media. I suoi predecessori, e mi pare anche lei, hanno, paradossalmente, continuato a pagare, per anni, tantissimi nostri colleghi in sovrannumero; non era questa l'occasione per inserire a pieno titolo l'insegnamento delle attività motorie nelle scuole elementari, utilizzando tanti colleghi regolarmente retribuiti? Che assurdo, ci voleva tanto per capirlo. Dobbiamo sempre noi insegnanti di ed. fisica subire, essere gli ultimi, la cenerentola, sempre i meno considerati? addirittura al di sotto di quegli incompetenti insegnanti di sostegno, (sig. Ministro, se sapesse come sono stati gestiti i corsi di sostegno nella nostra provincia e da chi, lasciamo stare), e di quei rubapane di pseudoinsegnanti di religione (ma chi sono costoro? dei poveri raccomandati dalla curia, buona parte senza alcun titolo). Ed ora viene a fissare 1 insegnante di sostegno per almeno 140 alunni, giusto, perché non considerare 1 insegnante di ed. fisica ogni 140 alunni delle scuole elementari per organizzare le attività motorie? avete mai provati a fare i calcoli di quanto potrebbe costare questa operazione? Spiccioli sig. Ministro, davvero una miseria. Non si può fare questo? Perché? (non credo che vi preoccupate delle tantissime palestre dei nostri più fortunati colleghi, che tra l'altro non danno una lira al fisco, che dovrebbero chiudere se funzionasse l'attività motoria nelle scuole elementari), L'ipocinesi, o poco movimento, non genera, poi, in tantissimi casi, degli handicap motori con conseguenze alla salute generale del ragazzo e quindi con un aggravio di spesa, poi, al servizio sanitario nazionale? E' giusto aiutare questi sfortunati ragazzi che presentano degli handicap, (ma ripeto con dei veri insegnanti), ma è anche giusto prevenire, attraverso un equilibrato e responsabile programma di attività motorie e sportive, degenerazioni psicofisiche derivanti dalla poca o mancanza di movimento in età scolare. Una grande delusione e rabbia mi sta assalendo in questi giorni, perché di fronte ad un problema così grande della nostra disciplina, stiamo assistendo alla presentazione di progetti, di cui alla richiamata circolare 466, "Sport a scuola" elaborati, al solo scopo di lucro, dalle varie federazioni ed associazioni sportive, che naturalmente utilizzeranno nella esecutività di tali progetti i propri tecnici, privi, naturalmente, di alcuna esperienza didattica ed educativa, e non degli insegnanti abilitati. E noi? Dove andiamo? Che possibilità abbiamo di partecipare? Possiamo, noi singoli insegnanti, elaborare dei progetti? E poi eventualmente attuare questi progetti? Ed ora la finisco, qui, sig. Ministro. Come sempre, non credo in una sua risposta, come pure non credo che chiunque altro, che la presente è indirizzata per conoscenza, possa prendere a cuore questa situazione. Comunque la ringrazio, come sempre, per avermi dato ancora una volta l'opportunità di fare delle riflessioni, (giuste spero, sincere come sempre anche se magari spinte anche da interessi personali), ma soprattutto avermi dato un parziale sollievo, in uno momento di abbandono, di profondo scoramento e pessimismo. Saluto il sig. Ministro e tutti coloro che la presente è indirizzata per conoscenza, chiedo scusa di aver importunato, chiedo scusa di eventuali errori presenti, mi assumo infine

tutte le responsabilità relative. Prata P.U. 24.01.1998 Prova a vedere la mia Home Page al seguente URL: http://pratola.peoples.it/~ldonofri, e dimmi cosa pensi, grazie. AL SIG. MINISTRO DELLA PUBBICA ISTRUZIONE ONOREVOLE LUIGI BERLINQUER

D'ONOFRIO LUIGI
GEOMETRA ED ASPIRANTE INSEGNAN, 39 anni, PRATA DI PRINCIPATO ULTRA
http://pratola.peoples.it/~ldonofri
ldonofri@pratola.peoples.it

Ho una storia importante da raccontare al maurizio costanzo. Sono in pericolo di morte perche' minacciato dalla mafia tuttora quando riceverete questa mail vi prego aiutatemi

Giampaolo Gilioli
Imprenditore, 42 anni, Rivalta
genchi@xero.it

All'attenzione della Redazione Mi scuso per il disturbo ma avrei un problema da sottoporle riguardante la Telecom Italia. Come sicuramente saprà dal 1 gennaio 1998 La Telecom sta facendo una promozione ad un nuovo servizio riguardante INTERNET è cioè la tariffa dimezzata su di un n° telefonico del proprio distretto attraverso dei moduli che si possono o scaricare via Internet oppure richiedere all'ufficio T. di zona. Arrivo al dunque: Circa una settimana fà ho spedito il modulo di adesione alle tariffe dimezzate per Internet alla filiale TELECOM di PESARO con lettera raccomandata come suggerito da un operatore del 187. OGGI mi è arrivato in SEGRETERIA TEL. un messaggio da parte di un Operatore 187 che mi diceva che a causa di problemi di disservizio da parte della TELECOM la mia richiesta non poteva essere evasa. Ho richiamato il 187 ma non mi hanno saputo dare informazioni. scusate lo sfogo ma sono burattini? Visto che è la Telecom stessa che promuove questa offerta perchè mi hanno risposto così? Quando è ora di pagare le bollette io non posso dire che per problemi miei di disservizio NON POSSO PAGARE!!! Visto che sono in regola con tutti i pagamenti: COME MI DEVO COMPORTARE? Finalmente dopo molte ricerche (visto che l'operatore in segreteria non si era qualificato) sono riuscito a parlare con una incaricata che mi ha spiegato che nella mia zona di residenza hanno ancora i vecchi sistemi ormai obsoleti e alcuni nuovi servizi non possono essere applicati. Servizi tipo : Trasf. di chiam. Avvis. di chiam. Convers. a tre ECC............. Tutto questo naturalmente nel modulo di adesione non era riportato Domande: non abbiamo tutti lo stesso diritto per quanto riguarda la telefonia? perchè alcune zone d'italia sono penalizzate? Devo anche aggiungere che quando ho fatto la richiesta di attivazione del servizio telefonico nel ormai lontano giugno ' 95 in bolletta mi sono arrivati i seguenti importi: Impianto fuori abitato: spese trasloco £ 484.600 Contributo Impianti principali e part. £ 200.000 App. addizionali e spese installazione £ 8.000 Anticipo sulle conversazioni £ 20.000 Saldo I. V.A. £ 131.594 Per un totale di lire 844.194 questo solo per avere il telefono in casa premettendo che abito a circa 10 Km da Urbino e non sulla Luna. Cortesemente mi scuso di questo sfogo ma la cosa mi ha fatto arrabbiare molto. Il motivo di questa lettera è che vorrei segnalare la cosa agli organi di informazione onde evitare che altre persono nella mia stessa situazione perdano tempo e soldi nel fare le pratiche che poi non vengono evase dalla Telecom. Spero vivamente che questa missiva possa aiutare a capire ancora in che mondo viviamo. Mi scuso per averle sottratto tempo prezioso ma non sò a chi rivolgermi Spero che questo comunicato venga divulgato in TV. Attendo con impazienza una vostra cortese e celere risposta. Con Osservanza Piero Gentili Via fornaci 14 61029 URBINO (PS) 0722 - 345442 E-Mail pierog@indi.it Piero Gentili Grazie

Piero Gentili
Musicista, 36 anni, Urbino PS
personaggio preferito: Maurizio Costanzo
pierog@indi.it

Caro dr. maurizio costanzo non pensa che qualche volta, noi poveri telespettatori, meritiamo di trascorrere qualche ora davanti al televisore senza vedere inevitalbilmente la sua persona ed i suoi (sempre quelli!)ospiti? non pensa di avere una non ben conosciuta malattia per cui non riesce a fare a meno della televisione? saluti.

Marcello Benghi
Medico, 43 anni, Bellaria (rn)
personaggio preferito: Carl Jung
mbenghi@iper.net

El sciur custanz el me' mai piasit , peroò da quan l'e' con la de filippi el se' mitit a far solidarietA' ...... BRAO MAURIZZI ! pecat che mi pode mia adia' la pora gent! gan vuares de gent insci . rene el disperat !

Rene di Salò
39 anni, Salò
personaggio preferito: Peter Sellers
http//salo.web.com
jellow@tin.it

Il mio unico commento è un sentito ringraziamento per la moltitudine di argomenti trattati nel Maurizio Costanzo Show..... trasmissione intelligente, stimolante e divertente. Un pensiero particolare per l'attenzione rivolta agli animali che io amo molto e dei quali spesso ci si dimentica, nonchè per i problemi sociali spesso affrontati. A proposito!!!! Era tanto tempo che non mi capitava di voler rimanere la domenica pomeriggio a casa per seguirmi Buona Domenica dal primo istante all'ultimo soprattutto per la simpatia e la semplicità di Luca Laurenti che trovo una gran persona che riesce a farmi uscire anche la lacrimuccia con la sua voce. Chiunque può partecipare alla trasmissione? Come funziona? Grazie di tutto. Ciao Arianna.

Arianna
Impiegata, 26 anni, Ladispoli - Roma
personaggio preferito: Maurizio Costanzo
abacar@tin.it

Il sito e' fatto piu' che bene anzi benissimo la coppia Costanzo e la De Filippi direi straordinaria Costanzo e' scontato per la sua intelligenza ma sua moglie non e' di meno non ho nulla da commentare va bene cosi' pero' avrei qualcosa da proporre se tu gli riferirai che non si parla mai di alcolismo ma non come dramma sociale ma come malattia. Io sono figlia di un alcolizzato e con la conseguenza che mio padre arrivo' all'ultimo stadio cioe' al delirio TREMMENS se se ne palasse di piu' informando come ci si arriva io ne sarei testimone avedo vissuto il dramma che mio padre subi' se puo' interessare desidererei propio dare delle informazioni grazie e tani cordiali saluti marcella m.crestani@dido.net siete meravigliosi

Marcella
Disoccupata , 48 anni, Castronno varese
personaggio preferito: Tom Cruise
m.crestani@dido.net

Ho sentito che passa a dirigere la sezione fiction di mediaset. Ho una idea che penso valida per un serial italiano .Solo idea senza pretese di scrivere o sceneggiare o altro. Ritengo di conoscere abbastanza il mondo per capire quello che interessa alla gente e penso che dalla mia idea si possa ricavare un serial di successo. Naturalmente sapendo scrivere e sceneggiare cosa che io non sono in grado di fare. Spero in una sua risposta e porgo cordiali saluti.

Renato Baldi
56 anni, Montegrotto
personaggio preferito: Maurizio Costanzo
renbald@tin.it

Commentando stando sotto banco espando rime in sardo mettendo al bando chi spaccia fango per oro sulcis 2000 disoccupazione e figli che partono noi stiamo cercando di sfondare a testate una serranda, dietro di essa la possibilità di dimostrare che la nostra cultura vale più di una vacanza nel villaggio turistico PS siamo decisi a portare a costanzo la nostra piccola storia. la nostra biografia e discografia nonche rassegna stampa è disponibile alla consultazione. non chiediamo sovvenzioni ma una strada da percorrere se potete darci qualche dritta per il M costanzo va bien estamos indunu mondo ca non tiene sogno! (viviamo in un mondo che ha perso i sogni!) sarazza2000 / alessandro ak quilo

Alessandro
Artista rap in sardo e grafico, 27 anni, Iglesias
personaggio preferito: Rocco Siffredi
www.tiscalinet.it/srraza
hirez@tiscalinet.it

Al big Costanzo Maurizio. Basta basta basta. La tua presenza ovunque procura diarrea cronica.
stein.b@usa.net

Sono un 14enne italiano desideroso di conoscere Charlotte Casiraghi, figlia di carolina di monaco. Mi sapreste indicare qualche sito, e-mail o indirizzo dove e' possibile rintracciarla????

Marco T.
14 anni

Caro Italo Calvino le tue poesie sono veramente belle!!!!!! Un grosso abbraccio e un grossissimmsimo bacione!!!!!!

Saskia
Studentessa, 17 anni, Lugano
personaggio preferito: Italo Calvino
garga11@hotmail.com

Caro direttore sono Giuseppe Mazzaferro ho 24 anni e sono presidente di una società cooperativa che é concessionaria di un televisione locale "Telemia". Siamo un gruppo di ragazzi molto affiatati, ma nonostante ciò incontriamo molte difficoltà: la televisione richiede molte spese, l'editoria é un campo difficile, spesso non tutti si comportano lealmente, specialmente la concorrenza e la nostra terra é economicamente ingrata. Comunque rimaniamo i migliori! Se ti é possibile aiutarci in qualche modo faccelo sapere, siamo sempre a vostra disposizione (abbiamo sostenuto anche noi la tua campagna contro Di Pietro purtroppo è andata male); il nostro indirizzo é: TELEMIA MEDIA SOC.COOP.ARL VIA ROMA,5 89047 ROCCELLA JONICA (RC) tel.0964/8636xx fax 0964/8635xx il nostro e-mail telemia@medianet1.it (...dimenticavamo, il nodo Medianet1.it é nostro)

GIUSEPPE MAZZAFERRO
insegnante di grafica,editore, 24 anni, ROCCELLA JONICA (RC)
personaggio preferito: Silvio Berlusconi
WWW.MEDIANET1.IT
TELEMIA@MEDIANET1.IT

Caro costanzo, il tuo programma e' una barba, e con la tua presenza a buona domenica pure quello e' diventato una barba, se non fosse x lippi laurenti e lopez ti assicuro che non avrebbe alcun successo cosa aspetti ad andare in pensione?

Valentina
16 anni, Venezia
personaggio preferito: Ambra
emmemme@libero.it

Sei il sogno più bello che una donna possa fare. Vorrei un giorno poterti incontrare! Ti seguo sempre in ogni trasmissione. Vorrei essere il tuo cuscino per restarti sempre accanto. Ti ammirerò per sempre. Tua Claudia

Claudia
Studentessa, 21 anni, Afragola
personaggio preferito: Maurizio Costanzo
claudiao.it@libero.it

Sono il più grande Genio che sia mai esistito sulla Terra. Complimenti per la trasmissione che vedo spessissimo. Il mio Tel.0338-4403XXX

Luigi
27 anni, Castellammare di Stabia
personaggio proforito: Leonardo da Vinci
niogene@libero.it

La mia idea si riferisce ad un' eventuale... puntata del maurizio costanzo show. La tematica della puntata potrebbe girare attorno alla domanda "Oggi alba del primo millennio.. che fine hanno fatto tutti i figli dei cartoni giapponesi.... cosa sono diventati... chi sono diventati... annessi e connessi di una storia iniziata 18 anni fa.." Io mi ritengo espressione pura dei messaggi di vita ,rinchiusi in quei passatempi..... saludos....

Angelo D'amata
Cantante, 23 anni, Pontecorvo

personaggio preferito: Ji Morrison
anciolo@libero.it

Egregi signori, vorrei tanto che il "signor" Costanzo sapesse che nonostante non perda occasioni per denigrare gli svizzeri (1 milione di Italiani vivono benissimo da noi..) il suo lauto stipendio e quello di sua moglie sono finanziati anche dai tanto odiati vicini, vedi orologi

Gianni Domenigoni
Ingegnere dipl. ETHZ, 50 anni, Bellinzona
annad@ticino.com

Caro maurizio costanzo show, sono chino-canadese. Ho scoperto casualmente il vostro hope page mentre cercando delle informazioni nell' infoseek. Avevo vissuto a roma tre anni fa, quindi parlo italaino, mi piacerebbe *learn more about* the maurizio costanzo show, yours truly, kristina

Kristina-Jing Ampana
Studente, 16 anni, vancouver
angel15_28@pmail.net

FINE (e per fortuna!)

www.ingramcontent.com/pod-product-compliance
Lightning Source LLC
Chambersburg PA
CBHW070351290526
45790CB00004B/1445